经济增长及发展潜能

理论演变与中国经验

刘 伟 等／著

中国人民大学出版社
· 北京 ·

图书在版编目（CIP）数据

经济增长及发展潜能：理论演变与中国经验/刘伟等著. —北京：中国人民大学出版社，2020.6
ISBN 978-7-300-28150-6

Ⅰ.①经… Ⅱ.①刘… Ⅲ.①中国经济-经济增长-研究 ②中国经济-经济发展-研究 Ⅳ.①F124

中国版本图书馆 CIP 数据核字（2020）第 089117 号

经济增长及发展潜能
——理论演变与中国经验
刘 伟等 著
Jingji Zengzhang ji Fazhan Qianneng

出版发行	中国人民大学出版社		
社　　址	北京中关村大街 31 号	邮政编码	100080
电　　话	010－62511242（总编室）		010－62511770（质管部）
	010－82501766（邮购部）		010－62514148（门市部）
	010－62515195（发行公司）		010－62515275（盗版举报）
网　　址	http://www.crup.com.cn		
经　　销	新华书店		
印　　刷	涿州市星河印刷有限公司		
规　　格	170 mm×240 mm　16 开本	版　　次	2020 年 6 月第 1 版
印　　张	19　插页 3	印　　次	2020 年 6 月第 1 次印刷
字　　数	276 000	定　　价	69.00 元

序　言

中国的经济增长，特别是自改革开放以来的经济增长取得了令人瞩目的成就，推动中国的发展进入了新时代，其中有许多方面值得深入总结和研究。在中国特色社会主义事业发展进入习近平新时代后，在许多方面发生了深刻的历史性变化，特别是中国的经济发展面临着新的机遇和挑战，要求贯彻新的发展理念并推动中国经济的发展方式发生根本性的转变。因此，中国经济的可持续增长及潜在增长率问题、经济增长的要素效率和全要素生产率问题、经济发展的人力资本和劳动生产率问题、经济增长的资源配置与结构效率问题等，都成为人们关注的问题，同时也是迫切需要进行深入探讨的问题。

本专著是受中共中央宣传部委托的社会科学研究重大课题“改革开放以来我国经济增长理论与实践研究”① 的一部分研究成果。刘伟教授是本课题的首席专家。关于中国经济的增长问题，刘伟教授带领课题组从 2004 年起开展专题研究，并在北京大学经济学院成立了国民经济核算与增长研究中心（与国家统计局合作），每年出版一份经济增长报告，至今已经连续出版了 15 份。该课题作为长期研究的重点研究项目获得了中国共产党中央委员会宣传部（以下简称“中宣部”）和中华人民共和国教育部（以下简称“教育部”）的专项支持，主要研究者包括刘伟教授和北京大学的苏剑、蔡志洲、张辉等教授。其学术研究成果除每年出版一份研究报告（或一部专著）外，还发表有系列学术论文及专题性的学术著作，产生了较大的学术影响。关于在未来中国经济增长中的潜在经济增长率问题及与之相关的全要素生产率、劳动生产率、人力资本问题的研究，则主要是在 2017 年接受中宣部委托的课题后展开的。该课题组的成员除北京大学经济学院的教授外，还有中国人民大学教授的加入，如刘元春和中国人

---

① “改革开放以来我国经济增长理论与实践研究”为国家社会科学基金项目的重大项目，批准号：15ZDA007；责任单位：中国人民大学。

民大学经济学院的一些教师及相关研究人员。本专著作为这一课题的部分成果，主要参与者（除刘伟教授外）还包括北京大学的苏剑教授、蔡志洲研究员、李绍荣教授、张立元博士以及中国人民大学的范欣博士后、黄彪博士后等。其中的一些重要内容此前已作为学术论文在《中国社会科学》、《经济研究》、《管理世界》、《北京大学学报》（哲学社会科学版）、《中国人民大学学报》、《经济科学》、《经济理论与经济管理》、《经济学动态》等刊物上发表，并在本专著中均已注明。在此基础上，我们通过对这些学术论文的修改和完善，特别是进一步凝练了主题，提升了相关方面内在联系的逻辑性和说服力，进而形成了目前这部专著。

本专著围绕中国经济增长及发展潜能这一问题，分为两部分讨论：第一部分上篇讨论了经济增长理论和观念的演进，第二部分下篇讨论了中国经济增长的特征及潜能，两篇共计九章。上篇共设五章，包括：第一章　西方主流经济增长理论的逻辑；第二章　西方非主流经济增长理论的进展；第三章　经济增长思想的变革：从古典经济学到马克思的批判；第四章　现代经济增长理论的新命题：全要素生产率问题的提出及理论演变；第五章　中国经济增长及发展观的演变。下篇共设四章，包括：第六章　中国经济增长的周期性和结构性特征；第七章　中国的潜在经济增长率与发展潜能；第八章　经济发展潜能与人力资本水平；第九章　产业结构效益与人力资本质量。

这部专著只是对经济增长及发展潜能问题的初步研究，希望获得大家的批评与指正，使得我们的研究能够更深入、更科学。

刘　伟

2019 年 8 月 25 日

目　录
Contents

上篇　经济增长理论和观念的演进

上篇

经济增长理论和观念的演进

第一章
西方主流经济增长理论的逻辑[①]

经济增长理论根植于世界经济发展的现实之中，试图阐释经济现象背后的一般性规律。时代在发展，经济增长理论也在不断修正与突破。纵观世界经济发展历程，从19世纪开始，经济全球化逐渐开启，整体呈现上升趋势。[②] 在此进程中，伴随着工业革命的发生以及经济危机的出现，有的国家经济增长速度较快，顺利步入高收入国家的行列；而有的国家经济增长速度缓慢甚至停滞，陷入“贫困陷阱”或“中等收入陷阱”。在各国经济的沉浮变迁中，一国经济增长的根本动力究竟是什么？不同经济发展水平的国家能否在长期实现落后对先进的赶超，进而使各国的经济发展水平趋同？这是经济增长理论自诞生之日起，一直都在尝试回答和解决的理论难题及现实问题。

第一节　现代经济增长理论的思想渊源

15世纪末，资本主义生产方式在欧洲国家开始萌芽和生长，但同期的英国经济发展水平明显低于欧洲大陆。伴随着地理大发现，市场范围不断扩大。自17世纪以来，英国的农业和工业迅速发展，其经济从停滞状态开始进入发展的快车道。重商主义学说在此阶段产生，该学说强调如何快速实现商业资本增加和货币资本积累，认为贵金属（如金、银等）的多寡是衡量一国财富的标准。重商主义将经济增长与货币财富积累视为等同，但它忽视了国内农业发展的重

---

① 刘伟，范欣. 现代经济增长理论的内在逻辑与实践路径. 北京大学学报（哲学社会科学版），2019（3）.

② 波尔索和托尼奥洛（Boltho and Toniolo，1999）的统计资料显示，1500—1820年世界人均GDP的年平均增长率为0.04%，1820—1990年世界人均GDP的年平均增长率为0.8%，1900—2000年世界人均GDP的年平均增长率为1.9%。这表明世界经济在19世纪以前基本处于停滞状态，世界经济进入上升期实际上仅有200多年的历史。

要性。从 18 世纪开始，伴随着农业革命的不断发展，重农学派在作为农业大国的法国开始出现。以魁奈（Quesnay）为代表的重农学派认为农业是一切财富的来源。重商主义学说和重农学派的经济思想虽具有一定的局限性，但它们为后续的古典经济增长理论的诞生奠定了基础。

伴随着第一次工业革命的产生，英国等欧洲国家的经济快速增长，经济增长理论也开始在欧洲的发达国家应运而生。有系统的经济增长理论最早可追溯到古典经济增长理论，代表人物主要有斯密（Smith）、马尔萨斯（Malthus）、李嘉图（Ricardo）等。古典经济增长理论建立在批判重商主义的研究基础之上，从物质产品生产领域寻找一国经济增长的源泉。作为经济增长理论的先驱，斯密（1776）明确提出了较为系统的经济增长理论，认为劳动分工、资本积累等是一个国家经济增长的主要动力。[①] 斯密所提出的劳动分工理论和资本积累理论也为后续经济增长理论奠定了基础。该理论虽重点关注国民财富的性质，但对资本内涵的认识仍存在一定的局限性。[②] 面对英国经济的急剧变迁和国际环境的变化[③]，马尔萨斯重点关注人口因素对经济增长的作用效果，认为人口以几何级数增长，而生活资料则以算术级数增长。从长期来看，一个国家的人均收入将收敛到其静态的均衡水平。李嘉图重点关注分配领域，认为资本、劳动和土地是产出的重要影响因素，但在缺乏技术进步的情况下，生产要素的边际报酬递减有可能导致一国经济增长的停滞。穆勒（Mill）在基本经济增长方程下，探讨人口增长率、资本增长率和生产技术在五种不同情形下的动态变化。他认为：若综合考虑土地报酬递减规律、马尔萨斯人口规律、利润率下降规律等，人类社会将处于静止状态。[④]

---

① 事实上，休谟（Hume）也对经济增长进行了论述，他认为产出是劳动、土地和制造业的函数，劳动和土地生产率的提高在于人类动机的驱动。但与斯密的《国富论》相比，《国富论》更为系统和丰富，影响力更加深远。因此，一般将斯密视为经济增长理论的先驱。

② 在重商主义学说和重农学派等经济思想的影响下，斯密在 1776 年出版的《国富论》是针对地理大发现后国际贸易盛行时期的经济现象而写的著作，故其经济增长理论重在强调分工、资本积累等因素。

③ 始于 1793 年的英法战争，仅在 1802 年停战一年，这为马尔萨斯检验人口理论提供了机会。与此同时，英格兰和威尔士的人口增速在 1780 之后开始提高等，这些均为其研究提供了良好的假设前提。

④ 五种不同的情形包括：第一种情形，人口增长，资本和生产技术保持不变；第二种情形，人口和生产技术保持不变，资本增加；第三种情形，人口和资本以相同的速度增加，生产技术保持不变；第四种情形，人口和资本保持不变，生产技术进步；第五种情形，人口、资本和生产技术都向前发展。

同期，马克思（Marx）在批判和继承英、法古典经济学有关理论成果的基础上，确立了社会总资本再生产和流通的理论体系，构建了第一个两部类增长模型，实现了静态分析动态化、短期分析长期化。马克思通过对两部类增长模型的分析发现，社会总资本的分配比例可以影响两大部类的增长速度，进而影响经济增长，即资本的有机构成是影响总体经济增长的关键因素。资本、劳动、科学技术和制度在经济增长中发挥着重要作用，但资本主义的生产方式无法满足生产力发展的需要，也就是资本主义的经济增长并不具备可持续性。要想实现经济持久、平衡地增长，社会变革和制度变迁是关键因素。可以说，基于劳动价值论和剩余价值理论，马克思创建了一个科学且严密的社会资本再生产理论体系，为经济增长理论提供了新的视角。与古典经济增长理论相比，马克思将经济增长问题数理化，构建了经济增长理论史上的第一个两部类增长模型。与哈罗德-多马（Harrod-Domar）模型等单部门模型相比，该模型兼顾了总量与结构、需求与供给等方面的问题，将资本的有机构成等因素作为动态量来实现长期动态分析，从而更为全面系统和贴合现实。

19 世纪 70 年代，随着“普法战争”的爆发，价格开始进入持续下降期，这对既有的经济理论和世界经济形势产生了重大影响，学者的研究重心开始发生变化，他们的研究方向从经济增长开始转向社会改革和福利、资源配置效率等；与此同时，对经济增长理论的研究开始步入“边缘化”时期。在第一次世界大战前，由于专业领域的不断细化，经济增长的研究领域也得以扩展，但也有相当多不一致的声音出现。从第一次世界大战到第二次世界大战之前，由于战争等因素导致制度框架的破裂，不少经济学家主要关注公共政策的影响等。马歇尔（Marshall，1920）关注的焦点与同时期的经济学家不同，他仍然关注经济增长方面，认为一国的实际总收入取决于工人的数量、工人的平均效率、财富数量、自然资源丰裕度、生产技术水平和公共安全状况等。从一定意义上说，马歇尔与 19 世纪早期古典经济学家的研究主题相似，他们将经济增长视为一个整体进行分析，而同时期的大多数经济学家则开始转向影响经济增长的关键因素及其动力学分析，如人口因素、技术因素等。在人口变动方面，面对先进工业国家和发展中国家的人口变化特征，学者从最优人口观、人口变迁等视角加以阐释。[①] 在此期间，人口研究也达到了一个高度专业化的成熟阶段，特别是大萧条时期的英国、瑞典和美国等先进工业国家最为关注最优人口问题。面对第一次世界大战中英国死亡率的大幅提高、净出生率的下降等现实问题，雷德韦（Reddaway，1939）指出，人口增长的迟缓和下降将会影响到资本供给、技术进步、年龄构成、生产规模、国际贸易等，进而给人均实际国民收入带来不同的影响。20 世纪 30 年代，瑞典的人口净增长率也出现急剧下滑，到中期为止，瑞典的人口净增长率在先进工业国家中排名最低，引发了全国性的人口大讨论。若支持生育控制等人口限制方式，这将是增加人均实际收入和提升生活品质的一种措施（Wicksell，1934）。汉森（Hansen，1951）通过统计美国每隔十年人口数量的变化来考察 20 世纪 30 年代的长期停滞。在此阶段，部分学者通过研究出生率和死亡率的长期动态变迁来分析最适宜人口密度，其实质也是在探讨人口变迁问题（Carr-Saunders，1936）。与此同时，随着人口数据的日益翔实和分析工具的不断改进等，针对拉丁美洲、亚洲等相对落后工业国家的人口问题研究也有出现（Antesy，1936）。一般来说，这一时期的学者针对人口数量的统计分析、人口的动力学、人口净增长率等方面都进行了较为深入的分析，但这均是建立在 20 世纪 40 年代之前经验分析的基础上。面对 1945 年后世界人口形势的演变，人口研究仍有待进一步改进与修正。在技术进步方面，熊彼特（Schumpeter，1934）指出：创新是一种对生产要素和生产条件的新组合[②]，可以推动资本主义经济不断发展，而创新的主体是企业家。库兹涅茨（Kuznets，1930）基于多国的长期经验证据，主要关注动态经济中各主导部门的先后衰退进程，认为技术变化是经济增长的决定因素。

---

① 数据来源于《人口指数》（Population Index）。资料显示，在此期间，人口净增长率呈现出先升后降的趋势。具体来看：1935—1939 年英国、瑞典、美国的人口净增长率分别为 0.79%、0.78%和 0.96%；1955—1959 年英国、瑞典、美国的人口净增长率分别为 1.13%、1.06%和 1.73%；1975—1979 年英国、瑞典、美国的人口净增长率分别为 0.83%（1978 年）、0.81%和 0.86%（1978 年）。

② 创新涵盖五个方面：（1）引进一种新产品。这种产品是消费者不熟悉的产品或者具有新品质的产品。（2）引进一种新的生产方法。（3）开辟一个新市场，这一市场是国内某个生产部门从未进入的。（4）获得一个新的原料和半成品供应来源。（5）实施新的产业组织形式。

鉴于经济增长理论本身的局限性及现实经验数据的缺失等，在 20 世纪 40 年代之前的经济增长理论主要探讨两方面的问题：一是经济增长的决定因素；二是经济增长的关键影响因素及其动力学。以斯密为代表的古典经济学家从资本积累、劳动分工、人口数量等角度来探讨产出的影响因素，以马歇尔为代表的新古典经济学家则采用边际分析方法，从生产技术、创新等视角来研究经济增长的影响因素。虽然它们的研究视角有所差异，但实质上均在探讨经济增长的根本动力，这些理论思想将成为现代经济增长理论的重要源泉。基于此，需要进一步运用现代工具和方法将其数理化和模型化，现代经济增长理论由此产生。那么，何谓现代经济增长理论？对此，目前暂无明确界定。从经济增长理论的时代变迁来看，现代经济增长理论应是在历经“静态的插曲”后于 20 世纪 40 年代左右复兴的经济增长理论；从经济增长理论的起源和流变来看，现代经济增长理论应是在继承和吸收古典经济增长理论等相关思想后形成的理论体系；从经济增长理论的分析方法来看，古典经济增长理论主要采取定性分析，而现代经济增长理论则是运用现代工具和方法探讨经济增长的规律性问题。概言之，现代经济增长理论应是在 20 世纪 40 年代左右兴起的，针对现代经济增长现象，试图采用现代工具和方法来阐释经济增长的规律及其影响因素的理论。① 狭义上的现代经济增长理论是指从 20 世纪 40 年代左右开始，运用新古典经济学的相关思想，采用现代工具和方法分析经济增长的规律及其影响因素的理论。②

在第二次世界大战后，随着世界经济形势的变化，经济学的研究中心也从英国转移至美国，而针对经济增长的分析又重新回到了舞台的中央。伴随着工业革命的产生、新经济危机的出现等，新经济增长现象也不断涌现。③ 这些新现象的出现，也给经济学家带来了新的机遇与挑战。经济学家在传统经济增长

① 库兹涅茨在《现代经济的增长：事实和思考》中针对现代经济增长总结出六大特征：（1）人均产量和人口的高增长率；（2）生产率的高速增长；（3）经济结构的转变；（4）社会结构和意识形态的迅速改变；（5）经济增长在世界范围内的迅速扩大；（6）世界经济增长的不平衡性。

② 在本书的分析中，我们将采用广义的现代经济增长理论的概念加以分析。当然，由于现代经济增长理论包罗万象，在此我们无法一一涉及，仅选择部分有典型代表性的增长理论加以论述。

③ 例如，1973 年和 1981 年两次石油危机不可避免地带来了经济波动，而 20 世纪 80 年代在经济低增长下出现了高失业率、高赤字和高债务等问题。

理论的基础上开始从多元视角加以研究，致使经济增长理论在此期间开始复兴。特别是从 20 世纪 80 年代开始，现代经济增长理论呈现出百花齐放的局面。

本章将遵循现代经济增长理论的逻辑主线，按照时间脉络或研究主题的差异等进行阐释。本章剩余部分的研究框架安排如下：第二节介绍建立在技术外生基础上的经济增长模型；第三节介绍建立在技术内生基础上的经济增长模型；第四节介绍建立在制度变迁基础上的经济增长模型；第五节介绍建立在结构变化基础上的经济增长模型；第六节介绍建立在需求因素基础上的经济增长模型；第七节介绍现代经济增长理论的经验研究；第八节是本章的小结与经济增长理论未来可能的研究方向。

第二节 技术外生与经济增长

面对第二次世界大战给世界经济带来的不确定性，20 世纪 30 年代的经济大萧条可能会再次上演。为此，在经济系统脆弱性下探讨经济能否长期均衡增长尤显重要。哈罗德（Harrod）于 1939 年和 1942 年分别发表了《关于动态理论的一篇文章》和《走向动态经济学》，多马（Domar）于 1946 年和 1947 年分别发表了《资本扩张、增长率和就业》和《扩张与就业》，标志着形式化增长模型开始建立（Rostow，1993）。哈罗德-多马模型的构建，不仅是经济增长问题作为单独的经济问题首次被专门进行理论研究，也是数理经济方法开始在经济增长理论中使用并被视为现代经济增长理论的开端。哈罗德-多马模型根据凯恩斯的收入决定论，通过假定不存在技术进步、资本存量的折旧不变、生产函数具有固定系数等，研究产出增长率、储蓄率和资本产出三者之间的关系，认为一国经济只有当实际增长率、有保证的增长率和自然增长率同时相等时，才能实现经济长期均衡增长。哈罗德-多马模型以凯恩斯理论为基础，重在强调投资的双重性，认为在一个较长的时期内存在一种实际产出增量与最高潜在产出增量相等、总产量的均衡增长率与投资增长率相等的均衡增长率。哈罗德-多马模型克服了凯恩斯理论的局限性，从供给与需求相结合的角度对经济增长的影响因素加以分析，但由于三种增长率的影响因素不同，想实现一致很难。这种过分强调资本积累在经济增长中的决定性作用，从而形成“刃锋式增长”的均衡路径不具有稳定性。

在哈罗德-多马模型问世后的十年里，形式化增长模型基本处于停滞状态，并未引发大规模的探讨和良好的发展势头。在此期间，哈罗德-多马模型所暗含的经济系统脆弱性的假设前提刚好与现实情况相反。纵观第二次世界大战前的先进工业国家，其经济增长势头并未因此深受影响。美国虽经历朝鲜战争和实施“马歇尔计划”，但经济活力强劲，进入了大规模消费时代。欧洲经“马歇尔计划”援助后，进入欧洲历史上经济增长最快的时期，1948—1952 年工业生产增长了 35%，农业生产超出第二次世界大战前的水平。日本在良好的国际经济形势下进行民主改革，其经济开始快速复兴并实现了奇迹般的增长，被称为“神武景气”。[①] 面对这一国际经济形势的非预期变化，学者也将研究重点转向探讨经济体的内生力量，致使新的经济增长理论应运而生。

面对哈罗德-多马模型的不稳定性与现实经验的巨大差距，新古典增长模型试图从要素替代出发，寻找稳定的增长路径。[②] 索洛（Solow，1956）和斯旺（Swan，1956）突破了古典经济增长理论模型中生产函数具有固定系数的假设前提，将凯恩斯的总量分析与生产要素可以充分替代的新古典生产函数相结合，在边际产出递减、规模报酬不变、稻田（Inada）条件等基本假设下，建立了一个新的动态均衡模型。在不考虑技术进步的前提下，由于投入要素的边际收益递减，经济将趋于稳态，因而长期的人均经济增长率将趋于零。经验事实表明，一国的经济增长并未按照索洛模型走向经济趋同，反而出现了经济的持续增长。针对索洛模型没有解释储蓄率的决定因素及其可能出现的动态无效率问题，卡斯（Cass，1965）、库普曼（Koopmans，1965）通过将拉姆齐（Ramsey，1928）的研究引入模型中，进一步将储蓄率内生化，然后利用连续时变函数，在市场出清的状态下，从消费者和厂商的角度分析了消费率与资本存量之间的动态变

---

① 1968 年日本的经济总量首次超过联邦德国，成为资本主义世界的第二大经济体。1979 年日本的 GDP 达到 1.01 万亿美元。1987 年日本的 GDP 超过苏联，成为世界第二大经济体。

② 第一次工业革命在英国发生，英国在此期间有高工资和煤炭资源丰富两个重要特点，这就使得生产者更愿意以使用较少的劳动力、多投入物质资源的方式进行生产，即要素替代在经验事实中存在。

化关系。该模型被称为卡斯-库普曼-拉姆齐（Cass-Koopmans-Ramsey）模型（以下简称“拉姆齐模型”）。虽然拉姆齐模型回答了最优储蓄率受到贴现率、技术进步、人口增长等因素的影响，但由于假设人的寿命是无限的而备受质疑。为此，戴蒙德（Diamond，1965）通过假设家庭人员存在新老交替现象，将个人生命周期分为青年期和老年期，并从离散角度分析在经济增长过程中储蓄、消费、产出等因素之间的动态变化关系。

考虑到发明、创新和技术的重要性，形式化增长模型也对此进行了相应的讨论，但基本均回避了熊彼特提出的大量创新都是大规模、内生、非连续性的论断。换言之，在探讨这一主题上，基本上还停留在技术外生的假设前提之下。阿罗（Arrow，1962）构建了“干中学”模型，将技术进步是资本积累的副产品、公共产品具有“外溢效应”等作为其基本假设。他认为，进行投资的厂商可以借助生产经验提高生产率，而不进行投资的厂商也可以在学习中提高生产率。谢辛斯基（Sheshinski，1967）对阿罗模型的结构进行了简化和扩展，提出了一个简化的阿罗-谢辛斯基（Arrow-Sheshinski）模型，他认为：均衡增长率取决于人口或劳动力的自然增长率，但也取决于学习效应。如果人口或劳动力的自然增长率为零或出现负值，长期经济增长将陷入停滞或者出现负增长。宇泽弘文（Uzawa，1965）通过建立一个包含物质生产部门和人力资本生产部门的两部门经济增长模型，试图从人力资本不断积累的角度来解释长期经济增长。

但是，技术外生增长模型并未很好地预见到 20 世纪中期后的世界经济进程。虽有新古典增长模型等出现，但它们不能有效解释 20 世纪 50—60 年代经济繁荣背后的根本原因。自 20 世纪 70 年代以来，1974—1975 年和 1979—1982 年两次小规模的经济危机，也明显与技术外生增长模型所假定的大多数典型事实不符。换言之，技术外生增长模型既不能有效地支持经济增长分析领域，又不能很好地阐释先进工业国和发展中国家的政治经济问题。

第三节　技术内生与经济增长

由于无法对经济增长现象予以科学、合理的阐释，经济增长理论研究在 20

世纪70年代—80年代中期基本处于停滞状态。每次工业革命无不与技术进步息息相关。在20世纪80年代中期，以罗默（Romer，1986）、卢卡斯（Lucas，1988）等为代表的经济学家发表了一组以“内生技术变化”为核心的论文，使得长期经济增长问题从沉寂中走出，再次成为热点。在这一阶段，经济学家尝试解决收益递减规律与长期经济可持续增长之间的矛盾，将知识和人力资本等引入经济增长模型，提出了要素收益递增假设，对形式化增长模型进行了再修正，并探讨了一国经济的长期可持续增长如何被经济系统内生决定，即内生增长理论或新经济增长理论（潘士远等，2002）。[①] 与新古典经济增长模型强调长期经济增长完全由理论本身的外生因素决定的特征不同，内生增长理论将技术进步引入其中，重点强调经济能否实现长期稳定增长由经济模型本身决定，即并非来自外部力量的作用，而是系统内部力量作用的产物。为此，经济学家开始围绕着外部性、研究与开发、人口变化等问题开展研究，试图重新解释经济增长率的高低和人均收入的跨国差异。

从技术外生的增长模型来看，“索洛残余”并没有得到真正意义上的有效解决。如何将技术进步内生化，是经济学家不得不思考的重要问题。罗默（Romer，1986）在阿罗（Arrow，1962）的研究思路基础上，通过内生技术进步试图克服“干中学”模型的缺陷，并建立了阿史-罗默（Arrow-Romer）模型。罗默（Romer，1990a，1990b）拓展了外部性研究，提出了内生技术变化的垄断竞争经济增长模型。该模型在罗默模型的基本框架下，假定技术变化源于人们针对市场刺激而采用的有目的的行动、技术的增加与人们对其投入的资源成比例、知识具有非竞争性和部分排他性等，有资本、劳动、竞争性人力资本和非竞争性知识存量四种基本投入，存在研究部门、中间品部门、最终产品三个部门。该研究发现，均衡产出率取决于人力资本总存量、研究部门的设计产

① 罗伯特和塞特费尔德（Robert and Setterfield，2005）根据近现代经济增长模型和理论进展，给内生增长理论三个定义：第一，增长率由经济增长模型本身决定，而非外生变量作用的结果；第二，将技术进步明确纳入经济增长模型之中；第三，将时间视为唯一的外生变量，经济增长延续了以前经济增长的路径。在此，本书遵循内生增长理论的起源和流变，认为内生增长理论应同时满足经济增长率由经济增长模型本身决定、技术进步内生、时间是唯一的外生变量三大特征。

出率、时间贴现率和跨时替代弹性等。由于不同的中间品是对称的，存在最优增长率，而且它与均衡增长率有所差异。在该模型中，主要采用物质资本的外部性来解释长期经济增长问题，认为知识或技术是物质资本投资的副产品，它们在提高自身企业生产力的同时，也不可避免地提高了其他厂商的生产率，进而使整体社会生产率得到提高。为了实现最优增长率，物质资本的外部性需要政府通过政策加以解决。在人力资本的外部性方面，卢卡斯（Lucas，1988）基于人力资本理论，采用宇泽弘文（Uzawa，1965）的分析框架，假设在一个竞争性市场的封闭经济中有同质性的经济主体、物质资本积累满足新古典公式等，构建了以人力资本的外部性为核心的内生增长模型。该研究发现，人力资本增长率与人力资本投资的有效程度和贴现率有关，即使人力资本增长率为零，经济增长仍然存在。此外，该研究还发现：在考虑技能水平增长的情况下，工资增长率等于人均物质资本存量的增长率，这也能在一定程度上解释不同经济发展水平国家工人工资率的差异性。塔努拉（Tanura，1991）、卢卡斯（Lucas，1993）、古德弗兰德和麦克德特（Goodfriend and Mcdermott，1995）等也采用人力资本的外部性来解释长期经济增长问题，认为人力资本才是经济增长的重要源泉。

尽管说物质资本和人力资本的外部性在现实经济中存在，但不足以解释长期经济增长这一事实。换言之，物质资本和人力资本的外部性虽对长期经济增长发挥着较重要的作用，但并不是长期经济增长的根本力量（Krugman，1991；Jones and Manuelli，1997）。究竟什么因素是长期经济增长的不竭动力？熊彼特（Schumpeter，1942）提出“创造性破坏”这一思想，指出：“确立并保持资本主义发动机运转的根本动力源自新的消费品、新的生产或运输方式、新市场……（这个过程）不断地使经济结构从内部发生改变，不断地摧毁旧的经济结构，不断地创造新的经济结构。这个创造性的破坏过程是资本主义的基本特征。”创新产生的新产品在经济增长中扮演的作用也是经济学家关注的重要话题。自此，熊彼特开始强调创新在经济增长过程中的重要作用。与此同时，不少学者也开始从产品数量和产品质量两个维度来探讨其在经济增长中的作用与效果。在产品数量层面，贾德（Judd，1985）做了开创性研究，探讨了产品数量增加与经济增长之间的关系。后续学者进一步从不同类型产品数量的角度加以深化分析，如新产品数量、质量改进型产品数量（Romer，1987；Grossman and Helpman，1991a；Helpman，1992；Barro and Sala-i-Martin，1995）。在产品质量方面，格罗斯曼和赫尔普曼（Grossman and Helpman，1989）做了开创性研究，而后阿吉翁和豪伊特（Aghion and Howtii，1992）也遵循熊彼特的“创造性破坏”思想，通过假定经济中存在着劳动、消费品和中间品三类可交易商品，三种类型的劳动[①]且不存在劳动供给的负效应，考察以产品质量提高为主要内容的产业创新过程，构建了一个由创造性破坏产生的内生经济增长模型。他们的研究发现，经济增长的根本源泉是竞争性厂商的垂直产品创新。此外，也有学者（Grossman and Helpman，1991b；Dinopoulos and Thompson，1998）从创新产品的数量和质量两个维度同时探讨经济增长问题。

人口因素是长期经济增长的重要影响因素，而上述研究是在以人口变化为外生变量的假定下讨论长期经济增长问题。进入 20 世纪，世界人口的增长率呈现出“倒 U”形特征。[②] 特别是从 20 世纪 80 年代开始，世界人口的增长率开始呈现下降趋势，部分发达国家也相继出现人口下滑的事实。从传统的经济增长理论出发，人口下滑不利于长期经济增长。但事实上，这些国家的经济仍呈现出良好的发展态势，而且它们与发展中国家的收入差距还在进一步拉大。这种传统经济增长理论与现实情况的差距如何科学合理地加以解释？从传统经济理论的分析来看，不仅人口变化会影响经济增长，经济增长也会受到一国经济发展水平、市场化程度、教育水平等因素的影响，主要是由经济系统内生决定的。人口变化、技术进步与经济增长的相互作用也催生了将人口变化视为内生变量的内生增长理论。目前，关于人口如何被经济系统内生决定的文献主要集中在

① 三种类型的劳动包括：第一种劳动是专门用于消费品生产的非技能劳动；第二种劳动是既可用于研究又可用于中间品生产的技能劳动，第三种劳动是专用于研究的专业化技能劳动。

② *World Population Prospects*：*The 2017 Revision* 的数据显示，1950—1955 年的人口增长率为 1.78%，1965—1970 年的人口增长率达到峰值（2.05%），而后呈现下降趋势，1970—1995 年的人口增长率下降至 1.52%，1995—2000 年的人口增长率为 1.32%。

两个方面：一方面，探讨出生率如何由经济系统内生决定的模型，而出生率主要由父母生育子女数量的意愿和父母生育子女的时间选择所决定。[①] 父母生育子女数量的意愿是经济学家关注的重点。一般的假设前提是生育孩子如同投资耐用消费品，既有成本也有相应的收益。父母的子女数量越多，这种成本也是不断增加的，但这种收益的边际效应是递减的。不少学者（Becker and Barro，1988；Barro and Becker，1989）在新古典经济增长模型框架下对此进行了研究，发现一国经济发展水平越高，其生育率反而下降，这与经济发展过程中的一般规律吻合。[②]进一步，生育率的下降意味着父母生育子女的数量减少，那么父母如何追求自身效用最大化？在这种情况下，父母注重子女的质量，增加对子女的人力资本投资尤显关键（Becker，Murphy and Tammura，1990；Becker，Glasser and Murphy，1999），而人力资本投资的增加则会促进经济增长（Galor and Weil，2000），这为现实与理论间的差异提供了新的解释方案。在父母生育子女的时间选择上，父母选择生育子女的年龄将通过代际的时间跨度影响生育率。因此，在交叠世代理论的基础上构建内生增长模型，可以探讨代际时间跨度所带来的经济社会变化，具有重要的现实意义。另一方面，探讨劳动力跨国流动对经济增长的影响。一般来说，劳动力流动的动机是不同国家或地区间工资收入水平的高低，而劳动力流动性的增强将有利于国家间收入趋同。在现实生活中，劳动力市场的分割现象是长期存在的，在流动过程中较容易受到制度等因素的约束，进而影响一国经济的增长进程（Barro and Sala-i-Martin，1992）。戈拉尔（Golar）于 2005 年发表了《从停滞到增长——一致增长理论》，对人口为内生变量的新增长理论进行了系统的论述，阐释了如何在人口下降的情况下实现平衡增长路径均衡（BGP）。与此同时，戈拉尔指出：在经济发展的过程中，从停滞到增长的转型是不可避免的副产品。他认为经济将收敛在稳定、

① 中国在出生率的管控上，主要也是基于这两方面来制定相关政策的，如提倡“只生一胎”“晚婚晚育”等政策。从一定程度上看，出生率在政策指引下也基本得以有效控制。近年来，考虑到出生率过低等现实情况，政府开始推行“全面放开二胎”等政策，其落脚点是提升出生率。

② 一般来说，经济发展的历史经验表明，大多数国家随着人均收入的不断提高，该国的生育率反而会下降。当然，事物发展也有其特殊性，也有部分特别贫困的国家并不遵循这一规律。

唯一的平衡增长路径上，而纵向和横向创新活动的相互作用可以支持经济实现可持续的内生增长（Peretto，1998；Peretto and Connolly，2007）。

事实上，从发展中国家的经验数据来看，一旦受到自然资源的约束，发展中国家的创新活动可能会受到限制。也就是说，若考虑不可再生资源的约束，经济还能实现平衡增长路径水平吗？这一问题也成为近年来内生增长理论的难题和前沿问题。巴比尔（Barbier，1999）考虑到资源短缺因素的影响，通过构建一个简单的罗默-斯蒂格利茨（Romer-Stiglitz）模型来探讨最优平衡增长路径。该研究发现，创新的资源存量约束假定将影响内生增长。格罗斯和施罗（Groth and Schou，2002）在斯蒂格利茨模型的基础上，通过引入不可再生资源来构建一个内生增长模型，探讨在不可再生资源的约束下内生增长的实现机制。佩雷托（Peretto，2012）在常数人口增长的框架下探讨了不可再生资源冲击对经济增长的影响。布雷茨格（Bretschger，2013）探讨了劳动与不可再生资源间可替代性的罗默内生增长机制。谢弗（Schäfer，2014）通过建立一个有偏技术进步模型，发现技能偏向型技术进步将引致自然资源消耗率降低和人口增长率下降，并且自然资源消耗率与人口增长率在长期均衡中呈现负向关系。若人口稳定或下降，研发部门的正向跨期知识溢出有助于实现长期均衡可持续的经济增长。佩雷托和瓦伦特（Peretto and Valente，2015）则在熊彼特内生增长模型的基础上，引入人口内生变量，并探讨了技术进步、自然资源约束和人口长期动态变化之间的关系。

第四节　制度变迁与经济增长

20 世纪 80 年代兴起的内生增长理论将知识和人力资本引入经济增长模型中，使经济增长源泉内生化，试图从理论上说明专业化的知识和人力资本积累在经济增长中的重要作用。内生增长理论关于经济增长的动力分析仍聚焦在资本、劳动和技术知识上，制度被视为外生因素。这表明内生增长理论重在强调经济增长过程中资源配置的运行层面，并未探究长期经济增长中的深层次制度原因。回顾世界经济发展史，我们不难发现：自中世纪以来，城镇经济活动相对活跃、生产进一步市场化等有利于经济增长的因素开始在欧洲凸显，但工业革命和现代经济增长并未在欧洲国家同时出现。在此期间，随着国家政治差异的出现，制度开始出现分化，提出明确界定和保障财产权利制度的国家（如英国等）的经济绩效明显更高一些[①]，这才是工业革命和现代经济增长在这些国家兴起的深层次原因（North，2005）。[②] 换言之，对于资本、技术等要素的积累而言，与其说是经济增长的原因，还不如说是经济增长本身（North and Thomas，1973）。

关于制度与经济增长的关系研究，可以追溯到马克思主义经济学和旧制度经济学中的相关思想。马克思（Marx，1845）针对经济增长的动因进行了重点分析，探讨了资本主义的资本、劳动、科技和制度在经济增长中的作用，认为资本主义生产的分散性和社会经济运动的无政府状态将使资本主义经济无法实现稳定增长。凡勃伦（Veblem，1899）认为：作为经济学研究对象的各种制度应是关注的重点，只有研究好制度才能更好地理解人类行为。凡勃伦强调：在人类经济生活中主要有满足人类物质生活的生产制度和私有制度两种制度，应从制度层面来改良社会，以便与技术进步相匹配。康芒斯（Commons，1934）认为经济关系的本质是交易，当交易过程面临冲突时，只有依靠法律制度才能加以解决。舒尔茨（Schultz，1968）认为经济制度与经济增长之间存在内在的联系，并对制度进行内生化研究。舒尔茨根据制度在经济增长中的作用和地位，将其分为三类：第一类是不考虑制度因素的经济增长理论，认为其仅适用于短期经济增长；第二类是将制度视为外生变量，认为制度变迁与经济增长无关，但特定制度与经济增长有关；第三类是将制度视为内生变量，认为制度是某些服务的供给者，因经济增长的需求而生。经济在从非均衡向均衡转变的过程中，制度也会进行相应地调整，进而促进经济增长。

---

① 从16世纪开始，欧洲国家开始走上了不同的道路，诺思等（North et al.，2009）指出“信念结构与存在于尼德兰和英格兰的特殊条件产生了良性结合，由此导致了经济和政治的制度演进。这种结合孕育了思想变迁，从而不仅产生了新教改革，而且产生了一种演化的信念结构，后者引致了既有利于经济增长又有利于自由演进的行为方式”。

② 新制度经济增长理论和内生增长理论在同时期出现，但当前内生增长理论仍是现代经济增长理论的主流。与内生增长理论不同，以诺思为代表的新制度经济增长理论并非建立在形式化增长模型的基础上，而是另辟蹊径，强调制度变迁才是长期经济增长的根本原因。

科斯（Coase，1937，1960）提出了交易费用的概念，并构建了交易费用的理论分析框架，这为新制度经济学的经济增长理论研究奠定了基础。以诺思等为代表的新制度经济学派开始在交易费用的分析框架下研究制度变迁与经济增长之间的关系。诺思的经济增长理论是以产权为基础，以制度变迁为核心，涵盖产权、国家理论和意识形态的理论体系，它认为制度变迁才是引起经济增长的真正原因（North and Thowmas，1973；North，1981；North，1990）。具体来看，在产权方面，诺思和托马斯（North and Thowmas，1973）通过历史的分析认为：一种能提供适当的个人激励的有效制度是促进经济增长的关键因素，而产权在这个有效制度中最为关键。在国家理论方面，国家的存在是经济增长的关键，但国家又是人为经济衰退的根源（North，1981）。在现有的组织和技术制约下，产权的创新、裁定和行使成本极高，而国家恰好能以较低的成本提供产权保护和相关强制力的制度安排，进而有利于国家的长期经济增长。在意识形态方面，作为一种非正式制度，意识形态可以通过影响机会主义行为，进而通过影响交易费用作用于经济增长。奥尔森（Olson，1982，1996）认为各国的国情不一，它们在生产要素等方面的差异性并不能解释不同国家经济发展水平不一的原因，而制度和经济政策的质量差异才是国家经济水平不同的合乎逻辑的解释。杨小凯和博兰德（Yang and Borland，1991）基于古典经济学相关理论，采用超边际分析法来研究交易费用、分工与经济增长之间的关系，发现制度安排将通过专业化水平带来国家间经济绩效的差异。[①] 格雷夫（Greif，1998）提出了历史比较制度分析（HCIA），为分析制度和经济增长之间的关系

---

① 关于分工与经济增长的关系，斯密（Smith，1776）强调了劳动分工是经济增长的动力源泉，但由于很难将其构建成理论模型，使得这一重要思想被边缘化。随着以杨小凯、博兰德等为代表的新兴古典经济学家采用超边际分析法，构建用劳动分工的自发演进来解释经济增长问题的动态一般均衡模型（Yang and Borland，1991；Borland and Yang，1992；Borland and Yang，1995），这一思想又重新焕发生机。杨小凯-博兰德（Yang-Borland）模型认为经济增长会有序经历三个阶段：经验积累的增长阶段，其经济增长率低且递减；分工的经验积累但无分工演进的增长阶段，其经济增长率高但递减；分工演进的增长阶段，其经济增长率高且递增。在这一进程中，假定生产技术具有“干中学”和递增收益的性质，随着生产经验的积累和生产力的不断提高，交易费用不再是阻碍专业化水平选择的重要因素，这将使得全社会的专业分工水平得以提高，进而更有利于经验积累并形成良性循环，最终实现长期经济增长。当然，由于发达国家与发展中国家分工演进的阶段不一，这一理论也能在一定程度上解释发达国家与发展中国家之间经济差距拉大或缩小的现象。

提供了新视角。随后，格雷夫（Greif，2000，2006）以中世纪后期欧洲和伊斯兰世界的制度及合约发展为研究对象，采用历史比较制度分析研究了热那亚政治制度的自我强化要素以及内在变迁等。阿西莫格鲁（Acemoglu，2004）通过构建一个解释经济绩效的一般性分析框架，以政治制度和资源分配为常量，发现经济制度才是长期经济增长的根本力量。

那么，在生产要素既定的前提下，制度变迁和技术进步究竟谁是长期经济增长的根本动力？经济学家一直对此存在争议。以索洛为代表的新古典经济学增长理论和以卢卡斯等为代表的内生增长理论重在强调技术进步对经济增长的决定性作用，而以卢卡斯为代表的新制度经济增长理论则重在强调制度变迁是经济增长的根本力量。当然，卢卡斯的这一论断是建立在分析特定阶段的历史案例基础之上，并不具有一般性。也就是说，制度变迁在长期经济增长中扮演了重要作用，但这并非唯一的决定因素。制度变迁和技术进步应是相辅相成、互为统一的（Ruttan，1978；Matthews，1986）。面对技术进步与制度变迁之间的复杂关系，诺思和威利斯（North and Willis，1994）提出了四种类型的制度变迁或技术进步，而中间物品是两者关系的纽带。技术进步和制度变迁均能降低交易费用及转型费用，这有助于理解交易费用、制度变迁、技术进步与经济增长之间的复杂关系。若追溯到马克思的观点，其关于生产力与生产关系辩证统一的学说科学地论述了技术进步与制度变迁之间的关系。

从经验事实来看，在地理大发现之后，工业革命在西欧部分国家的出现，也与技术进步和制度变迁的调整与整合息息相关。自 2008 年金融危机以来，面对理论假设缺乏现实基础而导致相关的均衡分析被质疑和挑战等实际情况，部分学者也开始从演化分析视角来探讨技术进步与制度变迁之间的复杂关联（Dias et al.，2014；Tedeschi et al.，2014），他们认为技术和制度的协同演化才是经济增长的主要动力（North，1994）。[①] 不少学者开始从产业发展经济史

① 早期的演化经济学注重对技术创新与扩散等的相关研究，被称为“新熊彼特主义”。进入 21 世纪后，制度生成与变迁逐渐受到演化经济学家的重视。面对技术进步与制度变迁之间的复杂关联，如何实现两者之间的共同演化，成为近年来演化经济学的重要前沿理论问题（黄凯南等，2018）。

(Murmann，2003)、多主体的学习过程（黄凯南等，2018）等角度来研究技术进步与制度变迁之间的共同反馈机制。

第五节　结构变化与经济增长

在经济增长的理论研究中，为了更好地解释“卡尔多事实”①，经济学家往往较多地关注经济增长的总量研究，而忽视了经济增长过程中的结构性变化问题。从世界各国经济发展进程来看，我们不难发现：在一国经济快速增长的过程中，往往会出现生产要素从农业部门向工业部门和服务业部门转移的结构变化过程。第二次世界大战后发达国家的典型事实也表明，农业所占比重日益下降，而服务业所占比重渐趋上升。基于此，部分经济学家特别是发展经济学家开始关注经济增长过程中的结构变化问题。

关于经济增长中的结构变化问题，经济学家最初主要进行经济增长结构的统计分析。库兹涅茨（Kuznets，1946）通过收集统计资料，展开了在经济增长中结构变化的国际比较研究。此后，库兹涅茨（Kuznets，1965，1966，1971）进一步通过截面和时间序列考察，发现三次产业结构在经济增长过程中也进行了相应调整，农业部门所占比重逐渐减小，工业部门所占比重逐渐增大，服务业部门所占比重也在稳步增长。具体来看，在截面上，库兹涅茨通过总结1958年57个国家三个主要生产部门及其细分部门在国内生产总值中的份额变化，分析了在经济增长过程中经济结构的变化规律及其内在原因，认为不同人均收入水平对各种商品的需求也不同，进而造成了经济结构的差异性。在长期趋势上，库兹涅茨通过对部分代表性国家（主要是发达国家）的考察，发现三大部门在时序上也存在增长过程中的结构性变化。可以说，库兹涅茨重点关注西欧、北美等地区和日本等发达国家的增长形态，试图用尽可能长的时间序列数据来阐释经济增长过程中的结构变化。而切纳里（Chenery）主要关注1945年后的发展中国家，并采用横截面分析对发展中国家的结构和发展政策等进行研究，他

① 卡尔多事实的主要特点包括：劳动生产率持续提高；人力资本持续提高；资本回报率几乎恒定；劳动和资本报酬份额几乎恒定；人均产出增长率在各国间的差异较大。

认为产出主要来源于国内需求的增长、出口的增加、技术变迁和进口替代效应（Chenery and Watanabe，1958；Chenery and Tayor，1968）。

无论一国的经济发展水平如何，在社会经济发展过程中，大多存在经济增长过程中的结构变化。与 19 世纪以前经济增长缓慢或停滞的水平相比，在工业革命后的人均工资水平、产出、消费等保持持续增长，农业部门向工业和服务业部门的结构性转移成为工业革命前后经济增长速度差异的重要影响因素。如何实现经济增长过程中的结构转变以及探寻结构转变的条件，是经济学家关注的主题之一。汉森和普雷斯科特（Hanson and Prescott，2002）构建了一个两期两部门的戴蒙德跨代增长模型[①]，当索洛部门的单位产出满足正的利润最大化条件时，资本和劳动将主要用于索洛意义上的技术创新，实现经济的可持续增长。面对第二次世界大战后发达国家服务业所占比重的进一步提升、产业内的跨国分工及服务外包加剧等现实情况，阿西莫格鲁和格瑞理（Acemoglu and Guerrieri，2006）构建了一个非均衡经济增长模型，认为经济增长的力量来自要素比例和资本深化的差异。资本密集程度较低的部门就业增长快，而资本密集程度较高的部门实际产出增长快，总体行为符合卡尔多事实，其动力学也与美国的情况相似。阿吉翁和豪伊特（Aghion and Howitt，2009）通过简化模型，假定制造业部门需要同时投入劳动力和资本两种要素，而服务业部门仅需投入劳动力，而最终产品需要制造品和服务以互补的方式进入生产函数，求解劳动力如何在两部门配置，从而实现产出相等。该研究发现：当长期资本劳动比无限扩大时，制造业的就业份额将下降，人均收入将趋于技术进步的长期增长率。

经济增长理论发展至今，长期关注于解答卡尔多事实，其暗含的假定条件是资本和劳动的报酬份额几乎恒定。事实上，身处不同发展阶段的国家，由于禀赋结构不同，其经济结构也将有所差异。对于发展中国家而言，其要素禀赋结构一般呈现出资本相对稀缺，而劳动力相对丰富或自然资源相对丰裕，在劳

① 在两部门中，第一个部门是马尔萨斯部门，其要素投入主要是资本、劳动力和土地，该部门是土地密集型部门；第二个部门是索洛部门，其要素投入主要是资本和劳动力，该部门是资本密集型部门。

动密集型产业或者资源加工型产业上具有明显优势；对于发达国家而言，其要素禀赋结构明显不同，发达国家的资本相对丰裕，而劳动力相对匮乏或自然资源相对稀缺，在资本密集型产业上具有明显优势。在经济增长过程中，处于不同发展阶段的经济体的产业结构也不一样，而已有的库兹涅茨事实及其多部门的非平衡增长理论并没有对此展开深入分析（Herrendorf et al.，2013）。[①] 通过经验事实也可看到，从 20 世纪 50 年代到 20 世纪末，最富裕的收敛群体与最贫穷的收敛群体之间的收入差距扩大了 1.75 倍，表明各经济体间的收入不平等在加剧（Maddison，2001）。与此同时，典型代表国家的增长跨越事实也表明，一国进入中等收入阶段的时间越长，被锁定的概率就越高，越难以跨越中等收入陷阱。[②] 面对照搬西方主流理论却无法成功实现转型发展与违背西方主流理论并根据自身实际情况深化改革且取得快速稳定增长之间的巨大实践反差[③]，林（Lin，2011）首次系统阐释了新结构经济学理论的基本框架和核心观点，并采用新古典经济学的分析方法，从要素禀赋结构视角来研究经济发展过程中经济结构的演变及其影响的决定因素。傅（Fu，2015）用要素禀赋结构内生决定的最优总量生产函数，构建了一个完全竞争的一般均衡模型，发现禀赋结构升级与生产结构升级相辅相成的循环积累因果效应是经济发展的根本动力。尤（Ju，2015）通过构建一个永续产业的简易增长模型，提出要素禀赋驱动结构变迁理论，发现每个产业都呈现出驼峰状的生命周期，形成一个产业从出现到繁荣，然后衰退，并逐渐被另一个资本更加密集的产业所替代的过程。

---

① 库兹涅茨事实是指：现代经济增长的特征是涉及从农业到工业再到服务业的产业结构快速转型。在转型过程中，涉及城市化、从家庭作坊向雇佣关系的转变，以及正规教育的作用效果。

② 资料显示，以 30 年为标准来看，1960 年在 19 个上中等收入国家中有 26%的国家没有成功跨入高收入阶段，1970 年在 21 个上中等收入国家中有 43%的国家未能进入高收入阶段，而 1980 年在 24 个中高等收入国家中有 50%的国家未能成功跨入高收入国家的行列（张德荣，2013）。

③ 在 20 世纪末期，俄罗斯和东欧等国家或地区成为“华盛顿共识”的试验田，纷纷采取快速形成私有产权和市场经济体制的“休克疗法”。从实施效果来看，十几年来，包括俄罗斯在内的大多数国家的产值大幅下降，贫困问题、贫富分化问题日益凸显。与这场激进式改革不同，自改革开放以来，中国开始了一场在解放思想、实事求是的马克思主义思想路线指导下的改革，劳动者的积极性、主动性和创造性被充分激发，渐进式改革的制度红利也不断得以释放，实现了中国经济的快速持续增长，创造了“中国奇迹”。

第六节 需求因素与经济增长

传统经济增长理论一般认为，短期经济增长取决于需求因素，而长期经济增长取决于供给因素。现代主流经济增长理论主要从供给因素角度来探讨长期经济增长问题，忽视了需求因素在长期经济增长中的重要作用。事实上，以新古典经济增长理论和内生增长理论等为代表的现代主流经济增长理论并未否认需求因素在经济增长中的重要作用。正如硬币具有两面一样，供给层面固然重要，但总需求对长期需求路径的影响也非常重要（Solow，2000）。只不过在新古典增长理论中，需求对经济增长没有直接的影响。从各国的经验事实来看，需求因素在经济增长过程中也发挥着重要作用。回顾发达国家经济增速的起伏变化，我们不难发现，在第二次世界大战后，美国因进入汽车等大宗消费品时代而实现了经济的快速增长（Sabillon，2008），日本“失去的十年”的出现也与当时储蓄率高、消费过低密不可分（Kyoji and Saito，2006）。

关于需求因素与经济增长的关系，马克思在其两部类经济增长模型中便早已强调了需求因素在经济增长中的重要作用。针对新古典增长理论中承认萨伊定律的假设前提，非主流经济理论学者试图在哈罗德模型的基础上另辟蹊径，认为凯恩斯假定（即长期内投资决定储蓄）成立（Kaldor，1955—1956）。与此同时，在卡尔多、卡莱斯基（Kalecki）等人的研究基础上，将需求因素在经济增长中的作用从短期扩展至长期，强调需求导向的长期经济增长，形成了以剑桥增长理论、新卡莱斯基增长理论和斯拉法超级乘数等为主的需求导向经济增长理论。

与新古典增长模型不同，新剑桥学派在凯恩斯假定的前提下，试图建立以价值理论和分配理论为基础的理论体系，为有效需求拉动经济增长提供理论依据。卡尔多（Kaldor，1954，1957）以凯恩斯的投资-储蓄分析为基础，通过假定国民收入包括利润和工资两部分、在社会成员中资本家的储蓄倾向大于劳动者等，发现长期稳定的经济增长率受利润率、储蓄倾向和收入分配关系的影响。帕西内蒂（Pasinetti，1962）在卡尔多模型的基础上，进一步放松只有资本家获得利润的前提，假定资本家和工人均可获得利润，并将其代入哈罗德模型中，发现保持充分就业的稳定经济增长率取决于利润率、资本家和工人的储蓄倾向等。罗宾逊（Robinson，1962）主张从斯拉法（Sraffa）的价值理论出发，在卡莱斯基的宏观经济模型基础上，通过假定社会成员可分为资本家和工人、工人的工资全部用于消费、资本家的利润用于储蓄等，发现只有当经济增长率等于利润率与资本家储蓄倾向的乘积时才能实现稳定。虽然新剑桥经济增长理论修正了萨伊定律的假定前提，但其关于凯恩斯假定成立的逻辑缺乏经验支持，而且新剑桥经济增长理论将投资视为独立变量也不符合现实情况。

需求导向经济增长理论的另一条路径是沿着对卡莱斯基理论的进一步研究展开的。卡莱斯基的增长模型以国民收入为切入点，它假定存在两大阶级和两大部类，并引入政府决策曲线等，然后在边际分析框架下对经济增长率、生产性积累率、投资结构等经济增长的核心要素进行有机结合，并发现生产性积累率和投资结构是影响国民收入变动与分配的关键性因素（Kalecki，1972；Kalecki，1993a；Kalecki，1993b）。面对西方资本主义国家出现的滞胀、发展中国家自由化改革失败等现实情况，新卡莱斯基（Neo-Kalecki）模型在继承卡莱斯基经济方法的基础上，针对旧模型加以改进，试图对当前的经济社会现象给出更加科学合理的解释。1990 年，巴杜里（Bhaduri）和马格林（Marglin）提出了标准的新卡莱斯基增长模型。根据拉沃（Lavoie，2009）的表述，简化的新卡莱斯基增长模型包括利润率方程、储蓄方程和投资方程，用来反映实际利润率与利润在实际净产出中的占比、实际产能利用率与投资增长率等之间的关系。从该模型的均衡状态来看，其稳定条件是投资要小于储蓄受到实际产能利用率的影响，被称为凯恩斯稳定（Hein et al.，2011）。但事实上，新卡莱斯基增长模型决定的均衡并不具有哈罗德稳定性，即在参数发生变化后，经济增长率和产能利用率并不会回归到最初的均衡状态。哈罗德不稳定性使得新卡莱斯基均衡缺乏现实指导意义。为了解决哈罗德不稳定性问题，并实现凯恩斯假定与古典收入分配理论的兼容性等，塞拉诺（Serrano，1995）提出斯拉法超级乘数，强调自主性需求的重要性。按照古典理论，通过假设工人获得工资并将其全部用于消费、资本家获得利润并用于引致性投资和自主性需求等，将最终需求分为引致性消费、引致性投资和自主性需求，可以发现净产出与自主性需求之间存在一种乘数关系，在超级乘数稳定的情况下，经济增长率取决于自主性需求增长率。虽然斯拉法超级乘数模型重新发现了自主性需求，但仅将长期经济增长归结于外生自主性需求增长率并不能较好地解释经济增长的深层次原因。与此同时，出口、政府支出等自主性需求的影响因素也是在长期中处于动态调整（Skott，2017；Dutt，2018），这将导致斯拉法超级乘数充满不确定性。此后，不少学者试图针对自主性需求在长期经济增长中的作用原因进行研究。卡米纳蒂和索尔迪（Caminati and Sordi，2019）指出，实际的自主性支出并不会按照既定的外生速度增长，部分原因在于追求利润的研发和创新支出在时序上可以提升劳动生产率，自主性支出有助于实现哈罗德稳定性。

由此可见，非主流经济学者针对需求导向经济增长理论开展了大量的研究。近年来，还有部分学者尝试在主流经济增长理论的分析框架下引入需求因素，探讨其在经济增长中的作用效果。松山（Matsuyama，1992）构建了一个农业和工业的两部门模型，通过假定两部门的技术增长率不同，在最低农业消费需求的非齐次效用函数下分析一国经济增长的结构变迁。虽然这能在一定程度上阐释结构变迁过程，却无法解决总量与结构的兼容性问题。为此，也有学者从多部门、多种消费品的视角来探讨平衡增长路径和结构变迁的实现问题（Kongsamut et al.，2001；Meckl，2002）。除了探讨经济增长总量问题外，有些学者开始从行业层面来分析需求因素的作用效应。一国市场规模的大小将影响技术引进的速度、创新水平的提升、技术选择的可能性等，进而对特定行业乃至整体水平的提升带来影响（Syverson，2004；Desmet and Parente，2007；Lagakos，2008）。

第七节　现代经济增长理论的经验证据

鉴于数据缺乏、指标体系标准不统一等现实因素的制约，现代经济增长理论的经验研究相对滞后。随着国民收入核算体系的建立与完善、萨默斯-赫斯顿

(Summers-Heston) 数据库的建立，经济学家开始针对现代经济增长理论展开实证研究，这有利于进一步验证现代经济增长理论的科学性和合理性。通过对自 20 世纪 80 年代中期以来的既有文献进行梳理，现代经济增长理论的经验研究主要关注以下两个方面的问题：一是关注国家内部增长的动力，探讨一国经济增长的影响因素问题；二是关注国别经济差异，探讨国家间经济增长的趋同性问题。

在经济增长的影响因素方面，经验研究不仅关注长期经济增长的根本动力，也关注长期经济增长的其他关键因素。从既有的文献来看，一国长期经济增长的根本动力究竟是什么？现代经济增长理论重在强调资本、劳动力、技术和制度等因素对经济增长的影响效果，经验研究亦是如此。在资本方面，学者主要从物质资本和人力资本两个维度来强调其对经济增长的作用效果。一些文献显示，物质资本对经济增长有正向促进作用，设备投资对经济增长的贡献率明显高于非设备投资，这一点在发展中国家表现得尤为明显 (DeLong and Summers，1991；Sala-i-Martin，1997；Levine and Renelt，1992；Barro，2001)。也有一些文献表明，人力资本的积累在经济快速增长过程中发挥着重要作用 (Sengupta，1993；Black and Lynch，1996)，但在一些特定条件下可能反而抑制经济增长 (Temple，1999)。当然，“东亚奇迹”特别是“亚洲四小龙”的经济腾飞，物质资本和人力资本等是其主要动力 (Younge，1995)。在劳动力数量方面，不少学者也关注人口变化与经济增长之间的关系，但观点不一。人口的增长将提供更多的就业人数、增强技术进步，进而推动经济增长 (Kremer，1993；Brueckner and Schwandt，2015)。但也有学者通过经验研究发现，生育率提高所带来的人口增长将不利于经济增长 (Hanushek，1992；Brander and Dowrick，1994)。进入 20 世纪后，不少国家的经验事实也说明，研发在长期经济增长过程中的作用不言而喻。研发的大量投入，将提升生产率，促进产业优化升级，进而促进经济增长 (Griliches，1979；Chow，2004；Ding and Knight，2009；Fleisher et al.，2010；Li et al.，2017)。但随着技术复杂性的提高、产品数量和种类的不断增加等，研发的作用效果可能并不明显 (Jones，1995a；Jones，1995b)。在制度变迁方面，学者分析了不同制度变革对经济增长的贡献，如家庭联产承包责任制（Nee and Sijin，1990；Lin，1992），企业改革（Chen et al.，1992；Jefferson and Rawski，1994），财政分权（Zhang and Zou，1998；Lin and Liu，2000）等。在结构变化方面，令生产资源在部门间再配置的结构变动在经济增长中也发挥着重要作用（Kaniovski and Pender，2002；Fan et al.，2003；Dietrich，2012；Vu，2017），结构变化在区域趋同方面亦是如此（Caselli and Coleman，2001）。当然，也有学者发现，结构变动在促进生产率提高、推动经济增长方面的作用也存在争议，制造业的结构变动并没有带来经济的快速增长（Fagerberg，2000；Timmer and Szirmai，2000）。

长期经济增长的影响因素较为复杂，除探讨其根本动力外，不少学者开始在实证分析中探讨其他重要因素的作用效果。有些学者（Montesquieu，1748；Diamond and Chen，1997）认为，地理、天气等差异会使得国家或地区间的经济增长水平不同。在资源禀赋方面，一国经济的快速增长受到“资源红利”的影响（Maloney and Lederman，2008），但“资源诅咒”现象也在不少国家出现（Auty，1993；Sachs and Warner，2001；Collier and Goderis，2009），而且不同类型资源的经济增长效应不一（Sala-i-Martin and Subramanian，2003）。在公共支出方面，支出结构的变化与经济增长紧密相连，经常支出份额具有积极的增长效应，而资本支出份额具有消极的增长效应（Devarajan，1996）。还有学者从金融深化（Hasan et al.，2009）、外商直接投资（Chen and Fleisher，1996；Berthélemy and Démurger，2000）、政府规模（Hall and Jones，1997；Hajamini and Falahi，2018）、国际贸易（Falvey et al.，2012；Manwa and Wijeweera，2016）、政治制度（Daniel and Zhang，2018）等视角来探讨其与经济增长之间的关系。

学者在关注一国自身经济增长的影响因素时，也注意到：有些国家间的收入差距越来越大，而有些国家间的收入差距反而缩小。新古典增长理论曾指出，在技术参数和偏好相同的情况下，尽管不同国家间的初始财富水平不同，但人均收入最终将趋于同一稳态水平，被称为“非条件 β 趋同”；反之，若控制最终稳态水平，那么经济富裕国家的增速将慢于经济贫穷国家。但内生增长理论认为，由于国家间的专业化分工水平、知识溢出等存在，不同经济发展水平国家的经济差距将会扩大。那么，不同经济发展水平的国家能否实现经济趋同？不少学者对此展开实证研究。从世界上 100 个国家的样本数据来看，经济趋同的现象并不明显。但从发达国家来看，它们的经济增长存在着趋同，且其速度在 2%左右（Baumol，1986；Barro and Sala-i-Martin，1995；DeLong et al.，2003；Canova，2004）。若对物质资本、外商直接投资等变量加以控制，使初始收入与经济增长率负相关，则存在“条件趋同”（Mankiw，Romer and Weil，1992）。[①] 此外，外资的地区分布不均（Lee，1995；Dayal-Gulati and Husain，2000）、资本的跨区域配置及流动（Xu，2002；Jia，1998）、人力资本存量的地区差异（Wang and Yao，2003；Fleisher et al.，2010）等均是影响地区经济能否实现趋同的重要因素。

第八节 结论及未来可能的研究方向

经济增长问题一直是经济研究中一个古老又时髦的主题，距今已有 200 多年的历史。本节试图从经济史和经济思想史的角度来梳理现代经济增长理论的起源和流变，不难发现，现代经济增长理论基本遵循从形式化增长到内生增长、从注重经济总量到经济总量与结构并重的逻辑主线。哈罗德-多马模型的建立，标志着现代经济增长理论的诞生。随后，形式化增长模型也是历经兴衰起伏，试图在不断修正中寻找新现象背后的逻辑。直至 20 世纪 80 年代中期，现代经济增长理论呈现出多元化发展趋势，学者开始从技术进步、制度变迁、结构变化等角度来解读长期经济增长的根本动力。现代经济增长理论发展至今，已经取得了长足的进步与发展。理论是时代的产物，新的经济现象将助推现代经济增长理论不断前行和发展。面对日益复杂多变的经济形势及新现象的不断涌现等，现代经济增长理论仍有不少方面有待进一步探索。

首先，随着新技术、新危机等新现象的出现，对经济增长根本动力的研判

---

① 关于经济趋同的综述性文章可参见 Durlauf and Quah（1999）、Temple（1999）、Islam（2003）、Durlauf et al.(2005)。

也在不断完善和发展。内生增长理论作为当前现代经济增长理论的主流方向，在解释新现象上仍存在一定的片面性。在注重资本、劳动力、知识和技术四要素的前提下，是否存在更深层次的单一因素以及要素间的协同效应等值得我们进一步探索。与此同时，面对资源、环境等多重约束，如何实现平衡增长路径也是内生增长理论需要进一步探讨的重要问题。

其次，内生增长理论和新制度增长理论关注卡尔多事实，结构增长理论关注库兹涅茨事实。实际上，长期经济增长不仅应关注经济总量，也应关注经济结构，这是实现经济高质量增长的关键。因此，积极构建与卡尔多事实和库兹涅茨事实兼容的理论和经验研究将成为现代经济增长理论的重要研究方向之一。

再次，面对理论假设与现实情况不符的实际情况，现代经济增长理论针对现实的解释力仍显不足。按照现代经济增长理论的一般逻辑，其暗含的假设前提之一就是个体是同质的，宏观效率是微观效率的加总。事实上，个体不仅本身具有异质性，个体间也具有空间依赖性。现实情况也表明，部分发达国家的微观效率较高，但中观层面和宏观层面的效率偏低，即市场并非总是有效的，也存在市场失灵情况。在此过程中，当面对新现象时，我们应如何实现不同层级的效率优化值得进一步探索。与此同时，基于同质性假设前提的总量生产函数将需求因素间接引入或视为短期干扰因素抽象掉，忽视了长期总需求的影响。现实是在金融危机之后，世界经济增长面临总需求不足的制约，以自动化、数字化、智能化等为特征的产业革命将使生产力迎来新的变革，如何有效地构建符合当前现实假设的现代经济增长模型，并形成新的现代经济增长理论将是未来的一大挑战。

最后，现代经济增长理论主要是以发达国家的经济发展轨迹为蓝本，并不能成为发展中国家实现经济增长的行动指南。建立在发达国家经验事实基础之上的现代经济增长理论，其假设前提明显与发展中国家的实际情况有所差异。为此，充分吸收现代经济增长理论的有益成果，积极构建基于发展中国家现实情况或符合自身经济特色的经济增长理论尤显重要，我国尤其要构建新时代中国特色社会主义经济增长理论。与此同时，收入不平等一直在全球持续加剧，如何实现包容性增长，将是未来经济增长理论试图回答的现实问题之一。

参考文献

[1] Boltho, A., G. Toniolo, The Assessment: The Twentieth Century-Achievements, Failures, Lessons, Oxford Review of Economic Policy, 1999, 15 (4): 1-17.

[2] Smith, Adam, An Inquiry into the Nature and Causes of the Wealth of Nations, New York: Random House, 1937.

[3] Malthaus, Thomas R., An Essay on the Principle of Population, London: W. Pickering, 1986.

[4] Richardo, D., On the Principles of Political Economy and Taxation, Cam-bridge: Cambridge University Press, 1951.

[5] 约翰·穆勒. 政治经济学原理及其在社会哲学上的若干应用. 北京：商务出版社，1991.

[6] 马克思，恩格斯. 马克思恩格斯全集：第44卷. 2版. 北京：人民出版社，2001.

[7] Marshall, A., Principles of Economics, 8th ed., London: Macmillan, 1920.

[8] Reddaway, W. B., The Economics of a Declining Population, London: George Allen and Unwin, 1939.

[9] Wicksell, K., Lectures of Political Economy, London: George Routledge and Sons, Ltd., 1934.

[10] Hansen, A. H., Business Cycles and National Income, New York: Norton Company, 1951.

[11] Carr-Saunders, A. M., World Population, Oxford: The Clarendon Press, 1936.

[12] Antesy, V., The Economic Development of India, London: Longman Green, 1936.

[13] Schumpeter, J. A., The Theory of Economic Development, Cambridge, MA: Harvard University Press, 1934.

[14] Kuznets, S., Secular Movements in Production and Prices: Their Nature and Their Bearing upon Cyclical Fluctations, Boston: Houghton Mifflin Co., 1930.

[15] Rostow, W. W., Theorists of Economic Growth from David Hume to the Present: With a Perspective on the Next Century, OUP USA, Reprint, 1993.

[16] Harrod, R. F., An Essay in Dynamic Theory, Economic Journal, 1939 (49): 14-33.

[17] Harrod, R. F., Towards a Dynamic Economics: Some Recent Developments of Theory and Their Applications to Policy, Macmillan, London: Greenwood Press Reprint, 1942 (28).

[18] Domer, E. D., Capital Expansion, Rate of Growth, and Employment, Econometrica, 1946, 14 (2): 137-147.

[19] Domer, E. D., Expansion and Employment, American Economic Review, 1947 (37): 34-35.

[20] Solow, R. M., A Contribution to the Theory of Economic Growth, Quarterly Journal of Economics, 1956, 70 (1): 65-94.

[21] Swan, T. W., Economic Growth and Capital Accumulation, Economic Record, 32 (2): 334-361.

[22] Cass, David, Optimum Growth in an Aggregative Model of Capital Accumulation, Review of Economic Studies, 1965, 32 (3): 233-240.

[23] Koopmans, T. C., On the Concept of Optimal Economic Growth, in the Econometric Approach to Development Planning, Amsterdam: North-Holland, 1965.

[24] Ramsey, F., A Mathematical Theory of Saving, Economic Journal, 1928 (38): 543-559.

[25] Diamond, P., National Debt in a Neoclassical Growth Model, American Economic Review, 1965, 55 (5): 1126-1150.

[26] Arrow, K. J., The Economic Implication of Learning by Doing, Review of Economic Studies, 1962 (29): 155-173.

[27] Sheshinski, E., Optimal Accumulation with Learning by Doing, in Karl Shell Editors, Essays on the Theory of Optimal Economic Growth, Cambridge, MA: MIT Press, 1967.

[28] Uzawa, H., Optimal Technical Change in an Aggregative Model of Economic Growth, Review of International Economics, 1965 (6): 18-31.

[29] Romer, P. M., Increasing Return and Long-Run Growth, Journal of Political Economy, 1986 (94): 1002-1037.

[30] Lucas, R. E. Jr., On the Mechanism of Economic Development, Journal of Monetary Economics, 1988 (22): 3-22.

[31] 潘士远，史晋川. 内生经济增长理论：一个文献综述. 经济学（季刊）. 2002, 1 (4): 753-786.

[32] Robert, M., M. Setterfield, What Is Endogenous Growth Theory? Working Paper, 2015-10.

[33] Romer, P. M., Endogenous Technological Change, Journal of Political Economy, 1990a (98): s71-s102.

[34] Romer, P. M., Are Nonconvexities Important for Understanding Growth, American Economic Review, 1990b (80): 97-103.

[35] Tanura, R., Income Convergence in an Endogenous Growth Model, Journal of Political Economy, 1991 (99): 522-540.

[36] Lucas, R. E. Jr., Making a Miracle, Econometric, 1993 (61): 251-271.

[37] Goodfriend, M., J. Mcdermott, Early Development, American Economic Review, 1995 (85): 116-133.

[38] Krugman, P. R., Increasing Return and Economic Geography, Journal of Political Economy, 1991 (99): 483-499.

[39] Jones, L. E., R. E. Manuelli, The Sources of Growth, Journal of Economic Dynamics and Control, 1997 (21): 75-114.

[40] Schumpeter, J. A., Capitalism, Socialism and Democracy, New York: Harper and Brothers, 1942.

[41] Judd, Kenneth L., On the Performance of Patents, Econometrica, 1985 (53): 567-585.

[42] Romer, P. M., Growth Based on Increasing Return Due to Specialization, American Eco-

nomic Review, 1987 (77): 56 - 62.

[43] Grossman, G. M., E. Helpman, Endogenous Product Cycles, Economic Journal, 1991a (101): 1214 - 1229.

[44] Helpman, E., Endogenous Macroeconomic Growth Theory, European Economic Review, 1992 (36): 237 - 267.

[45] Barro, R. J., X. Sala-i-Martin, Economic Growth, Boston: Mcgraw-Hill, 1995.

[46] Grossman, G. M., E. Helpman, Product Development and International Trade, Journal of Political Economy, 1989 (97): 1261 - 1283.

[47] Aghion, P., P. Howitt, A Model of Growth through Creative Destruction, Econometrica, 1992 (60): 321 - 351.

[48] Grossman, G. M., E. Helpman, Quality Ladders and Product Cycles, Review of Economic Studies, 1991b (58): 43 - 61.

[49] Dinopoulos, E., P. Thompson, Schumpeterian Growth without Scale Effect, Journal of Economic Growth, 1998 (3): 313 - 335.

[50] Becker, G. S., R. J. Barro, A Reformulation of the Economic Theory of Fertility, Quarterly Journal of Economics, 1988, 103 (1): 1 - 25.

[51] Barro, R. J., G. S. Becker, Fertility Choice in a Model of Economic Growth, Economictrica, 1989 (57): 481 - 501.

[52] Becker, G. S., K. Murphy, R. Tammura, Human Capital, Fertility, and Economic Growth, Journal of Political Economy, 1990 (98): s12 - s37.

[53] Becker, G. S., E L. Glasser, K. Murphy, Population and Economic Growth, American Economic Review, 1999 (89): 145 - 149.

[54] Galor, O., D. N. Weil, Population, Technology and Growth: From Malthusian Stagnation to the Demographic Transition and Beyond, American Economic Review, 2000 (90): 806 - 828.

[55] Barro, R. J., X. Sala-i-Martin, Regional Growth and Migration: A Japan-United States Comparison, Journal of the Japanese and International Economics, 1992 (6): 312 - 346.

[56] Golar, O., From Stagnation to Growth: Unified Growth Theory, in Aghion. P and Durlauf. S, eds., Handbook of Economic Growth, 2005.

[57] Peretto, P. F., Technological Change and Population, Journal of Monetary Economics, 1998, 22 (1): 3 - 42.

[58] Peretto, P. F., M. Connolly, The Manhattan Metaphor, Journal of Economic Growth, 2007, 12 (4): 329 - 350.

[59] Barbier, E. B., Endogenous Growth and Natural Resource Scarcity, Environmental and Resource Economics, 1999 (14): 51 - 74.

[60] Groth, C., P. Schou, Can Nonrenewable Resources Alleviate the Knife-edge Character of Endogenous Growth? Oxford Economic Papers, 2002 (54): 386 - 411.

[61] Peretto, P. F., Resource Abundance, Growth and Welfare: A Schumpererian Perspective, Journal of Development Economics, 2012 (97): 142 - 155.

[62] Bretschger, L., Population Growth and Natural Resource Scarcity: Long-Run Development under Seemingly Unfavourable Conditions, Scandinavian Journal of Economics, 2013, 115 (3): 722 - 755.

[63] Schäfer, A., Technological Change, Population Dynamics, and Natural Resource Depletion, Mathematical Social Science, 2014 (71): 122 - 136.

[64] Peretto, P. F., S. Valente, Growth on a Finite Planet: Resources, Technology and Population in the Long Run, Journal of Economic Growth, 2015, 20 (3): 315 - 331.

[65] North, D. C., Understanding the Process of Economic Change, Princeton University Press, 2005.

[66] North, D. C., Thomas R. P., The Rise of the Western World: A New Economic History, Cambridge: Cambridge University Press, 1973.

[67] 马克思，恩格斯. 马克思恩格斯全集：第 45 卷. 2 版. 北京：人民出版社，2003.

[68] 凡勃伦. 有闲阶级论. 北京：商务印书馆，1964.

[69] Commons, J. R., Institutional Economics: Its Place in Political Economy, New York: Macmillian, 1934.

[70] Schultz, T. W., Institution and the Rising Economic Value of Man, American Journal of Agricultural Economics, 1968 (50): 1113 - 1122.

[71] Coase, R., The Nature of the Firm, Economica, 1937 (4): 386 - 405.

[72] Coase, R., The Problem of Social Cost, Journal of Law and Economics, 1960 (3): 1 - 44.

[73] North, D. C., Structure and Change in Economic History, New York: W. W. Norton and Company, Inc., 1981.

[74] North, D. C., Institutions, Institutional Change, and Economic Performance, New York: Cambridge University Press, 1990.

[75] Olson, M., The Rise and Decline of Nations: Economic Growth, Stagflation, and Social Rigidities, New Haven and London: Yale University Press, 1982.

[76] Olson, M., M. McGuire, The Economics of Autocracy and Majority Rule: The Invisible Hand and the Use of Force, Journal of Economic Literature, 1996, XXXIV: 72 - 96.

[77] Yang, X., Borland J., A Microeconomic Mechanism for Economic Growth, Journal of Political Economy, 1991, 99 (3): 460 - 482.

[78] Borland, J., Yang X., Specialization and a New Approach to Economic Organization Growth, American Economic Review, 1992, 82 (2): 386 - 391.

[79] Borland, J., Yang X., Specialization, Product Development, Evolution of the Institution of the Firm, and Economic Growth, Journal of Evolutionary Economics, 1995, 5 (1): 19 - 42.

[80] Greif, A., Historical and Comparative Institutional Analysis, American Economic Review, 1998 (2): 80 - 84.

[81] Greif, A., The Fundamental Problem of Exchange: A Research Agenda in Historical Institutional Analysis, Review of European Economic History, 2000 (4): 251-284.

[82] Greif, A., Institutions and the Path to the Modern Economy: Lessons from Medieval Trade, Cambridge: Cambridge University Press, 2006.

[83] Acemoglu D., Johnson S, Robinson J. A., Institutions as the Fundamental Cause of Long-run Growth, NBER Working Paper, No. w10481, 2004.

[84] Ruttan, V. W., Induced Institutional Change, in Hans P. Binswanger and Vernon W. Rutton Editors, Induced Innovation: Technology, Institution, and Development, Baltimore: Johns Hopkens University Press, 1978.

[85] Matthews, R. C. O., The Economics of Institutions and the Sources of Growth, Econo mic Journal, 1986 (96): 903-918.

[86] North, D., J. Willis, Integrating Institutional Change and Technical Change in Economic History: A Transaction Cost Approach, Journal of Institutional and Theoretical Economics, 1994, 150 (4): 609-624.

[87] Dias, M. F. P., E. A. Pedrozo, T. N. Silva, The Innovation Process as a Complex Structure with Multilevel Rules, Journal of Evolutionary Economics, 2014 (24): 1067-1084.

[88] Tedeschi, G., S. Vitali, M. Gallegati, The Dynamic of Innovation Networks: A Switching on Technological Change, Journal of Evolutionary Economics, 2014 (24): 817-834.

[89] Murmann, J. P., Knowledge and Competitive Advantage: The Co-evolution of Firms, Technology, and National Institutions, Cambridge: Cambridge University Press, 2003.

[90] 黄凯南，乔元波. 产业技术与制度的共同演化分析——基于多主体的学习过程. 经济研究，2018 (12).

[91] Kuznets, S., E. Lillian, J. Elizabeth, National Product since 1869, New York: National Bureau of Economic Research Inc., 1946.

[92] Kuznets, S., Economic Growth and Structure: Selected Essays, New York: Norton, 1965.

[93] Kuznets, S., Modern Economic Growth: Rate, Structure, and Spread, New Haven: Yale University Press, 1966.

[94] Kuznets, S., Economic Growth of Nations: Total Output and Production Structure, Cambridge: Belknap Press of Harvard University Press, 1971.

[95] Chenery, H. B., T. Watanabe, International Comparisons of the Structure of Production, Econometrica, 1958 (26): 487-521.

[96] Chenery, H. B., L. Taylor, Development Patterns: Among Countries and over Time, The Review of Economics and Statistics, 1968, 50 (4): 391-416.

[97] Hanson, G. D., E. C. Prescott, Malthus to Solow, American Economic Review, 2002, 92 (4): 1205-1217.

[98] Acemoglu, D., V. Guerrieri, Capital Deepening and Non-balanced Economic Growth, NBER Working Paper, No. 12475, 2006.

[99] Aghion, P., P. Howitt, The Economics of Growth, Cambridge, Massachusetts, London, England: The MIT Press, 2009.
[100] Herrendorf, B., R. Rogerson, A. Valentinyi, Growth and Structural Transformation, NBER Working Paper, No. 18996, 2013.
[101] Maddison, A., The World Economy: A Millennial Perspective, Paris, OECD, 2001.
[102] 张德荣. 中等收入陷阱发生机理与中国经济增长的阶段性动力. 经济研究, 2013 (9).
[103] Justin Yifu, Lin, New Structural Economics: A Framework for Rethinking Development, The World Bank Research Observer, 2011, 26 (2): 193-221.
[104] Caihui, Fu., Optimal Aggregate Production Function: A Basic Theory Model of New Structural Economics, NES Working Paper, Peking University, 2015.
[105] Ju, J., J. Y. Lin, Y. Wang, Endowment Structure, Industrial Dynamics and Economic Growth, Journal of Monetary Economics, 2015 (76): 244-263.
[106] Kaldor, N., The Relation of Economic Growth and Cyclical Fluctuations, Economic Journal, 1954 (64): 53-71.
[107] Kaldor, N., A Model of Economic Growth, Economic Journal, 1957 (57), 591-624.
[108] Pasinetti, L L., Rate of Profit and Income Distribution in Relation to the Rate of Economic Growth, Review of Economic Studies, 1962, 29 (4): 267-279.
[109] Robinson, J., Essays in the Theory of Growth, London: Macmillan, 1962.
[110] Kalecki, M., Selected Essays on the Economic Growth of the Socialist and the Mixed Economy, London: Cambridge University Press, 1972.
[111] Kalecki, M., Socialism: Economic Growth and Efficiency and Investment, Oxford City: Oxford University Press, 1993a.
[112] Kalecki, M., Selected Essays on the Dynamics of the Capitalist Economy, Cambridge: Cambridge University Press, 1993b.
[113] Kaldor, N., Alternative Theories of Distribution, The Review of Economic Studies, 1955 (23): 83-100.
[114] Hein, E., M. Lavoie, T. Van Treeck, Some Instability Puzzles in Kaleckian Models of Growth and Distribution: A Critical Survey, Cambridge Journal of Economics, 2011 (35): 587-612.
[115] Serrano, F., Long Period Effective Demand and the Sraffian Supermultiplier, Contributions to Political Economy, 1995 (14): 67-90.
[116] Dutt, A. K., Some Observations on Models of Growth and Distribution with Autonomous Demand Growth, Metroeconomica, 2018: 1-14.
[117] Skott, P., Autonomous Demand, Harrodian Instability and the Supply Side, Metroeconomica, 2017: 1-14.
[118] Caminati, M., S. Sordi, Demand-led Growth with Endogenous Innovation, Metroeconomica, 2019: 1-18.

[119] Matsuyama, K., Agricultural Productivity, Comparative Advantage, and Economic Growth, Journal of Economic Theory, 1992, 58 (2): 317 - 334.

[120] Kongsamut, P., S. Rebelo, Dangyang, Xie, Beyond Balanced Growth, Review of Economic Studies, 2001, 68 (3): 869 - 882.

[121] Meckl, J., Structural Change and Generalized Balanced Growth, Journal of Economics, 2002, 77 (3): 241 - 266.

[122] Syverson, C., Market Structure and Productivity: A Concrete Example, Journal of Political Economy, 2004 (113): 1203 - 1236.

[123] Lagakos, D., Superstores or Mom and Pops? Market Size, Technology Adoption and TFP Differences, UCLA, Job Market Paper, 2008.

[124] Desmet, K., S. Parente, Bigger is Better: Market Size, Demand Elasticity and Resistance to Technology Adoption, CEPR Discussion Paper No. 5825, 2007.

[125] DeLong, J. B., L. H. Summers, Equipment Investment and Economic Growth, Quarterly Journal of Economics, 1991 (106): 455 - 502.

[126] Sala-i-Martin, X., I Just Run Two Million Regressions, American Economic Review, 1997 (87): 178 - 183.

[127] Levine, R., D. Renelt, A Sensitivity Analysis of Cross-Country Regressions, American Economic Review, 1992 (82): 942 - 963.

[128] Barro, R. J., Human Capital and Growth, American Economic Review, 2001 (91): 12 - 17.

[129] Sengupta, J. K., Growth in NICs in Asia: Some Tests of New Growth Theory, Journal of Development Economics, 1993 (29): 342 - 357.

[130] Black, S. E., L. M. Lynch, Human Capital Investments and Productivity, American Economic Review, 1996 (86): 263 - 267.

[131] Temple, J., The New Growth Evidence, Journal of Economic Literature, 1999 (37): 112 - 156.

[132] Younge, A., The Tyranny of Numbers: Confronting the Statistical Realities of the East Asian Growth Experience, Quarterly Journal of Economics, 1995 (110): 641 - 680.

[133] Kremer, M., The O-Ring Theory of Economic Development, Quarterly Journal of Economics, 1993 (108): 551 - 575.

[134] Brueckner, M., H. Schwandt, Income and Population Growth, Economic Journal, 2015, 125 (589): 1653 - 1676.

[135] Hanushek, E. A., The Trade-off between Child Quantity and Quality, Journal Political Economy, 1992 (100): 84 - 117.

[136] Brander, J., S. Dowrick, The Role of Fertility and Population in Economic Growth: Empirical Results from Aggregate Cross-National Data, Journal of Population Economics, 1994 (7): 1 - 25.

[137] Griliches, Z., Issues in Assessing the Contribution of R&D to Productivity Growth, Bell

Journal of Economics，1979 (10)：92 - 116.

[138] Borensztein，E.，J. D. Ostry，Accounting for China's Growth Performance，The American Economic Review，1996，86 (2)：224 - 228.

[139] Chow，G. C.，Economic Reform and Growth in China，Annals of Economics and Finance，2004，5 (1)：127 - 152.

[140] Ding，S.，J. Knight，Can the Augmented Solow Model Explain China's Remarkable Economic Growth? A Cross-Country Panel Data Analysis，Journal of Comparative Economics，2009，37 (3)：432 - 452.

[141] Fleisher，B.，H. Li，M. Q. Zhao，Human Capital，Economic Growth，and Regional Inequality in China，Journal of Development Economics，2010，92 (2)：215 - 231.

[142] Li，H.，P. Loyalka，S. Rozelle，B. Wu，Human Capital and China's Future Growth，Journal of Economic Perspectives，2017，31 (1)：25 - 48.

[143] Jones，C. I.，Time Series Tests of Endogenous Growth Models，Quarterly Journal of Economics，1995b (110)：495 - 525.

[144] Nee，V.，S. Sijin，Institutional Change and Economic Growth in China：The View from the Villages，The Journal of Asian Studies，1990，49 (1)：3 - 25.

[145] Lin，J. Y.，Rural Reforms and Agricultural Growth in China，The American Economic Review，1992，82 (1)：34 - 51.

[146] Chen，K.，G. H. Jefferson，I. Singh，Lessons from China's Economic Reform，Journal of Comparative Economics，1992，16 (2)：201 - 225.

[147] Jefferson，G. H.，T. G. Rawski，Enterprise Reform in Chinese Industry，Journal of Economic Perspectives，1994，8 (2)：47 - 70.

[148] Zhang，T.，H. F. Zou，Fiscal Decentralization，Public Spending，and Economic Growth in China，Journal of Public Economics，1998，67 (2)：221 - 240.

[149] Lin，J. Y.，Z. Liu，Fiscal Decentralization and Economic Growth in China，Economic Development and Cultural Change，2000，49 (1)：1 - 21.

[150] Kaniovski，S.，M. Pender，On the Structure Dimension of Competitive Strategy，Ind. Corp. Change，2002，11 (3)：257 - 279.

[151] Fan，S.，X. Zhang，S. Robinson，Structural Change and Economic Growth in China，Review of Development Economics，2003，7 (3)：360 - 377.

[152] Dietrich，A.，Does Growth Cause Structural Change，or Is It the Other Way Around? A Dynamic Panel Data Analysis for Seven OECD Countries，Empir Econ，2012，43 (3)：915 - 944.

[153] Vu，K. M.，Structural Change and Economic Growth：Empirical Evidence and Policy Insights from Asian Economics，Structural Change and Economic Dynamics，2017 (41)：64 - 77.

[154] Caselli，F.，W. Coleman，The U. S. Structural Transformation and Regional Conver-

gence: A Reinterpretation, Journal of Political Economy, 2001, 109 (3): 584 - 616.

[155] Fagerberg, J., Technological Progress, Structural Change and Productivity Growth: A Comparative Study, Structural Change and Economic Dynamics, 2000, 11 (4): 393 - 411.

[156] Timmer, M. P., A. Szirmai, Productivity Growth in Asian Manufacturing: The Structural Bonus Hypothesis Re-examined, Structural Change and Economic Dynamics, 2000, 11 (4): 371 - 391.

[157] Montesquieu, C. S., The Spirit of the Laws, New York, NY: Cambridge University Press, 1748.

[158] Dimond, J. M., J. Chen, Guns, Germs and Steel: The Fate of Human Societies, New York, NY: W. W. Norton and Co., 1997.

[159] Maloney W. F., Lederman D., In Search of the Missing Resource Curse, Journal of LACEA Economia, 2008, 9 (1): 1 - 56.

[160] Auty, R. M., Sustaining Development in Mineral Economies: The Resource Curse Thesis, London: Routledge, 1993.

[161] Sachs, J. D., A. M. Warner, The Curse of Natural Resource, European Economic Review, 2001 (45): 827 - 838.

[162] Collier, P., B. Goderis, Commodity Prices, Growth and the Natural Resource Curse: Reconciling a Conundrum, MPRA Paper, 17315B1 - 28, 2009.

[163] Sala-i-Martin, X., A. Subramanian, Addressing the Natural Resource Curse: An Illustration from Nigeria, NBER Working Paper, No. 9804, 2003.

[164] Hasan, I., P. Wachtel, M. Zhou, Institutional Development, Financial Deepening and Economic Growth: Evidence from China, Journal of Banking and Finance, 2009, 33 (1): 157 - 170.

[165] Devarajan, S., D. Swaroop, H. Zou, The Composition of Public Expenditure and Economic Growth, Journal of Monetary Economics, 1996, 37 (2): 313 - 344.

[166] Chen, J., B. M. Fleisher, Regional Income Inequality and Economic Growth in China, Journal of Comparative Economics, 1996, 22 (2): 141 - 164.

[167] Berthélemy, J. C., S. Demurger, Foreign Direct Investment and Economic Growth: Theory and Application to China, Review of Development Economics, 2000, 4 (2): 140 - 155.

[168] Hall, R. E., Charles J. J., Fundamental Determinants of Output Per Worker across Countries, Stanford University, Manuscript, 1997.

[169] Hajamini, M., M. A. Falahi, Economic Growth and Government Size in Developed European Countries: A Panel Threshold Approach, Economic Analysis and Policy, 2018 (58): 1 - 13.

[170] Falvey, R., N. Foster, D. Greenaway, Trade Liberalization, Economic Crisis, and Growth, World Development, 2012, 40 (11): 2177 - 2193.

[171] Manwa, F., A. Wijeweera, Trade Liberalisation and Economic Growth Link: The Case

of Southern African Custom Union Countries, Economic Analysis and Policy, 2016 (51): 12 - 21.

[172] Daniel, Z. Li., Q. Zhang, Policy Choice and Economic Growth under Factional Politics: Evidence from a Chinese Province, China Economic Review, 2016 (47): 12 - 26.

[173] Baumol, W., Productivity, Convergence and Welfare: What the Long Run Data Show, American Economic Review, 1986 (76): 1072 - 1085.

[174] Barro, R. J., X. Sala-i-Martin, Economic Growth, Mc-Graw Hill, 1995.

[175] DeLong, Bradford, S. Dowrick, Globalization and Convergence, Ch. 4 in Bordo M., A. M. Taylor and J. Williamson (eds.), Globalization in Historical Perspective, Chicago: Chicago University Press, 2003.

[176] Canova, F., Testing for Convergence Clubs in Income Per Capital: A Predictive Density Approach, International Economic Review, 2004, 45 (1): 49 - 77.

[177] Mankiw, N. G., D. Romer, D. Weil, A Contribution to the Empirics of Economic Growth, Quarterly Journal of Economics, 1992 (107): 407 - 437.

[178] Durlauf, S. N., D. T. Quah, The New Empirics of Economic Growth, Ch. 4 in Handbook of Macroeconomics 1A (Elsevier), 1999.

[179] Islam, N., What have We Learned from the Convergence Debate? Journal of Economic Surveys, 2003 (17): 309 - 362.

[180] Durlauf, S. N., P. A. Johnson, R. W. Temple, Growth Econometrics, in Aghion, P., S. N. Durlauf (eds.), Handbook of Economic Growth, Volume 1, North-Holland, Amsterdam, 2005.

[181] Lee, J. Ch., Reginal Income Inequality Variations in China, Journal of International Development, 1995, 20 (2): 99 - 118.

[182] Dayal-Gulati, A., A. M. Husain, Centripetal Forces in China's Economic Take-off, IMF Working Paper 00/86, 2000.

[183] Xu, X., Have the Chinese Provinces Become Integrated under Reform? China Economic Review, 2002 (13): 116 - 133.

[184] Jia, L., Regional Catching up and Productivity Growth in Chinese Reform Period, International Journal of Social Economic, 1998 (25): 1160 - 1177.

[185] Wang, Y., Y. D. Yao, Sources of China's Economic Growth, 1952 - 99: Incorporating Human Capital Accumulation, China Economic Review, 2003, 14 (1): 32 - 52.

[186] Fleisher, B. M., Haizheng Li, M. Q. Zhao, Human Capital, Economic Growth, and Reginal Inequality in China, Journal of International Development, 2010 (92): 215 - 231.

第二章 西方非主流经济增长理论的进展[①]

剑桥方程、新卡莱斯基增长理论和斯拉法超级乘数等非主流经济增长理论均以凯恩斯假定取代新古典增长理论的萨伊定律，从而为有效需求拉动经济增长提供了理论依据。剑桥方程的核心思想是经济增长率决定收入分配关系，但其凯恩斯假定的成立机制、充分就业的假定、模型反映的逻辑关系等存在严重的缺陷。在新卡莱斯基增长模型中，经济增长率是内生决定的，而且在不同的参数下可以获得以工资拉动的经济增长体制或以利润拉动的经济增长体制，但该模型同样存在严重的不足，如长期正常产能利用率和实际产能利用率的偏离、哈罗德不稳定性的存在、“成本悖论”和“节俭悖论”的逻辑问题等。斯拉法超级乘数指出了自主性需求的重要性，解决了哈罗德不稳定性，其长期实际产能利用率趋近于正常产能利用率，而且与古典经济理论相容，但该理论仍然存在经济增长率外生化、自主性需求的稳定性缺乏足够论证、正常产能利用率的处理简化等问题。相对于新古典等主流经济增长理论，需求拉动型经济增长理论对于解释、分析中国经济增长问题或许更具借鉴意义。

第一节　经济增长理论的非主流路径：需求拉动型增长理论

从经济思想的发展历程来看，经济增长理论历经了几次起伏。经济增长与收入分配是古典经济理论研究的重要课题，比如李嘉图详细地研究了经济增长过程中收入分配关系的演变趋势。在古典经济学后，马克思在《资本论》中系

① 刘伟，黄彪．从剑桥方程到斯拉法超级乘数——需求拉动型经济增长理论评述．中国人民大学学报，2019（5）．

统地分析了资本积累、利润率趋势下降、资本主义经济危机的必然性等重要问题，阐明了在资本主义发展过程中不可调和的内在矛盾。然而，在边际革命之后，增长理论被新古典理论边缘化，其研究重心转到了对稀缺资源的配置上。直到凯恩斯革命之后，增长理论因哈罗德和多马试图将凯恩斯的有效需求理论扩展到长期而再次受到关注。概括地说，现代新古典经济理论在经历了索洛引入新古典生产函数解决哈罗德模型的不稳定以及拉姆齐模型解决了消费内生化和动态积累的无效率之后，再次进入停滞状态，直到 19 世纪 80 年代被所谓的“新增长理论”唤醒。[①]随着内生增长理论、统一增长理论的提出与构建，以及 2018 年罗默因经济增长理论的贡献获得了诺贝尔经济学奖，经济增长理论再次成为新古典理论的一个重要研究课题。

虽然新古典理论长期占据着经济研究的主流地位，但其核心理论存在着严重的逻辑缺陷。20 世纪 70 年代的“资本争论”从资本度量、技术再转轨等角度摧毁了传统新古典理论中“资本”这一核心概念以及建立在其基础上的收入分配理论、价值理论等（Petri，2004）[②]。新古典理论的现代发展不仅无法回避这些逻辑问题，还因为其采用了极短期的分析方法而使新古典纯理论研究与现实经济分析严重脱节。[③]

作为新古典理论研究的重要领域，新古典经济增长理论同样无法避免新古典理论的基本逻辑缺陷，同时存在一些自身的特殊问题。首先，由于坚持萨伊定律（即储蓄决定投资），新古典经济增长理论片面强调供给对经济增长的影响，将增长的原因完全归结为供给侧的要素投入增加与技术进步（不论技术进步是外生给定的还是内生决定的），而否认有效需求对经济增长的拉动作用，这明显与经验事实不符（郭克莎和杨阔，2017）。例如，吉拉迪（Girardi）和帕里

① 巴罗-萨拉伊-马丁. 新古典经济增长理论发展简史，2010.

② Petri，F.，General Equilibrium，Capital and Macroeconomics：A Key to Recent Controversies in Equilibrium Theory，Cheltenham，UK and Northampton，USA：Edward Elgar Publishing，2004：206-255.

③ 现代新古典理论为了使理论逻辑更加一致而不得不依赖于极短期的分析方法，其研究对象由传统的长期均衡转变为现代的短期均衡或跨期均衡，这种转变使得现代新古典理论很难用于解释现实的经济问题。新古典均衡理论和分析方法发生的转变以及由此产生的问题，见 Garegnani（1976）。

博尼（Pariboni）对美国经济的经验研究显示，自主性需求在美国的经济增长中发挥了重要的作用（Girardi and Pariboni，2016）。其次，萨伊定律的成立依赖于充分就业的假定，但理论与经验都表明，经济在长期内并不会趋于新古典经济增长理论预测的自然失业率（NAIRU）水平（Petri，2003），因此新古典经济增长理论的重要前提——萨伊定律是难以成立的。最后，在内生增长理论中，收入分配关系的决定机制在根本上是与新古典经济增长理论的边际分析方法不相容的。为了在模型内部解释经济增长，内生增长理论必须通过一些方式（如引入人力资本、创新活动）使得资本的报酬非递减，但此时利率将完全取决于生产，而不再由资本的供求决定（Kurz and Salvadori，1999），这实际上是抛弃了新古典要素供求决定收入分配关系的机制，而回归到了古典的收入分配决定理论。从这个角度来说，现代的内生增长理论只是采用了新古典分析形式的古典经济思想的再现。以上问题显示，新古典经济增长理论不仅非常片面，甚至在很大程度上是错误的。

非主流或异端（heterodox）理论是相对于主流理论的替代性理论体系[①]，尽管其中包含不同的理论流派，在某些政策建议方面可能与主流理论相近，但非主流理论在理论基础、分析逻辑、方法论等方面均与主流理论存在根本区别。概括地说，非主流理论往往以生产和再生产、有限理性、阶级和阶级关系作为研究的基础，采用多元化的方法论，分析积累和经济动态发展过程中的结构转变及其背后的经济关系、阶级与权力之间的相互关系和相互影响。本章是对剑桥方程、新卡莱斯基经济增长理论和斯拉法超级乘数这几种非主流增长理论的

① 学界对非主流理论尚未形成统一的界定。最新的《帕尔格雷夫经济学大辞典》将异端经济学解释为在多方面替代主流经济学的经济理论和经济学家群体，是由对主流理论持有不敬态度且拒绝主流理论的经济学家发展的多维度经济理论概念。劳森（Lawson，2006，2013）从本体论（ontology）角度，以对自然和现实结构认识的本质差异来区分主流经济理论和非主流经济理论，斯莱德和卡法雷尔（Slade-Caffarel，2018）进一步澄清并强化了劳森的观点。李认为，非主流经济学是一门研究社会供应过程（social provisioning process）的科学（Lee，2009）。拉沃（Lavoie，2009）则从认识论/本体论、理性、方法、经济核心、政治核心五个维度，将非主流经济理论总结为具有现实主义、环境一致性、整体和有机主义、生产与增长、调节市场五方面的特征，以区分主流经济理论的工具主义、高度模型一致性、个人主义、交换配置稀缺、放任市场等特征。达特（Dutt，2017）分别从认知论、本体论和规范三个维度，强调了非主流理论在认识经济现实、描述经济现实和衡量对社会的影响等方面与主流经济理论存在的显著不同。

评述。本章选取这几种理论的原因在于：第一，这些理论对主流经济理论的批判最为深刻。对新古典经济增长理论的基本逻辑缺陷批判得最系统、最深刻的“资本争论”就是由剑桥学者、斯拉法学者发起和推动的。第二，这些理论在非主流经济理论中的影响相对较大，如李（Lee，2009）用了大量的篇幅讨论后凯恩斯经济学研究的发展。[①]第三，更重要的是，这些经济增长理论具有相同的特点，而且在根本上区别于新古典经济增长理论。与坚持萨伊定律的新古典经济增长理论不同，本章讨论的几种非主流理论都坚持卡尔多（Kaldor，1955—1956）提出的凯恩斯假定（Keynesian hypothesis），即在长期内投资决定储蓄而非相反，从而认为长期经济增长仍是需求拉动的。尽管可能会忽略各理论的差异，本章讨论的非主流增长理论可以统称需求拉动型经济增长理论（demand-led growth theory），以区别于新古典经济增长理论从供给侧展开研究的主流增长理论。

因此，对经济增长的理论解释，存在着从供给侧展开研究的新古典经济增长理论和与之形成鲜明对比的从需求侧展开研究的非主流经济增长理论两条路径。当然，供给侧与需求侧的因素难以完全割裂开来，虽然新古典经济增长理论也承认需求对经济增长具有重要的作用[②]，但它对经济增长源泉的理论解释却

---

① 后凯恩斯经济学是一个非常宽泛（甚至不准确）的概括，不同的学者对后凯恩斯经济学所涵盖的流派持不同的意见，广义的分类包括基本主义者（Fundamentalists）、卡莱斯基学派（Kaleckians）、斯拉法学派（Sraffians）、制度学派（Institutionalists）和卡尔多学派（Kaldorians），见 Lavoie（2014）。国内学者一般将凯恩斯之后，由剑桥大学凯恩斯的追随者（如罗宾逊、卡尔多、斯拉法、帕西内蒂等人）所建立起来的各种理论统称为后凯恩斯经济学。例如，张凤林等人认为，“后凯恩斯学派或后凯恩斯经济学这个名词……专指以罗宾逊夫人等为代表的对凯恩斯主义主流派持批评态度的非主流的凯恩斯主义者”（张凤林等，2013）。尽管从广泛的含义来看，后凯恩斯经济学可能包括本章所讨论的几种理论，但实际上，根据罗宾逊、卡尔多、卡莱斯基、斯拉法等人的思想建立起来的经济理论在很多方面存在较大的差异，本章主要强调这些理论在经济增长问题上的分歧和差别，因此本章不将这些理论统一归入后凯恩斯经济学名下。此外，本章仅针对这些经济增长理论进行评述，除必要的场合，将不涉及消费和货币等问题。

② 索洛（Solow，2005）在《经济增长手册》中指出，新古典经济增长理论是关于潜在产出演变的理论，而总产出被认为仅受供给侧而不受需求侧短缺的限制，需求因素仅存在于短期波动问题的研究中。但是，他认为短期波动影响长期经济增长，因此需要一种能够统一长期增长趋势和短期波动的宏观理论。换句话说，需要对供给与需求加以综合考虑。尽管索洛提到了将需求因素引入经济增长的模型，但他在开篇却认为，除新古典经济增长理论外，没有真正的对抗性模型（competing model）。显然，非主流经济增长理论的相关发展没有引起新古典经济学家的关注。

没有给需求因素留有余地。其原因在于：新古典经济增长理论坚持萨伊定律，认为在长期内任何储蓄都会转化为投资，所以不会出现有效需求不足的问题。在新古典框架下，实际的经济增长率自然会趋近潜在经济增长率，因而他们对经济增长的理论研究仅关注决定潜在经济增长率的因素，即供给侧的资本、劳动、技术在充分使用状态下的投入量。相比之下，非主流经济增长理论之所以主要关注需求侧，是因为他们坚持凯恩斯假定，即投资会通过各种途径获得与之相匹配的储蓄量，但这并不意味着投资一定会吸收社会所有的储蓄，在长期仍会面临有效需求不足的问题。此外，非主流经济理论普遍认为，给定的要素投入量所生产的产出水平处于一个弹性的范围，在长期有效需求的拉动下，供给侧会产生一个与需求侧相匹配的产出水平。因此，非主流经济增长理论同样不否认供给侧对经济增长的重要作用，但他们认为决定经济增长源泉的是需求侧因素，由供给侧决定的潜在产出会向由有效需求决定的实际产出水平调整。

本章的主要目的是系统地评述各需求拉动型经济增长理论的特点和问题，并总结各种理论的异同与联系。本章的主要结构如下：第二、三、四节分别概要介绍剑桥方程、新卡莱斯基增长理论、斯拉法超级乘数的基本思想，并论述这些理论存在的基本问题。第五节总结这些理论的异同以及它们对研究中国经济增长问题的借鉴意义。

第二节　剑桥方程评述

一、剑桥方程概述

剑桥方程（Cambridge equation）最早是由卡尔多（Kaldor，1955—1956）[①]表述出来的，帕西内蒂（Pasinetti，1962）做了进一步的更清晰阐释。剑桥方程的核心思想是，在储蓄率事先给定的情况下，长期经济增长率作为外生变量

---

① 随后，卡尔多在经济增长方面做了一些更深入的讨论（Kaldor，1957）。帕西内蒂认为，对于经济增长和收入分配变量之间的关系，卡尔多在19世纪30年代已经做出类似的表述，但当时卡尔多仍受新古典思想的影响，最初表述的收入分配与经济增长之间的逻辑关系是与剑桥方程相反的。

决定收入分配关系。

卡尔多认为凯恩斯的乘数分析不仅适用于短期研究，而且适用于长期经济分析，只不过乘数在长期和短期内反映的经济关系是不同的：在短期，由于存在失业和闲置产能，所以投资的上升会引起总收入和就业的增加；在长期，由于充分就业和产能充分利用，所以投资的上升会导致价格和成本发生变化。因此，卡尔多认为乘数分析在长期可以用来表示动态的经济增长与收入分配之间的关系。

通过将社会分为两个收入群体——工资收入者和利润收入者，并假设前者的储蓄率低于后者，卡尔多认为当工资收入者的储蓄率为0时，经济增长率与利润率之间具有下面的简单关系：

$$g=s_c r \tag{2-1}$$

式中，g 为外生的经济增长率；s_c 为利润收入者的储蓄率；r 为利润率。

（2-1）式就是剑桥方程。在卡尔多的表述中，剑桥方程仅在上述特殊情况下才能成立，当工资收入者的储蓄率为正时，经济增长率与收入分配之间的关系更为复杂。

帕西内蒂认为，卡尔多的分析存在一个逻辑上的缺陷，即忽略了工资收入者在进行储蓄时可以获得利息收入。帕西内蒂将社会分为两个阶层——工人和资本家，并认为需要区分两种收入分配关系——工人与资本家的收入分配关系和工资与利润（利息）的收入分配关系。经济增长率同前一种收入分配关系要比卡尔多的结论更加复杂，但经济增长率同工资与利润之间的分配关系仍可以用（2-1）式来表示。概要地说，帕西内蒂的剑桥方程是基于两个核心假设：①工人储蓄的利息率与利润率相同；②在长期均衡情况下，各经济变量的增长率相同。在这两个核心假设下，在长期均衡状态下自然有

$$s_w(W+P_w)=gK_w \tag{2-2}$$

$$s_c P_c=gK_c \tag{2-3}$$

式中，s_w 为工人的储蓄率；s_c 为资本家的储蓄率，并且满足 $0<s_w<s_c<1$；P_c

和K_c（P_w 和 K_w）分别为资本家（工人）的利润和资本；W 为工人的工资收入。

由（2-3）式可以直接获得剑桥方程（2-1）式，（2-2）式仅是用来确定K_w/K_c 这一比率的。

蒋中一（Chiang，1973）对帕西内蒂的模型做了进一步扩展，证明了当工人来自工资和利润（利息）的储蓄率不同时，在长期均衡情况下的剑桥方程仍然成立。

在剑桥方程中，投资增长率是外生给定的，凯恩斯假定是通过收入分配关系的变动来实现的：当投资增长率上升时，利润率上升，作为储蓄来源的利润收入增长率上升，储蓄增长率上升。概括地说，作为独立变量的投资通过影响收入分配关系来获得与之相匹配的储蓄量。

二、剑桥方程存在的问题

剑桥方程以凯恩斯假定取代了萨伊定律，为有效需求拉动经济增长提供了依据，这相对于新古典经济增长理论无疑是一种进步。然而，剑桥方程建立的假设条件、基本结论等是不完善的，甚至存在一些严重的错误。

（1）帕西内蒂认为，利息率与利润率在长期内相等是存在疑问的。

利息率等于利润率是帕西内蒂得出的剑桥方程的一个基本假定，但在正常情况下，利息率要低于利润率，否则资本家不会借贷资本。当利息率低于利润率时，可以证明卡尔多模型同样是逻辑一致的，而剑桥方程的简单表述却不一定成立（Fazi and Salvadori，1981）。

（2）剑桥方程中凯恩斯假定成立的逻辑缺乏经验与理论支持。

在剑桥方程中，凯恩斯假定是通过收入分配关系的调整来实现的，如经济增长率和投资的上升会导致利润率的上升。然而，在给定生产技术的条件下，利润率的上升必然会导致工资率的下降。[①]因此，根据剑桥方程的结论，在经济

① 在给定生产技术的条件下，利润率与工资率之间的反向关系由斯拉法准确地表述出来（Sraffian，1991）。

增长率上升时，工资率是下降的，但这一点难以获得经验研究的支持。现实情况往往相反，在经济增长率较高的情况下，工资率也是上升的（Cesaratto，2015）。从理论上说，当经济增长率处于较高的水平时，工人的就业率相对较高，"产业后备军"相对较少，这会提升工人的议价能力，在这种情况下的工资一般是上升的，至少不会下降。

（3）剑桥方程坚持的充分就业和充分利用产能的假设难以成立。

与新古典经济增长理论相同，经济在长期内处于充分就业和充分利用产能的状态是剑桥方程的隐含假定。① 但凯恩斯假定本身仅要求投资决定储蓄，也就是投资可以获得与之相匹配的储蓄量，这并不意味着所有储蓄都会自动转化为投资。因此，无论在长期还是短期，经济都可能面临有效需求不足的问题，也就意味着经济在长期内可能偏离充分就业的状态。同样，从产能利用率的角度来看，经验数据和理论分析都证明了在通常情况下，实际和正常产能利用率都是低于最大产能的。库尔兹（Kurz，1986）在理论上论证了为什么企业在正常状况下不会最大限度地利用产能，尼基福罗斯（Nikiforos，2016）利用统计数据表达了相似的观点。

（4）即使在产能完全利用的情况下，或者在产能利用率不变的情况下，剑桥方程所反映的经济增长率与收入分配关系在逻辑上也是不合理的。

剑桥方程反映的逻辑关系（即经济增长率决定收入分配关系）在经验上难以获得支持，在理论上也难以同与新古典经济增长理论对立的古典理论体系相容。在古典理论体系中，一般认为工资率受历史、道德、习俗等因素影响，通常是作为外生给定的变量。在给定生产技术的条件下，另一个收入分配变量利润率可以与相对价格同时被内生决定。在古典理论合理的假设前提下，剑桥方程反映出的是一种核算关系，而非逻辑关系（Garegnani，1992）。换句话说，剑桥方程反映的是收入分配关系，即利润率 r 决定 g，而非相反，但此时的 g 并不是经济增长率，而是对应于给定的产能利用率和收入分配关系的储蓄与资本

① 卡尔多在其论文中写道："We shall assume, to begin with, a state of full employment…"（Kaldor，1955－56）.

的比例（the ratio of saving to capital）。剑桥方程所反映的经济关系实际上是不符合凯恩斯假定的。

（5）剑桥方程中的投资在长期内作为独立变量的合理性是值得商榷的。

在长期内，投资完全由资本家的“动物精神”决定，进而成为独立变量这一点是值得商榷的。因为在长期内，资本家有足够的时间去考察市场的供求情况，从而根据市场的实际利润率水平、产能利用率的变化情况、经济增长预期等因素进行投资决策。因此，从长期来看，投资是由很多经济因素内生决定的变量。我们从后文的论述中可以发现，对投资决定因素的不同观点形成了不同的经济增长理论。

第三节　新卡莱斯基增长理论评述

一、新卡莱斯基（Neo-Kaleckian）增长理论概述

新卡莱斯基增长模型是在批判剑桥方程的基础上建立起来的，该模型的逻辑关系简单，能够清晰表现出凯恩斯的“节俭悖论”与“成本悖论”；与此同时，它与经验研究的结合更加紧密。这些特点使得新卡莱斯基增长模型成为当下较为流行的非主流经济理论模型。

简化的新卡莱斯基增长模型（Lavoie，2009）主要由三个方程构成[①]，分别是利润率方程、储蓄方程和投资方程，可以表述如下：

$$r=\frac{mu}{v}=\frac{r_n u}{u_n} \tag{2-4}$$

$$g_s=s_c r \tag{2-5}$$

$$g_i=\gamma+\gamma_u(u-u_n) \tag{2-6}$$

（2-4）式本质上是一个核算方程，反映了实际利润率 r 与利润份额 m、实

① 新卡莱斯基增长模型最早是由德尔茨（Del Monte）提出的，并经由罗桑（Rowthorn）和达特（Dutt）改进，目前标准的新卡莱斯基增长理论是基于巴杜里（Bhaduri）和马尔金（Marglin）在 1990 年提出的模型。

际产能利用率 u 和资本产出比 v 之间的关系，同样也可以用正常利润率 r_n、正常产能利用率 u_n 和实际产能利用率来表示。在(2-5) 式中，g_s 为储蓄增长率，s_c 为资本家的储蓄率，其含义是社会总储蓄来源于资本家获取的利润。(2-6) 式反映的关系是，投资增长率 g_i 既由资本家的"动物精神"所决定，即自主性投资增长率 γ，又由实际产能利用率和正常产能利用率的差距所决定。如果实际产能利用率大于正常产能利用率，则资本家会增加投资；反之，资本家会减少投资，即"每个企业都试图回到产能利用率的正常水平"（Lavoie，2009），γ_u 为资本家对实际产能利用率和正常产能利用率的差距的反应程度。

在给定变量 γ、γ_u、u_n、s_c、m、v，并且在凯恩斯稳定［Keynesian stability，见（Hein et al.，2011)］成立的基础上［即（$s_c m/v$)>γ_u］，均衡状态下的 $g_i=g_s$，新卡莱斯基增长模型可以获得稳定的经济增长率和产能利用率，见图 2-1。

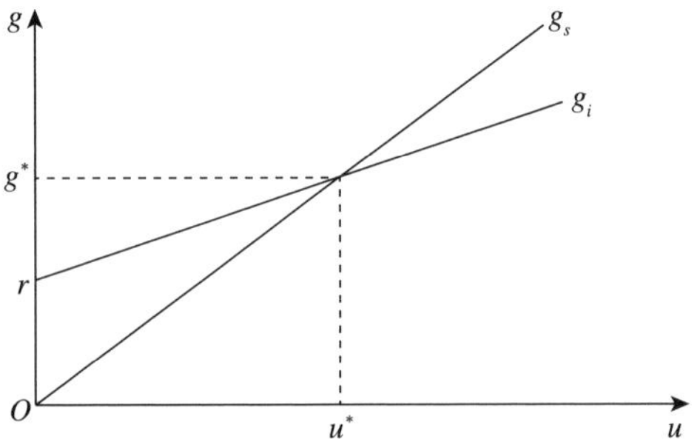

图 2-1　新卡莱斯基增长模型的均衡

在新卡莱斯基增长理论中，储蓄率下降会使图 2-1 中的储蓄曲线向右偏转，结果会导致均衡经济增长率和产能利用率上升，即出现"节俭悖论"。与此同时，当工资占实际净产出的份额上升时，利润所占的份额下降，同样会导致储蓄曲线向右偏转，均衡经济增长率和产能利用率同样会上升，也就是"成本悖论"。在对投资函数进行适当的修正后，假设投资增长率不仅取决于"动物精神"和产能利用率，而且还受利润份额的影响，那么"成本悖论"只是一种特殊情况，只对应着工资拉动的经济增长体制（wage-led growth regime)。在不同的参数设定下，新卡莱斯基增长模型可以获得利润拉动的经济增长体制（profit-led growth regime），此时“成本悖论”不再成立（Bhaduri and Marglin，1990）。

新卡莱斯基增长模型与剑桥方程不同，凯恩斯假定是通过实际产能利用率的变化来实现的。当投资增长率高于储蓄增长率时，产品市场供不应求，此时企业会提高产能利用率水平，从而引起实际利润率上升，储蓄增长率随之上升。这个过程一直持续到均衡状态 $g_i=g_s$，实际产能利用率和经济增长率也会回到新卡莱斯基增长模型决定的均衡值。

新卡莱斯基增长模型在设定上看似十分完善，也可以回避剑桥方程所面临的问题（经济增长率和工资可以同时上升），剩下的工作似乎只是在经验研究方面论证现实经济究竟符合哪种参数设定，即现实经济究竟是属于利润拉动的经济增长体制还是属于工资拉动的经济增长体制，然后再基于新卡莱斯基增长理论给出相应的政策建议。但是，经验研究合理性的前提是理论本身的正确性，而实际上看似完善的新卡莱斯基增长模型却存在一些严重的理论问题。

二、新卡莱斯基增长理论批判

（1）新卡莱斯基增长模型获得的均衡产能利用率在长期可能偏离正常产能利用率水平，这在理论上是难以成立的。

科米泰里（Committeri，1986）等古典学者和马克思主义学者很早就批判了新卡莱斯基增长模型的这一问题。企业的实际产能利用率水平可能会因为需求的变化、成本的上升等因素而偏离正常水平。如果这些变化是暂时的，那么随着这些暂时性变化的消失，长期实际产能利用率必然会恢复到原有的正常水平。如果这些变化是长期的，那么在长期，资本家会根据新的经济状态调整投资行为和产能，并使产能利用率恢复到正常水平，以便应对一些偶然的需求变化等情况。换句话说，在长期，当实际产能利用率偏离正常产能利用率水平时，投资和净产出增长率不可能保持稳定。新卡莱斯基投资函数无疑反映了企业试图恢复正常产能利用率的动机，在长期内，两者出现偏离本身就与新卡莱斯基投资函数的思想相背离。此外，这种偏离也不符合古典理论与马克思的基本思想。

（2）针对上述问题，新卡莱斯基学者提出的回应和解决方案都是难以成立的。

概括地说，新卡莱斯基学者对古典学者的批判做出了下面一些回应：①他们认为影响企业决策的因素很多，产能利用率只是其中之一，因此在长期内实际产能利用率与正常产能利用率相等不能作为唯一的长期均衡条件（Hein et al.，2012）。但这种回应的本质是回避了问题，而没有真正解决长期正常产能利用率与实际产能利用率不一致的问题。②他们认为正常产能利用率是一个区间值而非唯一值，只要实际产能利用率落入正常产能利用率区间就可以认为两者一致（Setterfield，2017）。这种回应同样没有解决问题，因为新卡莱斯基增长模型仍不能保证均衡的实际产能利用率一定落入该区间。③最流行的观点认为，在长期内，正常产能利用率会趋近实际产能利用率，从而两者在长期内可以保持一致。这种观点主要通过两种途径实现：其一，一些学者认为，一旦由该模型决定的均衡产能利用率偏离正常产能利用率，那么经过一段时间后，企业会将均衡的实际产能利用率水平作为正常的水平（Lavoie，1995）。从本质上说，这种途径是通过将均衡实际产能利用率重新定义为正常产能利用率来解决问题的，但这种重新定义显然过于主观。如果模型决定的均衡实际产能利用率不符合企业生产成本最小化原则，那么企业自然不会在长期维持这种产能利用率，即不会将其认定为正常水平。其二，一些学者认为，可以通过对正常产能利用率以成本最小化为标准进行内生化（Nikiforos，2013），然后在此基础上可以实现均衡实际产能利用率向正常产能利用率的调整机制（Nikiforos，2016；Davila-Fernandez et al.，2019）。但该内生化处理的假设条件极为特殊[①]，从应用到宏观模型上都存在逻辑缺陷（Girardi and Pariboni，2019）。

---

① 尼基福罗斯（Nikiforos，2013）内生化正常产能利用率的模型是基于新古典性状良好的生产函数，排除了“技术再转轨”（reswitching）问题（Nikiforos，2013），仅就这一点而言，尼基福罗斯的模型就无法回避“资本争论”中对新古典理论的批判。此外，尼基福罗斯还设定了规模报酬递增，但报酬递增率是下降的，这种假设不仅极其特殊，而且与其假设的完全竞争条件是相冲突的，因为无法排除个别企业因规模报酬递增而不断扩大生产规模，进而导致该企业可以获得一定的市场控制能力。

（3）哈罗德不稳定性问题依旧存在，新卡莱斯基模型预测的均衡缺乏现实意义。

若实际产能利用率等于正常产能利用率，则经济增长率处于哈罗德有保障的经济增长率水平。在图 2－2 中，$g_w = g_i = \gamma$。当参数发生变化时（如储蓄率下降，储蓄曲线向右旋转），根据新卡莱斯基增长理论，经济增长率会上升，实际产能利用率也会上升。与此同时，随着实际产能利用率偏离正常产能利用率，投资函数也会发生变化，$g_i = \gamma$ 转化为（2－6）式，这会导致经济增长率和实际产能利用率进一步上升。在长期，如果实际产能利用率偏离正常产能利用率水平，按照新卡莱斯基学者的观点，这会使资本家将实际的产能利用率水平确定为正常的产能利用率水平，而此举会使投资函数上移，从而会产生更高的经济增长率和实际产能利用率。这一过程将持续，也就是经济增长率和产能利用率不但不会回到原有的哈罗德有保障的增长率水平，而且会逐渐远离原有水平。

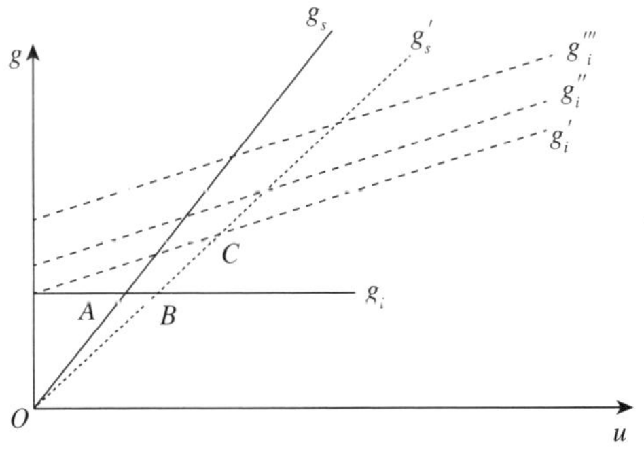

图 2－2　新卡莱斯基增长模型的哈罗德不稳定性

哈罗德不稳定性给新卡莱斯基增长模型带来的破坏在于，新卡莱斯基增长模型预测的均衡缺乏现实指导意义，因为经济不仅不会处于或趋近最初的均衡状态，而且会不断偏离最初的均衡。这意味着利用新卡莱斯基经济模型所做的比较静态分析毫无意义。

（4）“节俭悖论”与“成本悖论”存在逻辑问题。

以“节俭悖论”为例，在图 2－2 中，当经济最初处于均衡状态 A 时，储蓄率下降，新卡莱斯基增长模型预测，此时的储蓄曲线向右旋转，经济会临时形成新的产能利用率，并由 B 点决定。此时，资本家会试图将产能利用率调整回原来的正常水平 u_n，这导致投资函数发生变化，经济会趋向新的均衡经济增长率和实际产能利用率（C 点），也就是出现“节俭悖论”。但是，如果新卡莱斯基增长理论要实现“节俭悖论”，就要求均衡停留在 C 点，这需要将 C 点的实际产能利用率定义为正常产能利用率。然而，这会导致新卡莱斯基增长理论陷入两难的境地：既然将实际产能利用率定义为正常产能利用率，那么为什么不将最初 B 点决定的产能利用率定义为正常水平？如果 B 点决定的是正常产能利用率，那么储蓄率变化不会对经济增长率产生影响，即“节俭悖论”不成立。如果不将 B 点而是将 C 点的产能利用率定义为正常值，那么经济就不会停留在 C 点，因为哈罗德不稳定性存在，均衡将会不断地向上移动，最终不知会趋近何处，那么“节俭悖论”同样难以成立。

第四节　斯拉法超级乘数评述

一、斯拉法超级乘数（Sraffian Supermultiplier）模型概述

虽然剑桥方程没有考虑产能利用率问题，但实际上它是在充分利用产能或给定产能利用率的条件下获得的，因此产能利用率是可以在长期内处于正常水平的。但是，在剑桥方程中凯恩斯假定成立的机制（即通过调整收入分配关系来实现）是难以成立的。新卡莱斯基增长模型保持了凯恩斯假定和外生收入分配关系，但长期产能利用率水平却偏离正常水平，而且存在哈罗德不稳定性问题。① 除上述两种理论模型外，非主流经济增长理论还存在另一种发展路径：该路径既能解决哈罗德不稳定性问题，又能坚持凯恩斯假定，并与古典收入分配理论相容，而且在均衡时的产能利用率水平也处于正常状态。该路径就是斯拉法超级乘数模型。

斯拉法在《用商品生产商品》中并未提及经济增长以及乘数的相关内容。“斯

---

① 在哈罗德模型均衡时的产能利用率水平处于正常水平，同时也与古典的外生收入分配关系相同，但哈罗德模型却不是基于凯恩斯假定。对于哈罗德模型、剑桥方程和新卡莱斯基增长模型各自存在的问题，切萨拉托（Cesaratto）称之为“三元悖论”［trilemma，（Cesaratto，2015）］。

拉法超级乘数”最早是由塞拉诺（Serrano，1995）提出的，随后塞拉诺等人（Freitas and Serrano，2015；Serrano and Freitas，2017；Serrano et al.，2018）又做了进一步的发展。被冠以“斯拉法”（Sraffian）的名字是因为该模型坚持古典经济学的剩余分析传统和收入分配理论。在分析方法上，斯拉法超级乘数与斯拉法的多部门分析方法截然不同，前者采用的是总量分析方法，虽然在很大程度上简化了分析，但斯拉法超级乘数模型也不能避免由于加总所产生的一些问题。

塞拉诺认为，大多数经济学家都忽略了凯恩斯的自主性需求因素。自主性需求（autonomous components of demand）与引致性需求相对应，是指不是由收入直接引致且不产生产能的需求，包括自主性消费、政府支出、出口等。塞拉诺将社会分为工人和资本家两个阶级，同时假设只有资本家进行储蓄，而工人将所有工资用于消费。最终需求（AD）由三部分组成：引致性消费（C）、引致性投资（I）和自主性需求（Z），即

$$\mathrm{AD}=C+I+Z \tag{2-7}$$

其中，引致性消费由工人的工资决定。如果用 w 表示工资率，用 l 表示单位 GDP 就业人数，用 Y 表示 GDP 总量（或总净产出），那么消费 $C=wlY$。对于引致性投资，与新卡莱斯基学者不同，塞拉诺和其他斯拉法学者认为引致性投资主要取决于（预期）产出。具体说来，如果用 v_n 表示正常资本的产出比例，用 g_e 表示预期经济增长率，那么投资 $I=v_n g_e Y$。假定资本家的预期经济增长率等于自主性需求增长率 g_e。在均衡状态下，供给等于有效需求，即 $Y=\mathrm{AD}$。因此，总净产出与自主性需求的关系为：

$$Y=\frac{1}{(1-wl)-v_n g_z}\times Z \tag{2-8}$$

（2-8）式中的自主性需求（Z）前的系数就是超级乘数，是考虑到了凯恩斯乘数和加速数的超级乘数。[①]在假设自主性需求增长不是过高的情况下，$0<$

① 当不存在引致性投资，也就是投资全部为自主性投资时，Z 为投资，$v_n g_z$ 消失在上述公式的分母中，超级乘数就变成了凯恩斯乘数。

$wl+v_n g_z<1$，因而超级乘数大于 1。

斯拉法超级乘数模型是如何解决哈罗德不稳定性的？首先，塞拉诺定义了新的有保障的增长率 $g_w=\frac{S/Y}{v_n}$，其中 S 为储蓄总额。塞拉诺与哈罗德定义的有保障的增长率的区别在于：后者的分子是边际储蓄倾向，而前者的分子是平均储蓄倾向。在没有自主性需求的情况下，两者是相等的，但在有自主性需求的情况下，边际储蓄倾向是平均储蓄倾向的上限（Serrano et al.，2018）。其次，一旦实际增长率超过有保障的增长率，也就是 $g_e=g_z>g_w$，那么通过超级乘数的作用，总净产出 Y 也会增长，且增长幅度要超过 Z，因此 Z/Y 下降。由于 C/Y 不受影响，因此 I/Y 会上升。凯恩斯假定会使储蓄占 GDP 的比重上升，即 S/Y 上升，从而使新的有保障的增长率 v_w 上升，并趋向新的自主性需求增长率 g_z。因此，斯拉法超级乘数重新定义了“多重”而非唯一的有保障的增长率，并通过有保障的经济增长率向自主性需求增长率调整来解决哈罗德不稳定性。①

在斯拉法超级乘数中，投资是完全引致（即内生）的，凯恩斯假定的成立机制是通过总净产出的增加来实现的。具体来看，储蓄 $S=Y-C-Z=(1-wl)Y-Z=sY-Z=I$。其中，s 为边际储蓄倾向或利润占总净产出的份额，故储蓄等于利润与自主性需求的差额，即引致性投资。在自主性需求的增长率稳定的情况下，结合（2－8）式可以发现，导致引致性投资发生任何变化的因素都会通过超级乘数的作用使得总净产出 Y 发生变化，进而获得与投资相匹配的储蓄额。

斯拉法超级乘数模型的创新及核心内容是重新发现和引入了自主性需求，一旦认为存在自主性需求，该模型获得的种种结论实际上并不意外。从（2－8）式就可以发现，当 Z 的增长率外生给定且超级乘数保持稳定时，GDP、投资、

---

① 从形式上看，索洛以新古典性状良好的生产函数来替代哈罗德模型中的 v_n，但保留了不变的边际（平均）储蓄倾向。相比之下，塞拉诺引入了自主性需求，从而改变了哈罗德模型中的平均储蓄倾向，但保留了 v_n。除了形式上的差别，两者的理论基础也完全不同，塞拉诺是基于斯拉法复兴的古典理论，而索洛是基于典型的新古典理论。

储蓄和消费的增长率在长期内必然趋向外生的自主性需求的增长率 g_z。

斯拉法超级乘数模型相对于剑桥方程、新卡莱斯基增长模型的优势在于：首先，经济增长率的调整并没有伴随着收入分配的调整，从而避免了剑桥方程存在的问题，也更符合古典经济理论的假设。其次，没有定义新的正常产能利用率，在长期也能实现实际产能利用率向正常产能利用率的调整，从而避免了新卡莱斯基增长模型存在的问题。由于具有上述优点，斯拉法超级乘数模型近年来在非主流经济增长理论中变得流行起来，一些新卡莱斯基学者也尝试将自主性需求引入原有的标准模型中，新模型不仅能够解决哈罗德不稳定性问题，同时保留了新卡莱斯基增长模型的一些特点。从这方面来看，两种理论似乎出现了一些融合的迹象，如 Allain（2015）和 Lavoie（2016）。尽管如此，斯拉法超级乘数模型和带有自主性需求的模型并非没有缺陷。

二、斯拉法超级乘数模型存在的问题

尽管斯拉法超级乘数模型跳出了“三元悖论”，在经验研究上也获得了一些支持（Girardi and Pariboni，2016），但下述问题是斯拉法超级乘数模型没有解决的。

首先，在斯拉法超级乘数模型中，经济增长率是外生给定的，而非内生决定的。

在经济增长的决定因素方面，斯拉法超级乘数模型并没有在模型内部对经济增长产生的原因进行解释，而是将经济增长归结为外生给定的自主性需求的增长率，这与哈罗德模型和新卡莱斯基增长模型截然不同，但它与索洛模型类似，因此斯拉法超级乘数模型没有从根本上解释经济增长。

其次，斯拉法超级乘数的存在依赖于自主性需求的存在和稳定性，但在现实中，这些条件难以成立。

在斯拉法超级乘数模型中，被认为是自主性需求的几个因素（如出口、政府支出、个人信贷消费、住房投资等）在长期内都是无法保持相对稳定的（Skott，2017）。一旦自主性需求不稳定，那么斯拉法超级乘数本身也会发生变化，甚至是不确定的。与此同时，尽管出口不是由国内收入引致的，但从长期来看，政府支出、个人信贷消费、住房投资等都是难以独立于收入的，这些因素是否真正具有自主性也是值得怀疑的。

最后，斯拉法超级乘数理论对正常产能利用率的分析过于简化。

在斯拉法超级乘数的研究中，正常产能利用率通常被看作一个外生给定的或者是独立于经济增长的数值。比如西科尼（Ciccone，1986）认为，正常产能利用率是企业根据平均有效需求所采用的产能利用率水平。[①]然而，正常产能利用率是古典经济理论关于“正常位置”（normal position）分析的一部分，从这个角度来说，正常产能利用率是由成本最小化的生产技术所决定的。一般来说，正常产能利用率是不能独立于收入分配关系的（Kurz，1986）。与此同时，只有在固定资本和流动资本存在区别的情况下，产能利用率才能发生变化，而在有固定资本的情况下，成本最小化的生产技术和正常产能利用率通常是不能独立于有效需求结构和经济增长率的。[②]一旦经济增长率会影响正常的产能利用率，那么实际产能利用率向正常产能利用率调整的过程就会更加复杂。

第五节 需求拉动型经济增长理论的异同与研究的意义

与新古典理论坚持萨伊定律完全相反，上述几种需求拉动型经济增长理论都坚持凯恩斯假定，即无论在短期还是长期都是投资决定储蓄而非相反，因此长期产能向需求调整而非相反，即经济增长是需求拉动的。对于凯恩斯假定的实现机制、经济增长的解释、实际与正常产能利用率的关系，上述理论存在一些差异，见表2-1。

概括来说，对经济增长的解释，剑桥方程和斯拉法超级乘数的经济增长率是外生给定的，而在新卡莱斯基增长理论中，经济增长率是内生决定的。在经济增长与收入分配方面，剑桥方程认为，外生的经济增长率内生决定收

---

① 切萨拉托（Cesaratto，2015）表达了相似的观点。

② 对于斯拉法体系下固定资本模型的论述，见 Sraffian（1991），Kurz，H. D. and N. Salvadori（1995）等。对于联合使用机器的固定资本模型，见 Salvadori（1988）。

入分配关系，高的经济增长率会导致工资率下降（利润率上升）；新卡莱斯基增长理论认为，在不同的体制下（工资拉动或利润拉动），收入分配关系的变化可以影响经济增长率；斯拉法超级乘数则认为，除非收入分配关系能够影响自主性需求，否则收入分配关系与经济增长率没有直接的联系。在产能利用率方面，剑桥方程并未区分各种产能利用率水平。相比之下，新卡莱斯基增长理论和斯拉法超级乘数都区分了正常、实际和完全产能利用率水平，并认为在长期内产能利用率不会处于充分利用的状态。然而，对于正常产能利用率和实际产能利用率的关系，新卡莱斯基学者和斯拉法学者存在长期的争论，后者认为在长期内实际产能利用率必然通过某些途径趋近正常产能利用率；而前者则认为在长期内，或者并不存在实际产能利用率趋近正常产能利用率的机制，或者收敛关系表现为正常产能利用率趋近实际产能利用率。①在凯恩斯假定的实现机制上，剑桥方程认为投资通过直接影响收入分配关系来获得与之匹配的储蓄量；在新卡莱斯基增长模型中，投资通过影响实际产能利用率，从而影响实际利润率，进而获得与之匹配的储蓄量；在斯拉法超级乘数中，投资作为内生变量，其变动都会在超级乘数的作用下通过总净产出 Y 的变化获得与之匹配的储蓄额。

表 2-1　需求拉动型经济增长理论比较

	剑桥方程	新卡莱斯基增长理论	斯拉法超级乘数
经济增长率	外生	内生	外生
产能利用率	未区分	区分正常、实际和完全产能利用率	区分正常、实际和完全产能利用率
凯恩斯假定实现机制	收入分配变化	实际产能利用率变化	总净产出变化
正常产能利用率与实际产能利用率的关系	未区分	无关系或前者趋向后者	后者趋向前者

相对于新古典理论而言，需求拉动型经济增长理论对分析和研究中国经济

① 对于新卡莱斯基学者和斯拉法学者关于产能利用率的争论，见 Nikiforos (2016)、Lavoie (2016) 和 Scatterfield (2017)。

具有启示性意义。

首先，需求拉动型经济增长理论对于解释中国经济长期增长的事实具有理论意义。

自改革开放以来的中国经济增长具有典型的需求拉动（尤其是出口和投资拉动）特征。特别是在改革开放初期20多年的时间里，“短缺”成为推动经济增长的重要需求动力，自2001年我国加入世界贸易组织（以下简称“世贸组织”)后，出口拉动的作用进一步加大。在出口和投资拉动经济高速增长的同时，也使我国经济形成了巨大的生产能力；换句话说，在实际产出迅速提升的同时，潜在的生产能力也在不断扩大，潜在产出水平不断上升，生产技术水平不断提高，最终使我国的整体经济实力大幅增强。在新古典经济增长理论中，需求对经济增长不起直接作用，经济增长是新古典经济增长理论定义的生产技术和要素投入增加的结果。从这个角度来说，新古典经济增长理论难以解释中国经济的增长现实；相反，需求拉动型经济增长理论否认了萨伊定律并坚持凯恩斯假定，为有效需求在长期内拉动经济增长提供了理论依据，也探讨了需求对生产体系（包括分配、产能等）产生的影响，从而提供了更有说服力的解释长期经济增长的理论和分析框架。

其次，需求拉动型经济增长理论对于认识未来的中国经济增长具有启迪意义。

从我国经济进入新常态以来，我国的经济发展进入了新的阶段，但限制经济发展的条件、面临的问题和挑战也发生了变化。从经济增长的角度看，我国经济自改革开放以来的需求膨胀、供给不足的短期状态已经消失，在新时代，中国经济最突出的问题是内需疲软和产能过剩，因而经济下行压力大。从内需角度看，投资需求疲软的重要原因在于供给端的创新力不够、产业升级创新不够，消费需求不足则是由于居民消费增速迟缓，深层原因在于收入分配结构失衡扭曲，这些都是供给侧结构性失衡的结果。因此，要缓解内需疲软导致的经济下行压力，必须进一步推进供给侧结构性改革，推动产业结构升级、收入初次与再分配领域的改革，并以供给侧改革为主线建设现代化经济体系（刘伟和蔡志洲，2016；刘伟，2018a)。供给侧改革并不是意味着要放弃需求管理。市场化改革、供给管理和需求管理三大政策共同构成中国特色的宏观调控体系（刘伟和苏剑，2018)，各政策具有各自的特点和优势，需要在不同的发展阶段根据经济运行的具体情况实行以某种管理政策为主、各种政策有机结合的方式。从供给侧改革的角度来说，同样要有适度的需求管理以实现总量调控和结构调控的统一、短期调控与长期调控的统一，即要将供给管理和需求管理有机统一起来，坚持稳中求进（刘伟，2018b)。

新古典经济增长理论将需求与供给割裂开来，突出强调供给侧（生产）的作用而忽略需求对经济增长的影响，因此难以为我国推动供给侧改革提供较为全面合理的建议。相比之下，需求拉动型经济增长理论一方面强调有效需求对经济增长的直接拉动效应，即强调需求侧的因素，另一方面也关注有效需求对供给侧因素的影响，如有效需求对收入分配关系、产能利用率、乘数和供给侧潜在产出等方面的影响，因此能够将需求因素与供给因素结合起来，这些对我国推进供给侧改革、建设现代化经济体系具有一定的借鉴意义。

当然，在利用各种需求拉动型经济增长理论分析中国经济问题时，需要注意各种理论存在的缺陷和局限性。无论是新古典经济增长理论还是非主流经济增长理论，它们产生的背景和解释的问题主要是针对发达国家。而发展中国家与发达国家相比，特别是中国经济相对于其他国家而言，具有特殊的历史、文化、制度和结构等，这些因素都决定了需求拉动型经济增长理论在研究中国经济增长问题时具有一定的局限性。例如，中国经济的一个显著特征是结构性的不平衡，同时在经济增长过程中又伴随着深刻的结构转变，在存在结构不平衡和结构转变的背景下，不同生产部门的发展程度存在差异，等量投资在不同部门所产生的效果更是不同，所产生的经济总量效应自然与平衡经济结构下的不同，这些方面都被上述几种需求拉动型经济增长理论忽视了。因此，对于需求拉动型经济增长理论，我们需要坚持辩证的方法，批判性地吸收各种理论的优点，并尝试将它们与中国经济的现实相结合，进一步推动中国特色的经济理论研究。

参考文献

[1] 巴罗，萨拉伊·马丁．经济增长．2版．上海：格致出版社，2010.

[2] 拉沃．后凯恩斯主义经济学．济南：山东大学出版社，2009.

[3] 刘伟．习近平新时代中国特色社会主义经济思想的内在逻辑．经济研究，2018a (5).

[4] 刘伟．新发展理论与现代化经济体系．政治经济学评论，2018b (4).

[5] 刘伟，蔡志洲．经济增长新常态与供给侧结构性改革．求是学刊，2016 (1).

[6] 郭克莎，杨阔．长期经济增长的需求因素制约——政治经济学视角的增长理论与实践分析．经济研究，2017 (10).

[7] 斯拉法．用商品生产商品．北京：商务印书馆，1991.

[8] 张凤林，等．后凯恩斯经济学新进展追踪评析．北京：商务印书馆，2013.

[9] Allain, O., Tackling The Instability of Growth: A Kaleckian-Harrodian Model with an Autonomous Expenditure Component, Cambridge Journal of Economics, 2015 (39): 1351 - 1371.

[10] Bhaduri, A., S. Marglin, Unemployment and the Real Wage: The Economic Basis for Contesting Political Ideologies, Cambridge Journal of Economics, 1990 (14): 375 - 393.

[11] Cesaratto, S., Neo-Kaleckian and Sraffian Controversies on the Theory of Accumulation, Review of Political Economy, 2015 (27): 154 - 182.

[12] Chiang, A. C., A Simple Generalization of the Kaldor-Pasinetti Theory of Profit Rate and Income Distribution, Economica, New Series, 1973 (40): 311 - 313.

[13] Ciccone, R., Accumulation and Capacity Utilization: Some Critical Considerations on Joan Robinson's Theory of Distribution, Political Economy: Studies in the Surplus Approach, 1986 (2): 17 - 36.

[14] Committeri, M., Some Comments on Recent Contributions on Capital Accumulation, Income Distribution and Capacity Utilization, Political Economy: Studies in the Surplus Approach, 1986 (2): 161 - 186.

[15] Davila-Fernandez, M. J., Oreiro J. L., Punzo L. F., Inconsistency and Overdetermination in Neo-Kaleckian Growth Models: A Note, Metroeconomica, 2019, 70 (2): 313 - 319.

[16] Dutt, A. K., Heterodox Theories of Economic Growth and Income Distribution: A Partial Survey, Journal of Economic Surveys, 2017 (31): 1240 - 1271.

[17] Fazi, E., N. Salvadori, The Existence of a Two-Class Economy in the Kaldor Model of Growth and Distribution, Kyklos, 1981 (34): 582 - 592.

[18] Freitas, F., F. Serrano, Growth Rate and Level Effects, the Adjustment of Capacity to Demand and the Sraffian Supermultiplier, Review of Political Economy, 2015 (27): 258 - 281.

[19] Garegnani, P., On a Change in the Notion of Equilibrium in Recent Work on Value and Distri-

bution: A Comment on Samuelson, in Brown M., Sato K. and Zarembka P. (eds.), Essays in Modern Capital Theory, Amsterdam: North-Holland, 1976: 25-45.

[20] Garegnani, P., Some Notes for an Analysis of Accumulation, in Beyond the Steady-State, edited by J. Halevi, D. Laibman, and E. Nell, Basingstoke: Macmillan, 1992: 190-204.

[21] Girardi, D., R. Pariboni, Long-run Effective Demand in the US Economy: An Empirical Test of the Sraffian Supermultiplier Model, Review of Political Economy, 2016 (28): 523-544.

[22] Girardi, D., R. Pariboni, Normal Utilization as the Adjusting Variable in Neo-Kaleckian Growth Models: A Critique, Metroeconomica, 2019, 70 (2): 341-358.

[23] Hein, E., M. Lavoie, T. van Treeck, Some Instability Puzzles in Kaleckian Models of Growth and Distribution: A Critical Survey, Cambridge Journal of Economics, 2011 (35): 587-612.

[24] Hein, E., M. Lavoie, T. van Treeck, Harrodian Instability and the Normal Rate of Capacity Utilization in Kaleckian Models of Distribution and Growth: A Survey. Metroeconomica, 2012 (63): 39-69.

[25] Kaldor, N., Alternative Theories of Distribution, The Review of Economic Studies, 1955 (23): 83-100.

[26] Kaldor, N., A Model of Economic Growth, The Economic Journal, 1957 (67): 591-624.

[27] Kurz, H. D., Normal Positions and Capital Utilisation, Political Economy: Studies in the Surplus Approach, 1986 (2): 37-54.

[28] Kurz, H. D., N. Salvadori, Theory of Production: A Long-Period Analysis, Cambridge University Press, 1995.

[29] Kurz, H. D., N. Salvadori, Theories of "Endogenous" Growth in Historical Perspective, in Economic Behaviour and Design, edited by Murat R. Sertel, St. Martin's Press, reprinted in Kurz and Salvadori, Classical Economics and Modern Theory: Studies in Long-period Analysis, Routledge, London and New York, 2003.

[30] Lavoie, M., The Kaleckian Model of Growth and Distribution and its Neo-Ricardian and Neo-Marxian Critiques, Cambridge Journal of Economics, 1995 (19): 789-818.

[31] Lavoie, M., Post-Keynesian Economics: New Foundations, Edward Elgar, Cheltenham, UK, Northampton, MA, USA, 2014.

[32] Lavoie, M., Convergence Towards the Normal Rate of Capacity Utilization in Neo-Kaleckian Models: The Role of Non-Capacity Creating Autonomous Expenditures, Metroeconomica, 2016 (67): 172-201.

[33] Lawson, T., The Nature of Heterodox Economics, Cambridge Journal of Economics, 2006 (30): 483-505.

[34] Lawson, T., What is this "School" Called Neoclassical Economics, Cambridge Journal of Economics, 2013 (37): 947-983.

[35] Lee, F., Heterodox Economics, in New Palgrave Dictionary of Economics, 3rd edition, edited by Macmillan Publishers Ltd, UK: Palgrave Macmillan, 2018.

[36] Nikiforos, M., The (Normal) Rate of Capacity Utilization at the Firm Level, Metroeconomica, 2013 (64): 513 - 538.

[37] Nikiforos, M., On the "Utilisation Controversy": A Theoretical and Empirical Discussion of the Kaleckian Model of Growth and Distribution, Cambridge Journal of Economics, 2016 (40): 437 - 467.

[38] Pasinetti, L., Rate of Profit and Income Distribution in Relation to the Rate of Economic Growth, The Review of Economic Studies, 1962 (29): 267 - 279.

[39] Petri, P., Should the Theory of Endogenous Growth be Based on Say's Law and the Full Employment of Resources? in The Theory of Economic Growth: A "Classical" Perspective, edited by Salvadori, Edward Elgar, Cheltenham, UK and Northampton, MA, USA, 2003.

[40] Petri, F., General Equilibrium, Capital and Macroeconomics: A Key to Recent Controversies in Equilibrium Theory, Cheltenham, UK and Northampton, USA: Edward Elgar Publishing, 2004.

[41] Salvadori, N., Fixed Capital within the Sraffa Framework, Journal of Economics, 1988 (48): 1 - 17.

[42] Serrano, F., Long Period Effective Demand and the Sraffian Supermultiplier, Contributions to Political Economy, 1995 (14): 67 - 90.

[43] Serrano, F., F. Freitas, The Sraffian Supermultiplier as an Alternative Closure for Heterodox Growth Theory, European Journal of Economics and Economic Policy: Intervention, 2017 (14): 70 - 91.

[44] Serrano, F., Freitas F., Bhering G., The Trouble with Harrod: The Fundamental Instability of the Warranted Rate in the Light of the Sraffian Supermultiplier, Metroeconomica, 2018.

[45] Skott, P., Autonomous Demand, Harrodian Instability and the Supply Side, Metroeconomica, 2017.

[46] Slade-Caffarel, Y., The Nature of Heterodox Economics Revisited, Cambridge Journal of Economics, 2018.

[47] Solow, R., Reflections on Growth Theory, in Aghion, P. and S. Durlauf (eds.), Handbook of Economic Growth, Vol. 1, Amsterdam: North Holland-Elsevier, 2005.

第三章
经济增长思想的变革：从古典经济学到马克思的批判

第一节　问题的提出：需要考察从古典到马克思的经济增长思想变革

中国经济正经历着长期的深度结构变革，经济的结构问题是作为发展中国家的中国区别于发达国家的重要特征，因此对中国经济而言，对结构转变问题的研究具有特殊的意义。在主流的新古典经济理论中不存在真正意义上的经济结构与结构转变问题的研究，相比之下，古典和马克思经济理论一直将结构转变作为一个重要的研究课题，并将结构转变问题置于资本积累、技术进步的动态演变过程中。因此，在古典和马克思经济理论中，经济增长、技术进步与结构转变是紧密联系的。

1871 年，在资产阶级经济理论发生“边际革命”后，特别是在 19 世纪末马歇尔对此前的经济思想进行整合后，新古典经济理论取代古典经济理论成为主流经济理论并一直延续到现在。古典经济理论的解体一方面是由于自身理论存在的一些问题①，另一方面则是由于新古典经济理论学者对于古典经济理论的错误解释，从而导致了古典经济理论被曲解。时至今日，新古典经济理论对

① 例如，恩格斯在《资本论》第二卷序言中明确指出了导致李嘉图体系解体的两个基本原因：第一，不懂得劳动力与劳动的区别，从而无法解释活劳动在与资本进行交换时，“劳动”的价值小于劳动所创造的价值；第二，无法解释资本在资本有机构成不同的情况下获得等量利润这一问题。见马克思. 资本论：第二卷. 2 版. 北京：人民出版社，2004：24.

古典经济理论的种种误读仍需进一步澄清。当前的经济理论研究似乎显示出，占据主流地位的新古典经济理论无论是在分析方法上还是在对经济政策的影响上，都远超古典经济理论和一些非主流经济理论。新古典经济理论似乎吸收了古典经济理论的一些经济思想，因而似乎没有必要重提古典经济理论。然而，无论是从经济理论研究的角度看，还是从古典经济理论对中国经济的现实意义看，都有必要进一步研究古典经济理论的传统，尤其是需要从马克思对古典经济理论做出深刻变革的思想史演进中，准确理解马克思的经济思想和方法。

经济理论的发展并非简单的正确理论替代错误理论的过程。虽然新古典经济理论在“边际革命”后取代古典经济理论成为经济研究的主流理论，但这并不意味着是正确的理论替代了错误的理论。实际上，新古典经济理论体系存在严重的逻辑缺陷。19 世纪 70 年代的“资本论争”既澄清了新古典经济理论体系不可调和的逻辑问题，又进一步推动了对古典经济理论研究的复兴。

从经济思想史的发展来说，虽然现代的人们不一定是“已故经济学家的俘虏”①，但不可否认的是，过去的经济思想往往以不同的形式出现在对当代经济问题的研究中，人们对于经济问题的分析也很难离开以往经济思想的影响。熊彼特在《经济分析史》中也曾指出研究经济思想史的重要性，他认为：从一般意义上的历史研究来看，学习一门学科的历史可以在教学方法上获益、获得新的观念和了解人们的思维方式。与此同时，他还特别指出，对于经济学而言，“……不同时代的经济学涉及不同的事实和问题。仅仅这一事实就足以使我们加倍注意经济学说的历史”。由于经济学的特殊发展历程决定了“我们不能，或者至少不会互相信任地以同样满意的方式来概括‘这门科学的现状’”，所以需要通过对经济思想史的研究来弥补这种缺憾。古典经济理论的影响远比一般想象中的深远，很多的新经济理论（如内生经济增长理论）都可以在古典经济理论中找到思想源泉。②

---

① 凯恩斯. 就业、利息与货币通论. 北京：商务印书馆，1999.

② 对于内生经济增长理论的古典思想源泉，见 Kurz，Salvadori，Theories of “Endogenous” Growth in Historical Perspective，1999，in Economic Behaviour and Design，edited by Murat R. Sertel，St. Martin’s Press，reprinted in Kurz and Salvadori，2003.

马克思在批判性地继承了古典经济理论的基础上构建了科学的理论体系，梳理了从古典经济理论到马克思的经济增长思想的发展，不仅在经济思想史的研究上具有重要意义，也有助于进一步深入理解和发展马克思经济理论，从而为更好地研究中国经济问题、建设具有中国特色的理论体系提供支持。

此外，中国经济的发展使得对从古典经济理论到马克思经济理论的研究更加具有现实意义。当前，中国特色社会主义建设已经进入了新时代，我国社会的主要矛盾也发生了转化，着力解决经济领域发展的不平衡、不充分问题对经济理论的发展和创新提出了新的要求。理论创新需要基于正确的理论基础，从存在逻辑缺陷的新古典经济理论无法获得正确的政策建议，相比较而言，从马克思对古典经济理论的变革中可以找到更多的支持。

对古典经济理论的界定存在一定的争议。按照马克思对古典经济学的界定，“古典政治经济学在英国从威廉·配第开始，到李嘉图结束，在法国从布阿吉尔贝尔开始，到西斯蒙第结束”[①]。凯恩斯在《就业、利息与货币通论》中批判的古典经济学家不仅包括李嘉图及其前辈，而且包括“李嘉图的‘追随者’”[②]，如马歇尔、庇古等人。西方资产阶级主流经济学认为，在经济思想史上的古典经济学往往是指由斯密和李嘉图建立起来的、在“边际革命”前产生的经济理论体系，但我们很难说古典经济理论终结于哪位经济学家。与新古典经济理论关注稀缺、资源配置与选择不同，古典经济理论研究的主要内容是生产与再生产、收入与分配、技术选择、经济增长与结构转变等问题。

对经济问题的研究自古典经济学起才形成了完整的理论体系，正如罗尔所说：“斯密和李嘉图的最大成就是在经济研究仍处于混乱的状态时建立了体系。”[③] 然而，随着经济理论的发展，对古典经济理论的误解也逐渐出现。常见的一些误解为：古典经济理论的体系相对于新古典经济理论而言不够完善，前者只包含后者理论体系中供给方面的研究而缺乏需求方面的分析；古典经济理

---

① 马克思．政治经济学批判//马克思恩格斯全集：第 13 卷．北京：人民出版社，1962：41.

② 凯恩斯．就业、利息与货币通论．北京：商务印书馆，2005.

③ 罗尔．经济思想史．北京：商务印书馆，1981.

论就是在论证斯密的“看不见的手”原理、自由放任的经济政策的合理性，而政府在经济发展的过程中不能起到任何积极的作用，即认为古典经济理论就是新自由主义的极端代言人；古典经济理论由于坚持萨伊定律而与凯恩斯的有效需求理论是不相容的；古典经济理论的分析方法是基于一些极其简化的假定，因而缺乏现实指导意义，也就是熊彼特所说的“李嘉图恶习”[①]。但实际上，上述这些观点都是不准确的。

马歇尔认为古典经济理论需要的不是重建，而是进一步完善（这一点和其他“边际革命”的经济学家明显不同），他的工作恰恰是后者。然而，从古典经济学自身的理论体系来看，古典经济理论体系较新古典经济理论体系更具系统性、开放性和逻辑一致性，而不是相反。古典经济理论不仅讨论了经济增长、技术进步、收入分配、结构转变等最重要的经济问题，而且还涵盖了制度、历史、政治等方面的研究，并为从这些角度研究经济问题提供了切入点，从而形成了更加开放和更具发展性的理论体系。这些开放性是新古典经济理论不具备的。新古典经济理论的供求分析框架和边际分析方法承接自李嘉图密集型级差地租理论，并试图将其“扩展”到所有的经济分析领域[②]，这种试图从供求的角度来分析经济学问题的“扩展”不仅是狭隘的，而且存在严重的逻辑错误。因此，认为新古典经济理论较古典经济理论更为科学和完善的观点是站不住脚的。

从经济政策角度来看，古典经济理论确实更多地认为政府应当减少对经济的干预，但这是在一定的前提条件下才能实行的。斯密在论述政府的行为时，将政府的行为限定在国防、公共设施等方面，从而导致很多人认为政府仅能从事这些活动，而其他经济活动应该由分散的经济个人独立完成，并认为这些个体在追求自身利益的情况下，往往能比个人的本意更能促进整体社会利益的提高。然而，这种观点却忽略了一个重要的前提：要让“看不见的手”发挥作用，

① 熊彼特．经济分析史：第二卷．北京：商务印书馆，1992.

② 对新古典经济理论的边际分析方法和李嘉图密集型级差地租理论之间的继承关系，见 Petri, General Equilibrium, Capital and Macroeconomics: A Key to Recent Controversies in Equilibrium Theory, Cheltenham, UK and Northampton, USA: Edward Elgar Publishing, 2004.

需要一定的制度要求。对斯密理论的重新审视可以发现，斯密认为追求自身利益的行为很可能会导致垄断的出现，而这些垄断在缺乏控制的情况下非常可能对很多人造成损害。政府需要制定良好的法律，为自由竞争的市场机制创造良好的制度条件，从而避免这些垄断行为等造成的潜在危害。[①] 因此，古典经济理论是包含“立法者的科学”，不是简单绝对地否定政府干预。

至于有效需求理论，虽然古典经济理论一般并不认为经济会出现有效需求不足的问题，但古典经济理论的这种缺陷并不是无法解决的。古典经济学家（如斯密和李嘉图）认为：在经济发展的过程中，某些行业有可能存在需求不足或供给不足，但总体来看，这些超额供给和超额需求会大体保持平衡，而且在自由竞争的情况下，这些超额供给和超额需求会导致资本的流动，从而会扭转这些供需不平衡的局面，因此整体经济不会出现有效需求不足的问题。古典经济学家所处的特殊历史背景导致了他们对有效需求认识的局限性，但这并不意味着有效需求理论不能纳入古典经济学的分析框架。众所周知，马克思批判性地继承了古典经济理论，并构建了科学的政治经济学。在《资本论》第二卷中，马克思考察了资本主义的流通过程，在其中深刻论述了有效需求不足的问题。这说明古典经济理论经过批判性地继承可以融合有效需求不足的理论。从对古典经济理论的现代复兴来看，基于现代古典经济理论体系的经济增长理论，如“斯拉法超级乘数”理论[②]，有效地推动了凯恩斯有效需求理论和古典经济理论体系间的相互结合。

此后，对于熊彼特批判的“李嘉图恶习”（Ricardian vice）同样需要重新审视。熊彼特认为李嘉图在构建他的理论时，往往通过一系列的假设使得事物简单化，然后通过这些假设使得他能够在所研究的几个变量间建立起简单的单向联系。熊彼特批判这种使用根据假设建立起来的理论来分析实际问题的现象，称之为“李嘉图恶习”。

---

① Kurz, Adam Smith on Markets, Competition and Violations of Natural Liberty, Cambridge Journal of Economics, 2016 (40): 615-638.

② Serrano, F., Long Period Effective Demand and the Sraffian Supermultiplier, Contributions to Political Economy, 1995 (14): 67-90.

然而，熊彼特对李嘉图的批判在很大程度上也是需要再讨论的：首先，李嘉图的理论中确实存在很多以“让我们假设”为起点的论述，但正如罗尔所说，“尽管从表面上看他喜欢抽象，李嘉图基本上还是个注重实际的思想家，就是说，他的理论研究总是针对他所熟悉的当代社会”①。李嘉图实际上是在思考并分析现实经济问题，一些简化的假设是为了更方便地说明原理，至少在李嘉图看来，这些理论不依赖于他所表述的假设条件。② 从现代的角度来看，李嘉图的理论在逻辑上较为完善，至少要高于同时代的学者。其次，任何经济理论都需要对现实经济做出一些抽象，都是对现实的一种简化，从这个角度来看，任何经济理论都难免存在“李嘉图恶习”的问题。最后，从熊彼特对李嘉图理论本身的批判来看，熊彼特对于李嘉图价值和收入分配理论的批判是从新古典经济理论的角度出发的。此外，熊彼特本人在经济政策方面的很多观点（如就业政策、收入政策、公共债务等方面的见解）与李嘉图非常类似（Kurz，2015）。从这一角度来看，熊彼特的批判是难以令人信服的。当然，所谓的“李嘉图恶习”，或依据极简单的假设条件构建起来理论并以此分析现实经济问题的现象，确实是需要警惕的，但相对于古典经济理论，依赖错误的“资本”理论建立起新古典经济理论体系恰恰是更为严重的“恶习”。

总而言之，基于上述几点，有必要重新审视古典经济理论，特别是其经济增长和发展思想，进而研究李嘉图的经济增长思想，并以此为基础梳理马克思的思想变革。

第二节　李嘉图关于经济增长、技术进步与结构转变的思想

如果要讨论马克思对古典经济理论的经济增长思想的批判和继承，首先需要对古典经济理论，特别是其突出代表李嘉图的经济增长和再生产思想做出准确的理解（严格地说，古典经济学体系集大成者斯密的收入价值论不能形成再

---

① 罗尔. 经济思想史. 北京：商务印书馆，1981.

② 例如，李嘉图在论述农业改进时写道：“例子不再多举，我希望以上所说的已经足以证明……”（李嘉图. 政治经济学及赋税原理. 北京：商务印书馆出版，2013.）

生产理论）。对李嘉图阐述的经济增长理论产生误解的一个重要原因是，很多学者对李嘉图所采用分析方法的理解不够充分。李嘉图对他所关心问题的分析是分层次、分阶段进行的[①]：第一阶段，李嘉图考察了在缺乏经济增长且给定生产技术水平的条件下，各经济变量之间的相互影响关系；第二阶段，李嘉图分析了在缺少技术进步的情况下，各经济变量之间的关系随着经济增长会发生哪些变化；第三阶段，李嘉图分析了技术进步带来的影响，也就是在存在技术进步的情况下，经济增长会发生怎样的变化，继而会对各经济变量产生怎样的影响。

一、缺乏技术进步与经济增长情况下的收入分配变量决定机制

在李嘉图看来，年度净产品如何在工资、地租与利润之间进行分配是政治经济学研究的首要问题。[②] 为了研究收入分配关系，李嘉图首先需要研究价值问题，以解决异质性资本带来的困扰。在李嘉图早期的经济思想中存在一个“谷物模型”[③]，在该模型中，李嘉图假设工人将全部工资都用于消费谷物，这样农产品（谷物）生产的物质投入（种子）和劳动投入都可以转换为与产出同质的商品（谷物）。在不支付地租的土地上，对农业生产来说，同质性的投入和产出可以直接计算出利润率。在自由竞争的条件下，李嘉图认为各行业的利润率会趋于相同。因此，其他行业的产品价格必须使得各自行业的利润率等于农业的利润率。在“谷物模型”的假定下，李嘉图无须引入价格或价值问题就可以获得一般的利润率水平，一旦利润率确定下来，各种产品的价格也可以随之确定。在“谷物模型”的假设条件下，收入分配变量之间的关系可以清晰地反映出来：工资的上升会导致生产单位谷物的成本上升，进而导致利润率的下降，从而工资率和利润率呈现一种反向关系。

李嘉图的“谷物模型”遭到了马尔萨斯的批评。马尔萨斯认为：在现实

---

① Kurz，David Ricardo：On the Art of “Elucidating Economic Principles” in the Face of a “Labyrinth of Difficulties”，European Journal of History of Economic Thought，2015，22 (5).

② 李嘉图．政治经济学及赋税原理．北京：商务印书馆，2013.

③ 斯拉法．剑桥版编者序言//李嘉图．政治经济学及赋税原理．北京：商务印书馆，2013.

中不存在预付资本与产出完全同质的产品生产部门，与此同时，农业部门的利润率应该取决于全行业的利润率水平，而不是相反。鉴于马尔萨斯的批评以及现实中异质性资本品的存在，在《政治经济学及赋税原理》中，李嘉图引入了劳动价值理论以替代“谷物模型”。此时，虽然所有的预付资本与产出是异质性的产品而非谷物，但这些产品都可以转化为劳动时间。也就是说，此时是劳动时间而非谷物同时出现在投入和产出的两端，因而利润率同样可以被确定下来。

在价值理论方面，与斯密的双重价值理论不同，李嘉图始终坚持单一的劳动价值理论，而且李嘉图对于“产品的价值量是由生产产品所消耗的劳动量决定”这一原则的坚持一直没有弱化的趋势。[①]但是，由于李嘉图未能区分具体劳动和抽象劳动，即不懂得劳动的二重性，这就决定了其劳动价值理论是不完善的，难以科学地阐释什么样的劳动创造价值。尽管如此，相对于斯密，李嘉图无疑使得劳动价值理论向正确的方向前进了。

在建立起价值理论后，李嘉图研究了收入分配的第一个变量——地租，并构建了在逻辑上相对一致的古典地租理论。[②] 在对地租的研究中，李嘉图说明了地租的存在并不会改变产品的价值量是由生产产品所消耗的劳动量决定的这一原则，地租并不是在产品价值之上的加成，而是产品价值的一部分，是一种超额利润，这种超额利润来源于土地肥沃程度的差异。

关于地租问题，李嘉图与前人不同，尤其是与重农学派的学者不同，他并不认为地租来源于大自然的给予；相反，地租恰恰反映了自然的稀缺与吝啬。在李嘉图看来，如果土地的供给是无限的，那么地主之间的竞争会使土地的地租为零，此时没有土地能够获得地租。如果一切土地都具有相同的特性，数量是无限的，质量也完全相同，那么在使用时就无须支付任何代价，除非某块土地在位置上具有特殊便利。[③] 因此，地租的产生是由于土地供给量有限且土地

① 斯拉法. 大卫·李嘉图全集：第一卷. 北京：商务印书馆，2013：序言.

② 尽管李嘉图本人认为是马尔萨斯构建了正确的地租理论（见李嘉图. 政治经济学及赋税原理. 北京：商务印书馆，2013）。

③ 李嘉图. 政治经济学及赋税原理. 北京：商务印书馆，2013.

存在等级的优劣。

面对不同类型的土地，首先就存在一个技术选择问题，也就是什么样的土地会被优先耕种。李嘉图认为，最肥沃和位置最合适的土地将首先投入耕种。[①] 当最肥沃的土地没有被完全使用时，该土地处于相对充足的状态，地主之间的竞争会使地租为零。此时，农产品（谷物）的价值由在该土地上生产农产品所消耗的劳动决定。由于地租为零，总的经济剩余仅在工资与利润之间进行分配。

最肥沃的土地会随着经济的增长而被完全耕种，此时劣等土地将被投入使用。当此等肥力的土地投入耕种时，优等的土地马上就开始有了地租，而地租额取决于这两块土地在质量上的差别。[②]换句话说，在劣等土地投入使用后，农产品的价值由不支付地租的劣等土地上生产农产品的劳动时间决定，而在优等土地和劣等土地上生产农产品的成本存在差异，这种成本差异形成优等土地的地租。在李嘉图看来，支配地租的法则就是级差地租理论。

基于这种级差地租理论，李嘉图否定了斯密的地租理论，他认为谷物（农产品）价格的上涨并不是支付地租的结果，而是相反，地租的产生是由于谷物价格的上涨。

由于最后耕种的单位土地（即边际土地）无须支付地租，这使得李嘉图在分析收入分配关系时可以先摆脱地租的影响，从而可以集中精力考察其他收入分配变量的演变规律，也就是支配工资和利润率的法则。

对于支配工资和利润率的法则，李嘉图认为其与支配地租的法则是不同的。与其他古典经济学家一样，李嘉图认为工资不仅由经济因素决定，其受历史、制度、习俗等方面的因素影响很多，因此在分析收入分配关系时，可以将实际工资率看作是外生给定的。在边际土地上，地租为零，如果实际工资率是外生给定的，那么利润率就可以被确定。与此同时，李嘉图论证了在边际土地上给定生产技术的条件下，利润率的变化与工资的变化呈现一种反向的关系：劳动的价格上涨，利润就一定会下降。[③]

---

①②③　李嘉图．政治经济学及赋税原理．北京：商务印书馆，2013．

二、经济增长与收入分配结构的演变

在系统考察了给定技术和缺乏经济增长的情况下收入分配变量之间的关系后，李嘉图进入了第二阶段的分析，即经济增长问题所带来的结构性变化。

在封闭经济的条件下，如果缺乏技术进步，在土地供给有限以及农产品一般为基本产品[①]的情况下，经济增长必然会走向停滞。其原因在于，土地对于农产品的生产而言是不可或缺的，有限的土地导致农产品的生产总量是有限的，这就会进一步限制其他产品的生产，因此从长期来看，经济增长必然会停滞。

李嘉图的论述更进一步：在封闭经济且缺乏技术进步的情况下，经济增长可能在土地没有充分使用的情况下出现停滞。其原因在于，随着经济的增长，收入分配关系不断发生变化并最终影响投资行为。具体说来，随着经济的不断增长，各部门对农产品的需求也在不断上升，随之而来的是，土地按照优劣等级顺序不断被耕种。然而，在实际工资率给定的情况下，随着劣等土地逐渐被使用，地租会不断上升并挤压利润空间。当利润率下降到一定程度时（并不一定为零），资本家会觉得当前的利润率水平已不值得进行追加投资，因此经济增长就会出现停滞。

三、技术进步与引致性技术变迁

面对这种自然资源对经济增长的限制作用，李嘉图给出了几种防止经济走向末日的一些建议。在《论低价谷物对资本利润的影响》中，李嘉图写道：在财富和人口处于发展中的国家，如果肥沃土地可以获得新的补充，则在每次增加资本时，利润绝不会下降，地租也绝不会上升。[②] 但我认为，可以明确证明的是，在每个财富和人口都在增长的社会中，跟工资厚薄所产生的效用无关，除非农业有了改进或谷物可以按较低价格输入，否则一般利润必然要降低。[③]

① 对基本产品和非基本产品的区别，见 Sraffian (1960)。

②③ 李嘉图. 论低价谷物对资本利润的影响//斯拉法. 大卫·李嘉图全集：第四卷. 北京：商务印书馆，2013.

在《政治经济学及赋税原理》中，李嘉图写道：因此，如果由于对外贸易的扩张或由于机器的改良，劳动者的食物和必需品能按降低的价格送上市场，利润就会提高。如果我们不自己种植谷物，不自己制造劳动者所用的衣服以及其他必需品，而是发现了一个新市场，并可以用更低廉的价格取得这些产品的供应，那么工资会低落、利润会提高。[①]

因此，李嘉图缓解土地资源对经济增长的制约的几种解决方案可以总结为：第一，增加本国的土地供给，包括扩张领土等；第二，开放对外贸易并进口谷物（农产品），降低工资率；第三，通过农业改进、机器改良等技术进步。在以上三条建议中，第一条建议本质是将稀缺的土地资源变为非稀缺资源；第二条建议是通过进口谷物而间接“进口”土地，它在本质上与第一条建议相同；第三条建议是通过减少生产单位农产品所消耗的土地数量或减少生产单位工业品所消耗的农产品，即通过技术进步降低整体经济对稀缺土地的依赖程度。

在技术进步方面，与一般的观点不同，李嘉图较早地区分了创新和生产技术，并较早地形成了诱导性技术变迁等思想。[②] 在第三版的《政治经济学及赋税原理》中，李嘉图加入了《论机器》一章，并修正了他之前关于机器使用对所有阶层都有利的观点。在关于创新和新技术使用方面，李嘉图写道：为了说明原理，我一直假定改良的机器是突然发明出来并得到广泛使用的。但事实上，机器的发明是逐渐出现的，其作用与其说是使资本从现在的用途上转移出来，倒毋宁说是决定被储蓄和积累的资本的用途。[③]

他进一步写道：当资本和人口每有增加时，食物的价格就会因为生产更加困难而普遍上涨。食物的价格上涨会使工资提高，而工资没有提高会使被积累起来的资本比以前更多地用于机器方面。在机器与劳动不断竞争、劳动价格上涨前，机器往往是不被采用的。

上面的论述表明：首先，创新和新机器并不是突然出现的，而是逐渐产生

①③　李嘉图. 政治经济学及赋税原理//斯拉法. 大卫·李嘉图全集：第一卷. 北京：商务印书馆，2013.

②　比如熊彼特曾经认为，李嘉图没有认识到创新和使用机器的区别，但这种观点是难以成立的。

的，并且需要一定的资本积累作为基础；其次，新机器出现后也并不一定会马上投入使用，机器的使用需要以一定的收入分配关系作为条件；最后，新技术真正被采用所需要的收入分配关系是资本积累和经济增长所导致的收入分配动态演变的结果。

综合以上分析，对李嘉图的经济增长、技术进步和结构转变思想可以概要总结如下：

（1）在缺乏技术进步与经济增长的情况下，边际土地的利润率与工资率呈现反向变化关系，地租作为超额利润由等量资本在优等土地与劣等土地上生产所产生的成本差额决定。

（2）随着经济的增长和劣等土地的不断耕种，土地资源的稀缺使得地租不断上涨，进而导致利润率不断下降，最终引起投资减少、经济增长停滞。

（3）一国可以通过增加土地供给、开放对外贸易（特别是谷物贸易）、促进技术进步几种方式来缓解土地稀缺对经济增长的限制作用。

（4）创新转化为实际生产技术需要依赖一定的收入分配关系，而后者是经济增长所导致的收入分配关系动态演变的结果。

第三节　李嘉图理论存在的缺陷

作为古典经济理论的完成者，李嘉图的理论修正了斯密所遗留下的一些问题，从而将古典经济理论向正确的方向推进了一步。然而，作为资产阶级经济学家的代表，李嘉图无法突破其阶级局限性，这就导致了其理论存在着不可逾越的界限。概括地说，李嘉图理论存在下面一些缺陷。

一、李嘉图的价值理论是不完善的

如前所述，价值理论是李嘉图展开分析的理论基础，虽然李嘉图确立了价值理论的一些正确基本原理，如产品的价值是由生产产品所消耗的劳动量决定的，复杂劳动等于倍加的简单劳动等，但李嘉图仍然无法充分利用抽象的分析方法完全区分生产产品的劳动的二重性，而且经常将价值实体与价值的表现形式混同。正是因为缺乏正确的价值理论，李嘉图无法区分不变资本和可变资本，更无法解释剩余价值（或李嘉图所认为的利润）的真正来源。作为基础的价值理论存在的缺陷自然导致了李嘉图在经济增长、技术进步和结构转变方面的研究存在一些严重问题。

二、李嘉图的地租虽然是古典经济理论中关于地租问题的最好表述，但仍然存在不足和错误

从前文的分析可以发现，地租理论在李嘉图关于经济增长与结构转变的思想中占据着重要的地位，并且与其价值理论密不可分，因此不完善的价值理论自然导致其地租理论存在缺陷。即使忽略李嘉图价值理论的缺陷，其地租理论仍然存在不足：①李嘉图缺乏绝对地租理论，而仅承认级差地租。这一点也招致了马尔萨斯的严厉批判。需要强调的是，李嘉图的理论并不是不能引入绝对地租，只是其理论不存在绝对地租的内生决定机制。②在级差地租理论中，李嘉图认为土地的边际收益递减，所以无论是扩展型（extensive）级差地租还是密集型（intensive）级差地租，在土地上每增加一单位资本投入所获得的农产品产量都是下降的，也就是追加资本的生产率是下降的。然而，边际收益递减并不是绝对的规律，李嘉图并不能排除资本家采用精耕细作的生产方法，从而使追加资本的生产率上升。

三、李嘉图将阶级对立、利润率的下降等归结为自然的规律，而不是资本主义制度下特有的现象

李嘉图已经揭示出工资与利润率之间的反向关系，从而有意识地把阶级利益的对立、工资和利润的对立、利润和地租的对立当作他研究的出发点①，但作为资产阶级的代表，李嘉图天真地把这种对立看作社会的自然规律。② 同样，在李嘉图看来，地租随着经济增长而不断上涨是利润率不断下降的原因，而地

①② 马克思. 资本论：第一卷. 北京：人民出版社，1975：16.

租的这种演变趋势是一种自然的规律，即使地主放弃全部地租，谷物价格也不会降低[①]；换句话说，李嘉图认为即使地主不收取地租，工资也不会因此降低，利润率也不会相应地提升，结果是这种做法不过会使某些农场主能够生活得像绅士一样。[②] 李嘉图将资本主义社会和资本主义生产方式当作社会发展的永恒阶段和永恒生产方式，这种超历史的观点使得李嘉图理论的进一步发展出现了不可逾越的屏障，并使李嘉图在面临很多重要的理论问题（特别是涉及剩余价值、利润等的问题）时遇到了难以克服的困难。

四、李嘉图接受“斯密教条”，致使其无法获得科学的再生产和经济增长理论

虽然李嘉图摆脱了斯密的一些错误观点，如斯密将产品的价值分解为工资、利润和地租，而李嘉图则认为在边际土地上产出的农产品，其价值不包含地租，也就是李嘉图实际上是将地租排除在剩余价值之外的。但总的来说，李嘉图几乎完全接受了“斯密教条”，特别是在强调增加资本积累时，几乎是逐字地重复亚当·斯密的理论。[③] 例如，他认为增加到资本中的那部分收入应该由生产性劳动者消费，这实际上是认为追加的资本应该全部用于可变资本，也就是生产中不存在不变资本。“斯密教条”不仅导致古典经济学在价值理论上的二元性，而且使之在再生产理论上缺乏分析的可能，在其分解的产品价值结构中不包括不变资本（c），也就难以提出科学的再生产理论，由此决定了李嘉图无法获得正确的经济增长、技术进步与结构转变的理论。

五、李嘉图将技术进步视为解决资本主义经济增长停滞的根本方法，而且过分忽视了技术进步带来的负面影响

虽然李嘉图指出了新技术的引入会对工人阶级产生不利的影响，但他仍然

---

①② 李嘉图. 政治经济学及赋税原理//斯拉法. 大卫·李嘉图全集：第一卷. 北京：商务印书馆，2013.

③ 马克思. 资本论：第二卷. 北京：人民出版社，1975：432.

认为技术进步是缓解稀缺的土地资源对经济增长的限制的根本方法。换句话说，在李嘉图看来，尽管技术进步可能导致部分工人失业，却能持续地增加国民财富。由于缺乏科学的价值理论，同时坚持“斯密教条”，所以李嘉图看不到技术进步所导致的资本技术构成提高、资本有机构成提高，以及由此导致的利润率趋向下降和相对过剩人口的产生，并最终危及经济增长。

第四节 马克思经济增长、技术进步与结构转变思想

马克思在梳理和批判重农学派、斯密及李嘉图等人理论的基础上，系统研究了再生产和资本积累理论，较早创立了科学的经济增长理论。[①] 尽管马克思的理论遭到了很多的非难，但国内外很多学者对马克思再生产图示给予了高度的评价。例如，森岛通夫（M. Morishima）认为，马克思的再生产图示是独立并早于瓦尔拉斯的一般均衡模型的，扩大再生产图示在某种程度上是较早的冯·诺依曼平衡增长模型。[②] 虽然马克思认为资本主义的再生产是伴随着技术进步的规模扩大的再生产，但马克思的分析是在简单再生产和没有技术进步的情况下展开的。

一、没有技术进步情况下的经济增长

对简单再生产的研究，马克思既强调了资本主义再生产是物质资料的再生产和生产关系的再生产，又强调了单次生产所隐含的内容，消除了它仅仅作为孤立过程所具有的虚假特征。[③] 与此同时，简单再生产也为扩大再生产提供了现实基础，因此只有在简单再生产能够顺利进行的情况下，资本家才有可能将一部分剩余价值转化为追加资本，也才有可能在实际生产的过程中购买到追加资本的实物形式。[④]从这个角度来说，马克思从简单再生产图示到扩大再生产图

① 吴易风. 马克思的经济增长理论模型. 经济研究，2007 (9).

② Morishima, M., Marx's Economics: A Dual Theory of Value and Growth, Cambridge, London, New York, Melbourne: Cambridge University Press, 1973: 2-3.

③ 马克思. 资本论：第一卷. 北京：人民出版社，1975：622.

④ 需要说明的是，一些学者认为马克思在分析简单再生产和扩大再生产时假定经济是可行的(viable)，但实际上这是不完全准确的，具有可行性的经济体可以在没有经济剩余的情况下进行自我生产，而资本家在简单再生产的情况下也需要获得剩余价值，因此经济可行性是简单再生产成立的必要条件。

示的分析是具有原创性的转移动态（transitional dynamics）表述。[①]

马克思对于扩大再生产或经济增长问题的研究，同样是在简化的没有技术进步的情况下展开的。扩大再生产一方面是物质资料的再生产，另一方面是生产关系的再生产，但此时是在规模扩大的基础上进行的。从社会总资本扩大再生产的角度来看，马克思在一系列假设条件的基础上，得出在缺乏技术进步的情况下，经济保持平衡增长需要两大部类保持严格的比例关系。具体来看，这些假设条件包括：①商品按照价值交换；②不发生价值革命；③资本有机构成和剩余价值率保持不变；④积累来源于资本家的剩余价值，且积累率保持不变；⑤不考虑固定资本[②]；⑥没有对外贸易；⑦不存在非物质生产领域。此外，经济中仅有资本主义生产方式等。[③]在这些假设条件下，扩大再生产的顺利进行要求第一部类生产的年总产品必须能够补偿本部类生产过程中消耗的生产资料和两大部类为扩大再生产所需要追加的生产资料，而第二部类生产的年总产品必须包括两大部类资本家和工人的基本消费资料以及两大部类扩大再生产所需要追加的生活资料。在引入固定资本问题后，这些比例关系会更加复杂。[④]

然而，在资本主义制度下，没有任何条件能够保证扩大再生产所需要的严格比例关系得到实现，特别是物质资料扩大再生产背后的生产关系的扩大再生产会导致资本主义经济的不稳定性。对于这一问题的讨论，需要与技术进步情况下的经济增长问题结合起来。

二、技术进步情况下的经济增长与结构转变

虽然马克思对经济增长问题的研究是在假定技术不变的条件下展开的，但

① 对于马克思是否真正提出了转移动态问题，盖尔克（Gehrke）提出了不同的意见，见 Gehrke, C., Marx's Reproduction Schemes and Multi-sector Growth Models, The European Journal of History of Economic Thought, 2018, 25 (5): 859-892.

② 在简单再生产的情况下，马克思引入了固定资本问题。

③ 对于在缺乏技术进步的情况下马克思的扩大再生产图示所采用的假设条件，见董辅礽. 从社会产品生产和使用统一的角度探索马克思再生产公式具体化问题. 经济研究，1963（3）；赵峰. 马克思的经济增长理论. 政治经济学评论，2004（2）。

④ 森岛通夫认为马克思的再生产理论是最早的一般均衡模型，其在扩大再生产情况下的再生产图示是冯·诺依曼平衡增长模型的表述。

马克思也指出："一旦资本主义制度的一般基础奠定下来，在积累过程中就一定会出现一个时刻，那时社会劳动生产率的发展成为积累的最强有力的杠杆。"换句话说，在资本主义制度确定一段时期后，资本积累和经济增长需要依赖于技术进步，而且这种依赖关系并不是单向的。对于马克思的经济增长、技术进步与结构转变的思想，我们可以做出下面一些总结。

（1）经济增长与技术进步是密不可分的两个过程，两者在相互推动的过程中不断促进社会平均资本有机构成的提升。

在李嘉图的分析中，经济增长和技术进步是两个不同的过程，进而未能分析它们之间的内在联系。而马克思指出经济增长和技术进步是密不可分的两个过程，特别是在资本主义生产方式占统治地位的时期，一方面经济增长需要依赖于生产技术的不断革新，另一方面不断的资本积累和经济增长也为技术进步提供了有利的条件。

具体来看，"一切……提高社会劳动生产力的方法，同时也就是提高剩余价值或剩余产品的生产的方法，而剩余价值或剩余产品又是积累的形成要素。因此，这些方法同时也就是资本生产资本或加速资本积累的方法"；此外，剩余价值不断转化为资本又使得资本总量不断增长，这种增长又成为不断扩大生产规模的基础，成为随之出现的提高劳动生产力和加速剩余价值生产的方法的基础。[①] 劳动生产力的提高表现为等量的劳动力推动更多的生产资料，即生产技术构成的提高，这最终又会表现为资本有机构成的提高。所以在马克思看来，经济结构动态演变是经济增长与技术进步的必然结果，因此对于结构转变问题的研究必须放到资本积累、经济增长的动态过程中。

（2）技术进步是利润率趋向下降的根本原因。

技术进步是经济增长的重要杠杆，对单个资本家而言，掌握先进的技术是在竞争中获得有利位置、取得超额利润的重要手段。然而，技术进步所导致的意想不到的后果是使整体经济的资本有机构成不断上升，这进一步导致利润率趋向下降。因此，马克思关于技术进步对利润率的影响与李嘉图形成了鲜明对

① 马克思．资本论：第一卷．北京：人民出版社，1975：685.

比。在马克思看来，技术进步并不是解决利润率下降问题的手段，反而是造成利润率趋向下降的原因，并且这种下降与利润（剩余价值）的分割没有关系，不能从地租变动的角度来解释利润率的变化。总的来说，在资本主义生产方式下，技术进步的结果并不一定都是好的，这也是资本主义制度对生产力发展的严重束缚。

当然，马克思并不排除技术进步能够缓解利润率的下降，技术进步同样会产生一些反作用来阻止利润率更快地下降。例如，马克思指出：使剩余价值率提高（甚至延长劳动时间也是大工业的一个结果）的同一些原因，趋向于使一定量资本所使用的劳动力减少，所以同一些原因趋向于使利润率降低，同时又使这种降低的运动延缓下来。[①] 同样，由于技术进步导致的资本有机构成提高在资本主义制度下必然会产生相对过剩人口，这也会缓解利润率的进一步下降。但总的来说，这些反作用并不会从根本上阻碍利润率的下降趋势。

需要补充说明的是，马克思同样指出了对外贸易能够缓解利润率的下降，但与李嘉图有着很大的差异。李嘉图只看到了对外贸易对利润率影响的一重作用，即对外贸易可以获得价格更低的工资品，从而可以降低实际工资，但对外贸易同样可以通过进口价格更低的原材料、增加商品出售渠道以实现更多的剩余价值等方式来提高利润率水平。

（3）在资本主义制度下，创新转化为生产技术的条件更为狭隘。

与李嘉图类似，马克思同样认为需要区分创新和新的生产技术，但在创新转化方面，马克思的分析更加深刻。首先，大部分劳动资料都因为产业进步而不断革新[②]，但固定资本独特的价值转移方式和周转方式使得其价值在完全转移之前不需要进行更新，这就导致即使出现了新的技术、新的机器，对新机器的采用也只能采用逐渐进行的方式。[③] 其次，在资本主义生产方式下新技术采用的标准决定了资本主义不能最大限度地提升生产力水平。马克思指出，如果

---

① 马克思．资本论：第三卷．北京：人民出版社，1975：261.

② 马克思．资本论：第二卷．北京：人民出版社，1975：190.

③ 当然，马克思也指出，灾祸和危机往往是导致企业提前进行大规模固定资本更新的重要原因。

以提高劳动生产率为标准，那么只要新机器的使用能够降低生产单位产品的劳动量，就应该投入使用。但是，对资本来说，劳动生产力提高的规律不是无条件适用的。对资本来说，不是在活劳动一般地得到节约的时候，而是只有在活劳动中节约下来的有酬部分大于过去劳动的追加部分的时候，这种生产力才提高了。[①] 也就是说，如果以劳动生产率的提高作为标准，在新机器使用后转移到产品中的价值 c 小于新机器替代的活劳动所创造的 $v+m$ 部分即可，但在资本主义制度下，由于资本家不需要支付活劳动所创造的剩余价值 m，因此只有在新机器使用后转移到产品中的价值 c 小于新机器替代的活劳动所创造的 v 部分，新机器才会被使用。显然，在资本主义制度下新机器使用的条件要狭隘得多，劳动生产率的提高也受到更多限制。

（4）在存在技术进步的情况下，社会平均资本有机构成的提高和经济平衡增长要求生产资料部门优先增长，但长期平衡经济增长率下降。

马克思在《资本论》中没有讨论在资本有机构成提高的情况下社会总资本的扩大再生产活动。列宁根据马克思的思想，提出了在资本有机构成提高的情况下，扩大再生产必然要求生产资料部门优先增长。其原因在于，资本有机构成的不断上升意味着两大部类生产所需的生产资料的增长率快于消费资料。[②]资本有机构成的提高必然导致利润率趋向下降，从而对资本家的投资和积累行为产生不利影响，同时资本有机构成的提高也会导致由生产技术决定的经济最大增长率下降。[③] 这些因素的共同作用必然会使长期经济平衡增长率下降。

（5）物质资料再生产背后的生产关系的扩大再生产导致了资本主义经济的不稳定性。

在资本主义制度下，资本家的投资、消费活动都是独立自发进行的，资本主义制度没有任何机制可以保证扩大再生产所要求的严格比例关系得到满足或维持。规模扩大的再生产是物质资料与生产关系的扩大再生产，这会进一步加

---

① 马克思. 资本论：第三卷. 北京：人民出版社，1975：292.

② 董辅礽对生产资料优先增长原因的一些错误观点进行了澄清，见董辅礽. 制造生产资料的生产资料增长更快的原因何在. 学术月刊，1964（7）。

③ 对于由生产技术决定的经济最大增长率，下一节会给出详细的论述。

剧资本家投资、消费的自发性与盲目性。与此同时，资本积累的最终结果是在一极是财富的积累，同时在另一极，即在把自己的产品作为资本来生产的阶级方面，是贫困、劳动折磨、受奴役、无知、粗野和道德堕落的积累。[①] 资本家作为资本的人格化，其目的是不断追求价值增殖，其手段是通过不断进行资本积累来扩大生产规模，从而供给上升，但资本家对产品的需求却相对下降。资本家的供给和需求的差额越大，也就是说，他所供给的产品价值越是超出他所需求的产品价值，资本家的资本增殖率就越大。他的目的，不在于使两者相抵，而是尽可能使它们不相抵，使他的供给超出他的需求。[②]此外，工人阶级的绝对赤贫化又决定了其消费水平处于较低的水平，更难以消耗掉不断扩大的产品供给。因此，有效需求不足是在资本主义生产方式下的必然结果，资本家追求剩余价值的手段和目的必然出现矛盾。整个社会的供求必然长期不匹配，经济波动和危机在所难免，因而资本主义经济极具不稳定性。

第五节　李嘉图与马克思经济增长思想的重新表述

本节试图利用现代分析方法再现李嘉图和马克思关于经济增长、技术进步与结构转变的思想。为了更好地进行对比，下面首先基于马克思的再生产图示构建一个一般性的数理分析框架，进而比较李嘉图和马克思的相关思想。

马克思的再生产图示是基于两个基本原理：社会总产品的实物形态分为生产资料和消费资料；价值形态分为不变资本（c）、可变资本（v）和剩余价值（m）。为了方便表述，下面用下标表示部类号，同时用 x 表示部类的总产出。以简单再生产为例，在价值形态方面有下列关系式：

$$c_1+v_1+m_1=x_1 \tag{3-1}$$

$$c_2+v_2+m_2=x_2 \tag{3-2}$$

在实物形态方面有下列关系式：

---

① 马克思. 资本论：第一卷. 北京：人民出版社，1975：743.

② 马克思. 资本论：第二卷. 北京：人民出版社，1975：134.

$$c_1+c_2=x_1 \tag{3-3}$$

$$v_1+m_1+v_2+m_2=x_2 \tag{3-4}$$

上述关系也可以用表 3 - 1 表示。类似地，如果用 I 表示两大部类追加的不变资本，则可以获得扩大再生产情形下的表示，见表 3 - 2。从表 3 - 1 和表 3 - 2 可以发现，再生产图示在形式上与投入产出分析较为一致，因此我们可以将再生产图示扩展为多部门的情形，即令所有部门生产的产品都可以用作生产资料和消费资料，见表 3 - 3。

表 3 - 1　简单再生产模型的投入产出表示

	第Ⅰ部类	第Ⅱ部类	消费	总产出
中间投入	c_1	c_2	0	x_1
	0	0	x_2	x_2
初始投入	v_1	v_2		
	m_1	m_2		
总投入	x_1	x_2		

表 3 - 2　扩大再生产模型的投入产出表示

	第Ⅰ部类	第Ⅱ部类	消费	投资	总产出
中间投入	c_1	c_2	0	I_1+I_2	x_1
	0	0	x_2	0	x_2
初始投入	v_1	v_2			
	m_1	m_2			
总投入	x_1	x_2			

表 3 - 3　再生产模型的投入产出表示

	部门 1	部门 2	…	部门 n	消费	投资	总产出
中间投入	c_{11}	c_{12}	…	c_{1n}	f_1	I_1	x_1
	c_{12}	c_{22}	…	c_{2n}	f_2	I_2	x_2
	…	…					
	c_{n1}	c_{n2}	…	c_{nn}	f_n	I_n	x_n

续表

	部门 1	部门 2	…	部门 n	消费	投资	总产出
初始投入	v_1	v_2	…	v_n			
	m_1	m_2	…	m_n			
总投入	x_1	x_2	…	x_n			

表 3-3 所做扩展的优点在于：第一，可以将再生产理论与实际投入产出表联系起来，从而有助于利用马克思的理论展开经验研究；第二，放松了马克思原有的一些假设条件，如两大部类中仅第一部类的产品用于生产，而第二部类的产品用于消费；第三，有助于建立起马克思理论与现代经济理论的联系和推动对马克思理论的数理研究。当然，上述扩展也存在一些缺陷，如无法反映物质资料生产背后的生产关系的再生产、无法体现剩余价值的来源等。下面的表述将利用表 3-3 的基本形式。

一、李嘉图思想的表述

下面的表述将基于以下假设。假设规模报酬不变，且令 a_{ij} 表示生产单位 j 产品所消耗的 i 产品的数量，即直接消耗系数；令 l_j 表示生产单位 j 产品所消耗的劳动投入量，即直接劳动消耗系数。令 $\boldsymbol{A}$ 表示直接消耗系数矩阵，令 $\boldsymbol{l}$ 表示直接劳动投入列向量，同时假设在自由竞争下各部门的利润率相同。

1. 缺乏技术进步和经济增长情况下的收入分配关系

假设经济中共有 n 种产品，第 n 种产品为农产品（谷物），其生产直接使用土地。其他 $n-1$ 种产品为工业品，其生产不直接使用土地。假设经济中共存在 s 种类型的土地，且每种土地的数量给定为 T_i 单位，$i=1, 2, \cdots, s$。为了简化分析，联合生产被排除在外。与此同时，假设在每种土地上只能使用一个生产过程生产谷物，且每一个生产谷物的生产过程只能使用一种土地，因此本节仅考虑扩展型的级差地租（extensive differential rent）。对于工业品，假设对于每类工业品只能使用一种生产方法来生产。令 m 表示所有生产过程的数量，则 $m=n-1+s$。

社会分为工人、资本家和地主三个阶级。其中，工人受资本家雇佣并获得工资，地主向资本家出租土地并获得地租，而资本家组织生产并获得利润。在消费方面，假设工人和地主消费掉所有的收入，而且两个阶级按照相同的比例消费相同的产品，他们的消费结构用列向量 $\boldsymbol{f}$ 表示。对于资本家来说，假设当资本家获得的利润率不低于某数值 $r_{\min}$ 时，资本家将所有的收入都用于投资，而当利润率小于最低利润率 $r_{\min}$ 时，资本家将所有收入都用于消费，而且其消费结构与工人、地主相同。[①] 在任何一种土地没有被完全耕种时，规模报酬保持不变。

具体说来，每一个生产过程 i 用（a_i，c_i，l_i，b_i）表示，其中 a_i 是 n 维产品投入列向量[②]，c_i 是第 i 种土地投入标量，l_i 为劳动投入标量，b_i 为 n 维产品产出列向量。对于 $i=1，2，\cdots，n-1$，$c_i=0$，$b_i=e_i$，其中 e_i 是第 i 个单位向量；对于 $i=n，n+1，\cdots，m$，$c_i>0$，$b_i=e_n$。

生产技术由 n 个生产不同产品的生产过程组成，令（$A^{(i)}$，$c^{(i)}$，$l^{(i)}$，I）表示第 i 种生产技术，即由前 $n-1$ 个生产工业品的生产过程和一个使用土地 $i(i=1，2，\cdots，s)$ 的生产农产品的生产过程组成。

假设实际工资率给定，用一组消费品列向量 $\boldsymbol{w}$ 表示，且工资事前支付。令 r 表示利润率，q 表示单位土地上产生的地租。根据李嘉图的思想，当土地没有被完全耕种时，地主间的竞争会使地租为零。在不支付地租时，对于第 i 个生产技术，在给定的实际工资率条件下，利润率与相对价格之间的关系为：

$$(1+r^{(i)})\boldsymbol{p}^{\mathrm{T}}(\boldsymbol{A}^{(i)}+\boldsymbol{w}l^{(i)\mathrm{T}})=\boldsymbol{p}^{\mathrm{T}} \tag{3-5}$$

基于（3－5）式，可以求得利润率为：

$$r^{*(i)}=\frac{1}{\lambda^{*(i)}}-1 \tag{3-6}$$

式中，$\lambda^{*(i)}$ 为矩阵 $\boldsymbol{A}^{(i)}+\boldsymbol{w}l^{(i)\mathrm{T}}$ 的弗罗贝尼乌斯根；价格向量 $\boldsymbol{p}$ 为该矩阵对应的

---

① 需要说明的是，此处对于资本家投资和消费行为的假设只是为了简化分析，下面的表述同样可以引入资本家一般的消费和储蓄行为，只是公式更复杂。

② 本节中的向量均采用列向量，向量和矩阵的转置用上标 T 表示。

特征向量。为了不失一般性，假设在给定的实际工资率下，$r^{*(1)}>r^{*(2)}>\cdots>r^{*(s)}>r_{\min}$。需要强调的是，上述不等式随着收入分配关系的变化而变化，即随着实际工资率的变动，利润率的排序是发生变化的。

在缺乏技术进步和给定的生产技术下，李嘉图论述了实际工资率的上升会导致利润率的下降。利用本节的表述，如果新的实际工资率 w_n 大于旧的实际工资率 w_o，即 $w_n \geqslant w_o$，则 $\boldsymbol{A}^{(i)}+\boldsymbol{w}_n l^{(i)\mathrm{T}} \geqslant \boldsymbol{A}^{(i)}+\boldsymbol{w}_o l^{(i)\mathrm{T}}$。根据弗罗贝尼乌斯定理①，则有 $\lambda_n>\lambda_o$ 或 $r_n<r_o$，即利润率下降。

2. 经济增长条件下的结构转变

李嘉图认为，最优等的土地将被首先耕种。②基于上面的假设，这意味着第一种土地首先被耕种。当第一种土地没有被完全使用时，地租为零，此时的利润率为 $r^{*(1)}$。随着经济的增长，当经济所需的谷物超过第一种土地所能供给的最大量时，第二种土地将被耕种。此时，第一种土地马上就会产生地租。与此同时，自由竞争会使在两种土地上获得的利润率一致。由于第二种土地没有被完全使用，那么该土地并不会获得地租，因而利润率将由第二种土地决定，即利润率降为 $r^{*(2)}$。对于第一种土地而言，有

$$(1+r)\boldsymbol{p}^{\mathrm{T}}(\boldsymbol{A}^{(1)}+\boldsymbol{w}\boldsymbol{l}^{(1)\mathrm{T}})+c^{(1)\mathrm{T}}q=\boldsymbol{p}^{\mathrm{T}} \tag{3-7}$$

(3-7) 式整理后，有

$$q=\frac{1}{c^{(1)\mathrm{T}}[I-(\boldsymbol{A}^{(1)}+\boldsymbol{w}\boldsymbol{l}^{(1)\mathrm{T}})]^{-1}w} \tag{3-8}$$

(3-8) 式表明，对于每一种给定的生产技术，在给定实际工资率的情况下，利润率与地租之间呈现一种反向关系，见图 3-1。③

第一种土地获得的地租由图 3-1 中的 A 点决定，价格体系也会发生相应的

---

① Nikaido，Convex Structue and Economic Theory，1968.

② 李嘉图只考虑了土地的肥沃程度，而没有考虑土地的地理位置差异所引起的耕种顺序变化，马克思对李嘉图的级差地租理论进行了深入的批判。

③ 图 3-1 以简化的线性关系来表示利润率与地租之间的关系，但需要说明的是，(3-8) 式所反映的利润率与地租之间的关系只是一种反向关系，而非一定为线性关系。图 3-2 与图 3-3 与此类似，不再说明。

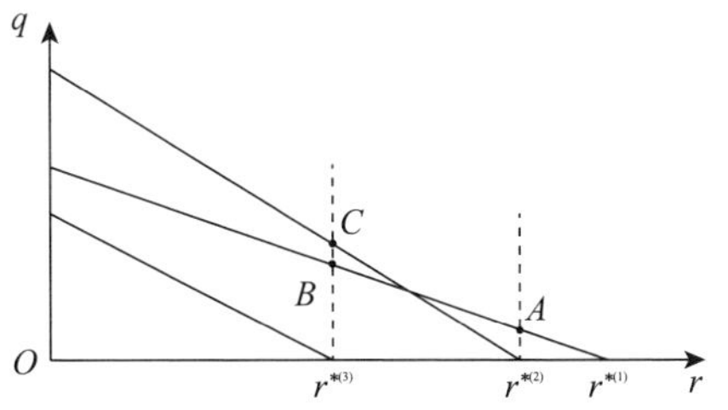

图 3-1　利润率与地租的关系

变化，新的价格 $\boldsymbol{p}$ 是矩阵 $\boldsymbol{A}^{(2)}+\boldsymbol{wl}^{(2)\mathrm{T}}$ 的特征向量。因此，当次等土地投入使用后，价格体系、利润率、地租都会发生变化，但这种变化不是连续的。依此类推，当经济增长使得第二种土地被完全使用时，第三种土地开始被耕种，此时利润率将由第三种土地的生产方法决定，即 $r^{*(3)}$，在第二种土地和第一种土地上获得的地租分别由 B 点和 C 点决定。需要说明的是，随着劣等土地的不断耕种，单位优等土地获得的地租并不一定会高于单位次优土地获得的地租，这可以从图 3-1 中看出：当第三种土地被耕种时，第二种土地获得的地租要高于第一种土地获得的地租。

随着经济增长的继续，上述过程会不断持续，直到最后一种土地被完全使用。在这个过程中，利润率是不断（但不一定连续）下降的，经济增长最终也会走向停滞。如果资本家满意的利润率 $r_{\min}$ 高于最后一种土地能够支付的水平，那么资本家可能会在土地被完全耕种前停止投资，也就是经济增长可能会在土地没有被完全使用的状况下出现停滞。

3. 技术进步条件下的经济增长与结构转变

在李嘉图给出的几种缓解土地稀缺对经济增长限制的措施中，技术进步会缓解利润率的下降。例如，假设农业生产存在生产改进，生产一单位农产品可以使用更少的物质投入或土地投入，这意味着在给定实际工资率的情况下，生产技术能够支付的最大利润率会上升。换句话说，技术进步会导致利润率-地租直线向右上方移动，见图 3-2。在图 3-2 中，假设农业改进使得在第一种和第二种土地上的利润率-地租直线向右上方平移，从而使得在两种土地没有被完全耕种时，第一种土地上的生产方法可以获得的利润率增加到 $r^{*\prime(1)}$，第二种土地上的生产方法可以获得的利润率增加到 $r^{*(1)}$。因此，尽管经济增长导致利润率下降，但这种下降趋势伴随着技术进步导致的整体曲线上移，当技术进步造成的影响等于或超过前者时，经济增长就可以持续下去。

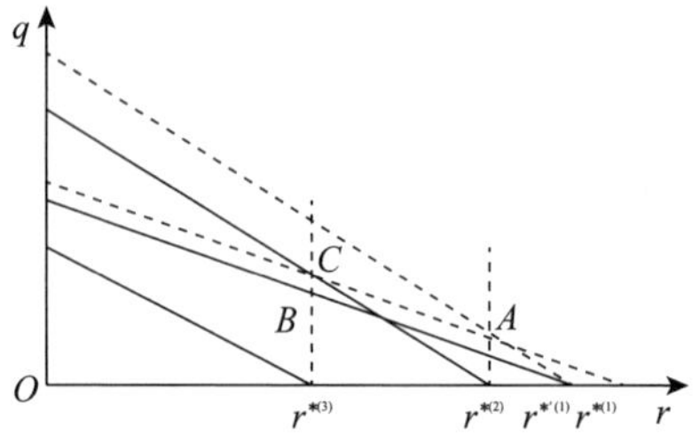

图 3-2　李嘉图关于技术进步的思想表述

最后，对于李嘉图的“诱导性技术变迁”理论同样可以用图形来表示，见图 3-3。假设一种新技术已经产生，其代表的利润率-地租直线由图中的虚线表示。我们可以发现，当第一种土地没有被完全耕种时，在当下的收入分配水平下，新技术是不值得使用的。只有当经济增长导致第一种土地完全被耕种、利润率下降时，新技术才会被采用。因此，技术转变、经济增长与收入分配关系的演变是密不可分的。

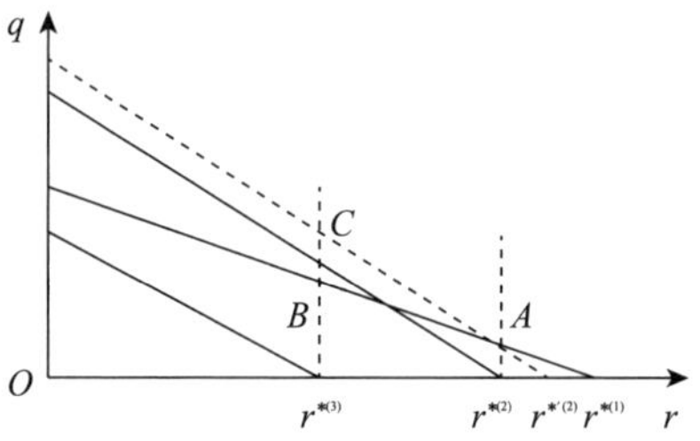

图 3-3　李嘉图的“诱导性技术变迁”理论

二、马克思思想的表述

与李嘉图不同，马克思认为利润率趋向下降与剩余价值的分割无关，而是技术进步的必然结果。因此，对马克思思想的表述无须引入地租问题。

1. 缺乏技术进步条件下的经济增长

利用前文的符号，在价格形态方面有

$$(1+r)\boldsymbol{p}^{T}(\mathbf{A}^{(i)}+\boldsymbol{wl}^{(i)\mathrm{T}})=\boldsymbol{p}^{\mathrm{T}} \tag{3-9}$$

在实物形态方面，假设在扩大再生产情况下各部门的经济增长率相同，则有

$$(1+\mathrm{g})(\mathbf{A}^{(i)}+\boldsymbol{wl}^{(i)\mathrm{T}})x=x \tag{3-10}$$

因此，在实际工资率给定的情况下，利润率 r 完全由生产技术决定，即 r 取决于技术矩阵$\mathbf{A}^{(i)}+\boldsymbol{wl}^{(i)\mathrm{T}}$的弗罗贝尼乌斯根，而价格则是其对应的特征向量。(3-10) 式表明经济增长率 g 同样由生产技术决定且 $g=r$。然而，没有任何机制能够保证各部门的实际经济增长率能够维持在平衡增长率 g 的水平。

2. 技术进步情况下的经济增长与结构转变

按照马克思的思想，经济增长与技术进步是密不可分的两个过程，技术进步导致资本有机构成的提高。利用前文的符号，这意味着 $\mathbf{A}$ 与 $\boldsymbol{l}$ 的比例上升，即单位劳动所推动的生产资料数量增加。为了方便表述，假设 $\boldsymbol{l}$ 保持不变，因此技术进步表现为技术矩阵 $\mathbf{A}$ 的元素增加，也就是与劳动投入相比，物质投入增加。换句话说，随着技术进步，将新的生产技术 $\mathbf{A}^{(2)}$ 与 $\mathbf{A}^{(1)}$ 相比，有

$$\mathbf{A}^{(2)}\geqslant\mathbf{A}^{(1)} \tag{3-11}$$

根据弗罗贝尼乌斯定理和 $\mathbf{A}^{(2)}+\boldsymbol{wl}^{\mathrm{T}}\geqslant\mathbf{A}^{(1)}+\boldsymbol{wl}^{\mathrm{T}}$ 可知，在新技术条件下的利润率 $r^{(2)}<r^{(1)}$，经济增长率 $g^{(2)}<g^{(1)}$，利润率和经济增长率均下降。换句话说，在资本主义制度下，利润率和经济增长率的下降都是由技术进步所导致的，而与地租问题无关。如果利用图 3-1 来说明，这意味着随着技术进步，所有曲线均向左下方移动，因此李嘉图将技术进步作为缓解土地资源稀缺导致经济增长下降的措施是难以成立的。

以上对李嘉图和马克思在经济增长、结构转变和技术进步方面的思想进行了系统梳理，总结了李嘉图和马克思思想的一些基本特点，考察了马克思对古典经济增长（李嘉图）理论的变革，并利用现代分析方法对其进行了重新表述。

对于李嘉图和马克思上述思想的研究，不仅有助于进一步发展马克思的经济理论，为进一步构建中国特色社会主义经济理论体系提供借鉴，同时也有助于解决中国当下面临的经济增长和发展性经济结构问题，以及为中国经济未来发展面临的挑战提供指导性的建议。

自改革开放40多年来，中国经济取得了巨大的发展，创造了经济增长的奇迹。但与发达国家相比，中国的经济发展水平还存在一定的差距，在发展过程中也出现了一系列的结构性不平衡问题，如区域发展不平衡、城乡发展不平衡、收入结构性不平衡。对于这些结构性问题，必须要从中国经济长期的资本积累和经济增长的动态过程中寻找解释及解决的对策。在理论上，这就要求我们在对中国经济问题进行分析时，对结构转变、技术变迁与经济增长问题进行统一研究。随着中国特色社会主义进入新时代，中国经济正处于最好的发展时期，但也面临着新的困难与挑战。对于这些困难与挑战，相应的解决方案同样不能离开中国经济增长与结构转变的动态过程。因此，无论是总结自改革开放以来的经验，还是面对未来中国的经济增长和发展，都需要重视古典经济理论的传统和马克思经济理论对古典经济理论的变革性分析，然后以此为基础进一步完善中国特色社会主义经济增长和发展的理论体系。

参考文献

[1] 马克思. 资本论：第一、二、三卷. 北京：人民出版社，1975.
[2] 凯恩斯. 就业、利息与货币通论. 北京：商务印书馆，1999.
[3] 罗尔. 经济思想史. 北京：商务印书馆，1981.
[4] 熊彼特. 经济分析史：第二卷. 北京：商务印书馆，1992.
[5] 李嘉图. 政治经济学及赋税原理. 北京：商务印书馆，2013.
[6] 吴易风. 马克思的经济增长理论模型. 经济研究，2007 (9).
[7] 董辅礽. 从社会产品生产和使用统一的角度探索马克思再生产公式具体化问题. 经济研究，1963 (3).
[8] 董辅礽. 制造生产资料的生产资料增长更快的原因何在. 学术月刊，1964 (7).
[9] 赵峰. 马克思的经济增长理论 . 政治经济学评论，2004 (2).

第四章 现代经济增长理论的新命题：全要素生产率问题的提出及理论演变

全要素生产率与经济增长之间的内在联系，不仅是一个现代经济增长的理论问题，也是一个事关经济能否实现高质量发展的现实问题。面对全球经济总需求不足、中国经济进入新常态等实际情况，如何将全要素生产率理论与中国经济发展实践有机结合尤为重要，需要在理论上进行深入探讨。本章通过系统梳理全要素生产率的起源和流变，对全要素生产率进行重新界定，并试图阐释全要素生产率与单一要素生产率之间的内在逻辑。与此同时，针对新兴经济体的经验事实与全要素生产率理论之间的矛盾，通过梳理全要素生产率增长率、潜在经济增长率和实际经济增长率之间的关系，从长期经济增长因素和全要素生产率测度这两个维度进行再修正，并借此提出全要素生产率理论体系创新的中国意义。

自中国特色社会主义进入新时代以来，经济增速逐渐下滑，经济增长动力相对减弱，这不仅表现为资本、劳动力等要素的增速放缓，也体现在全要素生产率增长率相对低下等方面。最新的统计数据显示，2018 年国内生产总值同比增长 6.6%，明显低于自改革开放以来的年均增速，但高于同期全球经济年均增速，因而中国发展的契机与挑战同生并存。从人均 GDP 上看，2018 年中国的人均 GDP 为 9 770.8 美元，超过了上中等收入国家的平均水平。根据世界经济论坛发布的《全球竞争力报告》对经济增长驱动机制的阶段性划分标准，中国正处于从效率驱动向创新驱动转变的阶段。[①] 如何转变经济发展方式，跨越

① 根据《全球竞争力报告》按现价美元对经济发展阶段的划分，人均 GDP 低于 2 000 美元为要素驱动阶段；人均 GDP 处于 2 000～2 999 美元之间为要素驱动向效率驱动转变阶段；人均 GDP 处于 3 000～8 999 美元之间为效率驱动阶段；人均 GDP 处于 9 000～17 000 美元之间为效率驱动向创新驱动转变阶段；人均 GDP 超过 17 000 美元为创新驱动阶段。

“中等收入陷阱”，实现经济高质量发展将成为当前乃至未来一段时期中国政府追求的重要目标之一。

纵观世界各国增长跨越的典型事实不难发现，多数国家并未成功跨越“中等收入陷阱”，先后出现“东亚泡沫”、“拉美陷阱”和“西亚和北非危机”等现象。究其原因，主要在于其经济增长动力并未成功实现转变，而过度依赖要素投入的增长方式并不具有可持续性（刘伟和范欣，2019）。与此同时，也有新加坡等国意识到全要素生产率在一国经济可持续增长中的重要作用，纷纷制定了提升全要素生产率的相关政策，从而顺利实现了增长跨越，步入了高收入国家的行列。当前，中国经济仍处于“三期叠加”之中，面对经济结构减速性冲击与潜在经济增长率下滑并存的实际情况，如何找准着力点，实现经济增长的动力转换尤显关键。2015 年，李克强总理在《政府工作报告》中指出：“要增加研发投入，提高全要素生产率……要实现在发展中升级、在升级中发展。”这是全要素生产率首次在《政府工作报告》中出现，是中国经济从要素投入型增长向效率型增长转变的风向标。2017 年，党的十九大报告进一步强调：“必须坚持质量第一、效益优先，以供给侧结构性改革为主线，推动经济发展质量变革、效率变革、动力变革，提高全要素生产率，着力加快建设实体经济、科技创新、现代金融、人力资源协同发展的产业体系，着力构建市场机制有效、微观主体有活力、宏观调控有度的经济体制，不断增强我国经济创新力和竞争力。”提升全要素生产率已成为实现中国经济创新发展的重要目标之一。

那么，究竟什么是全要素生产率？对此，目前并无明确界定。从经济史的角度看，全要素生产率是在经济增长现象无法用单一要素生产率给予合理解释的背景下提出的；从经济思想史的角度来看，全要素生产率是在西方正统经济学的基本任务发生转变后产生的。[①] 自提出以来，学者基本遵循索洛的做法，重点探讨了全要素生产率的测度方法及其对社会经济的影响。通过查阅《新帕尔格雷夫大辞典》等各流行大辞典也可发现，鲜见全要素生产率作为单独的词条出现，或是

① 在 19 世纪 70 年代前后，西方正统经济学的基本任务开始从论证资本主义生产方式代替封建主义生产方式的必然性和优越性转向如何在资本主义生产方式下实现利益最大化。

基于全要素生产率的测度而提出该概念。事实上，全要素生产率与经济增长之间的关系是一个严谨的理论体系和分析框架，而界定全要素生产率是分析相关问题的基石。为此，我们有必要系统梳理全要素生产率的起源和流变，明确全要素生产率的科学内涵，以期结合中国经济发展实践来丰富全要素生产率的理论体系。这将为中国经济结构转型提供理论支撑，也将对中国能否顺利跨越“中等收入陷阱”和实现社会主义现代化具有重要的现实意义。

第一节　全要素生产率的理论渊源

伴随社会经济的不断发展，劳动分工逐渐成为满足人们正常物质生活需要的基本实现形式。关于生产率的相关研究最早可追溯到前古典经济思想的分工学说，不少中西方思想家均对此有所论述。赫西俄德（Hesiod）在《工作与时日》中开启了对经济问题的探索，他对生产者和家庭层面的效率很感兴趣，其思想中蕴含了“劳动是财富之母”的观点。管仲主张四民分业分居论，强调社会分工的重要性。他在《国君小匡》中指出，农民在各种农事耕种方面，“其父兄之教，不肃而成；其子弟之学，不劳而能”。这体现了农业技术的传承和改进是农业生产的重要影响因素的思想。色诺芬（Xenophone）在《经济论》中也强调了生产者或家庭层面的有效管理，探讨了一个人应如何管理好自己的财产，而效率问题则是能否实现财产增值的关键。与此同时，他在《居鲁士的教育》中也提及，在大城市里，如果人们的劳作实现了专业化或区分化，这有助于提升其专业技能，更有利于该行业产品的成功交换。可以说，色诺芬在肯定劳动者分工的同时，也蕴含着分工有利于提高劳动生产率和扩大市场规模等基本思想。柏拉图（Plato）在《理想国》中指出：“只要每个人在恰当的时候干适合他性格的工作，放弃其他的事情专搞一行，这样就会每种东西都生产得又多又好。”换言之，在社会需求多样化、专业技能多元化的背景下，一个人专门从事某项专业技能，将生产出更多更优质的物品。这不仅体现了劳动生产率的基本内涵，也暗示着劳动生产率是劳动分工主张的自然发展过程，而非由经济发展问题所引发。在中世纪，不少阿拉伯-伊斯兰经济学家也纷纷对社会分工等问题展开论述。加扎利（Ghazali）通过观察发现：在当前，一种物品（如一个面包）的生产可能是成千上万个工作共同协作的结果，专业化分工将导致经济交换变得频繁。卡尔敦（Khaldun）以自己的国家为样本，重点考察了一国如何从低收入、低工艺技能的农村沙漠生活社会演变成高收入、人口增长较高的非游牧社会。可以看出，前古典经济思想家虽未正式提出生产率的概念，但其分工思想均已涉及生产率问题。

自15世纪末以来，资本主义生产方式开始在欧洲出现与发展，经济活动日益频繁。伴随着地理大发现，国际贸易开始盛行，以英国为代表的欧洲国家的农业和工业开始迅猛发展。重商主义者认为，政府应激励工业的发展，实行专业化和劳动分工有利于提高产品的产量和质量，进而实现财富的积累。以魁奈为代表的重农学派重点关注农业生产领域，认为社会分工之所以出现，在于农业劳动力和产品出现了剩余。他们认为，只有农业劳动才是生产劳动，并将劳动生产率局限于农业领域。伴随着第一次工业革命的产生，古典经济增长思想应运而生。面对英国等欧洲国家经济的快速发展，古典经济学家开始从物质产品生产领域寻找经济增长的动力源泉。在重商主义学说和重农学派关于生产率的基本思想基础上，斯密认为，劳动分工将通过提高劳动生产率来促进经济增长，即劳动生产率是一国财富的直接决定因素之一，而资本积累是其最终决定因素。① 在斯密的思想基础上，李嘉图从分配领域出发，强调生产要素的边际报酬递减与经济增长之间的关系，并使用不同国家的劳动生产率来解释国际贸易现象。穆勒（Mill）认为，分工与合作是促进劳动生产率的重要途径，主要在于分工与合作能提高产量，促进需求和市场的进一步扩大。与此同时，他也强调了城乡间分工与合作的重要性，为城镇的出现和农业布局的适度集中提供了新解释。19世纪末20世纪初，伴随着资本主义生产从工场手工业向机器大工业转变，资产阶级与无产阶级之间的斗争不断激化。为了维护资产阶级的利

---

① 在《国富论》的第一篇中，斯密通过测算生产别针的工厂中每个工人的产量的例子来论证专业化和劳动分工的重要性。在此例中，若生产过程被分为18个独立的操作步骤，平均每个工人的产量从每天20枚增加至4 800枚。

益，资产阶级庸俗政治经济学开始产生。萨伊（Say）作为资产阶级庸俗政治经济学的创始人，提出了财富生产理论，重点研究生产要素及其作用。萨伊将土地、劳动和资本归为生产的三种要素，他认为土地、资本与劳动都具有生产性。[①] 在劳动方面，萨伊将劳动过程分解为“理论—应用—执行”三个阶段，他认为三者间是相互协作和利益共生的。凡是能对生产有用物品做出贡献的劳动，都是生产性劳动；反之，则为非生产性劳动，这与李嘉图的劳动创造价值的观点并不一致。在资本方面，萨伊批判了重商主义将资本视为货币的错误观点，认为资本可以运用到农业、工业和商业等各种生产性途径上，是经济繁荣的重要源泉。这意味着从价值论的视角来看，作为资本相对产出大小的资本生产率可能首次被提出。我们可以看出，古典经济学时期是生产率理论的萌芽和探索阶段，其关注的重点仍在劳动生产率方面。

自 19 世纪 70 年代以来，伴随着工业革命的进程，一系列社会经济问题开始凸显，如财富分配不平等、贫困等问题引发了人们的普遍不满。价值论等相关分析不再是西方正统经济学家关注的重点，他们开始思考如何在资本主义生产方式下实现利益最大化，并运用数学分析求解个人效应最大化、社会福利最大化等问题。以门格尔（Menger）、杰文斯（Jevons）、瓦尔拉斯（Walras）为代表的新古典经济学家开始尝试运用效用价值论和边际分析方法来进行相关分析。[②] 庞巴维克（Bawerk）通过将资本的性质纳入效用最大化的过程中，指出迂回生产的过程就等于增加资本的数量。在均衡时，$\frac{MU_t}{MU_{t+1}}$就是资本的边际生产率。19 世纪末，部分学者在边际分析方法和边际效用价值论的基础上，提出了边际生产率分配论。威克斯蒂德（Wicksteed）在《分配规律的协调》中较早地将分配论与边际效用价值论结合起来，提出了边际生产力分配规律，并认为在其他条件不变的情况下，每种要素的边际重要性取决于该要素的微小增量对

① 萨伊指出：“事实已经证明，所生产出来的价值，都是归因于劳动、资本和自然力这三者的作用和协力，其中以能耕种的土地为最重要因素但不是唯一因素。除这些外，没有其他因素能生产价值或能扩大人类的财富。”

② 关于边际分析问题，杜能（Tünen）最早在 1826 年出版的《孤立国》中基于不同类型农业区位，提出了边际生产力理论，即劳动单位的不断增加会造成农业总产量的较小增加。

产出的影响。实质上，威克斯蒂德从分配角度给出了要素边际生产率的概念描述。克拉克（Clark）在批判传统的经济学四分法的基础上，主张通过研究分配来研究生产并提出了新的经济学三分法。① 与此同时，他将边际的概念引入分配领域，并运用边际生产力理论来说明工资和利息的来源及自然标准。他认为，在自由竞争条件下，劳动和资本都参与了财富及价值的创造，劳动的边际生产力由劳资双方的力量对比决定，而资本的边际生产力则由产业资本家和借贷资本家的力量对比决定。马歇尔（Marshall）作为现代微观经济学体系的最主要奠基人，将供求论、生产费用论、资本生产力论等理论与边际效用论等结合起来，并认为生产要素的均衡价格受到供求关系的影响——需求层面由生产要素的边际生产力决定，供给层面由生产要素相应的成本决定。在进行生产率理论探索的同时，政府部门也开始进行生产率的相关计算。19 世纪末，美国劳工局成立。从 1926 年开始，美国劳工统计局便开始出版各产业部门的年度生产率指数，而这一生产率特指劳动生产率。20 世纪 20 年代后期，道格拉斯和柯布在边际生产率论的基础上，基于 1899—1922 年美国资本和劳动两种生产要素对产出量影响的数量关系，提出了柯布-道格拉斯生产函数。柯布-道格拉斯生产函数的问世，为全要素生产率的定量研究奠定了基础。

事实上，马克思在《资本论》中也较早地针对生产率理论进行了相关研究。在马克思构建的两部类经济增长模型中，他认为效率和技术进步是实现经济增长的重要动力，资本、劳动、科学技术和制度在经济增长中发挥着不可或缺的作用。从价值源泉来看，马克思提出了劳动生产率，并认为劳动是价值的唯一源泉。与西方资产阶级学者的劳动生产率相比，两者既有区别又有联系。西方资产阶级学者的劳动生产率是一个经济效率指标，往往在投入产出关系下分析只有劳动一种生产要素投入的产出情况，是一种单一要素生产率；而马克思的劳动生产率是一个技术效率指标，是技术关系与社会关系的结合体，并明确指出“生产率当然始

① 克拉克指出，研究分配“就等于研究个别的生产，这就是分析创造财富的功能，寻找协同生产财富的三种生产因素对于它们共同生产的产品个别所贡献的份额。每种生产因素在参加生产的过程中，都有其独特的贡献，也都有相应的报酬——这就是分配的自然规律”。

终是有用的具体的劳动生产率，它事实上只决定有目的的生产活动在一定时间内的效率”，即一定劳动时间内所生产的产品数量。那么，如何理解劳动时间？从马克思在《资本论》中论述的例子来看，劳动时间有两层含义：一是活劳动的消耗量；二是包含活劳动和物化劳动的消耗量（闫存志，1991）。[①] 这意味着通过活劳动的消耗量来测算的劳动生产率就是考虑单一要素的劳动生产率，而同时考虑活劳动和物化劳动的劳动生产率就蕴含着预付资本（即所有投入要素共同作用下的结果）是全要素生产率思想的体现。从时间维度上看，马克思的劳动生产率思想比西方资产阶级学者提出的全要素生产率思想早了大半个世纪。马克思劳动生产率的丰富内涵，将为全要素生产率理论体系的构建奠定基础。

从生产率理论的发展脉络来看，生产率理论的演变是一个自然发展的过程，其重点是探讨劳动生产率的相关问题。前古典时期和古典经济学时期的生产率理论是以使用价值为线索，以农业或工业等特定行业为例，从分工协作、经济增长的动力源泉等方面展开分析的。新古典时期的生产率理论主要是建立在资本主义制度完备的假设前提下，以生产费用论、边际效用论等为基础，结合边际分析方法，从分配领域来分析效率问题。那么，面对社会经济的不断发展，既有的生产率理论能否合理解释新的经济现象？未来将如何发展？这是下面要探讨的重要问题。

第二节 全要素生产率的界定与内涵

一、全要素生产率的正式提出及其内涵

在第二次世界大战后，美国在战争中积累了巨大财富并成为世界头号经济

① 马克思指出：假定由于某种发明，纺纱工人 6 小时纺的棉花同过去 36 小时纺的棉花一样多。作为有目的的有用的生产活动，他的劳动能力增加为 6 倍。他的劳动产品也增加为 6 倍，从 6 磅棉纱增加到 36 磅棉纱。但是，现在 36 磅棉花吸收的劳动时间只和过去 6 磅棉花吸收的劳动时间一样多。加在每磅棉花上的新劳动比用旧方法时少 5/6，因此，加进的价值也只是过去的 1/6。另一方面，现在在产品 36 磅棉纱中包含 6 倍的棉花价值。纺纱 6 小时，保存并转移到产品上去的原料价值是过去的 6 倍，显然加到同量原料上的新价值少了 5/6。这是一则以活劳动消耗量进行计量的典型例子。与此同时，马克思在另一则例子中采用活劳动和物化劳动之和进行论述，他指出：生产棉花所需要的劳动时间，是生产以棉花为原料的棉纱所需要的劳动时间的一部分，因而包含在棉纱中。生产纱锭所需要的劳动时间也是如此，因为没有纱锭的磨损或消费，棉花就不能纺成纱。

强国，但其生产率增长率呈现下滑态势。联邦德国、日本等国虽在战争中遭受重创，但经济得以快速恢复，它们生产率的增长速度较快。在此进程中，伴随着第三次工业革命的出现，新技术开始不断涌现，技术创新成为推动现代经济增长的重要动力；与此同时，多种生产要素同时投入，而且它们的相互作用也在不断增强。这些新变化给原有的生产率理论带来了新的挑战，仅仅考察劳动等单一要素的生产率已不合时宜。如何衡量多种生产要素投入下的产出效率，将成为学者首先要解决的重要问题。

科普兰（Copeland，1937）、科普兰和马丁（Copeland and Martin，1938）基于国民收入和产出账户，通过实际产出和实际生产要素投入之间的关系来描述效率，标志着全要素生产率的雏形出现。1942 年，丁伯根（Tinbergen）在德文期刊《世界经济文献》上发表了一篇题为《关于趋势运动的理论》的论文，将生产函数方法与生产率联系起来，并以法国、德国、英国和美国为例分析了 1870—1914 年的实际产出、实际要素投入以及全要素生产率的变化趋势。这不仅标志着全要素生产率的首次提出，也开创了对不同国家的全要素生产率进行比较分析的先河。但由于该论文采用德语撰写，在一定程度上限制了该研究成果的传播与推广。施蒂格勒（Stigler，1947）也独立地提出了全要素生产率，并用资本和劳动两种要素投入来测算美国制造业的全要素生产率。戴维斯（Davis，1955）在《生产率核算》中首次对全要素生产率进行界定，认为它是所有产品与所用资源的变化。这些资源主要包括资本、劳动、原材料、能源等。在此基础上，索洛（Solow，1957）将生产函数与指数方法结合起来分析影响经济增长的因素问题，指出全要素生产率是除各种投入的生产要素之外，由技术进步导致的产出增加。从某种意义上说，索洛将技术进步与全要素生产率视为等同，并将其视为外生变量，而“不可知的部分”则被称索洛余量。法布里坎特（Fabricant）认为，全要素生产率是基于现实经验、经济历史来分析投入与产出之间的比率。与此同时，他针对该概念进一步明确强调劳动生产率和资本生产率有机结合的重要性。肯德里克（Kendrick）在 1961 年出版的《美国的生产率趋势》中明确了生产率的界定，认为生产率就是产出与投入要素之间的比率，而投入要素不仅要考虑其总量，而且要考虑其结构。此后，肯德里克（Kendrick，1973）通过研究进一步指出，产出量与某特定投入量（资本量或劳动量）只能反映单一生产率，不能体现一定时期内整体生产效率的变化。关于投入要素的种类，苏曼斯（Sumanth）指出：全要素生产率不仅应包含资本和劳动投入要素，还应包括原材料、能源和其他费用支出，并在此基础上建立了“总生产率模型”和“总生产率循环模型”。①

纵观当前流行的大辞典，生产率作为词条单独出现较为常见，而全要素生产率作为词条单独列示的并不多见。《新帕尔格雷夫大辞典》（2018 年版）虽单独列示了全要素生产率，但仅采用索洛余量简单加以说明，其重点仍在探讨全要素生产率的测度及其对经济增长和经济周期等因素的影响。从全要素生产率的发展历程来看，学者基本遵循两条路径来界定全要素生产率：一是采用直接法，也就是在生产率概念的基础上，从单一要素生产率扩展至全要素生产率，认为全要素生产率是产出量与所有投入要素之间的比率；二是采用间接法，也就是在索洛模型的基础上，认为全要素生产率是产出中投入要素不能解释的部分。从既有的两种界定路径来看，它们各有利弊。直接法虽能清晰地反映出一单位产出的整体效率，但不易操作且忽视了技术效率等问题；间接法虽操作简单，但索洛余量的影响因素众多，这将造成全要素生产率的估计偏误。那么，究竟如何科学合理地界定全要素生产率？从时代背景来看，全要素生产率是在全球经济快速增长的过程中，投入要素的增长率呈现下滑态势，新技术却大量涌现，各国注重产出综合效率的现实背景下提出的；从起源和流变来看，全要素生产率是在单一要素生产率的研究基础上，从单一要素投入转向多种要素投入而引出的概念；从各国经济发展程度来看，在不同经济发展程度下全要素生产率的内涵有所不同，从仅来源于非体现的技术进步到来源于不同表现形式的技术进步的综合作用。概言之，考虑到各国市场经济模式的差异性等实际情况②，全

① 苏曼斯认为，若只是包含劳动和资本两种要素，并非真正意义上的“全要素”。他指出，同时包含资本、劳动、原材料、能源和其他费用支出五项，则可称为“总生产率”。

② 在经济发展过程中，不同国家根据自身的实际情况，也形成了不同形式的市场经济模式，如“自由主义”的市场经济模式、政府指导型市场经济模式、社会主义市场经济模式等。

要素生产率是指在各生产要素（如资本、劳动等）投入既定的条件下，由市场机制发挥作用的技术进步所带来的额外生产效率。过去，学者提出的全要素生产率是基于新古典生产理论，他们以发达国家的经验事实为蓝本，认为技术进步来源于前沿性创新。为此，狭义的全要素生产率是指在各生产要素（如资本、劳动等）投入既定的条件下，由市场机制发挥作用的非体现的技术进步所带来的额外生产效率。

在全要素生产率的概念上，全要素生产率应具备以下四个方面的特点：第一，全要素生产率并非单一要素生产率的简单加总，而是多种投入要素有机组合的综合效率。在经济发展水平不同的国家，不同要素的生产率也有差异，简单地通过单一要素生产率无法科学合理地比较不同国家的生产率水平，但可通过全要素生产率来反映不同国家间的综合效率差异。第二，全要素生产率具有无量纲特征。作为综合多种生产要素投入而产生的全要素生产率，由于投入的生产要素的单位并不一致，这就使得全要素生产率指标没有量纲。第三，在相同假定条件下的全要素生产率才具有可比性。全要素生产率的测算建立在一系列假设前提的基础上，不同的生产函数、生产要素的非同质性或差异性等都可使全要素生产率在时空上不具有可比性。第四，“全要素”具有相对性。伴随社会经济的不断发展，特定产品生产所需的要素开始出现多元化特征，而在定量上往往只反映出可量化的主要要素，这就使得加总后的全要素生产率并不能完全反映出所有投入要素的情况。

二、单一要素生产率与全要素生产率之间的内在联系

无论是马克思主义经典学家还是西方经济学家对于生产率的考察，重点都是在劳动生产率方面，但单一要素生产率并不能充分地反映一国的整体生产率水平。伴随要素投入的多元化，利用全要素生产率衡量综合效率更具可信度。那么，单一要素生产率与全要素生产率之间是什么关系？

从一般形式出发，假设有 $n(n\geqslant 2)$ 种不同要素投入，采用规模报酬不变的生产函数，一般表达式为：

$$Y=F(x_1, x_2, \cdots, x_n, t) \tag{4-1}$$

将其写成经济增长的形式，可表示为：

$$\frac{\dot{Y}}{Y}=\left(\frac{1}{Y}\right)\left(\frac{\partial F}{\partial t}\right)+\alpha_1\times\frac{\dot{x}_1}{x_1}+\alpha_2\times\frac{\dot{x}_2}{x_2}+\cdots+\alpha_n\times\frac{\dot{x}_n}{x_n} \tag{4-2}$$

式中，$\{x_i, x_2, \cdots, x_n\}$ 为不同种类的要素；$\{\alpha_i, \alpha_2, \cdots, \alpha_n\}$ 为不同种类的要素在产出中所占的份额，且 $\sum_{i=1}^{n}\alpha_i=1$；$\left(\frac{1}{Y}\right)\left(\frac{\partial F}{\partial t}\right)$ 为全要素生产率增长率。

从经济增长的因素分解来看，经济增长率来源于全要素生产率增长率和要素生产率增长率两部分。通过公式变形可知，在要素生产率增长率既定的情况下，全要素生产率增长率与经济增长率呈同方向变动。

考虑到索洛模型采用的是标准的柯布-道格拉斯生产函数，即假设只有资本和劳动两种要素投入，因而在规模报酬不变的情况下，可将其增长形式转化为：

$$\frac{\dot{\left(\frac{Y}{L}\right)}}{\frac{Y}{L}}=\frac{\Delta A}{A}+\alpha\times\frac{\dot{\left(\frac{K}{L}\right)}}{\frac{K}{L}} \tag{4-3}$$

接下来，我们在标准的柯布-道格拉斯生产函数的基础上，将资本进一步划分为物质资本和人力资本，然后采用附加人力资本的柯布-道格拉斯生产函数来考察单一要素生产率与全要素生产率之间的关系。考虑到单一要素生产率中的劳动生产率是学者关注的重点，下面将以劳动生产率为例来考察两者间的内在联系。[①] 生产函数的形式如下：

$$Y_t=AK_t^{\alpha}(E_tL_t)^{\beta} \tag{4-4}$$

式中，Y 为总产出；K 为物质资本存量；E 为人力资本存量；L 为劳动力存量；A 为全要素生产率；α 和 β 分别为资本产出弹性和附加人力资本的劳动产出

① 在附加人力资本的柯布-道格拉斯生产函数中，同样可以推出资本生产率与全要素生产率之间的关系式。

弹性。

将等式两边同时除以 EL，可得：

$$\frac{Y_t}{E_tL_t}=A\left(\frac{K_t}{E_tL_t}\right)^{\alpha} \tag{4-5}$$

从（4－5）式中不难看出，有效劳动生产率$\left(y=\frac{Y}{EL}\right)$是全要素生产率（$A$）与有效劳均资本（$k=\frac{K}{EL}$）的乘积。对（4－4）式取对数并求导，可得：

$$\frac{\dot{y}_t}{y_t}=\frac{\dot{A}_t}{A_t}+\alpha\times\frac{\dot{k}_t}{k_t} \tag{4-6}$$

（4－3）式和（4－6）式均表明，在多种生产要素投入的情况下，劳动生产率并非只是劳动变化带来的结果。换言之，劳动生产率只是部分反映了劳动者素质或其努力程度差异所带来的变化，同时也反映了全部投入要素的综合影响。从增长的来源看，劳动生产率增长率主要包括两个部分：一是全要素生产率增长率；二是有效劳均资本增长率。这意味着提高劳动生产率可以通过提高全要素生产率和提高有效劳均资本两条途径来实现。当然，若长期依赖于资本的大量投入来增加资本积累，在资本边际产出递减的规律下，这将使通过提高有效劳均资本的方式不具有可持续性。因此，通过资本深化可以在一定程度上提高劳动生产率，但提升全要素生产率才是经济可持续增长的持久动力。与此同时，从马克思对劳动生产率的内涵和劳动生产率的分解式来看，全要素生产率作为劳动生产率的重要组成部分，其提出并未违背劳动价值论的基本思想。

第三节　全要素生产率与经济增长的内在逻辑

一、发达国家经济增长的经验事实

从 20 世纪 60 年代开始，全要素生产率理论取得了实质性进展，其研究开始转向实际应用与分析，主要集中在两个方面：一方面，学者开始探讨全要素生产率在一国经济增长中的重要作用。肯德里克在 1961 年出版了《美国的生产率趋势》，被誉为第一部关于实际运用全要素生产率的著作。他通过分析美国 1889—1957 年全要素生产率（TFP）增长率的情况，发现美国经济增长的一半源于全要素生产率的提高，另一半源于生产要素的投入。与索洛的经验结论相比，肯德里克关于全要素生产率贡献率的结论明显偏低。丹尼森（Dension）于 1962 年和 1974 年分别出版了《美国经济增长因素和我们面临的选择》和《1929—1969 年美国经济增长的核算》，进一步将资本划分为物质资本和人力资本，考察美国全要素生产率在时序上的变化。一方面，他从资源配置的改善、规模经济和知识进展三个方面考察它们对全要素生产率的贡献率；另一方面，针对不同国家全要素生产率的差异性进行比较分析，探寻不同国家经济增长背后的逻辑。基于肯德里克的方法，多马（Domar）等比较了加拿大、联邦德国、美国、日本和英国五个国家 11 个生产部门的全要素生产率。考虑到丹尼森在测算全要素生产率中存在的不足，乔根森（Jorgenson）和格里利克斯（Griliches）也强调：要想真实准确地测算出各国的全要素生产率，必须对投入的生产要素进行准确度量。与此同时，在进行跨国全要素生产率水平的比较时，也应建立在模型和要素等一致的基础上。在乔根森测算方法的基础上，李京文等（1993）针对中国、美国和日本的经济增长因素进行了分析，首次从产业层面探讨了中国 34 个部门层次的要素贡献。此后，不少学者纷纷在此基础上进一步从特定行业、微观企业等层面进行相关研究。

表 4－1 是根据乔根森的测算方法分别计算的不同时段美国和日本两个代表性发达国家的总量产出增长率、要素投入增长率和全要素生产率增长率的情况。从经济变量的增长率上看，无论是 1947—1985 年期间的美国，还是 1960—1985 年的日本，全要素生产率增长率的绝对值均相对偏低，但整体以正向速度增长（美国在 1973—1979 年期间除外）。具体来看，在 1947—1985 年期间，美国全要素生产率的年均增长率为 0.71%，明显低于资本投入和劳动投入的增长率。从经济变量的贡献率来看，全要素生产率的贡献率为 21.6%，而要素贡献

率高达78.4%。从分段区间来看，在不同时段上对经济增长的主要贡献也来自资本和劳动等要素，而非全要素生产率。1960—1985年日本的年均总量产出增长率为6.79%，全要素生产率的年均增长率为2.22%，处于资本投入增长率和劳动投入增长率之间。从经济变量的贡献率来看，要素贡献率和全要素生产率的贡献率分别为68%和32%，资本存量对日本的经济增长发挥着重要作用，但技术进步在日本经济发展中的重要地位也不容忽视。从五个分段区间来看，虽历经石油危机等问题，但日本的全要素生产率均呈现出正向增长的态势，其对经济增长的贡献率均超过20%。美国和日本的经验事实也表明，全要素生产率是一国经济可持续增长的动力，在跨越“中等收入陷阱”和实现现代化中发挥着重要作用。

表4-1 美国和日本的总量产出增长率、要素投入增长率和全要素生产率增长率的情况（%）

	变量	1947—1985年	1947—1953年	1953—1957年	1957—1960年	1960—1966年	1966—1969年	1969—1973年	1973—1979年	1979—1985年
美国	总量产出	3.28	5.29	2.14	2.38	4.72	3.60	3.06	2.12	2.22
	资本投入	3.88	5.54	4.01	2.29	3.67	4.37	4.21	3.92	2.62
	劳动投入	1.81	2.51	0.37	1.24	2.48	2.26	1.28	2.19	1.46
	TFP	0.71	1.60	0.43	0.78	1.79	0.53	0.74	−0.67	0.34
	变量		1960—1985年	1960—1972年	1972—1985年	1960—1965年	1965—1970年	1970—1975年	1975—1980年	1980—1985年
日本	总量产出		6.79	9.76	4.04	9.73	11.80	4.73	3.78	3.90
	资本投入		7.61	10.11	5.31	10.27	10.19	7.96	4.64	4.99
	劳动投入		1.72	2.38	1.13	2.93	2.20	−0.10	1.97	1.61
	TFP		2.22	3.42	1.11	2.98	5.48	1.02	0.70	0.90

资料来源：根据李京文等著的《生产率与中美日经济增长研究》中的资料整理而得。

二、全要素生产率与经济增长的内在联系

从既有的研究来看，学者主要利用经验数据，采取不同的方法来测算全要

素生产率增长率和潜在经济增长率。[1] 那么，全要素生产率增长率、潜在经济增长率和实际经济增长率之间是什么关系？

事实上，全要素生产率增长率、潜在经济增长率和实际经济增长率之间的关系问题，不仅是现代经济增长理论问题，而且是一国经济增速的核心问题。从经济增长的因素分解中不难发现，三者之间联系紧密。为此，我们继续采用前文中附加人力资本的柯布-道格拉斯生产函数来探讨全要素生产率增长率、潜在经济增长率和实际经济增长率之间的内在逻辑。我们将（4－4）式转化为增长率形式，可得[2]：

$$\frac{\dot{Y}_t}{Y_t}=\frac{\dot{A}_t}{A_t}+\alpha\times\frac{\dot{K}_t}{K_t}+(1-\alpha)\left[\frac{\dot{L}_t}{L_t}+\frac{\dot{E}_t}{E_t}\right] \tag{4-7}$$

对（4－7）式进行变形，即可得出全要素生产率增长率与实际经济增长率之间的关系，可表示为：

$$\frac{\dot{A}_t}{A_t}=\frac{\dot{Y}_t}{Y_t}-\alpha\times\frac{\dot{K}_t}{K_t}-(1-\alpha)\left[\frac{\dot{L}_t}{L_t}+\frac{\dot{E}_t}{E_t}\right] \tag{4-8}$$

从（4－8）式可以看出，全要素生产率增长率取决于实际经济增长率、物质资本存量增长率、人力资本存量增长率和劳动增长率。这表明在物质资本存量、人力资本存量、劳动力等投入要素增长率既定的情况下，实际经济增长率越高，全要素生产率增长率也越高。

前面反映了实际经济增长率与全要素生产率增长率之间的关系，如何得出两者与潜在经济增长率之间的关系，是接下来要探讨的问题。一般来说，实际产出与潜在产出之间的差额就是产出缺口，由经济波动所引起。目前，关于潜在产出问题，学者的看法不一。不少学者基于凯恩斯理论，

---

① 目前，全要素生产率的测算方法主要有两种：参数法和非参数法。参数法中的柯布-道格拉斯生产函数、代数指数法和超越对数生产函数法较为常见，而非参数法中的指数法、数据包络分析法等较为常见。在潜在经济增长率的测算方法中较为常用的方法主要有生产函数法、趋势分解法、DSGE 模型和多变量联立方程等。其中，生产函数法最通用。

② α 可通过计量方法得出。首先，对（4－5）式取对数，将其化为一个简单的一元线性回归方程。然后，通过代入实际 GDP、物质资本存量、人力资本存量和劳动力等经验数据进行估计得出。

从需求端入手，认为潜在产出是经济中所有生产要素得以充分利用下的最大产出水平。还有部分学者从供给端入手，认为未预期到的生产冲击将影响微观主体的决策，他们将视情况进行产量调整，这将使实际产出围绕潜在产出上下波动（中国银行“中国经济发展新模式研究”课题组，2016）。考虑到长期经济增长因素的情况等，在“充分就业”状态下的潜在经济增长率更为合适，为此，我们针对物质资本存量、人力资本存量、劳动力、全要素生产率等实际经济变量剔除其周期波动，即可得出潜在经济增长率情况，可表示为：

$$\frac{\tilde{\dot{Y}}_t}{Y_t}=\frac{\tilde{\dot{A}}_t}{A_t}+\alpha\times\frac{\tilde{\dot{K}}_t}{K_t}+(1-\alpha)\left[\frac{\tilde{\dot{L}}_t}{L_t}+\frac{\tilde{\dot{E}}_t}{E_t}\right] \tag{4-9}$$

从（4-9）式可以看出，潜在经济增长率的测算源于实际经济变量等经验数据，是全要素生产率、物质资本存量、人力资本存量和劳动力的趋势增长率共同作用的结果，也是实际经济增长率剔除周期波动后的结果。[①] 为保持经济快速平稳持续增长，这意味着政府在制定政策时，可从两个方面入手：一方面，持续加大资本、劳动力等要素投入，注重要素使用效率；另一方面，可以加大技术创新力度，提高全要素生产率。近年来，面对物质资本存量的增速下滑、人力资本与劳动力“一升一降”的特征等，如何提升全要素生产率增长率就成为各级政府的工作重点和努力方向。

三、新兴经济体的增长事实与全要素生产率理论间的矛盾

发达国家的经验事实表明，一国经济增长取决于要素投入和全要素生产率，而全要素生产率的高低是一国经济能否实现可持续增长的关键。从现代经济增长理论的发展历程来看，学者在探讨一国经济增长动力时，也在探讨经济发展水平相对较低的国家能否实现落后对先进的赶超，进而两者的经济趋同。自库

① 从潜在产出的两种解读来看，潜在经济增长率均为实际经济增长率剔除周期波动的结果，两者的差异在于周期成分的来源不同。

兹涅茨提出现代经济增长的六个基本特征以来，经济发展问题开始引起学者的高度关注。[①]

自 20 世纪 60 年代以来，东亚经济实现了高速发展，创造了“东亚奇迹”。实绩优良的亚洲经济体（HPAEs）在 1960—1990 年的年均实际经济增长率达到 5.5%[②]，远超亚洲其他国家、拉丁美洲、南亚、撒哈拉以南的非洲等经济体的整体增速。从人均 GDP 的增速来看，HPAEs 在 1960—1985 年均位居最高的 20 个国家和地区的行列（World Bank，1993）。面对“东亚奇迹”的提出，以及新加坡、韩国、中国台湾和中国香港“亚洲四小龙”的快速崛起，东亚经济增长模式问题开始被学者广泛讨论。克鲁格曼（Krugman，1994）在《外交》杂志上指出：“东亚奇迹”并不存在，其原因在于东亚的经济增长并非来自全要素生产率的快速提升，而是完全来自要素投入。若采用全要素生产率来衡量技术进步，亚洲的技术进步为零。1997 年亚洲金融危机的爆发，似乎使克鲁格曼的经验结论得以验证，该观点开始广泛流传。但是，也有一些经济学家开始对此提出质疑：一方面，从经验事实来看，与苏联依靠公共储蓄和投资发展经济的方式不同，亚洲的经济增长主要源自私人储蓄和私营部门投资的快速增长，在出口导向的发展战略下不仅可以加速出口投资，也能引进先进技术和管理经验，这使亚洲经济具有可持续性（Bhagwati，1996）。时任新加坡总理李光耀先生也不赞同克鲁格曼的观点，认为新加坡的全要素生产率被低估，存在效率提高的证据，并制订了新加坡全要素生产率每年提升 2%的计划，以保持经济快速平稳增长。另一方面，有些学者针对当时全要素生产率的测算方法是否适用于新兴经济体提出了质疑（Felipe，1997），他们认为方法的不同、数据的差异、技术进步的表现形式等问题都可能使全要素生产率的结论出现偏误（Chen，

① 在 1945 年后，经济发展文献开始如雨后春笋般出现。例如，鲍尔长期考察马来西亚等欠发达地区经济作物对当地居民实际收入的影响及贸易网络的弹性和活力等问题，反对“20 世纪 50 年代发展理论所谓的正统学说”，而克拉克提出人口的高速增长有利于发展中国家人均实际收入的增长等观点。这些发展经济学家均关注政策，一方面源于道德上的信仰承诺，另一方面源于亚洲、中东、拉美等地区的经济开始出现快速增长。

② HPAEs 包括日本、中国香港、韩国、新加坡、中国台湾、马来西亚、印度尼西亚和泰国八个国家或地区。

1997；郑玉歆，1998）。

自20世纪70年代末以来，中国开始积极探索改革开放的道路，并使经济实现了飞速发展，创造了“中国奇迹”。资料显示，1979—2018年中国年均实际经济增长率为9.4%，人均GDP由1979年的423元上升至2018年的64 644元。在此进程中，亚洲金融危机、美国次贷危机等事件的出现，给中国经济造成了一定冲击，同时中国经济的走势引起了学者的关注。特别是自中国经济进入新常态以来，面对经济增速的快速下滑、资本存量增长率的下滑以及人口红利渐趋消失等，中国经济是否具有可持续性备受重视。克鲁格曼（Krugman，1999）在称赞近20年中国物质生活水平得到改善的同时，也引用相关研究成果来证实“亚洲的增长是资源投入的结果，而不是效率的提升”。面对“克鲁格曼质疑”，国内外学者纷纷从经验事实和实证研究两方面加以论证。从经验事实来看，改革开放带来的制度变迁、技术水平的不断提升、人力资本素质的不断提高等，均为全要素生产率的提升奠定了基础（易纲等，2003）。根据《2019年全球创新指数》，中国创新指数的得分为54.82分，排名全球第14位，与2018年相比前进了3位，位列上中等收入国家的第1位。这主要体现为中国的人力资本和研究能力具有显著优势，知识和技术产出能力位居前列等。在实证研究上，学者针对中国全要素生产率进行了测度。杨（Young，2003）、厄兹尤尔特（Ozyurt，2009）等通过对中国全要素生产率的测算发现，“克鲁格曼质疑”成立，但Chow and Lin（2002）、Bosworth and Collins（2008）却发现，中国全要素生产率稳步增长，是经济增长的重要动力。国内学者对此问题的结论也众说纷纭、莫衷一是。自改革开放以来，中国全要素生产率稳中有升，对中国的产出增长发挥着重要作用（张军和施少华，2003；余丹林和吕冰洋，2009；李言，等，2018），资本仍是推动中国经济增长的主要动力（董敏杰和梁咏梅，2013；程名望，等，2019）。但是，若采用不同的模型或方法，全要素生产率对经济增长的贡献率则呈现下降趋势（陆旸和蔡昉，2014；许永洪，等，2019），甚至开始出现负值（郭豫媚和陈彦斌，2015；刘伟和范欣，2019）。在要素参数是否为常数等假设前提不同的情况下，全要素生产率对经济增长的贡献率差异明显（钟世川和毛艳华，2016）。

第四节　全要素生产率的理论体系创新

面对新兴经济体的经验事实与全要素生产率理论体系之间的矛盾，国内外学者试图从投入要素的数量和质量差异、模型方法等全要素生产率测度方面予以阐释。诚然，从全要素生产率的科学内涵来看，对核心指标的精准性、模型的选择性等方面进行修正固然重要，但与此同时，HPAEs与中国等亚洲经济体的经验事实也表明，这些国家或地区并未完全照搬西方发达国家的市场经济模式，而是基于自身实际情况选择了不同类别的市场经济模式，并实现了自身经济的高速发展。无论是何种市场经济模式，在本质上就是政府与市场的关系问题，其差异在于哪种成分更多一些。经验事实表明，在东亚国家经济快速腾飞的过程中，政府的作用对长期经济增长的影响不容忽视。基于此，我们有必要在明确全要素生产率的界定和科学内涵的基础上，从全要素生产率增长率、潜在经济增长率和实际经济增长率之间的关系入手，结合新兴经济体的实际情况来深入探讨全要素生产率的理论体系问题。

一、长期经济增长不应忽视需求因素

从前文有关全要素生产率增长率、潜在经济增长率与实际经济增长率之间的关系中不难发现，现代主流经济增长理论是利用实际经济数据来倒推全要素生产率增长率和潜在经济增长率。具体说来，从实际经济增长率与全要素生产率增长率的关系来看，全要素生产率增长率是实际经济增长率扣除要素增长率的部分；从实际经济增长率与潜在经济增长率的关系来看，潜在经济增长率是实际经济增长率剔除经济周期波动的结果；从全要素生产率增长率与潜在经济增长率的关系来看，潜在经济增长率是全要素生产率增长率和要素的趋势增长率加总的结果。为此，我们不禁思考：这样利用实际经济数据倒推全要素生产率增长率和潜在经济增长率的方式是否合理？

从经济增长理论的变迁上看，主流经济增长理论一般认为，短期经济增长

取决于需求因素，而长期经济增长取决于供给因素。这就使得主流经济学家在分析长期经济增长问题时，往往从供给端入手来加以分析。从斯密、马尔萨斯、李嘉图、穆勒等古典经济学家的经济增长思想来看，基本都在强调资本积累、劳动等要素在经济增长中的重要作用，而忽视需求因素的作用效果。面对 20 世纪 30 年代经济大萧条对世界经济的冲击，哈罗德和多马开始将经济增长问题作为单独的经济问题加以研究。在储蓄等于投资等假设前提下，需求因素虽被间接引入模型中，但模型仍在强调资本积累是经济增长的唯一决定因素。此后，索洛和斯旺（Swan）在此基础上加以改进，但需求因素被视为短期干扰因素而忽视，他们认为外生的技术进步能解释索洛余量。面对工业革命条件下技术进步带来的“创造性破坏”和现实经济增长现象无法得到科学合理解释的实际情况，内生增长理论、新制度增长理论等开始将技术进步、制度变迁等因素内生化，但仍停留在供给层面。当然，现代主流经济增长理论也并未否认需求因素在长期经济增长中的重要作用，它们只是认为需求因素对长期经济增长的影响是间接的而予以忽视。事实上，马克思早在其两部类经济增长模型中便已涉及需求因素的作用。此外，非主流经济学者也在哈罗德模型的基础上，借鉴卡尔多、卡莱斯基等人的相关研究成果，将需求因素引入长期经济增长模型，强调需求导向型长期经济增长（刘伟和范欣，2019）。一方面，卡尔多、帕西内蒂、罗宾逊等新剑桥学派代表人物在凯恩斯假定的前提下，从价值理论和分配理论上着手，试图为需求拉动经济增长提供理论支持；另一方面，拉沃（Lavoie）等学者在卡莱斯基理论的基础上加以改进，提出凯恩斯稳定，但这种稳定下的均衡并不具备哈罗德稳定。为了实现凯恩斯稳定与古典收入分配的兼容，塞拉诺（Serrano）提出斯拉法超级乘数，用于分析自主性需求在长期经济增长中的重要作用。此后，一些学者［如卡米纳蒂（Caminati）等］也在此基础上进行了深入研究。近年来，也有少数学者［如松山（Matsuyama）等］开始尝试在新古典经济增长模型的基础上引入需求因素来探讨其在长期经济增长中的作用。因此，若忽视需求因素对长期经济增长的制约，仅考虑供给端已不合时宜，如何将需求和供给进行有机结合来解释长期经济增长问题将成为学者研究的重点之一。

从世界各国的经济发展史来看，无论是发达国家还是新兴经济体，其需求总量和需求结构的变动均对一国长期经济增长产生了重要影响。从发达国家的经验事实来看，在第二次世界大战后，美国通过对汽车等大宗消费品需求的增加而实现了经济快速增长。若忽视需求因素，则无法解释 20 世纪 60 年代后美国生产大幅下滑的深层次原因（Walker and Vatter，1999）。与此同时，第二次世界大战后的日本也在工业化过程中实现了长达 20 余年的高速增长，迅速跃居为世界第二大经济体。但进入工业化后期以来，日本的经济增速明显回落，出现了“失去的十年”。究其原因，在此期间，日本在供给层面并未发生较大幅度的变化，而需求因素的变化特别是消费变化导致了经济增速下滑甚至停滞（山田伸二，1999；Yoshikawa，2003）。从发展中国家的经验事实来看，1962 年马来西亚的人均 GNI 为 240 美元，顺利步入了下中等收入国家行列。伴随着经济的快速发展，1979 年马来西亚顺利进入上中等收入阶段。究其原因，这主要得益于居民消费、公共支出等需求因素对长期经济增长的影响（Wah，2004）。自改革开放以来，中国经济开始进入高速增长时期，这不仅得益于劳动者积极性、主动性和创造性的激发，也得益于渐进式改革下制度红利的不断释放。在制度变革中，生产率的大幅提高也带动了需求扩张。资料显示，1979—2014 年中国的实际 GDP 增长率为 7.41%，而全社会固定资产投资年均增速较高，使得资本存量增长率达到了 9.72%。特别是在“四万亿”投资计划的影响下，2009 年中国的资本存量增长率高达 13.42%。从一定程度上说，无论是在改革开放时期还是未来中国经济增速的长期变化，需求因素都扮演着非常重要的作用（郭克莎和杨阔，2017）。通过采用附加人力资本的柯布-道格拉斯生产函数，并运用佩恩表（PWT 9.0）的经验数据测算可知，1979—2014 年中国的年均潜在经济增长率为 8.50%，比实际 GDP 增长率高 1.09%。实际经济增长率与潜在经济增长率的差异部分（即周期波动），不仅是供给侧作用的结果，而且是需求侧和供给侧冲击叠加的结果。

无论是经济增长理论还是世界各国经济发展的历程均表明，需求因素在经济长期快速增长中发挥着重要作用，而全要素生产率增长率、潜在经济增长率和实际经济增长率之间的逻辑推演却是建立在“自由主义”的市场经济模式下的。这种强调供给侧而忽视需求侧的模式并不具有普适性，也不符合新兴经济体特别是中国的实际情况。① 为此，党的十九大报告中强调“使市场在资源配置中起决定性作用”及“更好发挥政府作用，加快完善社会主义市场经济体制”。正如2015年习近平总书记强调的“要坚持辩证法、两点论，继续在社会主义基本制度与市场经济的结合上下功夫，把两方面优势都发挥好，既要‘有效的市场’，也要‘有为的政府’，努力在实践中破解这道经济学上的难题”。自2008年金融危机以来，全球经济面临总需求不足的现实制约，将需求因素引入长期经济增长的分析框架之中，构建新的经济增长模型，既有助于丰富现代经济增长理论和全要素生产率理论体系，又能更好地解释当前所面临的现实经济问题。

二、全要素生产率测度中应重视政府作用

从全要素生产率增长率、潜在经济增长率和实际经济增长率之间的关系也可以看出，全要素生产率增长率是通过实际经济增长率倒推而来，而潜在经济增长率也需要建立在全要素生产率之上，这就使得科学地测算全要素生产率尤显关键。已有不少学者针对全要素生产率的测度方法进行了探讨，他们都强调国家间全要素生产率的可比性应是建立在相同的模型、相同的要素投入等基础上。诚然，模型的差异、要素投入的种类差异等都可能造成全要素生产率的测度偏误，但其核心问题仍在于概念不清晰导致由余值法计算出来的全要素生产率具有随意性，无法打开不可知部分的“黑匣子”。从余值法来看，不能直接观

① 在西方经济学中，与新古典理论坚持萨伊定律相反，一些非主流的经济增长理论，如剑桥方程、新卡莱斯基增长理论、斯拉法超级乘数等，以凯恩斯假定取代了新古典增长理论的萨伊定律，从而为有效需求拉动经济增长提供了理论依据。这些理论认为，无论是短期还是长期，都是投资决定储蓄，而不是储蓄决定投资，因而长期产能向需求调整而不是相反，由此可以说明经济增长是需求拉动的。在一定意义上，或许我们可以说，相对于新古典增长理论而言，需求拉动型经济增长理论对于分析中国经济更具启迪性，对于解释长期中国经济增长也具有值得重视的理论借鉴意义。[参见刘伟，黄彪. 从剑桥方程到斯拉法超级乘数——需求拉动型经济增长理论评述. 中国人民大学学报，2019(5).]

察的所有因素均被视为全要素生产率，这将高估全要素生产率的作用效果。若我们对经济增长的来源进行细化分析，则要素的种类和余量的多元化影响因素都将影响全要素生产率水平的高低。为此，我们在全要素生产率的概念基础上，需要从要素和余量两个维度入手，深入思考以下两个问题：第一，全要素生产率强调的“各要素”包括哪些？第二，在市场机制作用下的技术进步如何理解？

关于投入要素的界定问题。从前文全要素生产率的特点可知，在理论上，全要素生产率的“全要素”是所有投入的要素，既包括有形要素，也包括无形要素。但在实际测算中，它是一个相对概念，往往选择有形的、可量化的主要要素，具体根据研究需要而定。[①] 最初，基于新古典生产理论，利用索洛余量来衡量的全要素生产率主要考虑资本和劳动两种要素。20 世纪 80 年代中期发展的内生增长理论，一方面将技术进步内生化，另一方面也将资本进一步划分为物质资本和人力资本，从而扩展了索洛模型。关于资本的测算，往往是学者争论的焦点，理论上采用资本服务来衡量更为合理，但在经验研究中，考虑到资本的实际使用很难准确地测度，多数学者通过假定资本服务与资本存量成比例而采用资本存量进行衡量（郑玉歆，1998）。[②] 根据资本划分的两个维度，资本存量可分为物质资本存量和人力资本存量。对物质资本存量进行测度的常用做法是利用固定资产投资的经验数据，采取永续盘存法进行测算。[③] 为此，在实际测算中，考虑到不同经济发展水平国家的实际情况，我们应明确固定资产投资和折旧率等问题。在固定资产投资方面，应关注固定资产投资的投向差异性、可使用性、生产能力变化等问题。具体来看，与发达国家相比，新兴经济体在固定资产投资上的投向更广，不仅包括直接关系生产的机器设备等，也包括与生产配套的基础设施建设等。考虑到可使用性问题，在年度核算中应剔除当年未投入使用的固定资产部分，避免低估全要素生产率（易纲等，2003）。在

① 伴随社会经济的不断发展，生产要素已不再局限于有形要素，未来无形要素也将在生产过程中发挥重要作用。

② 从既有的研究来看，索洛最初就是采用资本存量进行衡量，此后的大多数学者也延续了这种做法，但事实上，假定资本服务与资本存量成比例极具脆弱性，两者的关系在时空上可能呈现动态变化。

③ 流动资产并不直接用于生产环节，故不予考虑。

生产能力的变化上，要注重固定资产在使用过程中因新旧程度带来的生产效率差异。在折旧率方面，与发达国家相比，新兴经济体往往处于产业链的低端，主要从发达国家引进设备等进行生产。但由于技术快速发展下资本品的更新速度也在加快，这就使得不同国家在固定资产的使用效率上也存在差异。与此同时，面对行业等差异性特征，不同投资项目的折旧率并非一致，应在细分固定资产类别的基础上，给出合理的固定资产综合折旧率或不同细分类别的折旧率。在人力资本存量方面，既有研究往往采用平均受教育年限来衡量，该方法虽有一定的合理性，但其忽视了不同受教育年限上投资回报率的差异性。因此，考虑到方法的统一性和可比性，可借鉴萨卡罗普洛斯（Psacharopoulos，1994）的做法，在受教育年限的基础上，结合不同年限的教育回报率来测算。此外，还有一些学者采用资本服务直接进行测算，乔根森等（1967）进行了开创性的研究。在资本服务的测算中，乔根森等（2005）根据资本服务量与当前的生产性资本存量成比例的关系，对不同类别的生产性资本存量通过相应的资本租赁价格加权得出资本服务量。此后，学者通过进一步完善固定资本形成、资本生产能力变化和退役模式等方面来进一步修正资本服务量（蔡跃洲和付一夫，2017）。

关于市场机制作用下的技术进步问题，蕴含着两层含义：第一，技术进步不仅应包含未体现的技术进步，还应包括体现的技术进步等。在技术进步问题上，应明确技术进步的科学内涵。从前文可知，全要素生产率的测度建立在发达国家的经验基础上，而其技术进步主要源自前沿性技术创新，故其假设技术进步是中性的。对于新兴经济体而言，这一假设前提并不合适。在经济发展程度、技术水平、工业体系完备程度等方面，新兴经济体明显不如发达国家，这就使得其技术进步主要源自两个方面：一是前沿性技术创新，主要通过自主研发的方式取得；二是适应性技术创新，主要通过引进技术的方式取得。对于前沿性技术创新，新兴经济体主要基于比较优势，自主进行新技术、新产品等的研发。对于适应性技术创新，新兴经济体主要通过引进发达国家先进的机器设备或者直接购买专利等无形资产进行。纵观一国的经济发展历程可知，一国经济发展水平越高，前沿性创新的比重越高，而适应性创新的比重将相对降低，两者在经济发展进程中呈现出此消彼长的态势。发达国家的技术水平往往处于世界最前沿，它们需要通过引进技术的方式取得技术进步的比重相对较低，故往往将其忽视。对于新兴经济体而言，它们虽有一定比重的前沿性技术进步，但主要还是以适应性技术进步为主。为此，对于适应性技术创新的部分，应将其纳入全要素生产率中，而非体现在资本之中。第二，不同市场经济模式下的政府作用对经济增长和全要素生产率的影响效果虽存在差异，但应予以重视。在余量法下，影响余量的因素较为复杂，除既有的要素、技术进步和产出外，还有制度因素、宏观调控政策变化等。在索洛模型中，索洛将技术进步等同于全要素生产率，而这一结论建立在完全市场经济模式、资本主义生产方式是完备的等假设前提的基础上。但 HPAEs 与中国的经验事实表明，制度变迁在其经济增长中发挥着重要作用[①]，而其恰好体现在余量中。为此，各国应继续深化改革，努力健全与本国市场经济模式相匹配的制度，为技术创新创造良好的制度环境，削弱其对余量的贡献率。从全要素生产率的增长来看，不仅包括代表普遍技术进步的技术效应，还包括要素流动配置的结构效应。无论是技术效应还是结构效应，均离不开政府行为。一方面，政府可通过制定中长期创新战略，鼓励和引导微观主体开展创新活动，进而推动整体技术进步；另一方面，政府可降低要素市场准入门槛，削弱要素资源错配程度，积极推动结构性改革，引导资源从技术停滞或倒退行业向科技含量高、发展潜力大的行业流动，充分发挥其集聚效应。从中国的现实情况来看，充分发挥政府在提升全要素生产率中的作用，不仅为政府实施创新驱动发展战略提供了理论支撑，也是政府积极实施供给侧结构性改革的题中应有之义。

第五节　全要素生产率理论创新的中国意义

全要素生产率与长期经济增长之间的关系问题不仅是经济增长理论问题，

---

①　关于制度与经济增长的关系问题，在制度经济学和新制度经济学中均有详细的论述［刘伟，范欣. 现代经济增长理论的内在逻辑与实践路径. 北京大学学报（哲学社会科学版），2019（3）］。

也是事关一国经济增速的现实问题。从全要素生产率增长率、潜在经济增长率和实际经济增长率之间的关系来看，全要素生产率作为理解这一问题的核心，一直是学者关注和争论的焦点，而科学合理地界定与测度全要素生产率尤为关键。面对“克鲁格曼质疑”，我们不难发现，新兴经济体的经验事实与全要素生产率理论并非一致。因此，我们有必要系统地梳理全要素生产率的起源和流变，重新对全要素生产率进行界定。与此同时，针对新兴经济体在经济发展中出现的一般性和特殊性，重新探讨全要素生产率和经济增长的理论体系及分析框架，将对中国乃至新兴经济体的未来发展具有重要的理论价值和现实意义。

第一，从全要素生产率增长率、潜在经济增长率和实际经济增长率之间的关系来看，全要素生产率增长率和潜在经济增长率是根据实际经济数据倒推而来的，主要是考虑供给端问题，但忽视了需求端的重要作用。现代经济增长理论与世界各国的经验事实表明，需求因素也在制约长期经济增长，需求侧和供给侧在长期经济增长中的作用都不容忽视。为此，在社会主义市场经济模式下重构全要素生产率理论体系将成为中国特色社会主义政治经济学理论创新的重要组成部分，也将为中国经济发展实践指明方向。

第二，全要素生产率水平的高低是一国经济长期可持续发展的晴雨表，而技术创新是提升全要素生产率水平的关键性因素。西方发达国家的经验事实表明，全要素生产率水平会伴随着一国经济发展水平、前沿性创新能力等发生变化。面对中国经济进入新常态，应充分认识到中国与发达国家的技术水平差距，不断寻找突破口。一方面，把握时代发展潮流，加强前沿性技术创新，使得部分产业的技术水平处于世界最前沿；另一方面，充分利用自身的比较优势，引进符合自身实际情况的先进机器设备，在提升全要素生产率整体水平的同时进行消化、吸收和再创新，力争实现“弯道超车”。

第三，充分发挥好政府作用，实现经济的高质量增长。在社会主义市场经济模式下，如何正确处理好政府与市场的关系，实现“看不见的手”与“看得见的手”有机结合本身就是一大理论难题。从全要素生产率增长率、潜在经济增长率和实际经济增长率之间的逻辑关系来看，政府作用贯穿于各个环节。首先，政府应采取谨慎的宏观经济政策，努力实现潜在经济增长率与实际经济增长率之间的协调发展；其次，全要素生产率的提升离不开市场机制下的制度创新，政府应积极深化改革，努力健全社会主义市场经济体制，为技术创新创造良好的外部环境；最后，政府应立足本国的实际情况，积极落实国家创新驱动发展战略和深化供给侧结构性改革，加速要素价格市场化改革，提高资源配置效率，进而提升全要素生产率水平。

参考文献

[1] 柏拉图. 理想国. 北京：商务印书馆，1986.
[2] 保罗·克鲁格曼. 萧条经济学的回归. 北京：中国人民大学出版社，1999.
[3] 蔡跃洲，付一夫. 全要素生产率增长中的技术效应与结构效应——基于中国宏观和产业数据的测算及分解. 经济研究，2017 (1).
[4] 程名望，贾晓佳，仇焕广. 中国经济增长（1978—2015）：灵感还是汗水？经济研究，2019 (7).
[5] 董敏杰，梁咏梅. 1978—2010 年的中国经济增长来源：一个非参数分解框架. 经济研究，2013 (5).
[6] 郭克莎，杨阔. 长期经济增长的需求因素制约——政治经济学视角的增长理论与实践分析. 经济研究，2017 (10).
[7] 郭豫媚，陈彦斌. 中国潜在经济增长率的估计及其政策含义：1979—2020. 经济学动态，2015 (2).
[8] 哈里·兰德雷斯，大卫·C. 柯南德尔. 经济思想史. 4 版. 北京：人民邮电出版社，2014.
[9] 胡寄窗. 政治经济学前史. 沈阳：辽宁人民出版社，1988.
[10] 克拉克. 财富的分配. 北京：商务印书馆，1981.
[11] 拉沃. 后凯恩斯主义经济学. 济南：山东大学出版社，2009.
[12] 李京文，乔根森，郑友敬，黑田昌裕，等. 生产率与中美日经济增长研究. 北京：中国社会科学出版社，1993.
[13] 李言，高波，雷红. 中国地区要素生产率的变迁：1978—2016. 经济研究，2018 (10).
[14] 刘伟，范欣. 现代经济增长理论的内在逻辑与实践路径. 北京大学学报（哲学社会科学版），2019 (3).
[15] 刘伟，范欣. 中国发展仍处于重要战略机遇期——中国潜在经济增长率与增长跨越. 管理世界，2019 (1).
[16] 陆旸，蔡昉. 人口结构变化对潜在增长率的影响：中国和日本的比较. 世界经济，2014 (1).
[17] 马克思. 资本论：第一卷. 北京：人民出版社，2004.

[18] 马歇尔．经济学原理．北京：商务印书馆，1964.

[19] 萨伊．政治经济学概论．北京：商务印书馆，1963.

[20] 色诺芬．经济论·雅典的收入．北京：商务印书馆，1961.

[21] 山田伸二．世界同时通货膨胀．北京：中国财政经济出版社，1999.

[22] 许永洪，孙梁，孙传旺．中国全要素生产率重估——ACF 模型中弹性估计改进和实证．统计研究，2019（7）.

[23] 易纲，樊纲，李岩．关于中国经济增长与全要素生产率的理论思考．经济研究，2003（8）.

[24] 闫存志．马克思在《资本论》中对劳动生产率的论述．东北师范大学学报（哲学社会科学版），1991（4）.

[25] 余丹林，吕冰洋．质疑区域生产率测算：空间视角下的分析．中国软科学，2009（11）.

[26] 约翰·穆勒．政治经济学原理及其在社会哲学上的若干应用．北京：商务印书馆，1991.

[27] 张军，施少华．中国经济全要素生产率变动：1952—1998．世界经济文汇，2003（2）.

[28] 郑玉歆．全要素生产率的测算及其增长的规律——由东亚增长模式的争论谈起．数量经济技术经济研究，1998（10）.

[29] 中国银行“中国经济发展新模式研究”课题组．中国经济潜在增长率的估算与预测——新常态新在哪儿．金融监管研究，2016（8）.

[30] 钟世川，毛艳华．中国经济增长率的分解——基于要素分配参数的讨论．统计研究，2016（9）.

[31] Bhagwati，J.，The Miracle That Did Happen：Understanding East Asia in Comparative Perspective，Keynote Speech Delivered at Cornell University on the Occasion of Conference on Government and Market：The Relevance of the Taiwanese Performance to Development Theory and Policy in Honor of Professor Liu and Tsiang，1996.

[32] Bosworth，B.，S. M. Collins，Accounting for Growth：Comparing China and India，Journal of Economic Perspectives，2008，22（1）：45－66.

[33] Caminati，M.，S. Sordi，Demand-led Growth with Endogenous Innovation，Metroeconomica，2019：1－18.

[34] Chen，E. K. Y.，The Total Factor Productivity Debate：Determinants of Economic Growth in East Asia，Asia-Pacific Economic Literature，1997，11（1）：18－38，54－70.

[35] Chow，G.，A. Lin，Accounting for Economic Growth in Taiwan and Mainland China：A Comparative Analysis，Journal of Comparative Economics，2002，30（3）：507－530.

[36] Comin，D.，Total Factor Productivity，in Macmillan Publishers Ltd（eds.），The New Palgrave Dictionary of Economics，Palgrave Macmillan，London，2018.

[37] Copeland，M. A.，Concepts of National Income，Studies in Income and Wealth，Vol. 1，New Work，NBER，1937：3－61.

[38] Copeland，M. A.，E. M. Martin，The Correction of Wealth and Income Estimates for Prices

Changes, Studies in Income and Wealth, Vol. 2, New Work, NBER, 1938: 85-135.

[39] Davis, H. S., Productivity Accounting, Philadelphia: University of Pennsylvania Press Publications, 1955.

[40] Dension, E. E., The Sources of Economic Growth in the United States and the Alternatives before US, New York: Committee for Economic Development, 1962.

[41] Dension. E. E., Accounting for United States Economic Growth, 1929 to 1969, Washington: The Brookings Institutions, 1974.

[42] Domar, E., M. E. Scott, H. H. Bruce, M. H. Paul, D. I. Michael, M. Michizo, Economic Growth and Productivity in the United States, Canada, United Kingdom, Germany, and Japan in the Post-War Period, Review of Economics and Statistics, 1964, 46 (1): 33-40.

[43] Eugen von Böhm-bawerk, The Positive Theory of Capital, New York: Stechert, 1923: 19-20.

[44] Fabricant, S., Basic Facts of Productivity Change, Occasional Paper 63, New York, National Bureau of Economic Research, 1959.

[45] Felipe, J., Total Factor Productivity Growth in East Asia: A Critical Survey, Economics Development Center Report Series No. 65, Asian Development Bank, Manina, 1997.

[46] Griliches, Z., Productivity: Measurement Problems, in Macmillan Publishers Ltd (eds.), The New Palgrave Dictionary of Economics, Palgrave Macmillan, London, 2018.

[47] Jorgenson, D. W., Z. Griliches, The Explanation of Productivity Change, Review of Economic Studies, 1967, 34(3): 249-283.

[48] Jorgenson, D. W., M. S. Ho, K. J. Stiroh, The Explanation of Productivity Change, The Review of Economic Studies, 2005, 34 (3): 249-283.

[49] Kaldor, N., A Model of Economic Growth, Economic Journal, 1957 (57): 591-624.

[50] Kendrick, J. W., Productivity Trends in the United States, Princeton University Press, 1961.

[51] Kendrick, J. W., Postwar Productivity Trends in The United States: 1948—1969, New York: Columbia University Press, 1973.

[52] Krugman, P., Myth of Asia's Miracle, Foreign Affairs, 1994.

[53] Malthaus, T. R., An Essay on the Principle of Population, London: W. Pickering, 1986.

[54] Matsuyama, K., Agricultural Productivity, Comparative Advantage, and Economic Growth, Journal of Economic Theory, 1992, 58 (2): 317-334.

[55] Ozyurt, S., Total Factor Productivity Growth in Chinese Industry: 1952—2005, Oxford Development Studies, 2009, 37 (1): 1-17.

[56] Pasinetti, L. L., Rate of Profit and Income Distribution in Relation to the Rate of Economic Growth, Review of Economic Studies, 1962, 29 (4): 267-279.

[57] Psacharopoulos, G., Returns to Investment in Education: A Global Update, World Development, 1994, 22 (9): 1325-1343.

[58] Ricardo, D., On the Principles of Political Economy and Taxation, Cambridge: Cambridge University Press, 1951.

[59] Robinson, J., Essays in the Theory of Growth, London: Macmillan, 1962.

[60] Serrano, F., Long Period Effective Demand and the Sraffian Supermultiplier, Contributions to Political Economy, 1995 (14): 67 - 90.

[61] Smith, A., An Inquiry into the Nature and Causes of the Wealth of Nations, New York: Random House, 1937.

[62] Solow, R. M., Technical Progress, Capital Formation, and Economic Growth, American Economic Review, 1957, 52 (2): 76 - 86.

[63] Stigler, G. J., Trends in Output and Employment, New York: National Bureau of Economic Research.

[64] Tinbergen, J., Zur Theorie Der Langristigen Wirtschaftsentwicklung, Weltwirtschafticхes Archiv, Band, 1942, 55 (1): 511 - 549.

[65] Sumanth, D. J., Productivity Engineering and Mangement, New York: McGraw-Hill Book Company, 1984.

[66] Wah, L., The Role of Domestic Demand in the Economic Growth of Malaysia: A Cointegration Analysis, International Economic Journal, 2004, 18 (3): 337 - 352.

[67] Walker, J. F., H. G. Vatter, Demand: The Neglected Participant in the Long Run U. S. Productive Record, American Economist, 1999, 43 (2): 73 - 80.

[68] World Bank, The East Asian Miracle: Economic Growth and Public Policy, New York: Oxford University Press, 1993.

[69] Yoshikawa, H., The Role of Demand in Macroeconomics, Japanese Economic Review, 2003, 54 (1): 1 - 27.

[70] Young, A., Gold into Base Metals: Productivity Growth in the People's Republic of China during the Reform Period, Journal of Political Economy, 2003, 111 (6): 1220 - 1261.

第五章
中国经济增长及发展观的演变①

新中国成立70多年来，特别是改革开放40多年来，既是经济增长与发展不断创造奇迹的历史进程，也是人们对“发展”的认识不断深化、不断提升其科学性的历史过程。其中，人们关于GDP的理论认识和实践推动，集中体现了人们关于“发展”的态度及思考的转变。

第一节 中国在理论与实践上对于GDP的认识和态度的变化

一、GDP的提出与我国否定GDP的传统

GDP是到现阶段为止，在经济理论和统计实践上表现一国或地区经济规模及其增长的最重要指标，也是现代经济理论对国民经济的流量和存量进行全面计量的国民经济核算体系中的核心指标，是对资源配置的经济活动进行宏观分析（包括结构分析）的基本根据和分析工具。

在经济思想史上，英国古典经济学产生的主旨就是分析资源配置这一微观命题，并不包括宏观分析，也就不可能更不需要统计国内生产总值。究其原因，一方面是其在经济自由主义基础上对市场作为“看不见的手”的推崇，进而是对政府作用的无视或排斥，因此资源配置作为市场微观活动的竞争过程，不是也不应是政府从国家的层面对国民经济总体进行干预的过程；另一方面，在以斯密为代表的古典经济学理论体系中不存在再生产理论，特别是在其劳动价值论之外，收入价值论又被提出，全部价值被分解为利息、工资、地租三种收入，

① 刘伟. GDP与发展观. 经济科学，2018（2）.

也就难以解释生产资料价值部分的客观存在，进而难以形成再生产理论，从而就不可能从国民经济整体出发来分析经济运行。在古典经济学中，虽然有法国经济学家魁奈提出的“经济表”，力图从总体上反映国民经济的再生产过程，但极为粗糙，还谈不上深入、系统和科学。[①]

1929—1933 年的经济大萧条催生了宏观经济学及国民经济总体核算和分析，经济大萧条深刻表明了市场自由竞争的有限性、总量失衡的客观性，进而表明了政府进行宏观干预的必要性。凯恩斯主义便是这种国家干预主义的集中体现。但要进行宏观分析，必须有国民经济总体核算和统计，这就提出了统计 GDP 及建立以此为核心的国民经济核算体系的历史要求。

构建 GDP 核算体系首先要明确国民经济中的产业活动范围，在古典经济学中存在劳动价值论与效用价值论的争论，但到 19 世纪中叶，劳动价值论的主导地位已让位于效用（服务）价值论。这以古典经济学李嘉图劳动价值论的瓦解为标志。法国庸俗经济学家萨伊将斯密古典经济学中原来就存在的收入价值论加以系统化后再提出，使效用价值论成为正统[②]，并使之成为认识“产业”的理论基础。在这一价值理论的基础上，同时也是回应 1929—1933 年经济大萧条，英籍新西兰经济学家费希尔于 1937 年出版了《安全与进步的冲突》，他从经济发展史的角度把人类经济史划分为三个阶段：以直接获取自然资源来满足物质生活需要为第一阶段，相应的产业为第一产业；以对自然资源进行加工、再加工来满足多样的物质生活需要为第二阶段，相应的产业为第二产业；以非物质资料形态的服务满足人们更复杂的物质生活之外的需要为第三阶段，相应的产业为第三产业。[③] 尽管费希尔以三次产业划分为根据的治理生产过剩、总

---

① 陈岱孙. 政治经济学史. 长春：吉林出版社，1981.

② 刘伟. 经济学教程. 北京：北京大学出版社，2005.

③ 刘伟. 经济学教程. 北京：北京大学出版社，2005. 事实上，费希尔提出三次产业划分的直接目的是从供给侧提出如何克服总量失衡（凯恩斯主义是从需求侧提出克服总量失衡的宏观政策）。通过调整供给侧的产业结构，适应人们在新的经济发展阶段满足物质生活需求后对服务的需求，把资本和劳动等要素从以往的物质资料部门转移到服务部门，而服务部门的特点是不可能产生产品过剩，进而缓解生产过剩的经济危机。然而，由于供给调整具有长期性，而需求管理具有短期性，所以各国采用了凯恩斯需求管理，而忽视了费希尔的供给改革。

量失衡经济危机的政策未被重视，但其三次产业划分法却把“产业”的概念拓展到工农业物质产品生产之外。尽管费希尔对服务业作为产业的生产性论证直接源于西方传统经济理论的服务价值论（要素效用价值论），但为现代国民经济核算明确了“产业”的范围。此后，另一位英籍澳大利亚经济学家克拉克运用费希尔三次产业分类法，对澳大利亚和新西兰两国国民经济账户进行重新划分，开始尝试构建新的核算体系，虽然第二次世界大战使他的研究中断，但战后国民经济核算体系的重建很快引起了各方面的重视。

在第二次世界大战后的经济增长问题成为人们普遍关注的问题，要进行总量分析，或对国民经济总体进行核算，必须要有较为系统科学的经济总量指标。进入20世纪后，特别是在第二次世界大战后，对于经济总量及增长的统计计量和实证分析发展迅速，传统的国民经济统计迅速发展成对国民经济的流量和存量进行全面计量的国民经济核算体系，国内生产总值（GDP）就是这一体系中的核心指标。在这一体系中，传统的国民收入核算和投入产出分析、资金流量分析、国际收支平衡分析、资产负债分析等结合成一个完整的账户体系。随后，在这一基础上发展成著名的联合国国民经济核算体系（SNA），成为当代进行经济统计和计量研究的国际标准及基本分析方法。宏观经济学和经济增长理论因此获得了进一步的发展，凯恩斯主义的宏观经济学以及此后各种经济增长理论的进展，都与国民经济核算体系和国民收入统计理论的发展有关。①

在改革开放之前，我国长期沿袭苏联的理论和实践传统，尽管在20世纪50年代后与苏联产生了严重分歧，但在对“产业”的认识和国民经济统计核算体系方面，仍沿用苏联的体系。包括全部前计划经济国家在内的经济体，在理论基础上，均以传统苏联理论界对马克思劳动价值论和再生产理论的理解为基础，建立起了不同于西方GDP的核算体系。两者重要的区别在于，不承认服务业的生产性（即物质产品平衡表体系），其突出特点是工农业生产总值和物质产

① 从20世纪20年代库兹涅茨对国民收入计量和经济增长的研究，到40年代理查德·斯通主持的国民经济账户体系的研究，推动传统的国民收入统计研究发展成国民收入核算体系。因此，库兹涅茨在1971年获得诺贝尔经济学奖，斯通在1984年获得诺贝尔经济学奖。

品占有核心地位，产业活动的统计和核算不包括非物质产品生产（服务业及第三产业），在理论上的代表人物为苏联经济学家里昂惕夫，他早期进行的棋盘式平衡表研究，后来被发展成著名的投入产出表及分析方法。[①]

我国的国民经济核算和统计长期采用以工农业生产总值等物质产品为核心的统计核算体系，除了在理论上以苏联式的马克思劳动价值论为基础，在统计核算上排除了服务业外，否定 GDP 的价值和意义更深刻的原因还在于：一方面，长期忽视经济建设，否认经济发展的重要性，自然便会否认国民收入统计和资源配置核算的重要性，从而自然会忽视经济增长和经济发展的根本地位。因此，那段时期对 GDP 及核算体系的排斥，本质上是否定以生产力发展和经济建设为中心的指导思想的某种反映。另一方面，我国长期对外封闭，由于种种原因形成的对外开放不足的封闭格局，使得我们难以在国际比较中推动我国的经济发展，也难以用国际通行的国民经济核算体系来分析自身的经济活动，这也是经济封闭性的某种体现。此外，更为深刻的体制原因在于，GDP 核算体系是对市场经济配置资源方式的反映，离开市场经济机制，GDP 既无统计核算的可能也无必要，传统计划经济国家国民经济统计核算以物质产品为核心，是有其计划经济体制深刻背景的。

二、对 GDP 的承认和我国的经济持续高速增长目标

自改革开放伊始，我们面临的突出发展命题是如何摆脱贫困。伴随着我们对社会主义初级阶段的认识深化和党的基本路线的明确，以经济建设为中心推动发展、摆脱贫困成为共识，由此，GDP 的统计核算和以 GDP 为核心指标的经济增长问题便成为突出的理论和实践问题。

1979 年 10 月 4 日，邓小平作为中国改革开放的总设计师在中共省、市、自治区第一书记座谈会的讲话中，第一次使用了国民生产总值（GNP）这个指标来规划中国的经济增长目标，他指出：“我们到本世纪末国民生产总值能不能达到人均上千美元？前一时期我讲了一个意见，等到人均达到一千美元的时候，

① 里昂惕夫在 1973 年获得诺贝尔经济学奖。

我们的日子可能就比较好过了……现在我们的国民生产总值人均大概不到三百美元，要提高两三倍不容易。我们还是要艰苦奋斗。”[①] 这是从新中国成立以来，中国领导人第一次用国民生产总值指标来规划发展目标。[②]

不久，邓小平在会见来访的日本首相大平正芳时，针对大平正芳提出的“中国未来现代化目标是如何构思的”这个问题，邓小平首次以国民生产总值为基本衡量指标，指出从20世纪70年代末到2000年，实现经济总量翻两番，使人均GNP达到800～1 000美元，并特别强调为此要付出很大的努力。[③] 由此开启了以GDP（GNP）为核心增长指标，用20年实现翻两番的宏伟发展规划。[④] 从全国的发展和增长规划，到各省市的经济规划，GDP增长成为核心规划指标和考核指标。国家在总体层面制订倍增计划，地方政府则展开相互间以GDP增长为标志的竞赛。从实践进程来看，我们在1997年提前三年实现了国内生产总值按不变价格较1980年翻两番的增长目标。继而，我们又提出了从2000年起再用20年，再实现GDP翻两番的增长目标。事实上，我们在2007年提前三年实现了较2000年翻番的目标。接着，我们又将原来2020年较2000年翻两番的目标，提高为2020年较2010年再翻一番。显然，在这一轮持续高速增长的过程中，我国增长的核心指标是围绕GDP展开的，并以此进行从上到下的规划。

GDP在中国的命运之所以能够发生这种历史性的变化，主要原因在于：一是中国开启了改革开放的伟大历史进程，党在社会主义初级阶段以经济建设为中心的基本路线的明确，从邓小平提出的“发展是硬道理”、“三个代表”重要思想、科学发展观，直到习近平提出的习近平新时代中国特色社会主义思想，始终坚持解放和发展生产力的辩证历史唯物主义立场，以GDP为核心指标规划

---

① 邓小平. 邓小平文选：第二卷. 2版. 北京：人民出版社，1994.

② GDP和GNP本质上是相同的核算体系。作为统计指标来说，两者的差距主要来自“国外要素收入”这一项，GDP是按“国土原则”计算的，GNP是按“国民原则”计算的。在西方国家，运用GNP有很长的历史，在1968年联合国公布国民经济核算体系（SNA）后，SNA中运用的是GDP。相应地，西方各国用GDP取代了GNP，但由于GNP更强调收入，所以在世界银行公布各国收入水平时仍用GNP，但改称GNI，即国民总收入。

③ 后来，邓小平说：提到这件事，他怀念大平先生，我们提出本世纪翻两番，是在大平先生的启发下确定的。

④ 刘伟，蔡志洲. 走下神坛的GDP——从经济增长到可持续发展. 北京：中信出版社，2006.

增长发展目标，通过推动 GDP 翻番增长来实现赶超，这是新时期以经济建设为中心、以发展为第一要务的历史要求。二是改革开放本身带来的深刻体制变化。一方面，以社会主义市场经济体制为目标的改革，推动了市场机制的培育，为运用 GDP 进行统计和核算提供了必要的且逐渐完备的经济机制基础，GDP 说到底是对市场经济活动的反映；另一方面，面向全球化的经济开放进程，使中国的现代化及其比较日益国际化，无论是中国的国民经济核算还是发展目标规划，在指标运用和核算方法体系上只能是国际性可比的，这就推动了 GDP 的运用。

从统计核算方法本身的变化来说，中国接受 GDP 是经过激烈的理论争论的。首先是关于第三产业生产性问题的争论，起因是围绕“生产劳动”展开的学术讨论：如何理解马克思主义所说的“生产劳动”范畴？什么活动是生产活动？除工业、农业等物质资料生产外，生产非物质资料的服务业是否属于生产性的产业？是否创造价值？争论的结果是，在理论上虽未取得共识，特别是在其理论基础上（即劳动价值论和效用价值论的分歧上）难以做出科学的具有共识的论证，但在统计核算上，服务业开始被纳入产业范畴。到 20 世纪 80 年代中期，伴随计划经济向市场经济的转轨进程，在国民收入统计和国民经济核算体系上，我国逐渐采用了联合国的国民经济核算体系（SNA），最初是在个别省市开展试点（比如从 1985 年开始的山西省），然后逐渐过渡，两套核算体系（即物质资料生产核算体系与 GDP 指标核算体系）并行，最后统一于联合国的国民经济核算体系（1987 年后）。这就为以 GDP 指标来规划经济增长和发展目标，以 GDP 体系来核算国民经济活动提供了统计核算指标和方法上的依据。

但在这一过程中，由于种种原因，难以避免地出现了种种缺陷和不足。这种缺陷和不足主要来自两方面：一方面，GDP 增长及核算体系本身不是万能的，它是有局限的，不能片面夸大其作用和意义，不能将现代化发展的全部使命都压到 GDP 增长上；另一方面，对 GDP 增长及核算体系的运用，必须保持科学的态度，不能脱离客观经济发展规律，盲目追求 GDP 的增长。盲目地以

GDP 增长来替代和解释经济发展及社会发展，特别是简单地以 GDP 规模扩张、翻番式的倍增作为经济发展目标的导向式指标，可能引起经济发展扭曲。如果说强调 GDP 数量扩张在物资严重短缺、长期贫困的条件下，在经济起飞的准备阶段和初期，有一定的客观历史必然性，也有经济发展和市场需求方面的可能性，那么，当经济发展摆脱了贫困、跨越了“马尔萨斯陷阱”之后，其局限性就会逐渐显现。此时，转变以 GDP 增长为引领的发展模式就成为新发展阶段的客观要求；否则，很难跨越“中等收入陷阱”。

三、GDP 的局限与新发展理念的提出

毫无疑问，GDP 统计及核算体系有其科学性，这一体系的产生和不断完善，极大地提升了经济资源配置核算的系统性和科学性。GDP 作为一个指标体系和核算方法，从国民经济活动的起点（生产）到终点（需求），综合反映国民经济生产、分配、交换、消费的各个环节和全过程。经过长期的发展，这一指标体系已相当完善，或者说很难以其他指标来取代它。因此，萨缪尔森等著名经济学家称 GDP 是 20 世纪人类最伟大的发明。[①] 但 GDP 体系本身确实有局限性或有限性，在运用这一体系引导国民经济发展时，若忽视其局限性，必然产生严重的问题。

首先，GDP 指标从总量和规模上反映一国经济所达到的水平，包括总量水平和人均水平。作为一个完整的国民经济核算体系，尽管其中包括了一系列的部门结构、投入产出结构分析，但就 GDP 本身而言，它强调的是最终数量，因而难以直接体现国民生产总值背后的经济结构差异。不同的经济结构可以有相同的 GDP 水平，规模领先的 GDP 水平也可能建立在极为落后的经济结构基础上，进而扭曲了经济增长与经济发展的关系，也就是有经济增长但无经济发展，有量的扩张但无质的结构升级，有要素投入量增长的支撑但无要素和全要素效率的提升。这是因为，该增长主要表现为规模扩张，即 GDP 的增长，而经济发展主要表现为结构的高度演进。结构变化是效率的函数，结构高度是经济发展

① Paul Samuelson，William Nordhaus，Economics，15th edition，New York：McGraw-Hill，1995.

的本质，经济发展的真正困难集中表现为结构性矛盾的克服。① 过于强调 GDP 的数量增长，一方面，可能忽略经济结构演进的重要性，忽略要素效率和全要素生产率提高的重要性，而过于依赖要素投入规模的扩张，进而实现 GDP 的扩张。由于这在短期内是可以实现的，因而更容易成为政府的短期政策目标。另一方面，可能引发、积累和加剧经济发展深层次的结构性失衡，从而使得宏观经济短期失衡加剧，长期可持续发展受到严重限制。

其次，GDP 作为核算体系，反映的是一定时期（一年）的经济活动流量，而国民财富是在经济生活中长期积累起来的存量，如果只有年度流量的 GDP，而无流量的有效持续积累，最终难以形成财富积累和国力的提升。尽管 GDP 作为核算方法提出了处理存量和流量关系的原则，但这一核算体系主要是体现以年度为期限的流量性质的经济活动，即在一年时间里创造的增加值。从某种意义上说，这种存量和流量的差异并不是源自 GDP 体系本身，而是 GDP 在核算时的特点，但在运用 GDP 方法时，若忽略流量特征，甚至将其极端化，就会给国民经济带来严重损害，尤其是使经济活动目标严重短期化，不顾财富积累和可持续发展。②

再次，GDP 核算体系反映的是以货币价格计量的市场经济行为，未通过市场交易且没有市场价格的经济活动是难以进入 GDP 核算统计体系的，但市场机制并不是经济活动的全部机制，相当部分的经济活动和资源配置并不通过市场或并不完全通过现实的市场机制进行。例如，军队、警察、政府部门提供的服务，既有经济资源的投入，也形成产出，但在原则上不能通过市场机制配置。又如，相当部分的家务活动也未经过市场交易，其确切的市场定价也难以估算，

---

① 比如 19 世纪上半叶，中国的 GDP 规模占全球 30%以上，居第一位，但之所以在 1840 年后迅速衰落，除其他原因外，在经济上的重要原因是结构质态落后，产业结构以传统农业为主，社会生产组织结构仍以家庭小生产为主，相比近现代欧美国家以产业革命为支撑的产业结构，以现代资本主义企业制度为基础的社会生产组织结构，存在质的区别。又如，当代高收入的石油出口国，它们的 GDP 水平在总量和人均方面均处于领先地位，但其经济结构畸形，因而严格地说，虽然它们属于高收入国家，但不属于真正的现代化国家，因而在划分类别时，往往不归为发达国家，而是归为石油输出国。

② 投资某项目的所有相关经济活动会计入当年 GDP，同时第二年拆除该项目的全部经济活动同样会计入第二年的 GDP，但累积下来的财富积累（存量）却为零，并且在这个过程中（流量形成中）耗费了大量的经济资源，损害了未来可持续发展的潜能。

因此难以客观、全面地纳入国民经济核算体系。更进一步，如果片面地追求GDP增长，大量非市场机制下的资源配置和经济活动容易被排斥在国民经济核算体系之外，进而被忽视，形成严重的“短板”，致使市场失效的领域难以获得应有的发展。①

最后，社会发展与现代化进程不仅是经济发展和经济增长，如果片面地突出经济增长和经济发展，忽略社会全面发展，必然扭曲现代化进程。因此，从国民经济核算来看，只对GDP进行核算并以此规划发展目标是不充分的，核算和评价现代化应包括国民经济核算与其他社会发展方面的核算和规划。比如经济发展与生态环境问题、经济发展与人类社会全面发展的关系问题、经济发展与人们的幸福程度的关系问题等，都是需要处理但通过GDP指标体系本身难以反映的问题。因此，在国民经济核算体系的完善和改进中，人们又提出了“绿色GDP”人类发展指数、幸福指数等指标体系，用以在理论上补充GDP指标体系的不充分性，在实践上引导社会发展协调推进。②

GDP作为核算体系和方法的种种局限，在实践中日益被人们所认识，因而人们不断地质疑GDP指标体系，并不断地完善这一体系。③在我国改革开放初期，社会经济发展处于极为落后的贫困状态，提出以GDP增长为代表的国民经济翻番目标，是有其历史客观性的：一方面，穿越“贫困陷阱”迫切要求首先加快经济增长，这是中国社会解放和发展生产力的迫切历史要求；另一方面，

① 自改革开放以来，我国先后进行过三次经济普查，从普查数据看，GDP未能充分统计的部分主要是“服务”。

② “绿色GDP”又称环境与经济综合核算体系（SEEA），是在现有国民经济核算的基础上融入资源和环境因素，这是一个非常先进的理念，但又是一项非常复杂的工作。目前，世界上还没有一个国家建立起完善的并付诸实践的绿色国民经济核算体系。人类发展指数（HDI）从生存状况、文化水平和富裕程度三个方面反映国家的人类社会发展程度，主要运用寿命、教育和人均GDP三个变量分别反映。幸福指数是由世界价值调查（WVS）公布，通过调查政治、经济、社会、家庭、宗教等多方面问题，然后归结为：幸福吗？通过对受访者答案的统计处理，得出各国的幸福指数。参见刘伟．经济学教程．2版．北京：北京大学出版社，2012。

③ 例如，美国前总统罗伯特·肯尼迪早在20世纪60年代初就指出：“GNP既不表现我们的身体健康，也没有反映社会的教育质量；既不代表文采的优美，也不体现家庭的和谐；既不证明辩论的智慧，也不显示政府的廉洁。它既没有衡量我们的勇气，也没有反映我们对国家的贡献。”参见刘伟，蔡志洲．走下神坛的GDP——从经济增长到可持续发展．北京：中信出版社，2006。

在当时低水平的经济发展条件下，相比较而言，资源和生态环境问题，社会其他方面的发展问题等均处于次要地位，与经济发展间的矛盾还不尖锐；或者说，矛盾的主要方面尚集中在经济增长和经济发展水平低下这一方面。因此，在邓小平的倡导下，自中国共产党第十二次全国代表大会（以下简称“中共十二大”）以后首次采取 GDP 价值量指标来规划长期发展目标，在实践上以 GDP 来制定增长和发展纲要具有重要的必要性，同时具有历史可行性。① 我们必须看到，在跨越“贫困陷阱”的历史进程中，中国 GDP 的增长及相应规划目标的不断实现，为实践“以经济建设为中心”的基本路线，为贯彻“发展是第一要务”的辩证唯物史观，起到了巨大的、无可替代的基础支撑作用。正是这种持续高速的经济增长和经济发展，推动中国发生了深刻的历史性变化，并使中国特色社会主义进入新时代。

问题在于，进入新时代的中国社会发展面临的约束条件发生了系统性、根本性的变化。这些变化集中体现为社会主要矛盾的深刻转化，进而使得中国的发展既面临新的机遇，又面临新的挑战，并使中国的发展空前接近实现伟大复兴目标。与此同时，如何跨越“中等收入陷阱”，并在此基础上进一步基本实现现代化（2035 年）和建成社会主义现代化强国（2050 年）？沿用以往的增长方式，显然不可能持续、均衡、协调发展。从社会经济发展来看，约束经济增长的基本条件发生了深刻变化。就供给侧而言，劳动力、自然资源、生态环境、技术进步等方面的成本大幅上升，传统的成本绝对和相对竞争优势逐渐消失；就需求侧而言，物资短缺、需求膨胀的市场环境已被需求疲软、产能过剩所取代。因此，无论是实现稳定、均衡增长，防止成本推动的高通货膨胀，保障适度就业，还是实现长期可持续发展，推动社会全面成长，都要求从根本上转变发展方式，要从以往主要依靠要素投入量扩大的高速增长轨道，转变到主要依靠效率推动的高质量增长轨道，这就需要提出新的发展理念作为指导思想，同

---

① 最初，中共十二大仍以工农业生产总值的形式，提出在 20 世纪最后 20 年实现经济总量翻两番的目标，后来又改用邓小平提出的国民生产总值（GNP）翻两番的表述，最后明确为按照国际通行做法，采用国内生产总值（GDP）的方式来规划。参见刘伟，蔡志洲. 走下神坛的 GDP——从经济增长到可持续发展. 北京：中信出版社，2006。

时建立新的经济发展体系作为贯彻新发展理念的途径和方略。与此相适应，自中共十八大以来，习近平总书记提出了“创新、协调、绿色、开放、共享”的五大新发展理念，并特别强调：发展理念是具有战略性、纲领性、引领性的，是发展思路、发展方向、发展着力点的集中体现，按照新发展理念推动我国经济社会发展，是我国发展的总要求和大趋势。① 党的十九大对新发展理念的本质特征及其贯彻又做出了深入概括和具体部署，使之成为习近平新时代中国特色社会主义思想体系中的重要组成部分，把马克思主义历史辩证唯物主义的发展观与新时代中国特色社会主义发展实践深入结合，系统地阐释了破解新发展难题的指导思想和行动纲领。②

第二节 改革开放实现了持续高速经济增长

一、GDP 总量的增量达到新水平

新中国成立 70 多年来，特别是改革开放 40 多年来，中国经济总量实现了持续高速增长，从新中国成立初期 1950 年的 1 000 多亿元人民币增长到 1978 年改革开放初期的 3 000 多亿元人民币，再到 2019 年的近百万亿（990 865 亿）元人民币。在改革开放以来的 40 多年里，年均增速达到 9.4%，创造了当代发展中国家经济增长的奇迹，持续高速增长的时间远远超出战后日本 20 年（1950—1970 年）的“神武景气”，也打破了战后韩国 30 年（1960—1990 年）的“汉江奇迹”。

中国 GDP 高速增长改变着世界经济格局，按汇率法折算为美元，中国 GDP 总量占全球 GDP 的比重，在 1978 年为 1.8%左右，列在全球的第 11 位；2019 年占全球的 16%左右，列世界第 2 位。事实上，按汇率法折算，我国 GDP 总量在 2010 年超过日本，成为世界第二大经济体，与当代世界第一大经济体美

① 中共中央文献研究室. 习近平关于社会主义经济建设论述摘编. 北京：中央文献出版社，2017.

② 习近平. 决胜全面建成小康社会 夺取新时代中国特色社会主义伟大胜利——在中国共产党第十九次全国代表大会上的报告. 北京：人民出版社，2017.

国相比，1978 年我国 GDP 相当于美国的 6.3%，2019 年已相当于美国的 63% 左右（美国 GDP 总量 2019 年占全球的比重约为 25%），在总量上显著缩小了与美国之间的差距。如果在未来一段时期，中国经济增长率保持在 6%以上，价格上升总水平和汇率保持不变，美国经济保持过去 20 年的平均增速（2.5%），那么中国按汇率法计算的 GDP 大约在 2030 年赶上美国。如果考虑到中国经济发展所处的阶段性特征，价格水平和汇率上升的幅度比美国可能略高（比如价格总水平年均上升 2%～3%，汇率年均上升 0.5%～1%），那么以汇率法计算的 GDP 总量赶上美国所需要的时间还有可能提前。①

二、人均 GNI 水平进入新阶段

人均 GDP 或人均国民总收入（GNI）是一国经济发展水平的重要体现，在具体实践中，人均 GNI 运用得更广泛。② 在新中国成立初期的 1950 年，中国人均 GNI 不到 100 美元；在改革开放初期的 1978 年，我国人均 GNI 达到 200 多美元，按照世界银行的标准属于低收入发展中国家，总体上尚未解决温饱；到 1998 年达到 800 美元，进入下中等收入阶段，总体上摆脱了贫困；到 2010 年达到 4 340 美元，成为上中等收入国家；到 2019 年超过 1 万美元（70 892 元人民币）。

世界银行按人均国民收入划分的标准是以 1987 年的 6 000 美元为“工业化”国家人均 GNI 的标准，也就是以 1987 年的人均 GNI 6 000 美元作为工业化国家（即高收入国家）的最低标准。而后各年的划分，则是把各年的人均 GNI 折算为 1987 年的美元水平，达到 1987 年的 6 000 美元就进入高收入阶段。我国在 1987 年时的人均 GNI 为 320 美元（根据世界银行数据库），相当于 1987 年高收入标准 6 000 美元的 5.33%；而到 2016 年达到 8 260 美元，相当于高收入

---

① 北京大学中国国民经济核算与增长研究中心. 中国经济增长报告（2016）. 北京：北京大学出版社，2016.

② GDP 和 GNI 分别以“生产”和“收入”账户计量国民经济总量，两者之间的差异在于“来自国外的要素收入净额”。GDP 以“国土”为边界，包括国外在本国的生产者创造的价值；GNI 以“国民”为边界，包括本国国民在国外的投资收益。两者在人均水平的计算上相差不多。

标准（12 235 美元）的 67.5%，平均每年提高 2～3 个百分点；2019 年则超过 1 万美元，相当于高收入标准的 70%以上。按照这一速度，动态地看，再用不到 10 年，即在 2030 年之前我国便可进入高收入阶段。

从人均 GNI 的国际排序来看，改革开放初期中国人均 GNI 在全球的排序是列在末端的，在当时统计的 196 个国家和地区中列第 189 位，到 2016 年在全世界列入排序的 216 个国家和地区中排在第 93 位，进入了百名之内。从绝对水平上，按汇率法折算已高于上中等收入国家的平均水平（8 209.6 美元），与世界平均水平（10 302.4 美元）尚有一定差距，但到 2019 年则已接近世界平均水平。按购买力平价法计算，2016 年我国的人均国民收入水平已达到 15 500 国际元，与上中等收入国家的平均水平（16 537.1 国际元）和世界平均水平（16 095.1 国际元）十分接近，到 2019 年已达到上中等收入国家和世界平均水平。[①]

从经济发展史来看，当代进入高收入阶段的国家有 70 多个（即 2016 年人均 GNI 达到 12 235 美元以上者），这 70 多个高收入国家在总体上的平均人均 GNI 按汇率法计算为 41 045.7 美元，按购买力平价法计算为 46 965.2 国际元。显然，我国现阶段的人均 GNI 水平与之还有相当大的差距，但从发展进程上看，高收入国家在达到上中等收入起点之后再达到高收入的起点水平，平均用了 12～13 年的时间（其中，人口大国平均用了 11～12 年的时间），我国以人均 GNI 计算是在 2010 年达到世界银行划分的当代上中等收入阶段起点水平的，以此为起点，静态地看，我国在 2025 年之前就可能达到高收入阶段的起点水平，实现对上中等收入阶段的历史跨越。

三、经济结构演进达到新的高度

经济结构的变化是国民经济长期增长累积效应的体现，更具发展意义，并体现了经济增长的质态改变。从根本上说，结构变化是效率的改变促成的，或

---

① 虽然以汇率法和购买力平价法计算的各国人均 GNI 有所不同，但在排序上除个别情况外，一般不会出现差别。与此同时，人均收入水平较高的国家，其按购买力平价法得出的结果，与按汇率法得出的结果相比，一般偏低，说明人均收入水平与价格总水平之间存在密切联系，发展中国家按购买力平价法得出的结果往往更高些，主要原因便在于此。

者说是效率变化的函数。当然，结构变化本身也会产生结构性效益，进而提高资源的配置性效率，通常所说的经济增长不同于经济发展，两者的重要区别便在于增长更强调短期（比如年度之间）经济总量的扩张（比如 GDP 数量的增长水平），而发展更强调长期经济结构的演进。

在新中国成立之初的 1950 年，我国产业结构具有鲜明的落后农业国特征，农业的劳动力就业比重达到 80%左右；在改革开放初期的 1978 年，这种落后的农业经济特征仍然十分明显，农业的劳动力就业比重达到 70.5%（当代低收入国家农业的劳动力就业比重平均为 72%左右）；到 2019 年，这一比重下降至 26%左右，与当代上中等收入国家农业的劳动力就业比重的平均水平（30%左右）基本一致。农业产值的占比从 1978 年的 27.7%降至 2019 年的 7.1%。这是我国农业劳动生产率提升的结果，一方面，伴随农业劳动生产率的持续提升，大量农业剩余劳动力得以向非农业部门转移，支持了中国的工业化和现代化进程；另一方面，农产品的产出水平不断增加，从 1998 年以来，按美元计价的农业增加值规模，中国已经超越美国（1998 年中国农业增加值为 1 766 亿美元，美国为 1 103 亿美元），我国以占世界 7%的耕地解决了占世界 22%人口的农产品需求。

我国的工业化取得了显著成就。在 1950 年新中国成立之初基本没有现代化工业的薄弱基础上，经过 70 多年的努力，我国已建成世界上唯一拥有联合国分类的 44 个大类 666 个小类的门类齐全的现代化工业体系。到 2010 年，我国制造业增加值规模已超过美国，成为世界第一大制造业国家（2010 年中国制造业增加值为 19 243 亿美元，美国为 18 059 亿美元）；到 2011 年，我国包括制造业在内的第二产业增加值总规模开始超过美国，成为世界第一大规模的工业国家。自 20 世纪末开始，无论是产值比重还是就业比重，我国的第三产业均开始超越第二产业。到 2019 年，我国的第三产业增加值占比为 53.9%，第二产业增加值占比则降至 39%；在就业比重上，第三产业的占比为 46.3%，第二产业的占比为 27.6%（2018 年），表明我国工业化已进入后期，开始出现“后工业化”特征。①

① 国家统计局. 中国统计年鉴（2019 年）. 北京：中国统计出版社，2019. 国家统计局. 中华人民共和国 2019 年国民经济和社会发展统计公报，2020 - 02 - 28.

与这种产业结构变化相适应，我国的社会人口结构发生了深刻变化，特别是城镇化率迅速提升，从1978年按户籍计的17%略强，提升到2018年的按户籍计达到40%以上，按常住人口计达到60%左右，进入经济发展史上的城镇化加速期（30%～70%）。

与经济发展水平不断提高相适应，我国居民的生活质量不断改善，反映到消费结构上，恩格尔系数（食品支出占家庭消费支出的比重）显著降低，从改革开放初期1978年的63%（按联合国划分标准，60%以上为贫困状态）降至2018年的27%（20%～30%为富足状态），实现了由贫困向富足的质态提升。

第三节　新时代的经济发展进入“新常态”

一、约束经济增长的基本条件发生了系统性变化

中国经济发展进入新常态，是以习近平同志为核心的党中央在中国共产党第十八次全国代表大会之后，对中国经济发展的时代性特征做出的重要判断。习近平同志对进入经济新常态后经济条件的系统性变化做出了深刻概括。

（1）供给侧发生的新变化。这突出表现为国民经济生产要素成本的全面大幅上升，在宏观上形成了严重的成本推动的通货膨胀压力，给经济增长带来了严重的不稳定性，在微观上形成了严重的企业竞争力下降压力，使企业的市场竞争优势削弱。要素成本主要包括四个方面：一是劳动力成本。由于人口老龄化时代的到来，人口红利开始减少；新增人口总量和新增劳动力规模达到峰值后进入降低拐点；农村剩余劳动力转移规模萎缩，速度放缓；企业工资及社保福利水平不断提高等。这些都使我国劳动力成本低廉的优势明显减弱。二是土地及自然资源成本。由于资源的有限性和经济规模不断扩张带来的相对稀缺性上升，作为上游投入品的土地、能源、原材料等自然资源价格持续上升，推动整个国民经济，尤其是中下游产出成本提高，不仅降低了经济的竞争力，而且降低了可持续发展能力。三是生态环境成本。经济规模的不断扩张以及受技术水平和制度因素等多方面因素影响的发展方式上的局限，使生态环境对于经济

增长和经济活动的承载力达到上限，甚至是极限，必须加大治理和保护力度。这需要国家、企业、家庭、居民各方面都要增加支出，这些环境治理和保护的支出必然增加整个国民经济的成本，影响经济增长的短期竞争力。四是技术创新成本。当经济发展落后时，一方面，总体技术水平与以先进技术为支撑的发达国家相比差距突出，可以学习的领域广泛；另一方面，落后国家的经济发展难以构成对发达国家经济的竞争，更多的是对发达经济的补充，所以落后发展中国家的技术进步基本途径往往是“模仿”，它们需要模仿，也能实现模仿，因为模仿的成本低、风险低；当经济发展到一定程度，特别是进入“将强未强”时，一方面技术差距总体上缩小，能够通过模仿实现的技术进步大多已经模仿，技术差距主要集中在核心技术上，而核心技术是难以模仿的，只能依靠自主创新，而自主创新的不确定性强、风险大，因而成本高，同时自主创新往往会面临发达经济体的技术封锁，从而进一步提高创新的成本。要素成本的全面系统上升，要求从根本上转变发展方式，从以往依靠要素投入量扩大为主要动力拉动经济增长的方式，转变为依靠要素效率和全要素生产率提升为主要动力拉动经济增长的方式；否则，既难以实现均衡增长，也难以保障可持续发展。

（2）需求侧发生的新变化。这突出表现为需求方面的“羊群效应”总体消失，贫困时代的需求膨胀、供给不足、经济短缺的局面伴随经济发展和体制转变已根本扭转，市场供求关系逆转为需求疲软、产能过剩。“短缺”对于生产者来说是有利的市场环境，从微观上说，企业面对“排队”的“羊群效应”，具有迅速扩大产出规模的冲动和市场需求；从宏观上说，整个国民经济失衡的主要矛盾在于短缺，矛盾的主要方面首先在于发展水平落后和预算软约束等原因下形成的需求膨胀。这就使得经济增长方式无论是在微观上还是在宏观上，都可能需要以高速扩张规模为主，也就是高速增长并以规模扩张为特征的经济增长具备市场条件。当这种“短缺”的市场环境根本转变，国民经济失衡的主要矛盾不再是短缺而是需求疲软，矛盾的主要方面不再是需求膨胀而是供给侧的产能过剩（包括总量和结构意义上的过剩）时，以数量扩张为突出特征的高速度增长方式就不再具备市场条件。这种需求变化效应在 20 世纪 90 年代后期，特别是在1998年亚洲金融危机发生之后，在我国的消费品领域率先表现出来，而进入21世纪后，特别是在2008年世界金融危机发生后，进一步深化到投资品领域。这就要求必须从根本上转变发展方式，从此前以高速数量扩张为主的增长方式转变为高质量发展的增长方式，否则经济增长既难以稳定，也难以持续。

二、社会经济矛盾发生了新的变化

伴随社会经济发展，中国社会的主要矛盾在进入新时代后发生了深刻的转化——从人们对物质文化生活的需要与落后的生产力之间的矛盾转化为人们对于美好生活的向往与发展的不平衡、不充分之间的矛盾。与此相适应，伴随约束经济增长条件的系统性变化，经济矛盾运动本身产生了新的特点。

经济进入新常态在宏观层面形成了三期叠加的复杂格局：一是经济增长速度进入换挡期，即由以往高速增长向中速增长的转换，不同发展阶段上经济条件的系统性变化，必然导致潜在经济增长率发生变化；与之相适应，实际长期平均经济增长速度必然发生变化。二是经济结构进入深度调整的阵痛期，长期高速增长累积的一系列深层结构性矛盾已经累积到必须从根本上进行调整的程度，否则国民经济不可能持续均衡发展。但长期累积的结构性失衡和矛盾的克服会面临严峻的挑战，同时在经济结构上实现新老动能的替代和升级也会面临一系列难题，从而形成结构调整的“阵痛”。三是经济运行进入退出反危机政策的消化期，从20世纪90年代后半期开始，中国经济失衡的主要矛盾开始从需求膨胀、经济“短缺”转变为产能过剩、需求疲软。特别是1998年的亚洲金融危机和2008年的世界金融危机进一步加剧了中国经济失衡的主要矛盾及矛盾的主要方面的转变。为此，我国在宏观经济政策上，自1998年起首次改变了以往长期紧缩的政策倾向，采取了积极的财政政策和稳健的货币政策，以扩大内需。到2008年，我国进一步提高扩张力度，采取更加积极的财政政策和适度宽松的货币政策，全面刺激经济，获得了显著的反危机成效。但为此也支付了一定的成本，尤其是由扩张投资形成的许多低效率的投资项目，在反危机过程中虽然起到了扩大内需的拉动作用，但不具有真正的市场竞争力，在退出全面反危机政策之后，这些低效率的不具有市场竞争力的投资或者被市场所淘汰，或者政策性退出，由此形成的反危机成本需要在退出反危机政策的过程中逐渐消化。

上述三期叠加，对于新常态下经济增长和宏观调控会产生新的风险和更强的不确定性，特别是会形成一系列叠加效应。

经济进入新常态在微观层面形成了一系列新的市场结构性失衡：一是实体经济内部供给与需求之间的结构性失衡。既有低效率的产能过剩难以去除，也有新技术和关键技术领域的短板难以补足；既有传统产业转换和升级的困难，又有新兴产业和新动能转换的障碍。二是实体经济与金融体系之间的结构性失衡。既有金融部门难以有效支持和服务实体经济的问题，也有实体经济创新力不足，进而缺乏有市场竞争力的投资机会吸纳投资的问题；既有实体经济融资难、融资贵的矛盾，也有金融部门的制度和体制性歧视的矛盾，进而形成金融部门与实体经济相互脱节，金融部门“脱实向虚”的倾向严重。三是房地产部门与国民经济其他部门间的结构性失衡。在经济发展的一定阶段，房地产部门发展对经济发展具有突出的带动作用，但经济增长不能过于依赖房地产部门；否则，房地产部门既集中了过多的资源，也集中了大量的风险，包括投资市场风险、银行信贷金融风险、地方政府与地方财政及相应的债务风险等；既有房地产市场的价格泡沫，也有居民的消费支出结构被房地产投资支出所扭曲的困境；等等。

上述微观层面的市场结构性失衡，既限制了市场主体的竞争活力，也为宏观经济均衡带来了新的困难，特别是加剧了市场竞争秩序的混乱。

三、经济发展面临新挑战

伴随宏观层面和微观层面新矛盾的产生及变化，进入新常态的中国经济面临一系列新挑战。

（1）经济增长和宏观经济运行面临新失衡。既有供给侧矛盾变化带来的成本推动的通货膨胀压力，又有需求端变化带来的经济下行的威胁，即所谓的“双重风险”并存（类似20世纪60年代末70年代初西方发达国家开始发生的滞胀)，使宏观经济政策选择和宏观调控方式转变面临深刻的新挑战。在改革开放以来相当长的发展时期里，我国宏观经济失衡方向是单一的，同时失衡矛盾的主要方面集中在需求端，只是不同时期的失衡方向有所不同。从改革开放初期的1978年至1998年亚洲金融危机之前，在长达20年的时间里（除个别年份之外)，我国宏观经济失衡的主要表现是需求膨胀、经济短缺，相应的宏观调控面临的主要矛盾是需求拉动的通货膨胀，要求宏观经济政策（包括财政政策和货币政策）长期针对总需求（包括投资需求和消费需求）采取适度紧缩的政策倾向。尽管如此，在此期间仍发生了三次较为严重的通货膨胀，即1985年的CPI上涨9%以上、1988年的CPI上涨18%以上和1994年的CPI上涨24%以上，这进一步证实了采取紧缩政策的必要性。从1998年下半年亚洲金融危机的影响传导到我国起，直至2010年底的十多年时间里（除个别年份外)，我国宏观经济失衡的主要矛盾方面仍集中在需求端，但方向与此前相反，不再是需求膨胀，而是需求疲软、产能过剩、内需不足，包括投资需求和消费需求，加上亚洲金融危机和世界金融危机的冲击，经济下行成为宏观经济失衡的主要矛盾，相应的宏观经济政策（包括财政政策和货币政策）从紧缩转变为扩张，先是（从1998年下半年起）积极的财政政策和稳健的货币政策，后是（从2008年下半年起）更加积极的财政政策和宽松的货币政策，直到2010年底退出反危机政策。在长达30多年的时间里，宏观经济失衡的主要矛盾集中在需求侧，或是膨胀，或是疲软；宏观经济失衡的方向明确，或是通货膨胀，或是经济下行；宏观经济政策倾向清晰，或是通货紧缩，或是经济扩张。

但是，从我国经济进入新常态以来，潜在的成本推动的通货膨胀压力和需求疲软导致的经济下行的威胁并存，使得总需求管理遇到了严重阻碍。针对总需求的宏观经济政策，既不能全面紧缩需求，又不能全面刺激需求。全面紧缩有利于把成本推动的通货膨胀抑制在“潜在”状态，但会加剧需求疲软，进而增大经济下行的风险；反之，全面扩张有利于缓解需求疲软、遏制经济下行，但会增大通货膨胀压力，形成成本推动与需求拉上共同作用的通货膨胀，使潜在的通货膨胀转变为现实的通货膨胀。这种宏观经济的新失衡对宏观调控方式和宏观调控政策都提出了新的挑战，要求在完善总需求管理的同时把宏观调控的重点转移到供给侧，在完善总量调控的同时深化结构性调控，在协调经济政策组合的同时努力实现松紧适度。

（2）经济发展面临新问题。在跨越“贫困陷阱”进入新的发展阶段之后，我国面临的经济发展新命题便是如何跨越“中等收入陷阱”。当代进入高收入发展阶段的国家有70多个，其中由发展中国家成长起来的大约有13个，大多数发展中国家或者仍处在“贫困陷阱”之中（当代低收入贫困国家大约有36个），或者长期处于中等收入阶段（当代下中等收入国家有54个，上中等收入国家也有54个），或者在进入上中等收入阶段后，并不像高收入国家的发展史那样经历11～12年的时间实现向高收入阶段的跨越，而是长期滞留于中等阶段，个别国家甚至在实现跨越后又退回到上中等收入（如委内瑞拉、智利等）。这表明“中等收入陷阱”并非伪命题。这一命题的典型体现，比如在20世纪70年代就进入上中等收入阶段的拉美诸国，至今已有40多年历史，仍未真正实现向高收入阶段的跨越，即所谓“拉美漩涡”。又如，在20世纪80年代进入上中等收入阶段的东亚诸国，至今已有30多年，仍未跨入高收入阶段，特别是在1998年亚洲金融危机的打击下，它们的经济严重衰退，被称作“东亚泡沫”。再如，在20世纪90年代进入上中等收入阶段的西亚和北非诸国，至今已有20多年的时间，它们不仅未能实现向高收入阶段的跨越，反而在2008年金融危机的打击下产生经济危机，进而形成严重的全面动荡，即所谓的“西亚和北非危机”。

自我国经济发展进入新常态以来，在发展阶段上进入上中等收入阶段后，构成“中等收入陷阱”的各方面因素不断显现。我们必须面对这一挑战，正如习近平同志所指出的，“中等收入陷阱”对于我国社会经济发展来说，总是需要跨越过去的，问题是跨越过去之后朝着什么方向发展？也就是说，如何实现跨越及可持续成长？如果说在低收入的贫困时代，如何跨越“贫困陷阱”（马尔萨斯陷阱）是重要的难题，那么在实现小康发展目标、进入上中等收入阶段的时代，如何跨越“中等收入陷阱”就成为新的历史性发展命题。如果说跨越“贫困陷阱”的主要困难在于如何实现积累（包括物质资本和人力资本积累），以支持经济高速增长，那么跨越“中等收入陷阱”的主要困难就在于如何实现创新（包括技术创新和制度创新），以支持经济的高质量发展。

自党的十八大以来，特别是党的十九大以来，我们党提出从根本上转变发展方式，为此必须树立新的发展理念（五大理念），实现新的发展目标（五位一体总体布局），要贯彻新的发展理念需要构建现代化经济体系（七大体系），而构建现代化经济体系需要采取一系列战略举措（五大举措）。在这一过程中，我们必须以深化供给侧结构性改革为主线，而贯彻这一主线应坚持“稳中求进”的总基调，“稳”是指经济增长要稳（六稳），“进”是指制度创新和改革要深化（四个全面战略布局）。由此，构成了新时代中国社会经济发展的理论逻辑和实践逻辑。

（3）国际政治经济格局发生了新变化，特别是伴随中国经济的崛起，要化解和防止“修昔底德陷阱”效应。[①] 按汇率法计算，我国经济总量从 2010 年超过了日本，成为仅次于美国的第二大经济体；到 2019 年，中国的 GDP 总量已相当于美国的 63%以上。美国为继续维持其世界霸主地位，已经将中国视为最主要的竞争对手，中美之间的竞争必将进入一个新的状态。2018 年春，美国率先挑起贸易摩擦，并且是在其经济增长率强劲（5%～6%）、失业率很低（2%～3%）的状态下，而不是在经济严重衰退的状态下，主动而不是被动发起的贸易摩擦。美国并非为缓解经济危机而被动采取临时贸易保护举措，而是采取具有主动性、战略性的长期措施，印证了习近平同志所提醒的要防止“修昔底德陷阱”威胁。与此同时，习近平同志向全世界呼吁，各国人民同心协力，构建人类命运共同体，建设持久和平、普遍安全、共同繁荣、开放包容、清洁美丽的

① 古希腊史学家修昔底德通过描述古希腊城邦间战争过程中形成的城邦关系，概括出城邦间关系演变的特征，被后来的国际关系学者发展为大国关系周期论。一个周期分为四个阶段，大体经过 100～200 年，第一阶段是一大国主导国际政治经济秩序，第二阶段是又一大国逐渐崛起，第三阶段是原有主导秩序的大国与新崛起的大国发生战略性冲突，进而两败俱伤，第四阶段是冲突双方之外的第三方大国崛起并取代传统大国的主导地位。世界近现代史也印证了这一点：从新航路发现后的“海上马车夫”荷兰到拥有无敌舰队的西班牙，从英国战胜西班牙成为日不落帝国到德国的崛起及两次世界大战的爆发，再到战后美国霸主地位的形成。

世界，以打破所谓“修昔底德陷阱”的恶性循环。①

第四节 新时代的中国经济仍处于重要战略机遇期

一、中国是世界最大发展中国家的国际地位没有变

“发达国家”和“发展中国家”的概念是20世纪60年代后流行起来的。②一般来说，发达国家主要是指经济水平较高的国家，发展中国家是指经济发展水平较低且尚未有效发展的国家。但在统计实践中，如何区分和定义发达国家与发展中国家并无统一的标准，各国际组织在具体划分时也存在明显差异。发达国家的数量标准如何确定？对此提出明确数量标准的国际组织主要有两个：一是世界银行，以人均GNI绝对水平来区分，把1987年的6 000美元作为高收入的标准，即作为实现了工业化的标准，同时这也是发达国家的门槛；二是联合国开发计划署（UNDP），以人类发展指数（HDI）相对标准来划分，把HDI达到0.8以上的国家划为发达国家。其他国际组织［诸如世界贸易组织（WTO）、联合国统计局、国际货币基金组织（IMF）等］虽运用发达与发展的概念，但并无清晰的数量标准，只是在原则上把经济发展水平达到高水平的国家列为发达国家，其余皆为发展中国家。③

中国经济发展取得了巨大的成就，但就发展水平的比较而言，我国现阶段

---

① 刘伟，王文. 新时代中国特色社会主义政治经济学视阈下的“人类命运共同体”. 管理世界，2019（3）.

② “发展中”（developing）国家和“发达”（developed）国家的提法源自1961年欧美发达经济体共同组建了经济合作与发展组织（OECD），讨论如何将资源从富国向穷国转移，“发达”和“发展中”这一对概念由此开始流行，并且OECD以此区分为基础研究制定相应的政策。

③ 在具体划分时往往受许多因素影响，有一定的不确定性。比如由于历史上经济制度和经济体制的不同（市场经济国家与计划经济国家），进而统计口径的不同（计划经济国家在历史上不采取GDP核算体系，而是按工农业生产总值核算），难以按经济发展水平客观地比较发展程度，一些国家既难以列入发达国家，也难以列入发展中国家。又如，由于经济发展阶段不同（传统工业化国家和新兴经济体），进而在发展状态上属于相同的工业化新兴经济体，但同为新兴经济体，发展水平区别很大，有的已进入发达国家阶段，有的仍属于发展中国家，因而“新兴经济体”也存在难以统一划入“发达国家”或“发展中国家”的困难。此外，在收入水平与经济结构相分离的状况下，如石油输出国，也难以简单将其划入“发达国家”或列为“发展中国家”。

仍是发展中国家。

（1）虽然我国的 GDP 总量居世界第二大经济体的位置，但人均水平仍较落后，与世界各国比，按汇率法计算，大体上相当于上中等收入国家的平均水平，在 215 个国家和地区的总体排序中处于第 90～100 位；按照购买力平价方法计算，处于 215 个国家和地区的第 100～105 位；虽然这两种折算方法有所不同，但并无显著变化。从总体上看，就人均水平而言，我们处于当代上中等收入阶段，还低于世界平均水平（2016 年，按汇率法计算，世界人均国民收入为 10 321 美元；按购买力平价计算，世界人均 GNI 为 16 176 国际元），距离高收入国家的起点线还有距离（2016 年，世界银行划分高收入阶段的起点水平为 12 235 美元），距离高收入国家（70 多个）的实际平均水平还有显著差距（2016 年，按汇率法计算的高收入国家平均水平为 41 254 美元，按购买力平价法计算的高收入国家平均水平为 47 208 国际元）。预计要到 21 世纪中叶，在实现第二个百年目标时（即 2050 年前后），我国人均 GNI 水平才能赶上发达国家的平均水平。显然，我们追赶发达国家的经济发展水平还需要很长的时间。

（2）中国经济获得了阶段性的历史提升，但人类发展指数（HDI）① 仍然相对较低，在联合国开发计划署（UNDP）公布的 HDI 中，中国处于世界中等发展水平（在 2015 年公布的数据中，中国在 188 个国家和地区中列第 90 位）。虽然提升速度很快，但 1990 年中国的 HDI 值仅为 0.499（UNDP 自 1990 年开始公布 HDI），是低人类发展水平国家，到 2001 年达到 0.6，成为中等人类发展水平国家，又经过 10 年到 2010 年则达到 0.7，成为高人类发展水平国家（同年，中国以汇率法计算的人均 GDP 水平进入上中等收入阶段），但到现阶段为止，中国仍未进入极高人类发展水平阶段，仍属于发展中国家的水平，HDI 值仍在 0.8 以下。具体地看（以 2015 年公布的数据为准），在 188 个国家和地区中，我国的 HDI 值为 0.738，列第 90 位。其中，“出生时预期寿命”为 76 岁，

① HDI 是对按购买力平价计算的人均 GNI、教育水平、人口预期寿命等指标进行加权处理得到的一个相对指标（0～1 之间），数值越高表明人类发展水平越高。HDI 值小于 0.550，为低人类发展水平；HDI 值在 0.550～0.699 之间为中等人类发展水平；HDI 值在 0.700～0.799 之间为高人类发展水平；HDI 值大于 0.800 为极高人类发展水平，即发达国家水平。

预期受教育年限为 13.5 年，平均受教育年限为 7.6 年，按购买力平价计算的人均 GNI 为 13 345 国际元。[①]

（3）构建了完整的现代产业体系，但劳动生产率水平相对较低，进而产业结构较为落后，产业结构升级动力不足。据估算，进入经济新常态后，虽然中国的劳动生产率较以往有很大提升，但与发达国家相比仍有很大差距，中国的农业劳动生产率大体相当于发达国家平均水平的 14%，因而农业就业比重高达 26%以上，与发达国家的平均水平（5%左右）相比，仍有较大差距，与美国的农业就业比重（2%左右）相比，差距更大；工业制造业的劳动生产率大体相当于发达国家平均水平的 46%，尤其是在制造业的关键领域和技术环节上还有多方面不足，大而不强仍是突出矛盾，进而全要素生产率水平的提升受到严重限制。说到底，全要素生产率的提高及由此决定的经济潜在增长率水平的提高，取决于劳动生产率的提升。[②]

（4）经济增长持续高速，但发展中的不平衡矛盾日益突显。发展的不平衡，特别是不平衡形成的“二元性特征”，是发展中国家经济与发达国家经济的突出差异。就发展而言，这种差异的二元性突出表现在产业之间、城乡之间、地区之间等方面的不平衡。

首先，我国各地区的发展存在较大差距。如果以世界银行的人均收入标准进行比较[③]，我国北京、上海、天津三个直辖市和江苏、浙江两省已进入高收入地区行列，在我国属于高收入的发达省市，其人口占全国总人口的 15%左右，经济总量占全国 GDP 的 25%左右。其他 25 个省区在总体上仍属于上中等收入地区，或称总体上相对欠发达地区。这 25 个省区包括全国 85%以上的人口，它们的经济总量占全国 GDP 的 75%左右，人均 GDP 水平与 5 个高收入省（市）的水平相比，相差 50%左右。其中，高收入地区中最高的北京与上中等收入地区中最低的甘肃相比，两者相差 4.3 倍左右。一方面，我国地区间的差

① 联合国开发计划署. 人类发展报告（2016），2016.

② 刘伟，张辉. 我国经济增长中的产业结构问题. 中国高校社会科学，2013（1）.

③ 世界银行进行收入分析运用的是人均 GNI，我们运用的是地区人均生产总值，两个指标的含义有所不同，但在数值上比较接近，在做相对排序分析时两者可以相互替代。

距在发展中不断缩小，特别是进入21世纪以来，地区间差距缩小的速度在加快。在21世纪初，我国发达地区与欠发达地区之间人均GDP的水平相差10倍以上，现在已缩小至2倍左右，但差距仍是明显的。

其次，各地区的城镇化率存在差距。从我国的实际来看，各地区之间的差距在相当大程度上取决于城镇化率的差异，一个地区的城镇化率越高，相应的经济发展水平也较高（两者之间的相关系数高达0.899 6）。从总体上看，中国城镇化率的提升速度较快，从改革开放初期不到18%上升至60%（按常住人口计算），进入了城镇化加速期（30%～70%之间），但与发达国家（90%以上）相比仍有明显距离。此外，不同地区之间的城镇化水平存在差距，有10个省（市、自治区）的城镇化率达到60%以上，但也有8个左右的省区在50%以下。一个地区的城镇化率与工业化率密切相关，城镇化率存在差异表明工业化率存在差异。因此，地区与地区发展水平的差距与它们的城镇化率、工业化率是有深刻联系的。

最后，城乡居民收入水平存在较明显的差距。从整体上看，城镇居民人均可支配收入为农村居民的2～3倍。就农村居民而言，人均可支配收入水平最高的是上海市，农村居民人均可支配收入在2016年达到25 520.4元；就城镇居民可支配收入而言，最低的是黑龙江省，城镇居民人均可支配收入为25 736.4元。由此可见，城镇居民可支配收入最低的省份仍高于农村居民可支配收入最高的省市。就各省（市）内部城乡居民收入结构看，城乡居民可支配收入差距与各省（市）经济发展水平高度相关，两者的相关系数达到0.937 1，经济发展水平（以人均GDP水平为标志）越低的省（市），其内部城乡居民可支配收入的差距就越大，两者之间相差倍数最低的为天津市（1.85倍），最高的是甘肃省（3.45倍）。大多数省（市）内部城乡居民可支配收入的相差倍数在2～3倍之间，全国的平均数为2.72倍。就城镇居民和农村居民各自的内部差距而言，分别计算出的我国总体的和分省（市）的城镇居民内部和农村居民内部可支配收入的差距，与把城镇居民与农村居民作为整体计算的城乡居民可支配收入差距相比较，城乡混为一体的居民可支配收入差距低于城乡居民各自计算的可支配收入差距。一方面，这表明中国现阶段居民可支配收入的差距主要是城乡间的差距，特别是农村居民人均可支配收入水平明显低于城镇居民，因而把城镇居民与乡村居民混为一体计算时会进一步拉大城乡分别计算时的差距。另一方面，各地区城乡人口的构成以及相应的收入构成，影响各地区的居民总收入水平。以上海与贵州相比，上海城乡居民在总体上的人均可支配收入为贵州城乡居民人均可支配收入的 3.59 倍；若以城镇居民相比，两者相差 2.23 倍；以农村居民相比，两者相差 3.15 倍；均低于城乡居民总体人均收入相差的倍数（3.59 倍）。再以北京市与甘肃省相比较，北京市城镇居民人均可支配收入是甘肃省的 3.58 倍，但两地城镇居民人均可支配收入相差 2.22 倍，两地农村居民人均可支配收入相差 2.99 倍，均低于城乡混为一体时人均可支配收入的相差倍数（3.58 倍）。在合并计算后，无论是全国还是各省内部的城乡比较，城乡居民可支配收入的差距都比分别计算时大。这与我国现阶段各地区城镇化率与城乡居民收入水平高度相关（两者的相关系数为 0.895 6）。而各地城乡居民可支配收入差距与各地城乡居民可支配收入水平高度相关（两者的相关系数为 0.937 1）。显然，城乡差距是中国“二元经济”的突出特征。这种特征不仅表现在城乡居民的收入水平和差距上，而且也反映在居民所享受的公共服务上。总体而言，我国农村的教育、医疗、社会福利、退休保障、公共设施、信息服务等都明显落后于城市，并且这种格局在短期内难以根本克服。这既是中国社会经济发展不平衡、不充分的重要体现，也表明中国仍是发展中国家的地位没有改变。[①]

（5）虽然居民收入的总体水平显著增长，但收入差距过大的矛盾日益突出。我国城乡居民的基尼系数自 2002 年以来始终高于 0.4（国际社会公认的警戒水平），高的年份接近 0.5，近年虽略有下降，但仍在 0.4 以上。如果按照传统的城乡分别统计的口径，以城市居民可支配收入与农村居民纯收入分别计算，我国城镇居民内部可支配收入的基尼系数在 0.4 以下，农村居民内部纯收入的基尼系数也在 0.4 以下，均在可接受的程度内。然而，若按新的城乡居民统一的可支配收入计算，则基尼系数显著高于 0.4，再次表明了城乡差距对于收入分配差距的影响程度。基尼系数反映的收入分配差距由许多因素决定，包括制度性因素、政策性因素以及资源禀赋等，但发展性因素在其中起着重要作用，城

① 刘伟，蔡志洲．如何看待中国仍然是一个发展中国家．管理世界，2018（9）．

乡差距二元性特征的存在就是重要的发展性因素。从库兹涅茨“倒 U”形曲线的变化上看，收入差距的变化与经济发展阶段相关。从我国各地区的比较上看，各地区城乡居民收入差距的大小同样与各地区的经济发展水平相关，长期存在的较高的基尼系数从一定程度上也反映出中国现阶段的发展水平仍是发展中国家的经济发展水平。

受发展水平影响的收入水平上的差距会对国民经济产生一系列的影响。就发展而言，其中最重要的影响是对储蓄的结构发生作用，进而使储蓄及相应的积累和投资增长具有发展中国家的阶段性特征。受多种因素的影响，作为发展中国家，长期以来我国的储蓄率较高，特别是进入改革开放新时期以来，我国的国民储蓄率始终排在世界前列。自我国的经济发展进入新常态以来，世界平均储蓄率为19.7%，我国则为46%（2015年）。高储蓄率本身在一定意义上体现了中国作为发展中国家进入加速发展期的阶段性特征。与此同时，在储蓄结构上，从宏观上看，国民收入在政府部门、企业部门（包括非金融部门和金融部门）、居民部门三者之间进行分配。现阶段，我国由于制度和结构等方面的原因，居民部门可支配收入在国民收入分配中所占的比重相对偏低；相应地，在总储蓄当中，大部分（约80%）来自政府部门和企业部门，来自居民部门的只占20%。从微观上看，由于基尼系数长期较高，因而高储蓄主要来自高收入家庭，也就是居民储蓄中的大部分来自高收入群体。2016年，收入列前10%的家庭的储蓄率达66.8%，其储蓄额占当年中国家庭总储蓄额的62.5%，同时有40%的中国家庭当年没有储蓄，这就进一步降低了总消费率[①]，进而使经济增长更具投资拉动的特征。这种特征体现着作为发展中国家的中国进入工业化加速期的增长结构特征。

（6）经济总量列世界前茅，但经济质态（产业结构）距发达国家产业结构的高度仍有显著差距。

首先，农业比重持续下降，农业就业比重仍很高，并且农业增加值的占比与就业占比相互不均衡。农业劳动力的就业占比约为26%，而农业增加值的占比约为8%，表明农业劳动生产率水平落后于非农产业，同时也构成农业劳动

① 甘犁，何青．促进消费关键在改善收入分配．环球时报，2018-07-18.

者人均收入水平低于非农产业的重要原因。

其次，改革开放 40 多年来，我国经济的持续高速增长是以第二产业作为主导产业的，虽然从 2013 年起我国第三产业增加值的占比首次超过第二产业，开始具有“后工业化”时代的产业结构特征，但第三产业，特别是现代服务业的占比仍显著落后于发达国家的水平。从趋势上看，2015 年我国第二产业的就业比重首次超过第一产业，伴随经济发展，也会逐渐出现第三产业的就业比重超越第二产业的趋势，但同样地，我国第三产业的就业比重与发达国家相比仍有显著差距。从总体上看，我国现阶段的产业结构高度已达到工业化加速期的后期水平；或者说，就产业结构高度而言，已接近基本实现工业化的发展阶段。虽然我国在产业结构演进上开始出现部分“后工业化现象”，但距离发达国家现代化的产业结构高度仍有很大的距离。①

最后，在中国持续的高速经济增长过程中，虽然产业结构发生了深刻的变化，但变化的速度相对滞后于经济增长的速度。在我国经济的增长过程中，劳动生产率的提升和全要素生产率的增长都有来自产业结构变化的作用，即产业结构演进带来的要素效率和全要素生产率提高的效应。但是，一方面，与要素投入量的扩张及由此带来的增长效应相比，结构变迁效应相对较弱；另一方面，要素效率和全要素生产率提升包括结构变迁效应及净技术进步效应。自我国经济发展进入 21 世纪以来，结构变迁带来的效率提升效应逐渐降低，净技术进步效应的作用相应提升，而进入经济新常态以来，两者之间出现交替性波动，但从总体上说，无论是结构变迁效应还是净技术进步效应带来的效率提升速度，相对于经济增长速度而言，均相对落后，从而导致我国在发展进程中的结构高度与经济规模之间不均衡，在效率提升中的结构变迁效应与净技术进步效应之间的良性促动作用受到限制，效率提升与经济持续增长和均衡发展的要求不相适应，结构升级受到创新力匮乏及相应的要素效率和全要素生产率相对落后的限制，进而使经济发展质量和竞争力落后于发达国家的经济。②

---

①② 刘伟，等. 经济增长与结构演进：中国新时期以来的经验. 北京：中国人民大学出版社，2016.

上述特征（当然还可以从社会人口、资源禀赋等多方面分析）表明，中国仍是一个发展中国家。尽管新中国成立70多年以来，特别是改革开放40多年以来，我国经济获得了长足发展，但比较而言，我国作为世界上最大的发展中国家的国际地位没有变。

二、怎样看待中国经济的潜在增长能力

1. 中国经济仍具有显著的优势

经过长期发展，特别是改革开放40多年来，我们抓住了发展机遇并推动中国经济实现了发展奇迹。在新时代，中国经济进入新常态，既面临一系列经济条件的深刻变化，面临一系列新的矛盾和挑战，又面临新的历史性机遇，具有“天时、地利、人和”的多方面优势。

就“天时”而言，主要是指所处的经济发展阶段。作为世界上最大的发展中国家，虽然我国有多方面的不均衡，并与发达国家有显著的差距，但经过长期发展的我国经济已进入工业化加速期的最后冲刺阶段。与低水平的经济发展阶段相比，我国有更坚实的经济基础和发展能力，尽管这一基础和能力与发达国家相比尚有很大距离；与高水平的发达经济相比，我国无论是规模扩张还是结构变化都处在经济加速期，尽管经济增长速度与低水平发展阶段相比有所减缓（换档期），但总体上存在经济发展的阶段性优势。

就“地利”而言，主要是指区域经济发展结构特征。作为世界上最大的发展中国家，我国经济的发展区域辽阔、资源禀赋差别大，更重要的是区域特征突出、区域间差距显著、各区域的经济发展水平处在不同阶段。一方面，这种区域间的经济发展差距是经济欠发达的发展中经济体的表现；另一方面，这种客观上形成的发展“梯度”也是推动中国经济能够长期实现较高增长和较迅速发展的资源及条件。这是发展中大国的经济发展不同于小国经济发展的重要特征，也是经济可持续发展的区域性优势。[①] 沿海城市与内地经济发展、东部率先发展与中部崛

---

① 刘伟，蔡志洲. 区域差异——我国经济持续高速增长的重要资源. 中国党政干部论坛，2003(3)，2003(4).

起、西部大开发、振兴东北老工业基地的战略，特别是党的十八大以来提出的京津冀协同发展、长江经济带发展、共建“一带一路”、粤港澳大湾区建设、长三角一体化发展、黄河流域生态保护和高质量发展等战略，围绕中心城市形成的城市群的发展极效应突显等，都在显示区域结构布局合理化对经济发展的积极作用。

就“人和”而言，主要是指制度创新，用以深化改革带来的活力和优势，尤其是在基本经济制度上的优势。中共十九届四中全会深刻总结了新中国成立 70 多年来，特别是改革开放 40 多年来探索中国特色社会主义制度的经验，概括了中国特色社会主义制度的各方面优势，明确了建设和完善中国特色社会主义制度必须坚持的基本原则，剖析了中国特色社会主义制度的本质特征。在基本经济制度和生产资料所有制上突出强调坚持公有制为主体、多种所有制经济共同发展，在收入分配制度上突出强调以按劳分配为主、多种分配方式并存，在运行和调控机制上突出强调社会主义市场经济。历史实践表明，中国特色社会主义基本经济制度既不同于传统僵化的社会主义集中计划经济制度，又区别于西方资本主义市场经济制度，但符合中国的国情，极大地解放和发展了中国的社会生产力。伴随改革开放的不断深入，中国特色社会主义基本经济制度会不断得到巩固和完善，相应的治理体系和治理能力现代化水平会进一步上升，其能够推动中国社会经济发展，并不断解放社会生产力的制度优势和治理优势。①

正如习近平同志所指出的，当今世界正处在百年未有之大变局，所谓“百年未有”中的重要一点，便在于在近现代史中的人类文明进展方面，中国是落伍者和旁观者，而在当代，中国则是赶超者和带动者。中国的崛起构成了当今世界百年未有之大变局中的突出特点，新中国成立 70 多年来，我们创造了从“站起来”到“富起来”的历史奇迹，迎来了从“富起来”到“强起来”的新时代。习近平同志在党的十九大报告中特别指出，我们比历史上任何时期都更接

---

① 刘伟. 坚持和完善社会主义基本经济制度，不断解放和发展社会生产力. 光明日报，2019-12-13.

近、更有信心和能力实现中华民族伟大复兴目标（中国梦）。这是新时代中国经济发展面临的最根本的历史新机遇。

2. 影响中国潜在经济增长率的主要因素的变化趋势

潜在经济增长率是长期可能实现的经济增长潜力，主要取决于供给要素的变化。在此基础上，实际经济受到短期需求因素波动影响而偏离潜在经济增长率并形成实际经济增长率。因此，潜在经济增长率实际上是长期平均经济增长率，实际经济增长率围绕潜在经济增长率波动。在长期，两者会大体趋于一致；在短期，若实际经济增长率显著高于潜在经济增长率或显著低于潜在经济增长率，客观上都会产生较严重的失衡，或表现为通货膨胀，或表现为经济衰退或更复杂的失衡。自 1978 年改革开放以来，中国经济实现了 40 多年持续高速增长，平均增长速度达到 9.4%。但从 2008 年金融危机以后，受到世界经济持续低迷的影响，中国经济的增长势头开始逐渐减弱，自 2007 年达到 14.2%的超高速增长后，其增速逐年下滑，在 2015 年后跌破 7%，而后持续下跌到 2019 年的 6.1%，这表明经济下行压力增大。在中国经济进入新常态后，经济增长速度进入"换挡期"的态势越来越明显，进而引发了人们对于中国经济进入新常态及未来一段时期经济增长势头到底如何发展的强烈关注。相应地，未来我国潜在经济增长率的问题成为人们热烈讨论的问题。

潜在经济增长率的决定因素首先集中在供给侧。从供给侧看，影响潜在经济增长率的主要因素包括：一是人口因素，人口红利是影响潜在经济增长率的重要因素。若将一国劳动年龄人口比开始下降、抚养比开始上升作为是否具有人口红利的判断标准①，则我国自 2012 年起人口红利开始逐渐减弱，未来潜在经济增长率会受这种人口红利减弱趋势的影响而有所降低。二是资本因素，固定资产投资和储蓄率也是影响潜在经济增长率的重要因素。从国家统计局公布的数据来看，我国全社会固定资产投资增长同比自 2009 年开始出现回落（包括

① 陆旸，蔡昉. 人口结构变化对潜在增长率的影响：中国和日本的比较. 世界经济，2014，37(1)：3-29.

实际和名义)，民间固定资产投资增速的下滑趋势更猛，从 2011 年第二季度以来逐季回落，实际同比已出现负增长；与此同时，从投资增长的动力源看，即从储蓄率来看，不论是国民总储蓄率还是国内总储蓄都呈现出持续下降的趋势：国民总储蓄率自 2008 年的最高点 51.84%下降至 2016 年的 45.9%，国内总储蓄从 2010 年的最高点 51.55%下降至 2017 年的 46.36%。投资增长的动力源减弱，加上固定资产投资意愿不足，会拉低未来中国的潜在经济增长率。三是全要素生产率因素，根据 Penn World Table 9.0 估算的 1952—2014 年中国全要素生产率，在改革开放之前，我国全要素生产率在较多年份中呈下滑态势，并且波动较大。在改革开放后，我国全要素生产率呈上升趋势并且波动性明显下降，尤其是在 2001 年中国加入 WTO 之后，我国全要素生产率增长率基本上为正值，到 2007 年达到高点 6.22%。但自 2008 年全球金融危机以来，我国全要素生产率增长率呈现明显的下降趋势，从最高点降至低点−0.23%，并且此后基本维持在 0.1%左右（进入经济新常态以来，我国全要素生产率的贡献基本稳定在 3%左右)。全要素生产率增长率的降低会在相当大的程度上降低潜在经济增长率。从以上三个主要因素的变化趋势看，自我国经济发展进入新常态以来，我国的经济增长速度之所以进入“换挡期”，除了内需疲软、世界经济低迷等需求因素的作用外，从供给侧看，根本性的长期因素在于潜在经济增长率相对前一时期显著变化，呈现逐渐降低的态势。与此同时，需要注意的是，在我国经济进入新常态后，实际经济增长速度相对前期虽有下降趋势，但绝对增速仍高于世界上的大部分国家，包括发达国家和新兴经济体，并且没有发生严重的经济失衡，这表明我国经济发展长期向好的趋势没有变，同时潜在经济增长率的强劲发展势头没有发生根本性变化。

那么，怎样预测具体的潜在经济增长率？从经济理论上看，在宏观经济的中长期预测中，增长核算法是常用的方法。根据所谓主流的新古典增长理论推导出计算潜在 GDP 增长的公式，即经济增长率等于全要素生产率增长率、资本存量增长率与其产出弹性的乘积、劳动投入增长率与其产出弹性的乘积三者之和。问题在于，其中每一项指标的估算无论是在方法上还是在数据上都有很大的不确定性，因而使得潜在经济增长率的估算难以一致。

首先，对全要素生产率的测算面临严重的分歧。暂且不说学界对所谓的主流新古典增长理论本身的质疑，就是在测算方法、生产函数的设定、初始资本存量的设定和估计等方面，也都存在较大差异。从我国学术界开展的研究来看，不同研究对全要素生产率增长率的测算差别非常大，它们测算的年增长率，低的接近－10％，高的可以达到12％，说明这一指标要想测算精准是非常困难的。客观地说，之所以存在精准测算上的严重困难，重点在于制约和决定全要素生产率增长率的因素复杂，其变化本身具有不确定性，包括经济制度创新和变迁对全要素生产率增长率的影响、技术创新和技术进步对全要素生产率增长率的影响、资源环境变化及治理对全要素生产率增长率的影响、城镇化的变化及社会结构演变对全要素生产率增长率的影响以及资源禀赋和要素投入量的变化对全要素生产率增长率的影响等，都是难以确定的。

其次，对资本存量增长率及其产出弹性的测算也难以一致。从我国国内学者的研究结果看，他们对资本存量增长率的测算存在明显差异，在大体相同的时期里，测算结果中高的年增长率达到13.5％，低的不足8％。究其原因，除采用的测算方法的差异以及数据处理的不同外，他们对基期资本存量的测算、折旧率的选择、测算年份的划分区间等方面都存在分歧。同理，对资本产出弹性的测算值由于种种原因也难以取得统一，不同学者的测算值从0.4以下到0.8以上，可以梳理出多种取值。

最后，对劳动力总量和增长率的测算同样具有上述不确定性问题，不同学者测算的值相差显著。

尽管存在诸多困难，使得潜在经济增长率的测算存在严重的不确定性，但从目前学术界的研究结果来看，普遍认为与以往我国经济的发展历史相比，在经济发展进入新常态后，潜在经济增长率相对下滑是基本趋势。其主要原因在于影响潜在经济增长率的主要因素的拉动作用呈下滑态势。但与同期世界经济增长相比，包括与发达经济体和发展中经济体相比，进入新常态的我国经济仍能保持相对较高的增长速度，具有相对强劲的增长潜能。问题在于，我们应以怎样的发展方式和政策，使这种增长潜能切实、均衡、有效地转化为实际经济增长。进入经济新常态以来中国经济的实际增长表明，中国经济仍具有较强的增长潜力，特别是在新动能转换上，伴随着深化供给侧结构性改革，中国经济出现了新变化。国家统计局统计科学研究所在《新产业新业态新商业模式统计监测制度（试行）》的基础上，运用经济发展新动能指数统计指标体系，采用定基指数法，测算了我国2015—2017年经济发展新动能指数，分别是网络经济指数、经济活力指数、创新驱动指数、转型升级指数、知识能力指数5类。从测算结果上看，2015—2017年我国每年的经济发展新动能指数分别为123.5、156.7、210.1，逐年提高；分别比上年提高23.5%、26.9%、34.1%，呈逐年加速之势。分类别看，2017年的网络经济指数高达362.1，比上年增长79.1%，对总指数的贡献率为34.5%；经济活力指数为284.3，比上年增长38.4%，对总指数的贡献率为27.1%；创新驱动指数为143.3，比上年增长13.4%，对总指数的贡献率为13.6%；转型升级指数为132.3，比上年增长6.4%，对总指数的贡献率为12.6%；知识能力指数为128.5，比上年增长2.7%，对总指数的贡献率为12.2%。总的来看，从进入新常态以来，中国经济的发展新动能表现活跃，为未来的中国潜在经济增长率注入了新的动力和潜能。

由于潜在经济增长率是一种可能性，受许多因素制约，存在多种可能的变化，所以具有很大的不确定性。要事先准确地测算其值的高低及其变化较为困难，同时也难以取得共识。此外，虽然潜在经济增长率在长期主要受供给侧因素的影响，但其最终是通过实际经济增长率的长期平均值得以体现的，而实际经济增长率除受潜在经济增长率的影响外，还直接受短期需求的制约，进而表现出围绕潜在经济增长率上下波动的短期状态。而需求端的短期变化非常复杂，不仅制约因素多，而且具有强烈的不确定性。因此，人们可以运用不同的方法具体加以测算，但测算值和方法难以统一。人们可以运用不同的测算结果在可比的基础上认识潜在经济增长率的趋势，但难以求出一致的精确的潜在经济增长率。人们可以在不同的潜在经济增长率水平下，分析经济实际增长可能发生的变化，但难以将其明确为一种确认的状态。至于这一点，后文（参见本书第七章）还要讨论。①

参考文献

[1] 陈岱孙. 政治经济学史. 长春：吉林出版社，1981.

[2] 刘伟. 经济学教程. 北京：北京大学出版社，2005.

[3] 邓小平文选：第二卷. 北京：人民出版社，1994.

[4] 刘伟，蔡志洲. 走下神坛的 GDP——从经济增长到可持续发展. 北京：中信出版社，2006.

[5] 中共中央文献研究室. 习近平关于社会主义经济建设论述摘编. 北京：中央文献出版社，2017.

[6] 习近平. 决胜全面建成小康社会　夺取新时代中国特色社会主义伟大胜利. 北京：人民出版社，2017.

[7] 北京大学中国国民经济核算与增长研究中心. 中国经济增长报告（2016）. 北京：北京大学出版社，2016.

[8] 刘伟，王文. 新时代中国特色社会主义政治经济学视阈下的“人类命运共同体”. 管理世界，2019（3）.

[9] 刘伟，张辉. 我国经济增长中的产业结构问题. 中国高校社会科学，2013（4）.

[10] 刘伟，蔡志洲. 如何看待中国仍然是一个发展中国家. 管理世界，2018（9）.

[11] 甘犁，何青. 促进消费关键在改善收入分配. 环球时报，2018－07－18.

[12] 刘伟，等. 经济增长与结构演进：中国新时期以来的经验. 北京：中国人民大学出版

① 至于潜在经济增长率及决定因素的测算，学者做过大量的研究，但研究结论相差较大。例如，关于全要素生产率增长率的测算值，差别就很大［郭庆旺，贾俊雪. 中国全要素生产率的估算：1979—2004. 经济研究，2005（6）；李宾，曾志雄. 中国全要素生产率变动的再测算：1978—2007 年. 数量经济技术经济研究，2009（3）；赵志耘，杨朝峰. 中国全要素生产率的测算与解释：1979—2009 年. 财经问题研究，2011（9）；张军，施少华. 中国经济全要素生产率变动：1952—1998. 世界经济文汇，2003（2）；章祥荪，贵斌威. 中国全要素生产率分析：Malmquist 指数法评述与应用. 数量经济技术经济研究，2008（6）；Wang，Y.，Y. Yao，Sources of China's Economic Growth 1952—1999：Incorporating Human Capital Accumulation，China Economic Review，2003(14)；Young，Alwyn，Goldinto Base Metals：Productivity Growth in the People's Republic of China during the Reform Period，Journal of Political Economy，2003，111（6）；等等］。

又如，关于资本产出弹性的测算值也不尽相同［郭庆旺，贾俊雪. 中国潜在产出与产出缺口的估算. 经济研究，2004（5）；曹吉云. 我国总量生产函数与技术进步贡献率. 数量经济技术经济研究，2007（11）；孙琳琳，任若恩. 中国资本投入和全要素生产率的估算. 世界经济，2005（12）；昌忠泽，毛培. 新常态下中国经济潜在增长率估算. 经济与管理研究，2017（9）；黄梅波，吕朝凤. 中国潜在产出的估计与“自然率假说”的检验. 数量经济技术经济研究，2010（7）；杨国中，李宏瑾. 基于生产函数法的潜在产出估计、产出缺口及与通货膨胀的关系：1978—2009. 金融研究，2011（3）；郭豫媚，陈彦斌. 中国潜在经济增长率的估算及其政策含义：1979—2020. 经济学动态，2015（2）；乔红芳，沈利生. 要素合理配置视角下中国潜在产出测算. 宏观经济研究，2015（12）；王华. 中国 GDP 数据修订与全要素生产率测算：1952—2015. 经济学动态，2018（8）；等等］。

社，2016.

[13] 刘伟，蔡志洲. 区域差异——我国经济持续高速增长的重要资源. 中国党政干部论坛，2003 (3)，2003 (4).

[14] 刘伟. 坚持和完善社会主义基本经济制度，不断解放和发展社会生产力. 光明日报，2019-12-13.

[15] 陆旸，蔡昉. 人口结构变化对潜在增长率的影响：中国和日本的比较. 世界经济，2014，37 (1).

下篇

中国经济增长的特征及潜能

第六章

中国经济增长的周期性和结构性特征[①]

自改革开放以来，随着新型社会主义市场经济体制的建立和发展，中国的经济增长进入了加速发展期，并取得了巨大的成就。但在我国的经济发展过程中，由于市场经济的发展所带来的各种总量失衡以及结构失衡，我国的经济也经历着不断的起伏并反映出周期性和结构性效应。这种周期性和结构性变化表现为增长率和通货膨胀率的周期性波动以及增长中的结构性效应，但也有各个阶段的特殊性，不同阶段的体制背景、经济发展水平、国内外环境和发展目标的变化都会对经济周期和结构性效应的表现产生影响。研究这种周期性变动和结构效应的特点及影响因素，对于我们判断未来的经济增长和经济发展趋势、深化改革和改善宏观调控、实现可持续发展有着积极意义。

第一节 引言：市场经济条件下的经济周期

从历史上看，伴随着资本主义制度的出现和市场经济的发展，经济周期和经济危机就成为一种周而复始的现象。经济周期和经济危机反映了经济增长中的供需失衡，形成对生产力的巨大浪费甚至是破坏。无论是马克思主义经济学家还是西方经济学家都对此进行了大量的研究（张宇，2009；王金明和高铁梅，2006），并提出了不同的解决方案。进入 20 世纪后，世界各国普遍采用的是两种解决方案：一是建立在社会主义制度下的中央计划经济，由此来解决生产的社会化与资本主义私人占有之间的矛盾所带来的扩大再生产过程中的失衡问题。新中国成立后，也学习当时的苏联建立了这种模式。在这种模式下，总量失衡

① 刘伟，蔡志洲. 经济周期与长期经济增长. 经济学动态，2019（7）.

长期表现为供给不足，而经济周期和经济危机是以供给过剩为特征的，所以在原中央计划经济国家确实很少见到以生产过剩为特征的经济危机。但是，由于激励和约束机制等方面的矛盾，中央计划经济国家的经济增长效率不高，宏观经济失衡长期表现为经济短缺（科尔奈，1975）。这也是苏联模式最后无法延续的基本原因。二是在原先的资本主义制度下加强或改善政府干预，通过政府的宏观经济政策尤其是财政政策和货币政策进行反周期操作。自20世纪30年代以来，在西方经济学中形成了以凯恩斯为先驱的宏观经济学（凯恩斯，1999），主要研究如何通过政府各种经济政策的适度干预，引导经济平稳增长。在此过程中，形成了很多学派（如货币学派、供给学派等），它们的很多观点被政府采纳并加以实施。在资本主义早期，经济周期反映为经济增长过程会不断地经历复苏、高涨、衰退、萧条这四个阶段，但随着现代市场经济的发展和政府反周期宏观干预的改善，世界各国尤其是发达国家在经济增长中的波动性已经明显减弱。经济增长率、通货膨胀程度和就业率等指标所反映的经济周期的波动程度也在减小，但经济周期始终存在。从实证研究上看，西方经济学家对于经济周期已有了很多探索，比较著名的有基钦存货变动周期（Kitchin，1923），每个周期的长度为3～5年；库兹涅茨基础设施投资周期（Kuznets，1930），每个周期的长度为15～25年；康德拉捷夫技术周期（Kondratieff，1935），每个周期的长度为45～60年；等等。经济学家对于经济周期的这些总结，往往都是根据他们对一定时期宏观数据的观察和分析得出的，但由于时代在发展，很多传统的认知已不能满足分析的需要。各国都在加强对各种宏观数据的观察和分析，从而加深对经济周期的认识，并在此基础上不断改善政府宏观干预的水平。

表6-1列出了美国国家经济分析局（NBER）根据多个指标分析得出的对美国经济周期的判断，两个相邻的高峰或低谷构成一个周期。从表中可以看到，从20世纪80年代到21世纪前10年，美国经历了四个经济周期。从峰值上看，经济周期最短的只有19个月（1980年1月到1981年7月），最长的为10年零8个月（1990年7月到2001年3月）。从经济周期的持续时间上看，20世纪80年代中后期和90年代的美国经济发展较好，每一个经济周期都在10年左右，

而进入21世纪后，高峰和低谷之间的时间开始缩短。从长期发展看，1980年到1981年的变化可以看作短期波动，中长期看大约是10年一个周期，在2009年美国经济到达谷底后，美国开始进入一个新的周期。到目前为止，NBER还没有公布新的峰值（也就是说，目前的周期仍在进行中）。我们从表中还可以看到经济周期的一个特征，也就是相比较而言，在经济周期中从高峰到低谷的时间远少于由低谷到高峰的时间。从高峰到低谷往往只有几个月（最多的只有1年多），但由低谷到高峰往往会持续多年。一方面，这说明当经济出现过热而达到峰值时，风险就已经开始加剧。这也是美国特别重视对经济增长进行政府干预的原因。另一方面，我们可以看到，美国政府在财政政策和货币政策方面对经济增长的干预，确实发挥了一定的作用，这也使得近30年来美国的经济增长相对较为稳健。

表6-1　1980—2009年美国经济的波动情况

转折日期	高峰或低谷	相邻高峰或低谷间的时间长度	相邻高峰或低谷间的时间间隔	公布日期
1980年1月	峰			1980年6月3日
1980年7月	谷		6个月	1981年7月8日
1981年7月	峰	1年零6个月	1年	1982年1月6日
1982年11月	谷	2年零4个月	1年零4个月	1983年7月8日
1990年7月	峰	9年	7年零8个月	1991年4月25日
1991年3月	谷	8年零4个月	8个月	1992年12月22日
2001年3月	峰	10年零8个月	10年	2001年11月26日
2001年11月	谷	10年零8个月	8个月	2003年7月17日
2007年12月	峰	6年零9个月	6年零1个月	2008年12月1日
2009年6月	谷	7年零7个月	1年零6个月	2010年9月20日

资料来源：NBER Business Cycle Dating Committee, Announcement Dates, US Business Cycle Expansions and Contractions, Archived from the Original on 12 October 2007, Retrieved 1 March 2015.

新中国成立后，按照当时的苏联模式建立了中央计划经济体系，在一定时期内，这一模式的建立和发展对中国的经济增长具有积极的意义，尤其是通过在国民收入中的高积累来扩大投资，由此建立了独立自主的现代工业体系，对中国的长远发展具有基础性意义。但是，在这一模式下也存在着内生动力不足和外生干扰较多的问题：内生动力不足导致经济活动的效率难以持续地提高；外生干扰较多反映为正常的经济运行时常因为非经济原因而发生问题，从而导致经济增长的起伏和停滞。从总体上看，正如苏联和其他实行中央计划经济的国家一样，当时中国在总供给和总需求的关系上也是长期供给不足，尤其是消费品的供给不足，迫使必须通过票证经济来抑制需求；投资品的不足导致以“排队”等待的方式来安排投资需求，所以不存在市场经济国家以“需求不足和生产过剩”循环出现为特征的经济周期及经济危机。在改革开放后，中国开始推进市场化改革①，市场化程度在不断提高（刘伟，2009）。这样，在市场经济下的供求关系变化所带来的总量失衡就有可能周而复始地出现，这就使得中国也开始出现经济周期（从宏观指标上看，表现为经济增长率和价格指标的周期性波动）。尽管引起经济周期的根本原因都是市场经济中的不确定性，但由于中国的市场化改革是逐步推进的，各个时期的市场化程度不同，所以引发经济周期的具体原因、经济周期的表现以及政府所采取的反周期措施也不同。与此同时，由于基本经济制度的根本不同，加上形成市场经济条件下经济周期波动的深层原因也存在本质区别，因而中国特色社会主义市场经济下的经济周期又呈现出自身的一些特点。

第二节 改革开放以来中国的经济周期及其表现

一、总量变化

经济周期首先是从国内生产总值（GDP）的总量变化来观察的。表 6-2 列出了自改革开放以来（1979—2018 年）中国 GDP 指数的变化情况。为了观察经济增长率围绕着均值所发生的波动，表中列出的平均 GDP 指数是以算术平均数计算的（109.5%，如果以几何平均数计算，则为 109.2%），标准差为 2.71%，与均值相比，其数值较小，说明从总体上看，在改革开放后的长期经济增长是平稳的。如果以均值加上或减去一个标准差，所得的区间为（106.8，112.2）。如果采用一个 σ 标准，

① 虽然党的十四大才明确提出建立社会主义市场经济是中国经济体制改革的目标，但在实际上，从改革开放初期，市场化改革就已经开始了。

可以认为在这个区间里的经济增长属于正常波动，在此区间之外则属于发生了经济过热或过冷。在表 6－2 中，低于 106.8 的年份有 5 个，分别为 1981 年（105.1）、1989 年（104.2）、1990 年（103.9）、2016 年（106.7）、2018 年（106.6），高于 112.2 的年份有 7 个，分别为 1984 年（115.2）、1985 年（113.4）、1992 年（114.2）、1993 年（113.9）、1994 年（113.0）、2006 年（112.7）、2007 年（114.2），属于经济过热。中国的经济过热一般不会持续很久，很快就会出现峰值，然后出现经济增长率的持续回落，即进入经济调整期。这一点与美国不同，在表 6－1 中可以看到，美国经济在出现峰值后会迅速回落，然后再缓慢上升；而中国可能是缓慢回落，再迅速上升。反过来，经济过冷通常也不会持续很久，调整到一定时点也会出现反转。虽然中国经济进入新常态后处于由高速经济增长向中高速经济增长的过渡时期，但从长期趋势看，经济增长率也不会在潜在经济增长率区间外长期停留，否则就可能是出现了系统性的变化。

表 6－2　1979—2018 年中国 GDP 指数情况（上年＝100）

年份	GDP 指数	年份	GDP 指数	年份	GDP 指数
1979	107.5	1993	113.9	2007	114.2
1980	107.8	1994	113.0	2008	109.7
1981	105.1	1995	111.0	2009	109.4
1982	109.0	1996	109.9	2010	110.6
1983	110.8	1997	109.2	2011	109.5
1984	115.2	1998	107.8	2012	107.9
1985	113.4	1999	107.7	2013	107.8
1986	108.9	2000	108.5	2014	107.3
1987	111.7	2001	108.3	2015	106.9
1988	111.2	2002	109.1	2016	106.7
1989	104.2	2003	110.0	2017	106.9
1990	103.9	2004	110.1	2018	106.6
1991	109.3	2005	111.4	算术平均数	109.5
1992	114.2	2006	112.7	标准差	2.71

资料来源：《中国统计年鉴(2018)》。2018 年的 GDP 指数来自国家统计局统计公报。

从图 6-1 可以直观地看出中国在过去的 40 年间经济增长率（GDP 指数减去 100）的波动情况，我们可以把经济增长率的波动分为两种情况：一种是短期波动，即经济增长率在短期内改变方向，然后又持续原来的趋势；另一种是趋势性波动，即经济增长率发生持续的增长或回落。从图 6-1 可以看到，1981 年的经济增长率出现了回落，但随后恢复了原先的上涨趋势，属于短期波动；1987 年的上涨则属于短期上涨，然后又延续了原来的回落趋势；2010 年的上涨从短期看属于回升，但从长期趋势看属于回落过程中的波动。若从长期趋势的观点来看峰值，那么在过去的 40 多年间，经济周期的峰值出现过三次，分别在 1984 年、1992 年和 2007 年。若从长期趋势的观点来看谷底，则出现了四次，分别为 1981 年、1990 年、1999 年和 2018 年。如果把相邻两次谷底之间所经历的时期看成一个经济周期，则改革开放后中国经历了三次经济周期。前两次经济周期之间约为 10 年，第三次经济周期约为 20 年。问题在于，2009 年到 2010 年的这一次波动，究竟反映的是短期波动还是长期趋势？如果把 2008 年和 2009 年也看成一次谷底，把 2010 年看成一次峰值，那么我们就经历了四次经济周期，每次经济周期的时长大约是 10 年。关于这一点，还要结合对通货膨胀的观察加以分析。

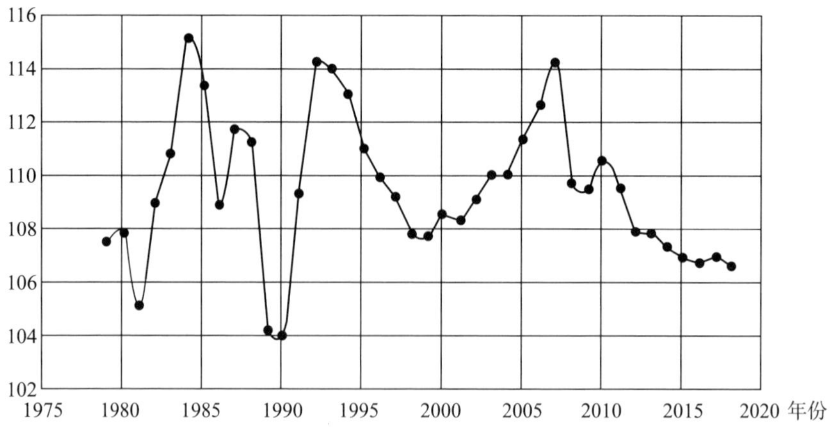

图 6-1　1979—2018 年中国的 GDP 指数（上年=100）

二、对通货膨胀的观察

在世界各国，通货膨胀或通货紧缩首先是以居民消费价格指数（CPI）反映的。在欧美的主要国家尤其是美国，往往把每年2%～3%的CPI上涨作为宏观调控的目标，低于这个标准往往被认为出现了通货紧缩，而高于这个标准则被认为可能是出现了通货膨胀。从发达国家的历史数据来看，这个经验数值有其合理性，如果CPI持续保持在这个区间，经济增长往往能保持在一个比较合理的状态。[①] 但是，就中国而言，由于在改革开放之前，各种产品和服务的价格是由政府管制的，在改革开放后才逐步放开物价，这就使得中国价格总水平的波动有一些自己的特征。

第一，价格总水平的波动也呈现出周期性的状态。由表6-3可见，从20世纪80年代中期到90年代中期，中国的居民消费价格指数（CPI）经历了剧烈的起伏，虽然从90年代后期开始相对平稳，但总的均值和标准差相对较高。从短期波动和长期趋势的关系看，峰值有4个，分别在1988年（118.8）、1994年（124.1）、2008年（105.9）和2011年（105.4）；谷底有5个，分别在1979年（101.9）、1990年（103.1）、1999年（98.6）、2009年（99.3）和2015年（101.4）。从相邻两个谷底之间的关系看，在改革开放后我们大约经历了4个周期，大约是每10年一个周期。2015年的CPI数值为2009年后的最低值；2016—2018年有一点提升，但没有发生显著变化。

第二，价格总水平的波动逐渐走向平稳。从图6-2可以直观地看到，以进入21世纪前后为界，中国价格总水平的波动呈现出不同的特征：在1979—1999年期间，价格总水平的波动幅度较大，远超发达市场经济国家的一般标准，有5个年份的CPI都在110以上，但在2000年之后，仅有两个年份的上涨幅度超过了5%，该波动程度略高于发达市场经济国家。由于这一时期中国的年均经济增长率远高于欧美发达国家，所以这种波动程度也是正常的。

---

① 通过对美国国家经济分析局（NBER）的GDP时间序列数据和劳工统计局（BLS）的CPI时间序列数据进行实证比较，可以明显看出这种观点是有现实依据的。

表 6-3　1979—2018 年中国居民消费价格指数（上年＝100）

年份	居民消费价格指数	年份	居民消费价格指数	年份	居民消费价格指数
1979	101.9	1993	114.7	2007	104.8
1980	107.5	1994	124.1	2008	105.9
1981	102.5	1995	117.1	2009	99.3
1982	101.9	1996	108.3	2010	103.3
1983	102.0	1997	102.8	2011	105.4
1984	102.7	1998	99.2	2012	102.6
1985	109.3	1999	98.6	2013	102.6
1986	106.5	2000	100.4	2014	102.0
1987	107.3	2001	100.7	2015	101.4
1988	118.8	2002	99.2	2016	102.0
1989	118.0	2003	101.2	2017	101.6
1990	103.1	2004	103.9	2018	102.1
1991	103.4	2005	101.8	算术平均数	104.9
1992	106.4	2006	101.5	标准差	5.9

资料来源：根据历年《中国统计年鉴》的数据整理。

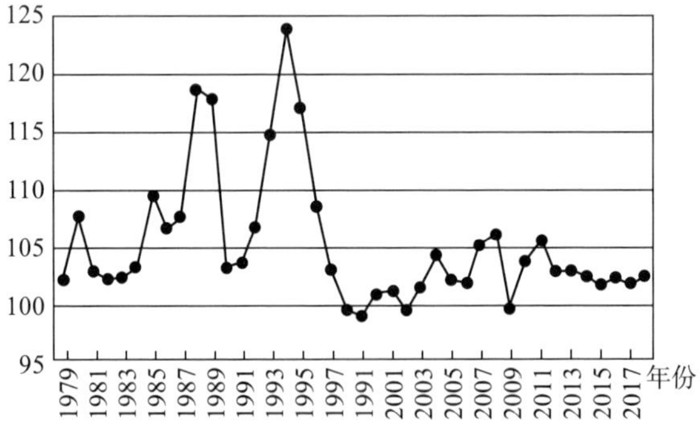

图 6-2　1979—2018 年中国的居民消费价格指数（上年＝100）

在改革开放的前 20 年，中国正处于由中央计划经济向社会主义市场经济全面转轨的过程中，在中央计划经济的条件下，各种产品和服务的价格与市场供求严重脱节，即产品价格偏离价值的现象相当严重，价格总水平的较大幅度上升是我们在改革过程中必须经历的阵痛。但是，CPI 的波动也在一定程度上反映了经济增长中的总量失衡。在预算软约束的条件下，公有制企业对市场的认识不足，对价格信号的反应不敏锐，同时价格信号本身也发生了扭曲，而在国有银行贷款和财政拨款支持下的过度投资，致使供给不足迅速转变为需求不足，从而导致了 CPI 的巨大波动。虽然形成通货膨胀的生产主体和融资方式与现在有很大的不同，但就企业和政府在一定的发展阶段对市场的认识存在不足，必须通过市场本身的调节来实现可持续的发展而言，则有相似之处。正因为如此，党的十四大明确提出要把建立和发展社会主义市场经济作为经济体制改革的目标，并且推动和深化了以产权制度改革和竞争性价格机制改革为基础的一系列市场化改革。一方面，要进一步激发市场主体的活力，实现持续的高速经济增长；另一方面，要加强企业的自我约束和风险控制能力，以保持经济活动的平稳运行。这就使得在世纪之交，中国的市场经济开始进入了一个新的时期，国有经济仍然在国民经济中发挥着基础性的主体作用，但无论是从其规模占国民经济的比重还是从其在竞争性行业中所发挥的作用上看，都比过去大大缩小了，而民营经济则进入了一个迅速发展期。各级政府与企业间的关系也逐渐从原来的行政上下级关系，转变为市场性的横向关系。相应地，政府鼓励经济发展或防止经济过热的手段也有了很大的变化，国家更加重视通过宏观经济政策（财政政策、货币政策等）来保证经济增长的平稳运行和价格总水平的稳定，因而价格总水平的波动，尤其是消费价格总水平的波动比前 20 年有了比较明显的改善。

第三，从消费价格和投资价格的关系看，投资品价格对价格总水平的影响逐步加大。在世界各国，CPI 都是反映通货膨胀的主要指标，虽然 CPI 只反映了消费价格总水平的变动，但在比较完善的市场经济条件下，消费价格和投资价格是联动的，观察 CPI 就能够了解市场价格总水平的变化。但在中国，情况有所不同，由于积累和投资在高速经济增长中的重要作用，生产者价格与消费者价格的变动仍然存在着差别。我们可以通过观察 GDP 平减指数[①]与 CPI 之间

① GDP 平减指数(GDP deflator)＝GDP 名义指数(用现行价格计算)/GDP 指数(用固定价格指数)。

的关系，看投资品价格的变动对价格总水平的影响。从图 6－3 中可以看出，在 1999 年以前，中国 CPI 的波动幅度大于 GDP 平减指数，而此后则小于 GDP 平减指数，这说明投资品价格的波动对价格总水平的影响在扩大。其中的一个重要原因是，在 1998 年住宅商品化改革之后，作为投资品的居民住宅的价格水平有较大幅度的上升，尤其是在一些大城市，房价上升的幅度比较大，由此对 GDP 平减指数产生了影响。我们可以在图 6－3 中看到 2004 年、2007 年、2008 年、2010 年和 2011 年的 GDP 平减指数上涨幅度都超过了 7%，均发出了比较明显的通货膨胀信号，但就 CPI 而言，这一期间涨幅超过 5%的年份只有两个，分别为 2008 年和 2011 年。近年来，各级政府开始把控制房价过度上涨作为宏观调控的重要目标，正是因为投资品价格尤其是房价的变动已成为全部产品价格总水平变动的重要影响因素。

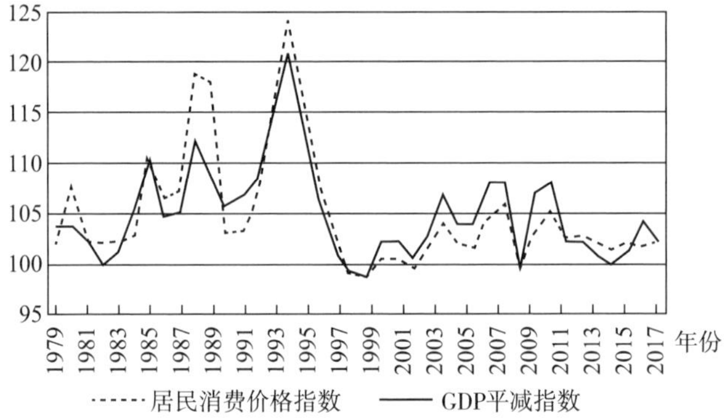

图 6－3　1979—2017 年 CPI 与 GDP 平减指数的比较

说明：GDP 平减指数根据《中国统计年鉴（2018）》中的现价 GDP 数值和 GDP 指数推算。

第四，从通货膨胀与经济增长的关系看，目前中国正处于第四个经济增长周期的底部。图 6－4 反映的是在改革开放后中国经济增长与以 CPI 为代表的通货膨胀之间的关系。由图 6－4 可见，在经济增长与通货膨胀之间有明显的相关关系，即在经济增长率提升的时期，通货膨胀率也在提升，反之亦然。在大多数情况下，经济增长的峰值领先于通货膨胀的峰值，所以在出现经济增长率回落，而通货膨胀率仍在上升时，这往往就是周期性峰值出现的信号，或者说是经济增长出现转折的信号。2008 年，中国的经济增长率相比 2007 年的过快上涨（2007年的经济增长率超过14%）已经出现比较明显的回落，但通货膨胀率仍在继续提升，这是在新的市场经济条件下（与改革开放前20年相比较）经济周期出现峰值的信号，预示经济总量失衡的方向将发生改变，表示一个经济周期即将结束。但是，2008—2009年中国经济增长所遇到的问题有其特殊性，这就是我国的经济周期和由美国2008年“次贷危机”引发的全球金融危机叠加，对中国经济产生了特别严重的冲击。在这种情况下，中国政府以财政政策和货币政策双重刺激的方式（双松）来遏制经济增长率回落，并取得了明显的短期效果，主要表现为2010年的经济增长率重新回升，达到阶段性高点（10.6%），而表现在CPI上则是2010年和2011年连续两年的回升，在2011年到达高点（5.4%）。从这个意义上看，中国在全球金融危机后采取的强刺激政策，事实上是把下一个周期的峰值提前了，但由于长期经济增长中的各种矛盾所引起的总量失衡并没有真正得到解决或有效缓解，所以经济调整仍要延续，表现为经济增长率和CPI的双重回落。因此，我们可以把改革开放后第二个20年的这个大周期进一步细分为两个周期，即1998—2008年前后为一个周期，2009—2018年前后为另一个周期。也就是说，按经济增长和通货膨胀的波动情况来看，可以把改革开放后的经济波动分为四个周期，大约每10年为一个经济周期。目前，我们正处于第二个20年的第二个周期（也就是改革开放后的第四个周期）的底部。

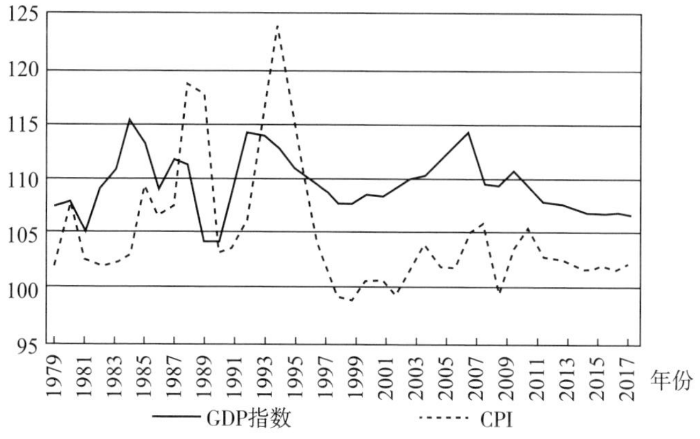

图6-4 1979—2017年GDP指数与CPI的比较

第三节 从经济体制和三大总量的变化看中国经济增长周期的特点

经济增长周期是一种宏观现象，反映总供给与总需求之间由相对均衡到失衡、再走向相对均衡的过程。平衡或均衡不是目标，而是保证实现可持续增长和发展的手段。发展可能打破原有的均衡，从而引起新的总量失衡与结构失衡，这就需要我们不断地深化改革和改善宏观调控，提高经济增长的效率。在党的十一届三中全会后，中国开始进行经济体制改革，其出发点就是为了提高中国经济的效率。这种效率的提升至少可以体现在三个方面：一是要提高产出的时间效率，就是要在单位时间（如一年）内实现更多的产出；二是提高要素效率（即投入产出效率），就是要在同等的要素投入情况下获得更大的产出；三是这种效率的提高必须是稳定的、可持续的，要避免经济增长的大起大落和资源配置扭曲造成的无效生产活动。确保这种效率提升的基本条件，就是要有一个符合本国特点的、不断发展完善的现代经济体制。

在改革开放初期，中国仍处于计划经济阶段，推动经济发展首先是要把工作的重点转移到经济建设上，然后通过探索性的市场化改革（如工资制度的改革、消费品价格的改革、扩大企业自主权、利改税等）理顺各种经济关系（尤其是劳动者和企业的关系、政府和企业的关系、企业和市场的关系等），由此来调动生产者的积极性，实现加速推动经济增长。在这一时期，政府和企业的关系仍属于计划体制下的行政关系：一方面，由于扩大了企业的自主权，企业的生产积极性有所提高；另一方面，由于预算软约束，公有制企业在扩大投资时缺乏风险意识和风险控制，再加上由价格体制改革导致的消费品价格的较大波动，使中国的经济增长在快速提升之后不得不进入调整，这就出现了改革开放后的第一个经济周期。在第一个经济周期中，我们虽然进行了各种经济改革，尤其是强调了收入分配改革和价值规律的作用，但仍是在计划经济的框架下进行改革，因而资源配置扭曲的现象比较严重，同时生产者的积极性也没有被充分调动起来。在进入第二个经济周期后，中国开始了由计划经济向市场经济的转轨，虽然从整体上看，这一阶段的年均增长率比较高，但由于价格体制的改革已经从消费品扩大到了生产资料，因而通货膨胀的程度也很高，并且在转轨过程中又有许多企业适应不了市场变化的要求而关停并转，所以这一时期的高增长也付出了很大的代价。但是，在这一周期中后期推动的市场化改革（包括产权、产品、劳动、资本市场的市场化改革）为未来的市场发展和经济增长提供了制度基础，在相对更加充分的市场竞争条件下，无论是企业和居民家庭自身的风险意识，还是政府的宏观调控能力，都比过去大大提高了。这就提高了未来的经济增长效率。由于市场经济体制的建立和发展，政府的宏观调控方式也发生了改变，由原来的直接对企业进行行政管理改为通过财政政策和货币政策实施宏观调控。从 2003 年中国进入新一轮景气周期后，政府就不断通过各种财政政策和货币政策的反周期操作来抑制投资过热和通货膨胀。应该说，这些措施是有成效的。尤其是在 2007 年，早在全球金融危机来临之前，中国已开始采取各种反通货膨胀的措施，这就在一定程度上预防了国际环境的恶化给中国经济带来更大的冲击。从图 6－5 可以看到，在 1998 年之后也就是进入第三个经济发展周期之后，中国的经济增长和价格总水平变动虽然也有波折，但从总体上看，它们的波动程度已经大幅缩小，经济增长进入了相对稳定的区间，两位数的通货膨胀及比较严重的通货紧缩也没有再发生。这说明深化经济体制改革，尤其是市场化改革不但有利于提高中国的经济效率，同时也有利于提升经济发展的稳定性。

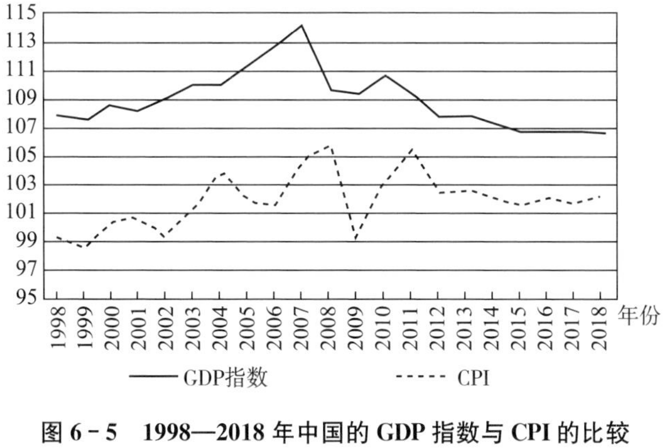

图 6－5　1998—2018 年中国的 GDP 指数与 CPI 的比较

经济发展和体制改革都是在动态中进行的，一个竞争性的、不断改革的体制能够提高经济增长和经济发展的效率，但在市场经济条件下，由于企业部门、金融机构、居民家庭（住户）部门、政府等市场主体行为的不确定性，由总量的周期性失衡带来的经济波动仍会发生，好的体制、制度和宏观调控能够减轻或缓解而不会消除这种波动。从一定意义上说，这种波动也是市场自我调节在经济增长上的一种反映，但如果超出一定限度，就会对可持续的经济增长和经济发展带来冲击。从需求方看，经济增长主要反映为三大总量的增长，即消费、投资和出口这“三驾马车”的增长。自改革开放以来，这三大经济总量的增长具有鲜明的中国特色，从不同方面为中国经济增长和经济发展做出了贡献，同时影响着中国经济增长的周期。

一、消费升级

从根本上说，一个国家的经济增长是由消费拉动的。由于分工的细化和升级，生产过程中的产业链会更长，生产的中间部门会更多，对这些部门的投资可能也会更多，但从最终结果看，这些投资必须使社会最终消费（包括政府和居民的最终消费）有所提升（包括质量的提高和数量的增加），否则就是没有意义的投资。还有一种投资是居民家庭对住宅的购买。从居民家庭购买住宅这种行为上看，由于住宅可以多年使用而且价格较高，在统计或国民经济核算上它属于投资行为，但从对住宅的使用上看，它也属于一种最终消费，所以在国民经济核算中，对居民家庭的自有房屋要计算“估算的房租支出”，并计入居民的最终消费。在改革开放后，中国的居民消费经历了不断的升级，每一次的消费升级都促进了经济增长，但消费升级之后的总量失衡又会反过来影响经济增长，成为形成经济周期的重要影响因素。在第一个经济周期中体现为从传统的“老三件”（手表、自行车和缝纫机）升级为新三件（电视机、电冰箱和洗衣机）；在第二个经济周期中，电话、空调、摩托车和计算机等新的耐用消费品开始大规模进入居民家庭；在第三个经济周期中，消费升级主要体现在家用汽车和居民住宅的需求上；在第四个经济周期中，则是希望通过房地产业的发展来扩大需求。在每一轮消费升级之初，都有一类或几类耐用消费品的需求得到迅速扩张，导致供给不足和价格上涨，并带动新一轮的经济增长。在每个经济周期中，消费升级和经济扩张的关系都是很明显的，企业为了追求利润而扩大投资，在开始时都有很好的收获，但到了后期，许多企业以及金融机构往往会过度乐观，从而出现过度融资和过度投资，最后出现产能过剩，导致部分企业经营困难甚至倒闭，使经济增长放缓，最终形成一个经济周期。应该说，各个时期的产能过剩有其不同的特点。在改革开放前期计划经济的主导下，企业缺乏风险控制意识，每一轮产能过剩对经济增长的冲击都相对较大，而到了后期，政府和企业的风险防范意识都有所增加，产能过剩对经济增长的冲击相对较小。但是，我们也要看到，现在中国的经济体量已经非常大，每一个百分点的波动包含的绝对量已经非常大，怎样满足不断提升的消费需求且不出现供给过热，是我们在深化经济体制改革中应该深刻思考的问题。

从改革开放 40 多年的发展历程看，这些消费水平的升级实际上是从需求方反映中国经济“赶超”或者是现代化的进程。在改革开放初期，中国普通居民家庭的生活水平与西方国家存在着巨大的差距：中国的“老三件”仍然紧缺，而西方国家早已普及了汽车；中国的居民住房仍属于“蜗居”时代，西方国家的一般家庭可以说基本上解决了住房问题。所以，中国现代化进程的第一步，就是适度地放缓生产性投资来改善人民生活，让居民的消费水平有一个显著的提升，再由消费来带动投资，从而实现加速的经济增长。在这一过程中，中国居民的消费水平大约是每 10 年上一个台阶，除显著缩小了在传统消费领域（电视、冰箱、汽车、住房等）与发达国家之间的差距外，在新兴消费领域（计算机、通信、互联网、智能手机等）几乎是与发达国家同步发展的。从现在的情况看，中国与发达国家在消费内容上的差距已经大大缩小，有些方面我们甚至还走到了世界前列（如智能手机的发展及其应用），这意味着由爆发性的消费升级大幅带动经济增长的空间已经大大缩小。虽然从抽水马桶、空调等家居设备，交通、居住、周边环境等生活条件，以及在外就餐、旅游、教育、医疗等方面，居民的消费仍有很大的改善空间，但这种改善已从局部改善发展为全面改善，仅靠某类消费品或者服务的大规模提升和普及来带动高速增长的时代已经过去，目前需要全体居民的消费水平得到全方位的整体提升。一方面，这是中国的现代化进程取得了巨大成就的体现；另一方面，这对我们在下一阶段通过消费拉动经济增长提出了挑战。

二、投资拉动

在支出法 GDP 中，资本形成总额（即投资）是国内总需求的重要组成部分。事实上，投资不仅反映着需求（对于投资品的购买形成了需求拉动），同时也改变着供给（资本投资形成的生产能力将对未来的经济发展格局形成重要影响）。而国民收入在各个机构部门（政府、非金融企业部门、金融机构、居民部门等）之间及其内部的分配和再分配，则会对投资产生重大的影响。早在改革开放以前，如何处理国民收入使用中的积累、投资和消费的关系，就一直是经济学界和政府高度关心的问题。对于发展中国家来说，只有通过增加积累、扩大投资来改善经济增长，才能在此基础上改善人民生活。但计划经济的实践证明，通过人民群众长期节衣缩食而增加的积累所进行的投资，往往不能达到预期的目标。而在改革开放后，由于重视了改善民生，由消费带动的投资往往更有效率。与此同时，由于市场的不确定性以及企业对市场的预期和实际发展的差距，投资不足及过度投资交替循环往往是加剧经济周期的重要原因。图 6－6 列出了改革开放后资本形成总额占国内总需求比重①的变化情况。当资本形成总额的比重下降时，说明消费的增长率高于投资的增长率；反之，则说明投资的增长率高于消费的增长率。如果把经济（GDP）增长率视为增长的一般水平，那么投资比重下降说明投资的增长率低于经济增长率；反之，投资的增长率高于经济增长率。在我们过去所做的分析中，经常侧重于对投资增长本身的分析（刘伟和蔡志洲，2009），而在本书中，我们主要通过投资占国民收入

① 将按照支出法计算的 GDP 中的最终消费支出加上资本形成总额，就是这里说的国内总需求。最终消费支出（包括居民最终消费支出和政府最终消费支出）反映的是国民收入使用中的消费，资本形成总额（包括固定资本形成总额和库存变动）反映的是国民收入使用中的投资。由于通过计算得到的是相对数（%），所以已消除了价格变动的影响。

的比重变化来看不同时期的中国经济增长。

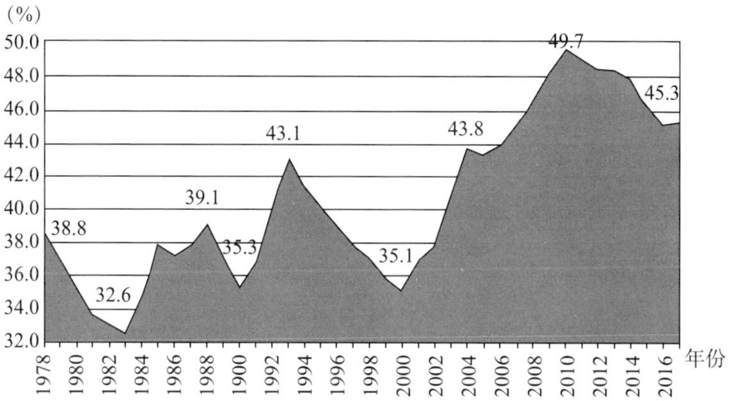

图 6-6　1978—2017 年资本形成总额占国内总需求的比重

从图 6-6 可以看到，在改革开放初期，投资比重首先是下降的，从 38.8% 下降到 1983 年的 32.6%。这是对改革开放之前高投资的一种修正，并带来了改革开放初期的加速增长。这说明并不是投资越多，经济增长就越快，投资还需要与其他方面的发展相协调，才能获得更高的效率。在 1983 年前后，中国经济体制改革的重点由农村转移到了城市。此后，在投资比重变化的过程中，相比较而言，较大的峰值有三个，分别出现于 1988 年（39.1%）、1993 年（43.1%）和 2010 年（49.7%）；较明显的谷底有 4 个，分别出现于 1983 年（32.6%）、1990 年（35.3%）、2000 年（35.1%）和 2016 年（45.3%）。通过 6-6 和图 6-1 的对比可以看出，在 2000 年以前，投资的峰谷和经济增长的峰谷的时点通常是较为接近的。但在 2000 年以后，投资和经济增长的起伏已经不同步。在 2008 年后，中国的经济增长率已经明显回落（见表 6-2 和图 6-1），但投资的比重仍在继续上升，一直持续到 2010 年。此时，投资占国内总需求的比重已接近 50%，创改革开放后最高，也为世界各国所罕见。

在改革开放后投资比重（或称为“投资率”）的变化既受经济周期的波动性影响，也有发展阶段上的原因。从周期性因素的影响上看，在经济增长的过程中，由于投资弹性和消费刚性，通常投资增长或回落的波动程度要高于消费。

投资弹性较大的原因在于投资支出的主体主要是企业和政府，资金来源于企业自有资金、政府财政收入、金融机构融资，但企业自有资金所占的比重通常较小，往往需要借助政府和金融机构的力量来扩大投资。这也是在全社会固定资产投资中，国有企业和国有控股企业所占的比重在各种经济类型的企业中最大的原因（2017 年的比重为 21.7%），因为国有企业和国有控股企业能够得到政府及金融机构更大的支持。在这种情况下，每当政府要通过扩大投资推动经济增长时，国有企业就会迅速组织资金加大投资，带动新一轮投资高涨，然后就会出现产能相对过剩和投资回落。在第一个和第二个经济周期中，这样的循环表现得非常明显。在国有或国营经济占绝大比重的情况下，对投资预算又缺乏必要的风险控制机制（即预算软约束），必然会出现较多盲目或低效率的投资。但随着社会主义市场经济的建立和发展，尤其是随着以公有制为主体、多种所有制经济共同发展的基本制度的发展，市场的自身调节能力和政府的宏观调控水平都在提升，而全社会总体的投资风险是下降的。从图 6－6 可以看到，自 2000 年以来，投资率的持续上升保持了 10 年，但没有出现以往那种断崖式下跌。一方面，这说明随着市场经济的发展，尤其是民营企业和居民部门的发展，社会的风险控制意识有了很大的提高；另一方面，在 2000 年后中国的投资率不断上升，还有其特殊发展阶段的原因。第一，在 1998 年 6 月开始实施积极的财政政策后，基础设施建设尤其是能源、交通和通信等领域的建设成为经济建设的重点，在过去的 20 年中，我们的基础设施条件发生了翻天覆地的变化。这是中国“赶超”战略的重要组成部分。如果我们不是抓住有利时期，在基础设施上率先实现赶超，未来的全面“赶超”或者是现代化就会受到影响。当然，这些基础设施建设中的一部分可能短期效益不高，在发展过程中可能也影响了人民群众的一些当前利益，但总体而言，这一阶段的大规模投资极大地缓解了生产能力的瓶颈，使 21 世纪初“煤、电、油、运”的紧张局面得到了根本扭转。第二，住宅商品化改革带动了房地产业的迅速发展。近 20 年来，中国居民的居住条件有了根本的改善，其中既包含还历史旧账的因素，也包含超前消费的因素。这种改善的主要力量在于居民家庭部门（住户）的大规模住宅投资。在住宅商品化改革后，全社会的住宅投资迅速提升，推高了中国的全社会固定资产投资（全社会的住宅投资在全社会固定资产投资中所占的比重曾提高到20%以上）。而近年的投资率回落，也与全社会住宅总额增长放缓有很大的关系。2014年，在全社会住宅投资总额突破8万亿元后，连续4年没有继续增长。[①] 随着中国进入工业化后期以及基础设施投资、住宅投资等由迅速高涨转为平稳发展，中国的投资率也会逐渐回落。第三，自2001年中国加入世贸组织后，外向型经济的迅速发展带动了大量的投资需求。我们抓住了这个有利时期，促进了出口产业的发展。2002—2007年中国的货物出口增长率连续6年保持在20%以上（按现行价格计算，其中2003年和2004年在30%以上）。2000年，中国的出口占全球的份额为3.9%，在全球排名第七，而到了2010年，中国的出口占全球的份额已提高到10.4%，成为全球最大的产品出口国。[②] 迅速增长的出口不但对中国经济增长做出了巨大的贡献，而且极大地提高了中国的国际影响力。因此，从第三个经济周期开始，中国投资率的较大提升是有其特定背景的。

但是，在2008年全球金融危机后，也就是中国经济增长进入第四个经济周期后，为了抵御全球金融危机对中国经济增长的冲击，我国又采取了进一步刺激投资的宏观经济政策，以保持较快的经济增长，但此举也加大了经济运行的风险。因为从宏观上看，投资占国民收入的比重已非常高，在这种情况下再继续提高投资的比重，那么投资所形成的很多生产能力在中近期将不能被消化，即没有收益或者是负收益。此时，仍然以扩大投入尤其是以投资作为实现可持续增长和发展的主要手段已不可行，我们面临着巨大的投资风险、金融风险和产能过剩风险。所以，从2010年开始，由于各种客观的原因和宏观政策的原因，中国的投资率开始不断下降，而且这个趋势已经延续了10年。就数值来看，目前45%左右的投资率与世界各国相比仍不算低，但就动态发展趋势来看，投资增长率持续地、长期地低于经济增长率也会带来经济增长后劲不足的

---

① 中华人民共和国国家统计局. 中国统计年鉴（2018）. 北京：中国统计出版社，2018.

② 根据世界贸易组织的统计资料分析计算。

问题，因此，近年来中国投资率下降的现象又出现了减缓（见图6－6）。这说明经过“去产能、去库存和去杠杆”等措施，中国在第四个经济周期中对“投资过热”的中期调整已经比较有效了。

三、出　口

外向型经济的发展对中国的经济增长做出了重要的贡献。目前，在中国公布的按照支出法计算的GDP中，主要包括三大总量，即居民最终消费总额、资本形成总额、货物和服务的净出口（＝出口－进口）。实际上，净出口是一个国际收支的概念而不是一个生产的概念，虽然净出口中的出口所包含的货物和服务是由外国消费和使用的，却是由中国通过利用自身的生产要素生产出来的，而且在生产过程中形成了增加值，为就业提供了工作岗位，因此它对经济增长产生了直接的影响。进口是对国外货物和服务的使用，这些货物和服务既可用于最终使用，也可用于中间消耗。由于我们国际收支平衡的目标实际上不是收支相等而是略有盈余，同时生产进口替代品的能力又在不断提升，而刚性进口产品（如石油、大豆等）有限，政府在不同年份可能因为外汇结存情况的变化而调节进口。所以说，中国的进口实际上是受出口制约的。外向型经济对中国经济增长的贡献主要应该从出口方进行观察。图6－7反映的是自改革开放以来货物出口总额占GDP的比重（以下称为“出口依存度”）的波动。① 由于货物出口总额和GDP都是以现行价格计算的，由此计算出的比值已经消除了通货膨胀的影响，即在出口依存度增加时，意味着出口的（实际）增长率高于经济增长率；反之，出口的（实际）增长率低于经济增长率。

从长期趋势来看，中国出口依存度的变化经过了两个阶段：1978—2006年是第一个阶段，出口依存度是逐渐上升的（中间有小的波动）；2006—2018年是第二个阶段，出口依存度是逐渐回落的。换句话说，在第一个阶段，外需对

① 在国民经济核算尤其是GDP核算中，“进口”或“出口”一般是指货物和服务的进口或出口。2017年，中国“货物和服务的出口”为2.42万亿美元，其中货物的出口为2.22万亿美元，服务的出口为0.2万亿美元；货物出口的比重在90%以上，所以选取货物的出口来反映整个出口的变化趋势是有代表性的。

经济增长的贡献是逐步扩大的，而到了第二个阶段，外需对经济增长的贡献是逐步缩小的。虽然出口也在增长，但比经济增长要慢。① 如果没有全球金融危机带来的世界经济增长的放缓，并使中国的出口增长放缓，那么中国现在的经济增长率可能会更高。

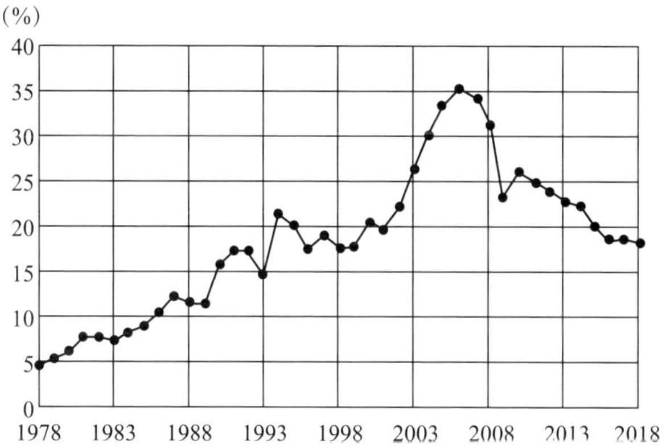

图 6-7　1978—2018 年中国货物出口总额占 GDP 的比重（出口依存度）变化

说明：图中货物出口总额及 GDP 均以人民币按现行价格计算。

具体说来，1978—1994 年是中国出口依存度的第一个快速增长阶段，出口依存度由 5%提升到 20%以上。这一时期是中国实施赶超战略的起步期。为了引进国外的技术和设备，需要大量的外汇，因而这一时期的出口主要是为创汇服务的，而且出口企业主要是全民所有制企业。由于当时外商直接投资的规模十分有限，这种以创汇为目的的生产为当时的经济建设做出了很大的贡献。中国当时的外向型经济对国内外经济环境变化的依赖性不大，在国内，出口企业有国家支持，因而它们受到的成本控制压力相对较低，虽然在国际市场上的占有率很低，但仍有很大的扩展空间。因此，第一个经济周期后期（20 世纪 80 年代末期）的经济波动对出口的影响并不大。但是，从 20 世纪 90 年代中后期开始，随着外贸体制的改革、民营经济的发展和中国出口产品结构的变化，中国的出口开始越来越多地受到国内外经济环境变化的影响。从图 6-7 中可以看

① 按现行价格计算，2018 年中国的 GDP 是 2006 年 GDP 的 4.1 倍，但货物出口仅为 2.1 倍。

出，在1994年中国的出口依存度突破20%并达到阶段性高点后，从1995年开始回落，1996—1999年都保持在20%以下，直到2000年才再次突破20%。而这一期间正是亚洲金融危机爆发之时，由于外部环境的变化冲击了出口，再加上国内的经济调整，我国的出口和经济增长双双放缓。这说明随着外向型经济的发展，出口对中国经济增长的作用开始加大。在2001年中国加入世贸组织后，中国的出口出现了前所未有的蓬勃发展。从图6-7可以看到，2001—2006年中国的出口依存度由20%上升到35%，提高了15个百分点。这一方面说明该时期中国的出口对经济增长的贡献正在不断增大，另一方面也反映出中国经济存在的风险，即受外部经济环境影响的风险在增大，一旦外部经济环境发生变化，就可能给中国的经济增长带来较大的冲击。与此同时，出口增加过快也可能给国内的自然资源、环境等带来一些负面影响。从2007年开始，中国的出口增速就开始放缓，并使出口增长低于经济增长，2009年更是在全球金融危机的影响下出现了大幅的回落。在2010年，中国的出口依存度曾经出现短期的回升，但此后持续下降，现在已回落到20%以下。这说明世界经济环境的变化确实影响了中国出口的增长，这也是近年来中国经济增长率回落的重要外部因素。在2015年后，中国的出口依存度稳定了下来，保持在18%左右，出口和经济的增长基本上保持了同步。

从整体上看，对外开放40多年来，中国的外向型经济正在不断发展，中国现已成为世界上最大的产品出口国。这标志着中国在经济全球化的浪潮中把握住了机会，不但发展了自己的经济，也对世界的经济发展做出了贡献。中国的外向型经济仍有很大的潜力，尤其是与发展中国家的经济合作还有很大的潜力，还可以进一步发展，但发展外向型经济的条件已发生了很大的变化，原先我们是在只占世界贸易很小份额的基础上扩大我们的对外贸易，而现在是作为最大的对外贸易国在发展外向型经济（包括出口、对外承包工程和对外直接投资等），发展的难度和不确定性都在加大，再加上外部环境的变化，尤其是发达国家经济发展的停滞以及对华政策的变化，对中国外向型经济的发展必然会产生一定的影响，值得我们重视。

四、小　结

从上面的分析中可以看到，与世界其他国家一样，中国的经济周期也是总量失衡的结果，表现为经济增长率与价格总水平上涨程度的波动。事实上，在计划经济下，这种失衡也是存在的，只不过由于实施了市场管制和票证经济，总量短缺（尤其表现在消费领域）和总量过剩（尤其表现在投资领域）不会在价格总水平的波动中反映出来，而在市场经济条件下，在其他条件相对稳定的情况下，总量短缺和总量过剩会明显地通过价格信号表现出来。但是，中国的经济周期也有其特殊性。

第一，中国的经济增长是在经济体制长期、逐渐的变迁中实现的，而不像发达国家的市场和制度基础是相对稳定的。

第二，从消费拉动上看，中国的消费升级是在“赶超”的过程中一个接一个台阶逐步实现的，每上一个台阶基本就伴随着一个经济周期，而在发达国家，由于已经实现了“工业化”和“现代化”，近年来（尤其是自 20 世纪 70 年代以来）的新技术革命带来的消费升级对经济增长有促进作用，但没有出现中国这样的“井喷”现象。

第三，从投资拉动上看，在中国过去的高速增长中，高投资发挥了重要的作用，这在世界各国是少见的。日本在高速经济增长时期最高的投资率（1970 年）也仅达到 39%①，而中国自改革开放 40 多年来，投资率超过 40%的年份有 19 个，从 2003 年再次突破 40%之后，就长期保持在这个数值上。从需求上看，我们在前面已经分析过，中国的高投资有其重要的发展原因，而从资金来源上看，由于各种原因，中国居民家庭的储蓄倾向历来较高，再加上收入分配的不平衡，在低收入居民收入和消费不足的同时，高收入家庭将大量收入转为储蓄，从而形成全社会的高储蓄（储蓄占国民收入的比重显著高于世界水平），进而通过金融机构和政府将这些储蓄转为高投资。

第四，从外向型经济的发展上看，发达国家和地区（如美国、日本、欧盟

---

① 刘伟，许宪春，蔡志洲. 中国经济增长报告（2008）. 北京：中国经济出版社，2008.

等）的全球化程度早已相当高，因此它们的经济周期与全球经济波动经常是同步的，但中国在改革开放和高速经济增长的过程中，是逐步加入全球化体系之中的，因此中国的经济周期在开始时的主要影响因素是内部因素，而到了后来，外部环境对中国经济增长的影响越来越大。

第五，中国的经济波动是在高速经济增长中发生的，而同期的发达国家大多早已完成工业化，其经济周期是在较低的经济增长率上出现的，因此波动的幅度比较小。从整体上看，随着中国市场化、工业化和现代化进程的不断推进，就经济总量指标对经济增长的影响而言，中国和世界其他国家尤其是发达国家之间的差异正在逐渐减少，共性有所增加。在总需求方面，中国的内需和外需结构在短期内可能会发生一定的波动，就长期而言应该是相对稳定的。这是因为提供外需只是发展经济的手段而不是目的，其目的是为了在内外交流中获得比较利益，从而满足不断增长的内需的需求；而在内需方面，投资和消费的结构在短期内可能有所波动，但长期而言应该是相对稳定的。这是因为就投资和消费的关系看，归根结底，投资也是为消费服务的。投资是放弃一部分当前的消费来获得未来更多的消费，如果为投资而投资或为增长率而投资，不能为社会带来福利或者说只带来了低效率，那么在这种背景下的经济增长效率就可能不断降低。从图 6－6 和图 6－7 可以看到，近年来，尤其是自 2010 年以来，在中国经济增长的“三驾马车”中，出口的增速低于 GDP 的增速（表现为出口依存度不断降低），投资增速低于消费增速（表现为投资率不断降低），这与第三个经济周期的长期走势是相反的。因此，在第四个经济周期的大部分时间里，中国的价格指数长期处于自改革开放以来的较低水平。因此，从总量平衡来看，仍然是需求不足，也就是消费需求的增加不足以弥补由出口和投资增长率回落带来的经济增长率回落。

第四节　中国经济增长进入新的更高发展阶段

从经济增长率上看，上一个经济周期（2009—2018 年）属于高速经济增长后期，已开始由高速经济增长向中高速经济增长过渡。那么，这样的中高速经济增长能否保持下去？显然，如果没有适度的经济增长，我们的全面现代化目标将很难实现。在现阶段，虽然我们对经济增长预期进行了调整（从原来的至少9%下调到6%左右），但这在世界上仍属于较快的经济增长。在过去30年里，能在发展水平到达一定高度后，再把5%以上的年均经济增长率保持30年以上的，在世界上只有两个国家，即韩国和新加坡。[①] 我们认为，中国在未来相当长的时间里保持较高经济增长率的可能性是存在的。从需求上看，提升国家的综合实力、满足人民对生活水平提高以及美好生活向往的要求都在创造大量的需求。从供给上看，无论是从资源（自然和人力资源）禀赋上看，还是从生产要素的发展优势上看，提高生产力的潜力都是巨大的，而作为一个大国所具有的国内市场优势，则为中国避免国际环境变化造成的冲击提供了回旋余地，关键在于我们是否能够不断地通过体制创新、技术创新来保持发展活力，实现可持续发展。从世界各国的经济发展看，一个国家到达上中等收入水平后，影响一个国家能否继续取得良好经济发展的主要因素体现在四个方面：一是政治和社会因素，一个动荡的、政治纷争不断的国家很难实现稳定的经济发展；二是经济体制因素，现行的经济体制能否不断优化资源配置，在提高生产效率的同时，不断改善社会的公平程度？三是技术创新，如果只是不断扩大投入而缺乏技术进步，企业在国内外就没有竞争力，就没有发展优势；四是对国际环境的依赖，如果一个国家的经济对国际环境过度依赖，那么发展的自主权就不在自己手上，不但容易受到外部环境波动的影响，更容易在发展中受制于人。中国在所有这些方面都创造了有利于经济发展的条件。在政治上有党和政府的正确领导、社会安定，在经济上有以国有经济为主体的、民营经济活跃的中国特色社会主义市场经济制度；中国的科学技术不断发展，正在不断赶超世界先进水平；虽然外向型经济是中国经济的重要组成部分，但由于中国已成为世界新的制造业中心，世界经济对中国同样有着巨大的依赖，而且中国的制造业产品主要是由广大的国内市场消化，不像一些小国那样主要依赖国际市场，这就极大地增加了中国经济的稳定性。从内部看，在中国的经济发展中仍存在很多问

① 参见世界银行的数据库。

题，需要我们通过改革和发展来解决，但从整体的动态比较和横向比较看，中国经济仍处于最好的战略发展机遇期，有能力实现可持续的增长。

从当前的经济发展看，我们认为中国正处于经济调整的谷底，并面临新一轮经济增长。由于发展阶段的变化和高质量发展的要求，新一轮经济增长的速度不会有很大提升，但经济增长率逐年回落的现象应该会得到改变。至少有以下六方面的因素将影响中国经济未来的走势：

第一，经过多年的经济调整，中国经济增长率逐年放慢的现象有可能得到转变，重新步入平稳增长的轨道。从图 6－1 可以看到，1992 年中国的经济增长率到达阶段性高点后开始回落，经历了 7 年时间（1999 年）又重新上升，而 2010 年经济增长率到达阶段性高点后，现在已经历了 8 年时间，应该说调整已经比较充分。从通货膨胀程度上看，2007 年和 2008 年我国的通货膨胀率分别到达 4.8％和 5.9％，2009 年虽然在全球金融危机的冲击下骤然下跌到－0.7％，但 2010 年和 2011 年又在当时的投资刺激政策下分别回升到 3.3％和 5.4％，没有得到充分调整。此后，中国的通货膨胀率回落到 2.6％（2012 年和 2013 年）之下（2014 年以后），低通货膨胀已经保持了 7 年，这从价格信号上反映了当前的总量失衡是供给充分而需求偏弱。在这种情况下，采取适当的政策来扩大需求，有可能较快地见到成效。

第二，深化经济体制改革为下一步经济增长创造了更好的条件。在 1993 年以后的经济调整中，面对下行的经济增长，我们不是采取需求刺激政策来保持高增长，而是通过深化经济体制改革来提高经济发展的效率，进行了包括价格体制改革、产权改革、劳动市场改革、资本市场改革、住宅商品化改革等在内的一系列市场化改革，进一步建立和发展了社会主义市场经济，从而在新的高度上建立了供需总量的相对平衡，为未来 10 年高速稳定的经济增长奠定了体制基础。这种改革主要是从供给和分配领域进行的，实质上是供给侧结构性改革。供给侧改革和需求侧改革不同，需求侧改革更注重采用短期宏观经济政策（主要是财政政策和货币政策）来影响需求，从而平抑由需求不足带来的经济波动，而供给侧改革具有中长期经济政策的特点，将对经济增长产生长远的影响。发达国家也有供给侧改革或供给管理，所谓的供给学派就是这类改革的产物，但总体来说，它们的体制已相对稳定，所以政府干预更多的是在需求领域进行。而在中国，由于社会主义市场经济还在建立和发展过程中，所以供给领域的改革更为重要。从党的十八大以来，我们在经济领域推进的最深刻改革是供给侧结构性改革，通过对产权制度、产业结构、收入分配的调整以及准入政策、标准制定等一系列改革，使生产领域、收入分配领域中长期积累的一系列矛盾，特别是结构性失衡得到了根本改善和有效缓解。

第三，收入分配格局的改善有可能对中国的消费升级和扩大消费形成推动。一方面，从党的十八大以来，中国的收入分配格局有了很大的改善，尤其是居民收入分配格局有了很大的改善，如城乡居民之间、城乡居民内部的收入分配差距有所减少，而脱贫攻坚战又使得贫困地区和贫困居民的收入有了显著的改善；另一方面，各级政府在落实全面发展方面做了一系列的努力，社会公共事业（教育、医疗、居住、养老等）都有很大的发展。这些领域从表面上看对GDP的贡献很少，但实际上确实改善了广大人民的整体福利。随着公共服务的发展、居民家庭收入的改善尤其是低收入家庭的改善，在居民部门的可支配收入中，就有可能有更多的部分转入消费，从而拉动整体消费有一个较大的发展。

第四，随着经济发展水平的提高，中国对发展目标进行了优化，使之更适应中国的国情。在中共十一届三中全会后，经济增长或者是GDP在很长一段时间里一直是各级政府工作的中心。这在中国经济发展中当然有积极的意义，否则我们就不可能创造伟大的“中国奇迹”。但是，过度重视GDP而忽视其他方面的发展，也给我们的发展带来了一定的负面影响。党的十八大提出的“四个全面”和“五位一体”，党的十九大提出的由高速经济增长向高质量发展的转变，从根本上说明了在新时代我们应该有什么样的发展观，应该如何实现我们的经济增长，并且进一步阐释了现阶段中国的经济增长应该如何对社会公平、可持续发展及满足人民不断增长的美好生活需要做出贡献。从表面上看，中国近年来的经济增长率似乎低了一点，但由于其他方面的发展短板在近些年得到了较多的弥补，因而在全面发展上，我们实际上取得了更多的成就。从长期看，全面发展更具带动经济增长的能力，而经济增长也会为长期全面发展创造坚实的物质基础。

第五，在新技术革命的浪潮中，中国开始走向世界的前列。自改革开放伊始，世界上正开始新一轮的新技术革命浪潮。在这一轮发展浪潮中，我们没有再失良机，企业、研究机构和科技人员在国家的支持下或在市场竞争中抓住时机谋发展，通过引进、消化、吸收、再创新以及后来的自主创新，在包括计算机、通信、互联网、生物技术、新材料、设备制造等一系列领域中取得了重大的技术进展，新一代人才和新技术企业已经逐渐成长起来，与技术创新相关的资本市场和产业链也发展了起来。无论是从生产要素条件上看，还是从发展进程上看，目前中国正处于技术革命最好的发展时期，在全球的技术影响力也在不断提升。这种发展既是我们 40 多年来努力的结果，也是中国大国优势的体现。我们可以集中资源在关键点上取得突破，并通过一个具有 14 亿人口的市场和海外市场做大做强。中国在通信技术、高铁建设、智能手机制造等方面取得的一系列进展，都与我们的这些优势有关。实际上，这是中国在发展过程中新、旧动能转换的重要表现。

第六，宏观调控政策将为现阶段的经济增长提供更加宽松的条件。经过多年的供给侧结构性改革，中国经济中的结构性失衡已经有了明显的改善。根据这一进展，中国又适时地在财政政策和货币政策方面采取了一系列措施，用以减轻企业负担、改善企业的融资能力，为企业参与市场竞争创造更好的营商环境。近年来，中国对小微企业实施了普惠性的税收减免政策，又进一步深化了制造业、建筑业、交通运输业等实体经济部门的增值税政策，同时大幅降低了增值税、进口税的税率，并减轻了企业的社保负担等，从而降低了广大企业尤其是实体经济部门的企业、民营企业的生产经营成本。在融资条件方面，中国在加强证券市场建设和发展的同时，又积极推动了科创板的试点；在控制市场风险的同时，积极发展直接融资市场。在间接融资市场上，中国改善了中小企业的融资条件，同时通过降低存款保证金率等措施，改善了商业银行尤其是地方商业银行的放款能力，增加了贷款供给。这些举措都为中国新一轮高质量的经济增长和经济发展创造了条件。从发展上看，无论是从财政政策还是货币政策上看，无论是从供给侧还是需求侧看，中国的宏观调控手段都还有很大的机动空间，可以根据国内外经济条件的变化积极进行宏观调控，保持国民经济平稳、较好的发展。

因此，从经济周期的角度看，中国很可能在不远的将来走出第四个经济周期的底部，步入新一轮经济增长。在改革开放后中国经历的这几次经济周期，固然造成了生产力的浪费、降低了经济增长的效率，但它们也在不断地促使我们总结经验和教训，探索发展中国特色社会主义市场经济的道路。因此，在每一个经济周期后，中国经济都会进入一个更高的发展阶段，而不是在原有的水平上重复。这是中国与发达国家的经济周期之间的一个显著区别。简单地说，从经济增长率上看，中国这几年的发展好像慢了一点，但由于我们深化了供给侧结构性改革和经济体制创新、明确了全面发展的目标以及改善了宏观调控方式，中国经济增长的效率不仅更高了，而且优化了资源配置、有效地减少了周期性波动造成的生产力浪费，同时社会经济发展更加公平。这些都为中国未来的可持续发展和实现全面现代化的目标创造了更好的基础。

第五节 产业结构变动对中国长期经济增长影响的特点

1993—2017 年我国产业结构对经济增长的影响怎样？通过经济计量分析可以发现，在自由放任的市场中，资本的市场逐利行为会增加经济中第一产业或第三产业的份额，减少第二产业的份额，这种产业结构变化会降低经济的全要素生产率，扩大资本和劳动要素的收入差距。因此，提升经济的全要素生产率、缩小资本和劳动要素收入差距的产业结构调整，需要市场之外的供给侧改革或有指导的产业结构升级相配合才能实现。

一、引 言

影响经济发展的一个重要因素是产业结构，衡量经济发展水平的重要指标是人均 GDP，产业结构所确定的市场分工和专业化与各地区的经济发展水平密切相关。产业结构是指一个国家或地区内各产业部门之间互相关联、互相依存的结合方式。合理的产业结构不仅能够提高产业内部的发展水平，而且能够使各个产业协调、健康发展，从而促进整个地区经济发展水平的提高。随着社会经济的发展，三次产业在经济发展中的作用也在发生变化。在农业化社会，第一产业必然占主导地位；进入工业化阶段，第二产业和第三产业所占的比重开始不断上升。当然，在工业化的不同阶段，第二产业和第三产业所占的比重各有不同，它们的演变特征及对经济的影响作用也有不同的历史特点。

库兹涅茨在总结发达国家的国民收入增长时，提出对一国国民收入的度量需要从产业结构的角度进行，而国民经济的产业结构又是由其生产方式所决定的。为此，库兹涅茨（Kuznets，1957）用 50 个国家在工业化历史进程中的经验数据进行比较后发现，制造业部门的增加将伴随着人均国民收入的增长。因此，我们有必要从产业结构的角度去研究和分析经济增长。钱纳里（Chenery，1960）从部门增长的决定要素出发，利用 51 个国家的工业化进程，特别是工业化加速时期的经验数据说明：当一个国家的经济规模发生变化时，服务业和农业的变化最小，而制造业的增长最大，由此提出了产业增长模式，并认为这种工业化模式能使资源得到最优配置。为此，许多经济学家通过国别经验数据，从不同角度说明了经济增长的工业化模式（Beason and Weinstein，1996；Lee，1981；Sacks，1972；Ueno，1972）。但是，有些经济学家（Gregory and Griffin，1974）发现：存在大量经济事实与钱纳里的经济增长模式相反。他们利用经验数据说明：在人均收入水平很高时，服务业的快速增长会降低制造业的规模弹性。但是，这些研究在一定程度上均忽视了一个国家的资源禀赋和市场规模、发展的不同阶段以及产业结构演变均会对经济增长产生不同的影响。刘伟（1995）通过对发达国家经济的初期发展与发展中国家的经济发展进行比较，说明了工业化未完成的发展中国家，其经济增长的主要动力在于工业制造业，工业制造业的结构性扩张（在国内生产总值中的比重上升）无论是对于国内生产总值的增长，还是对于科技进步，或是对于资本效率及劳动生产率的提升，都具有最重要的意义；由此说明，在这一时期，特别是对处于工业化和市场化双重转轨过程中的国民经济而言，第三产业的发展对于经济增长的作用低于工业制造业，第三产业结构扩张更主要的作用是完善制度转轨基础上的市场化。刘伟和李绍荣（2002）利用1993—2001年的数据，从产业结构对中国经济增长的贡献以及产业结构对经济规模和要素效率的影响两个方面进行了实证研究，发现在样本期内中国经济的增长主要是由第三产业拉动的。然而，第三产业的结构扩张会降低第一产业和第二产业对经济规模的正效应，因此在市场化的特殊时期，中国经济要维持稳定的增长就必须改造传统的农业结构和生产方式，并改革传统工业的生产组织形式和生产结构，利用资金和新的技术提升工业的生产方式，以此提高第一产业和第二产业对经济增长的贡献效率。李绍荣（2008）利用1993—2007年的数据对样本期内中国产业结构对经济增长的影响进行了实证研究，他发现：在新的时期，需要进一步优化产业结构，着力解决“三农”问题，提升企业的国际竞争力，加快发展第三产业，从而实现中国经济长期稳定、较快、较好的发展目标。

从党的十八大召开以来，我国的市场经济改革和经济发展进入了新的时代，开启了经济新常态下市场经济改革的步伐。在新经济形态下，产业结构对经济增长会呈现出怎样的影响？本章用刘伟和李绍荣（2002）、李绍荣（2008）的研究方法，在以往研究的基础上，利用我国1990—2017年的统计数据，针对产业结构对经济增长的影响进行了更深入的实证研究，考察了产业结构变动引起各产业部门对经济增长的贡献和作用的相应变化。其结论为：要保持经济的长期稳定发展，需要自发性市场配置之外的供给侧改革或有指导的产业结构升级，这样才能提高经济的全要素生产率并减小经济中生产要素的收入差距，才能支持经济保持长期稳定发展。

二、模型设定和数据说明

生产要素要通过市场竞争机制和政府的行政手段配置到一定的产业组织结构中才能发挥其在生产中的作用，进而不同的产业结构会影响要素的生产效率。令x_i（$i=1, 2, \cdots, k$）表示各产业的产出比例，并用这个指标衡量产业i在经济的产业结构中的大小。由柯布-道格拉斯生产函数可知，在将产业结构视为影响生产的制度因素时，该生产函数可表述为：

$$Y=K^{\alpha_1x_1+\alpha_2x_2+\cdots+\alpha_kx_k}L^{\beta_1x_1+\beta_2x_2+\cdots+\beta_kx_k}e^{\gamma_1x_1+\gamma_2x_2+\cdots+\gamma_kx_k}+\varepsilon \tag{6-1}$$

式中，Y 为总产出；K 为资本投入量；L 为劳动投入量。

对（6-1）式两端同时取对数，可得到计量产业结构影响生产规模和要素效率的经济计量模型，即

$$\log Y=(\alpha_1x_1+\alpha_2x_2+\cdots+\alpha_kx_k)\log K+(\beta_1x_1+\beta_2x_2+\cdots+\beta_kx_k)\log L$$
$$+\gamma_1x_1+\gamma_2x_2+\cdots+\gamma_kx_k+\varepsilon \tag{6-2}$$

本节将以（6-2）式计量分析产业结构对中国经济总量增长的影响，借以说明产业结构变化对现阶段中国经济的影响。

本节主要研究在市场经济体制下，中国的经济结构对经济增长的影响，因此研究的对象主要是 20 世纪 90 年代之后的中国经济。根据《中国统计年鉴》中的地区生产总值表、支出法国内生产总值表、各地区资本形成总额及构成表、各地区按三次产业分的从业人员表、国有单位分行业年底职工人数表、各地区私营企业年底从业人员数表以及各地区年底个体从业人员数表，可得出各地区 1991—2017 年国内生产总值（按照支出法计量的）Y、固定资本投入量 K、从业人员数 L、第一产业的产出量 X_1、第二产业的产出量 X_2 和第三产业的产出量 X_3 的样本观测值。

利用各地区的样本观测值研究经济结构与经济增长之间的互动关系，其原因与前面研究产业结构和经济增长之间关系时所持的理由一样，主要是因为我国形成市场经济机制的历史不长，如果利用国家的总量样本观测值进行研究，就会出现样本容量和自由度过小的问题，并会忽视地区间经济结构的差异对经济增长的影响。而利用各地区的样本观测值进行研究，不仅能够考虑到一种经济结构随时间变化对经济增长的影响，还能够考虑到在同一总体中其他经济结构随时间变化对经济增长的影响。基于这些理由，我们采用各地区的样本观测数据来研究中国产业结构的互动变化对经济增长的影响。

三、产业结构与生产规模和要素效率的实证分析

根据各地区的生产总值，第一、二、三产业在1991—2017年的样本观测值，用EViews 8.0的计量经济学软件包对（6-2）式进行回归估计，可得表6-1中的估计方程（1）。其中，x_1、x_2和x_3分别表示第一产业、第二产业和第三产业在国内生产总值中的份额，而K和L分别表示资本和劳动的投入量。回归估计方程的判定系数为$R^2=0.987\ 422$，修正的判定系数$R^2=0.987\ 166$，D-W统计量为1.43。这说明该回归方程的残差项之间不存在序列相关，因此（6-2）式的参数估计在统计意义上是可置信的。但在估计的方程中，变量x_2、x_2x_3、$x_2x_3\log(K)$、$x_1\log(L)$和$x_2x_3\log(L)$所对应的参数估计值的t统计量很低，说明这些变量后对经济总量的影响显著为零，剔除这些变量后对方程再进行回归估计，可得到表6-4中的估计方程（2），该方程的判定系数为$R^2=0.987\ 362$，修正的判定系数为$R^2=0.987\ 182$。D-W统计量为1.42。从上述方程可以看出，在估计的方程中，变量$x_1x_3\mathrm{Log}(L)$所对应的参数估计值的t统计量很低，这说明第一产业和第三产业的互动影响变量对劳动的效率影响显著为零，剔除该变量后对方程再进行回归估计，可得到估计方程（3）。

表6-4

	估计方程（1）	估计方程（2）	估计方程（3）
$x_1\log(K)$	3.853 118	3.987 632	3.976 546
t统计量	(12.867 38)	(17.184 24)	(17.152 52)
$x_2\log(K)$	0.567 817	0.441 024	0.506 464
t统计量	(2.397 665)	(5.558 002)	(10.126 34)
$x_3\log(K)$	0.794 286	0.846 488	0.758 611
t统计量	(2.551 264)	(8.278 762)	(12.623 72)
$x_1x_2\log(K)$	−2.560 754	−2.382 071	−2.668 643
t统计量	(−3.909 440)	(−6.174 852)	(−9.677 188)
$x_1x_3\log(K)$	−4.900 075	−5.386 981	−4.958 697
t统计量	(−5.981 204)	(−8.541 358)	(−10.223 65)

续表

	估计方程（1）	估计方程（2）	估计方程（3）
$x_2x_3\log(K)$	−0.193 446		
t 统计量	(−0.193 015)		
$x_1\log(L)$	0.346 605		
t 统计量	(0.610 421)		
$x_2\log(L)$	0.441 494	0.703 163	0.624 069
t 统计量	(0.986 587)	(7.438 796)	(10.716 21)
$x_3\log(L)$	0.933 458	0.567 552	0.684 280
t 统计量	(0.933 458)	(4.383 097)	(9.989 897)
$x_1x_2\log(L)$	−1.487 884	−2.295 829	−1.815 660
t 统计量	(−1.252 522)	(−4.294 271)	(−6.359 997)
$x_1x_3\log(L)$	−1.205 386	0.684 048	
t 统计量	(−0.710 496)	(1.062 233)	
$x_2x_3\log(L)$	−0.120 430		
t 统计量	(−0.060 659)		
x_1	−7.930 248	−5.994 543	−5.680 884
t 统计量	(−2.477 957)	(−4.493 797)	(−4.366 664)
x_2	1.212 521		
t 统计量	(0.526 683)		
x_3	−3.018 968	−1.128 026	−1.197 793
t 统计量	(−1.054 362)	(−3.929 344)	(−4.285 721)
x_1x_2	10.354 16	14.590 86	13.412 82
t 统计量	(2.100 446)	(6.199 273)	(6.460 469)
x_1x_3	18.089 95	7.926 219	8.759 067
t 统计量	(1.780 249)	(2.314 525)	(2.627 316)
x_2x_3	1.053 528		
t 统计量	(0.107 657)		
R^2	0.987 422	0.987 362	0.987 346
修正的 R^2	0.987 166	0.987 182	0.987 180

该方程的判定系数 $R^2=0.987\,346$，修正的判定系数 $R^2=0.987\,180$，$D\text{-}W$ 统计量为 1.42。与估计方程（2）相比，估计方程（3）所有的估计参数都通过了 t 检验，说明产业结构间的互动影响因素不仅影响经济总量的生产规模，还影响经济总量的要素效率，因此可以说明在目前的研究中，估计方程（3）最好地描述了中国的产业结构对经济总量的影响，可以方程形式表示如下：

$$\begin{aligned}\log(Y)=&-5.680\,884\,243\,46x_1-1.197\,793\,175\,3x_3+13.412\,819\,732\,5x_1x_2\\&+8.759\,067\,490\,88x_1x_3+3.976\,546\,452\,42x_1\log(K)\\&+0.506\,463\,805\,487x_2\log(K)+0.758\,611\,301\,475x_3\log(K)\\&-2.668\,643\,005\,5x_1x_2\log(K)-4.958\,696\,553\,3x_1x_3\log(K)\\&+0.624\,069\,062\,507x_2\log(L)+0.684\,279\,544\,823x_3\log(L)\\&-1.815\,659\,948\,53x_1x_2\log(L)\end{aligned}\qquad(6-3)$$

在市场经济中，生产过程是由资本驱动的，资本在市场的逐利过程中形成了一定时期的经济生产关系和生产方式。在估计方程（3）中，资本的要素效率就表示在市场均衡时的资本所得份额。由方程可知，资本要素效率的系数为：

$$\begin{aligned}&3.976\,546\,452\,42x_1+0.506\,463\,805\,487x_2+0.758\,611\,301\,475x_3\\&-2.668\,643\,005\,5x_1x_2-4.958\,696\,553\,3x_1x_3\end{aligned}$$

由资本要素效率的系数表达式可知，三个产业的结构份额对资本所得都有影响。从直接影响的角度看，三个产业的份额对资本所得份额的影响都是正的，但第一产业和第二产业的交互项，以及第一产业和第三产业的交互项对资本所得份额的影响是负的，而且第一产业的直接影响系数约为 3.98，远大于第二产业和第三产业的直接影响系数 0.51 和 0.76，而三个产业份额的和恒等于 1，这意味着某个产业的份额增加必然使另一产业的份额减少，因此资本在市场上的逐利行为会从第二产业转向第一产业和第三产业，即减少第二产业的相对份额，增加第一产业和第三产业的份额，特别是增加第一产业的份额。但是，资本在市场上的逐利行为会减少市场的规模效应，我们由估计的模型可知，市场规模的系数为$-5.680\,884\,243\,46x_1-1.197\,793\,175\,3x_3+13.412\,819\,732\,5x_1x_2+$

$8.75906749088x_1x_3$。减少第二产业的份额，同时增加第一产业和第三产业的份额，就会降低市场的规模效应，即降低经济的平均全要素生产率。由市场规模系数可知，要扩大经济的市场规模，即提升经济的全要素生产率，需要增加第二产业的份额，同时减少第一产业和第三产业的份额，此举刚好与资本的市场逐利行为所产生的结果相反。这说明，如果完全由资本在市场上逐利来调整产业结构，就会使经济的全要素生产率降低，从而不利于经济的长期发展。由劳动的产出效率系数 $0.624069062507x_2+0.684279544823x_3-1.81565994853x_1x_2$ 可以看出，减少第二产业的份额，同时增加第一产业和第三产业的份额，就会提高劳动的产出效率，并提高劳动要素在市场中的收入份额。但是，增加第二产业和第三产业的份额并减少第一产业的份额会使劳动的产出效率提高更大。因此，通过资本和劳动要素的产出效率，以及平均全要素生产率指数分析，我们可以看出：如果放任资本市场的逐利行为，经济将会增加第一产业或第三产业的份额，同时减少第二产业的份额，这种产业结构变化通过放任市场是可以实现的，因为资本逐利产生的产业结构变化本身也会增加劳动要素的产出效率，即增加劳动要素的收入。然而，这种产业结构变化会降低经济的全要素生产率，缩小市场的有机规模，不利于经济的长期发展。

从生产要素效率差（即资本与劳动要素的产出效率差）可以分析资本和劳动在市场中的收入差距。由已估计模型可知，资本与劳动要素的产出效率差的系数为：

$$
\begin{aligned}
&3.97654645242x_1+0.506463805487x_2+0.758611301475x_3\\
&-2.6686430055x_1x_2-4.9586965533x_1x_3-(0.624069062507x_2\\
&+0.684279544823x_3-1.81565994853x_1x_2)\\
&WV=3.97654645242x_1-0.11760525702x_2+0.074331756652x_3\\
&-0.85298305697x_1x_2-4.9586965533x_1x_3
\end{aligned}
$$

显然，放任资本市场逐利将使经济形成第一产业或第三产业的份额增加，而第二产业的份额减少的产业结构调整。虽然这会增加资本和劳动要素的绝对收入，但会扩大资本和劳动要素的收入差距，扩大经济的贫富两极分化程度。

而扩大经济的市场规模（即提升经济的全要素生产率的产业结构调整）是增加第二产业的份额，同时减少第一产业和第三产业的份额，这样不仅能增加劳动的产出效率及劳动要素的绝对收入，还能缩小资本与劳动要素的收入差距，减小经济中生产要素间的贫富两极分化程度。然而，这样的产业结构调整仅通过自由放任的市场调节是做不到的，因此需要进行市场之外的供给侧改革或有指导的产业结构升级调整，这样才能提高经济的全要素生产率和减小经济中生产要素的收入差距。

四、结　论

通过以上的经济计量分析，我们从结构演变的角度说明了我国的市场经济改革和经济发展已进入一个新的阶段。从现阶段我国经济反映出的特征可以看出，在市场自由放任的政策下，资本的市场逐利行为会通过市场作用增加经济中第一产业或第三产业的份额，减少第二产业的份额。这种产业结构变化会增加劳动要素的产出效率，即增加劳动要素的收入，但这种产业结构变化会降低经济的全要素生产率，即降低市场的有机规模。此外，虽然这种产业结构调整会增加资本和劳动要素的绝对收入，但也会扩大资本和劳动要素的收入差距，扩大经济的贫富两极分化，不利于经济的长期稳定发展。要提升经济的市场规模（即提高经济的全要素生产率的产业结构调整），需要增加第二产业的份额，同时减少第一产业和第三产业的份额。这种产业结构调整不仅能增加劳动的产出效率及劳动要素的绝对收入，还能缩小资本和劳动要素的收入差距，减小经济中生产要素间的贫富两极分化程度，因而有利于经济的长期稳定发展。但这样的产业结构调整仅靠自由放任的市场调节是达不到的，因此需要对市场失灵予以克服，即需要深化供给侧结构性改革或有指导的产业结构升级调整，以提高经济的全要素生产率和减小经济中生产要素的收入差距，使经济保持长期稳定的发展。

我们必须认识到，即使进入了新时代，中国特色社会主义的经济发展水平仍处在工业化加速期，中国仍是发展中国家。在这一历史时期，经济结构演进对经济增长和发展的突出特点在于，制造业的发展具有极其突出的地位。无论是从国际经济发展史上看，还是根据我国现阶段的经验，制造业的成长和结构高度的上升，对于经济增长和发展中的要素效率以及全要素生产率的提高都具有重要的意义。与此同时，它对于缩小资本要素和劳动要素之间的收入差距、提高收入分配的公平程度具有重要的作用。但在体制和机制上，若放任市场通过自由竞争来配置资源，则难以有效地提升制造业的结构高度。因此，应当在市场发挥决定性作用的基础上，更好地发挥政府的作用，在政府调控机制和政策倾向上，推动发展实体经济的战略，发展制造业，尤其是通过实施创新驱动战略来提升制造业的质量和创新能力，从而在经济结构的演进上，既能提高经济效率，又能促进社会公平。对于现阶段我国的经济发展来说，贯彻新发展理念、构建现代化经济体系、深化供给侧结构性改革以及推动发展方式的根本转变，具有极为重要的意义。

参考文献

[1] 张宇. 马克思经济危机理论的基本观点. 人民日报，2009-06-19.

[2] 王金明，高铁梅. 经济周期波动理论的演进历程及学派研究. 首都经济贸易大学学报，2006（3）.

[3] 约翰·梅纳德·凯恩斯. 就业利息和货币通论. 北京：商务印书馆，1999.

[4] 刘伟. 中国市场经济发展研究——市场化进程与经济增长和结构演进. 北京：经济科学出版社，2009.

[5] 刘伟，许宪春，蔡志洲. 从需求管理到供给管理——中国经济增长报告（2010）. 北京：中国发展出版社，2010.

[6] 刘伟，蔡志洲. 从最终需求看我国长期经济增长. 上海行政学院学报，2009（4）.

[7] Kitchin Joseph, Cycles and Trends in Economic Factors, Review of Economics and Statistics，1923，5（1）：10-16.

[8] Kuznets S., Secular Movements in Production and Prices: Their Nature and their Bearing upon Cyclical Fluctuations, Boston: Houghton Mifflin，1930.

[9] Kondratieff, N. D., W. F. Stolper, The Long Waves in Economic Life, Review of Economics and Statistics，1935，17（6）：105-115.

[10] 刘伟. 工业化进程中的产业结构研究. 北京：中国人民大学出版社，1995.

[11] 李绍荣. 我国产业结构对经济增长影响的实证研究. 工作论文，2008.

[12] 刘伟，李绍荣. 产业结构与经济增长. 中国工业经济，2002（5）.

[13] Beason, Richard, David E. Weinstein, Growth, Economies of Scale, and Targeting in Japan (1955—1990), The Review of Economics and Statistics, 1996 (78).

[14] Bedrossian, Arakel, Demetrios Moschos, Industrial Structure, Concentration and the Speed of Price Adjustment, Journal of Industrial Economics, 1988 (36).

[15] Chenery, Hollis B., Patterns of Industrial Growth, The American Economic Review, 1960 (50).

[16] Dasgupta, Partha, Joseph Stiglitz, Industrial Structure and the Nature of Innovative Activity, The Economic Journal, 1980.

[17] Dasgupta, Partha, Joseph Stiglitz, Uncertainty, Industrial Structure, and the Speed of R&D, The Bell Journal of Economics, 1980 (11).

[18] Gabel, H. Landis, A Simultaneous Equation Analysis of the Structure and Performance of the United States Petroleum Refining Industry, Journal of Industrial Economics, 1979 (28).

[19] George, Kenneth D., Concentration and Specialization in Industry, Journal of Industrial Economics, 1972 (20).

[20] George, Kenneth D., The Changing Structure of Competitive Industry, The Economic Journal, 1972 (82).

[21] Gregory, Paul, James M. Griffin, Secular and Cross-Section Industrialization Patterns: Some Further Evidence on the Kuznets-Chenery Controversy, The Review of Economics and Statistics, 1974 (56).

[22] Kuznets, Simon, National Income and Industrial Structure, Econometrica, 1949 (17).

[23] Kuznets, Simon, Quantitative Aspects of the Economic Growth of Nations: II, Industrial Distributon of National Product and Labor Force, Economic Development and Culture Change, 1957 (5).

[24] Romer, David, Advanced Macroeconomics, Boston: McGraw-Hill, 2000.

[25] Sacks, Stephen R., Changing in Industrial Structure in Yugoslavia, 1959—1968, The Journal of Political Economy, 1972 (80).

[26] Ueno, Hiroya, A Long-Term Model of Economic Growth of Japan 1906—1968, International Economic Review, 1972 (13).

第七章

中国的潜在经济增长率与发展潜能[①]

在改革开放的40多年里，中国经济以年均9.5%的速度增长，从一个低收入国家快速跨越至上中等收入国家，创造了“中国奇迹”。自党的十八大以来，中国经济的增速有所放缓，但与经济增速缓慢甚至停滞的发达国家相比，中国经济仍充满活力，中国的发展仍处于重要战略机遇期（刘伟和蔡志洲，2018）。从理论层面来看，经济增长率下滑是供给侧潜在经济增长率的变化与需求侧周期性因素引起的消费、投资和进出口等变化综合作用的结果。从实践层面来看，当前中国经济的增速下滑主要源于潜在经济增长率下降（易信和郭春丽，2018）。党的十九大报告提出：“从2020年到2035年，在全面建成小康社会的基础上，再奋斗十五年，基本实现社会主义现代化。”不难发现，其蕴含两层含义：一是中国将在2020年前后跨越“中等收入陷阱”，全面建设小康社会；二是在保持经济高质量增长的同时，中国在2035年前后将基本实现社会主义现代化。面对中国经济的结构性减速冲击和潜在经济增长率下滑等现实情况，未来中国潜在经济增长率将出现什么样的趋势？未来潜在经济增长率能否支撑中国经济顺利跨越“中等收入陷阱”，基本实现社会主义现代化？这是在新时代中国不得不面对和回答的重大现实问题之一。为此，科学合理地测度中国的潜在经济增长率，并通过国内外典型代表国家的经验分析，研判2035年时中国经济的发展态势，将为回答为何中国的发展仍处于重要战略机遇期提供理论支撑，对跨越“中等收入陷阱”和实现社会主义现代化具有重要的现实意义。

---

① 刘伟，范欣. 中国发展仍处于重要战略机遇期. 管理世界，2019（1）.

第一节　新时代中国经济增长面临的机遇与挑战

党的十九大报告指出：中国特色社会主义进入了新时代。进入新时代的中国经济开始出现一些新变化，也将面临新的机遇与挑战。这种新变化主要体现为社会经济的结构性特征变化带来的经济增速的差异性变化（刘伟，2016）。在新时代中国经济达到了新的发展水平，经济增速明显放缓，开始从高速增长转向中高速增长。资料显示，1979—2012 年中国 GDP 的年均增长率为 9.86%，而 2013—2017 年中国 GDP 的年均增长率仅为 7.12%。这种经济增速下滑主要源于社会经济的结构性调整，突出表现在产业结构、城镇化水平、信息化水平、工业化程度和农业现代化水平等的变化上。在三大产业结构方面，第三产业占 GDP 的比重明显提升，从 1979 年的 22.3%提升至 2017 年的 51.6%，位居三大产业之首。在城镇化水平方面，城镇化水平不断提高，按户籍统计的城镇化水平从 1979 年的 16.6%上升至 2017 年的 36.63%；按常住人口统计的城镇化水平从 1979 年的 18.96%上升至 2017 年的 58.52%。在信息化水平上，中国的信息化水平发展迅猛。2016 年，中国的信息化发展指数为 72.8，全球排名从 2013 年的第 33 位上升至第 25 位，首次超过 G20 国家的平均水平。在工业化程度方面，中国的工业化水平已进入工业化后期。2015 年，中国的工业化综合指数为 84。2020 年，中国的工业化综合指数将达到 100，基本实现工业化。由于区域发展的不平衡性，预计 2035 年中国将全面实现工业化（黄群慧等，2017）。在农业现代化水平上，中国的农业劳动力就业比重大幅下降。2015 年，中国的农业劳动力就业比重为 25%～30%，仍与发达国家 3%～5%的农业劳动力就业比重存在一定的差距。

2018 年 12 月，中央经济工作会议指出："我国发展仍处于并将长期处于重要战略机遇期。世界面临百年未有之大变局，变局中危和机同生并存，这给中华民族伟大复兴带来重大机遇。"当前，中国正处于上中等收入阶段，面临新的重要战略机遇，有望在 2020 年前后跨越至高收入阶段，朝社会主义现代化国家迈进。按照世界银行 2017 年的高、中、低收入标准划分，全球共有 81 个高收入国家或地区。从它们跨越"上中等收入陷阱"的时间来看，平均用时为 12～

13年。中国在2010年顺利步入上中等收入阶段，根据全球增长跨越经验来看，有望在2022—2023年期间跨入高收入阶段。若按照当前的经济增速，中国在2035年前后将基本实现社会主义现代化，这是我们前所未有的重要战略机遇期。历史经验是目标能否实现的行动指南，中国经济发展的战略机遇也离不开发展条件的有力支撑。从中国的发展条件来看，主要表现为产业体系完备、人力资本红利开始凸显、基础设施日臻完善、创新能力不断提升等。在产业体系方面，中国拥有全球最完备的产业体系，涵盖粗加工到深加工的方方面面。在人力资本方面，中国的教育形式日益多样化，人力资本加速积累。据统计，就业人员人均受教育年限从1979年的3.75年提升至2014年的7.67年①。在基础设施方面，基础设施的投资力度不断加大，中国的基础设施建设位居世界前列。近年来，中国的高铁等交通基础设施加快发展，运营里程和在建里程均位居世界第一。截至2018年10月，中国高铁的运营里程达到2.77万千米，占世界高铁里程的65%；在建里程达到1万千米，占世界高铁在建里程的74%。中国交通基础设施的规模性和网络性，将加快推进市场一体化进程，为经济发展注入新活力。在创新能力上，中国的自主创新能力不断增强，研发投入不断加大，专利申请授权数从1985年的138件上升至2017年的183.6万件。

新时代的机遇与挑战并存。当前，中国经济发展的约束条件正在发生深刻的变化，目前面临的最现实、最迫切的挑战就是如何跨越“中等收入陷阱”，迈向社会主义现代化。历史经验表明，进入上中等收入阶段的时间越晚，不确定性越高，跨越的难度越大。“拉美漩涡”、“东亚泡沫”和“西亚和北非危机”等现象的出现，主要是因为相关国家无法及时、准确地应对社会、经济、政治、文化等发生的一系列变化所带来的挑战。对于新时代的中国而言，突出表现在需求侧和供给侧。从需求侧来看，消费需求、投资需求开始出现疲软；从供给侧来看，劳动力成本、土地和自然资源成本、自主创新成本等显著上升。事实上，无论是需求侧的变化，还是供给侧的变化，都离不开供给端要素的变化。具体来看，在劳动力方面，中国的人口结构开始发生较大变化，即劳动力数量

---

① 根据PWT 9.0中人力资本指数推算而得。

减少，“人口红利”渐趋消失。进入上中等收入阶段的中国，开始从劳动力数量和人力资本“双增长阶段”转向“一减一增阶段”，过去依靠廉价劳动力的粗放型发展模式已不合时宜。资料显示，中国的人口抚养比开始上升，从 2013 年的 35.29%上升至 2017 年的 39.27%，而未来的这一比例仍处于上升趋势之中；人口老龄化问题日益严重，2017 年 65 岁及以上的人口比重上升至 11.4%；就业人数增长率下降，从 2013 年的 0.36%下降至 2017 年的 0.05%。在技术进步方面，中国的自主创新难度不断加大，过去依靠低成本模仿创新的模式已不合时宜，只会带来重复投资和产能过剩。产业结构的转型升级需要进一步加强自主创新，积极构建和完善创新生态系统。在制度创新上，中国的改革难度日益加大，制度红利释放有所弱化。在改革开放的 40 多年里，中国经济的增长实际上得益于渐进式改革下制度红利的不断释放。随着渐进式改革的不断推进，中国进行改革的难度也在不断加大，如何以供给侧结构性改革为主线推进变量革新，实现经济高质量增长仍充满挑战。

第二节　“中等收入陷阱”与增长跨越事实

一、“中等收入陷阱”的基本事实

“中等收入陷阱”自世界银行在 2006 年的研究报告中首次提出以来，备受学者和媒体的关注。“中等收入陷阱”是指发展中国家在经济发展过程中面临重重阻力，它们在进入中等收入阶段后动力衰减，陷入长期经济停滞（Gill and Khams，2007）。换言之，发展中国家在经济的发展过程中，由于动力机制无法实现有效转换，部分国家可能会被锁定在中等收入阶段，无法跨越至高收入阶段。根据世界银行（World Bank，2017）的定义，人均 GNI 低于 995 美元的国家为低收入国家，人均 GNI 在 996～3 895 美元之间的国家为下中等收入国家，人均 GNI 在 3 896～12 055 美元之间的国家为上中等收入国家，而人均 GNI 高于 12 055 美元的国家为高收入国家。2017 年中国的人均 GNI 为 8 690 美元，按照此标准，目前中国已达到上中等收入国家的平均水平。但不可否认的是，在改革开放 40 多年后，中国经济增长的动力机制开始弱化，资本存量的增长率下滑，“人口红利”加快消失，改革难度进一步加大等，这些将增大中国实现跨越的难度。资料显示，以30年为标准来看，1960年在19个上中等收入国家中有26%的国家没有成功跨入高收入阶段，1970年在21个上中等收入国家中有43%的国家未能进入高收入阶段，而1980年在24个上中等收入国家中有50%的国家未能成功跨越至高收入国家的行列（张德荣，2013）。这意味着随着时间的推移，上中等收入国家被锁定在该收入区间的可能性将不断加大，“中等收入陷阱”现象日益明显。①

纵观全球，主要有欧美发达经济体（如美国、英国、法国、德国、加拿大、荷兰等）、亚洲经济体（如日本、韩国、新加坡、马来西亚、泰国等）、拉美经济体（如巴西、阿根廷、墨西哥、智利等）、西亚和北非经济体（如埃及、突尼斯、叙利亚等）等。不同经济体进入中等收入阶段的时间差异明显，增长跨越也各具特色。在此进程中，部分国家实现了成功跨越，部分国家则被“中等收入陷阱”锁定。具体来看：①大多数欧美发达经济体的增长跨越顺利，表现较为一致。欧洲国家多数集中在1960年前后进入下中等收入阶段，历经10年左右的时间迈入上中等收入阶段，而后又用10年左右的时间步入高收入阶段。例如，法国用了11年的时间从下中等收入阶段进入上中等收入阶段，而后又用了7年的时间进入高收入阶段等。②部分亚洲新经济体成功实现追赶，但也有部分国家无法实现跨越，出现了“东亚泡沫”现象。日本、韩国等亚洲新经济体基本在1970年前后跨越下中等收入阶段，用了7～10年的时间进入上中等收入阶段，而后又用了10年左右的时间进入高收入阶段。菲律宾、马来西亚、泰国等国则在下中等收入阶段和上中等收入阶段不断徘徊，无法实现成功跨越。③多数拉美国家在下中等收入阶段或者上中等收入阶段的停滞期较长，无法顺利跨越，出现了“拉美漩涡”现象。例如，巴西在1975年进入上中等收入阶段，但未能顺利步入高收入阶段。墨西哥从1974年步入下中等收入阶段以来，于1990年进入上中等收入阶段，但迄今为止仍停留在该阶段，无法顺利跨越。④西亚、北非国家的增长相对缓慢，长期停留在中等收入阶段，出现了“西亚

① 历史经验表明，有相当比例的国家在进入下中等收入阶段后，经过30年以上的时间仍停留在“下中等收入陷阱”中，无法顺利跨越至上中等收入阶段。

和北非危机”现象。不少西亚、北非国家（如埃及等）自20世纪90年代进入中等收入阶段后，目前一直停留在此阶段，无法实现增长跨越。①

二、对典型代表国家增长跨越路径的分析

目前，成功跨越“中等收入陷阱”的国家较多，但锁定在“中等收入陷阱”的国家也不在少数。在样本选择上，鉴于中国从2010年开始已经步入上中等收入阶段，我们重点考虑了人口结构变化、经济增长速度、增长跨越的稳定性、人口数量、经济体分布等特征，选择了日本、韩国、巴西、马来西亚4个典型代表国家进行对比分析，试图通过对典型代表国家增长路径的对比分析，为中国当前面临的增长跨越问题提供经验借鉴。

图7-1反映了1962—2014年典型代表国家的经济增长路径。② 从图7-1中可见，不同国家在进入中等收入阶段后的表现不一。具体来看：①日本在中等收入阶段的增速明显，快速步入高收入国家行列。日本的经济发展水平较高，较早步入下中等收入阶段，1962年的人均GNI为610美元③，此后的人均GNI以年均约17%的速度增长，并快速步入高收入国家行列。资料显示，1978年日本的人均GNI达到7 410美元，1988年的人均GNI高达24 730美元。但从1989年开始，日本的人均GNI增速明显放缓，部分年份出现负增长，年均增长率仅为2.46%。②韩国是亚洲从低收入国家成长为高收入国家的典型代表之一，其增长路径为两段式增长：1962年韩国的人均GNI达到190美元，进入下中等收入阶段。④ 在1969—1979年，韩国的人均GNI以22.07%的速度增长，

---

① 比如埃及在1996年的人均GNI为1 000美元，2014年的人均GNI为3 310美元，仍处于下中等收入阶段。

② 考虑到各国进入中等收入阶段的时间不一，我们将它们放入同一时间维度中，重点考察不同国家在进入中等收入阶段后的增长表现。

③ 囿于数据的可得性，起始年份均为1962年。世界银行在1989年的工作报告中提出，以1987年的6 000美元作为高收入经济体人均GNI的下限。与此同时，根据分类，人均GNI在480美元以下的国家为低收入国家，人均GNI在480～1 940美元的国家为下中等收入国家，人均GNI在1 940～6 000美元的国家为上中等收入国家，人均GNI在6 000美元以上的国家为高收入国家。从1989年开始，各国可根据国际货币基金组织的特别提款权折算系数来调整1987年可比价格的6 000美元。

④ 世界银行最早提供了1987年高、中、低国家的收入标准，此前年份根据人均GNI归集法进行分类，预计1968年低收入的分界线为190美元左右。

1979 年的人均 GNI 达到 1 670 美元，进入上中等收入阶段。随后，韩国用 14 年的时间使人均 GNI 在 1993 年达到 8 860 美元，超过世界银行划定的高收入标准（8 625 美元），顺利进入高收入阶段。在图 7－1 中，我们不难发现，韩国经历了两段快速发展期，即在 1968—1981 年期间和 1986—1996 年期间人均 GNI 分别以 20.67％和 16.55％的速度增长，而后保持较为平稳的增长。③巴西和马来西亚的增长趋势较为接近，它们人均 GNI 的增速后劲不足。巴西和马来西亚在 1962 年的人均 GNI 均为 240 美元，已经进入了下中等收入阶段，而后在经济发展进程中，巴西和马来西亚分别于 1975 年和 1979 年前后进入上中等收入国家行列。此后，它们的人均 GNI 增速开始出现波浪式变化，始终与高收入国家有一定的差距，无法实现增长跨越。

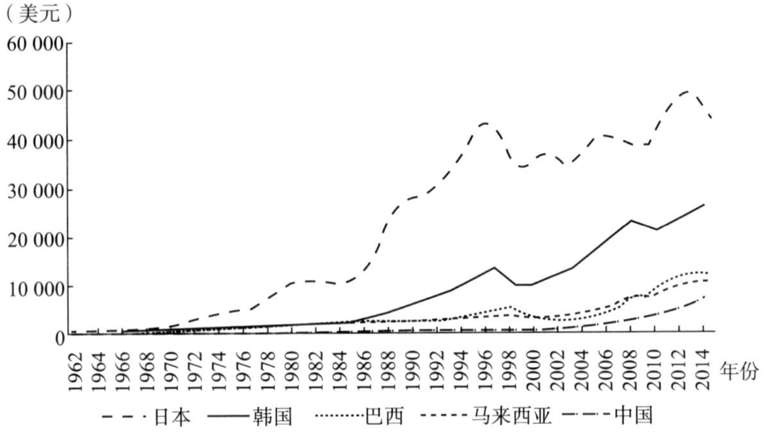

图 7－1　典型代表国家增长路径趋势图

资料来源：世界银行数据库。

通过典型代表国家的对比可知，一个国家要想实现收入的阶段性跨越，需要在较长时间内保持快速、平稳增长。在经济发展的过程中，一旦出现增长的停滞或频繁性波动，则极易被“中等收入陷阱”锁定。当前，中国实际经济增长率的高低主要源于潜在经济增长率的变化，那么未来中国潜在经济增长率将呈现什么样的变化？潜在经济增长率的变化主要源于哪些因素的动态调整？这就需要我们进一步测算中国潜在经济增长率及其因素变化情况，为中国顺利跨越“中等收入陷阱”和基本实现社会主义现代化指明方向。

第三节　中国潜在经济增长率的估计方法与设定

一、潜在经济增长率的测算方法选择及其估算

目前，国内外研究中关于潜在经济增长率的测算方法主要有 4 种：①生产函数法。该方法采用柯布-道格拉斯生产函数来测算潜在产出，是目前使用较为广泛的一种方法。为了更准确地预测未来的潜在经济增长率，该方法主要是在生产函数和变量指标选取上进行改进与完善（郭晗和任保平，2014；吴国培等，2015）。②趋势分解法。该方法主要采用 HP 滤波对不同时序下的实际产出数据进行平滑处理，将其分解为趋势部分和波动部分（郭庆旺和贾俊雪，2004）。其中，趋势部分就是指潜在产出。该方法简单易行、操作简便，但并未考虑经济因素的影响，无法较好地预测未来的经济增速情况。③DSGE 模型。该方法主要采用 DSGE 模型测算潜在产出（马文涛和魏福成，2011），但由于其采用极为精细化的微观结构设计，因而会使模型的有效性降低。④多变量联立方程。该方法基于经济增长及其影响因素的相互作用而建立联立方程来估算潜在产出等。通过将实际产出分解，根据奥肯定律等来测算潜在产出量（Islas-Camargo and Cortez，2011；Hanusch，2012）。

鉴于中国经济转型、制度变迁等因素的影响，我们选择较为通用的生产函数法来测算中国的潜在经济增长率。与此同时，考虑到新时代中国就业人口下滑与劳动力质量提升并存等实际情况，我们在标准的柯布-道格拉斯生产函数基础上引入人力资本，构建附加人力资本的柯布-道格拉斯生产函数①，可表示为：

$$Y=AK^{\alpha}(HL)^{\beta} \tag{7-1}$$

① 在模型选取上，生产函数法较为通用，但国内学者采用一般增长核算方程的居多。考虑到中国就业人数和人力资本的变化情况，本节决定采用附加人力资本的增长核算方程。在测算中，我们发现用此方法测算出来的潜在经济增长率相对偏高，但与当年实际经济增长率相比，仍在可接受的范围内。与国内的相关文献相比，造成差异的主要原因在于资本存量增长率的估算方法和没有考虑人力资本存量的部分影响。特别是在资本存量的估算上，不少学者采用的都是利用资本存量近年来的趋势进行预测，但其中含有随机因素的影响。在此，我们主要是利用资本存量增长率与上一期资本存量增长率和人口抚养比来构建回归方程进行拟合，用该方法测算出来的资本存量增长率的下降幅度较慢。

式中，Y 为实际 GDP；K 为资本存量；H 为人力资本；L 为就业人数；A 为 TFP；α 为资本产出弹性；β 为附加人力资本的劳动产出弹性。

为此，我们假定生产函数的规模报酬不变，即 $\alpha+\beta=1$。现将等式两边同时除以 HL，可得：

$$\frac{Y}{HL}=A\left(\frac{K}{HL}\right)^{\alpha} \tag{7-2}$$

等式两边同时取对数，上式可化为：

$$\ln\left(\frac{Y_t}{H_tL_t}\right)=C_0+\alpha\ln\left(\frac{K_t}{H_tL_t}\right)+\mu_t \tag{7-3}$$

通过对（7-3）式进行估计，便可得出 α 和 β 的值。将 α 和 β 代入把生产函数转化为增长率的（7-4）式中，经变形，并采用 HP 滤波方法去除随机干扰因素 μ_t，即可计算出 TFP 增长率 $\left(\frac{dA_t}{A_t}\right)$。

$$\frac{dY_t}{Y_t}=\frac{dA_t}{A_t}+\alpha\times\frac{dK_t}{K_t}+\beta\times\frac{dHL_t}{HL_t}+\mu_t \tag{7-4}$$

我们在得出基本模型参数的基础上，需要进一步估算潜在经济增长率。事实上，由于理论假设前提和观点不同，不同学者对“潜在产出”概念的理解也有差异，基本有以下两种：一种是基于凯恩斯理论的理解，从总需求的变化出发，认为经济周期源于总需求的波动，潜在产出是经济中各种生产要素在得到充分利用时的最大产出水平；另一种是基于新古典理论的理解，认为经济周期是由总供给变动导致的，也就是在未预期到的生产冲击下会导致微观主体视情况而生产，因而实际产出会在潜在产出附近波动（中国银行“中国经济发展新模式研究”课题组，2016）。在此，我们借鉴陆旸和蔡昉（2014）的做法，在“充分就业”的条件下估算潜在经济增长率。

首先，估算“充分就业”下的就业人数，其计算公式为：

$$\widetilde{L}_t=\mathrm{POP}_{15+,t}\times\mathrm{Tr}_{15+,t}\times(1-\mathrm{NAIRU}_{15+,t}) \tag{7-5}$$

式中，$\widetilde{L}_t$ 为潜在就业人数；$POP_{15+,t}$ 为 15 岁以上的人口；$Tr_{15+,t}$ 为 15 岁以上的趋势劳动参与率；$NAIRU_{15+,t}$ 为 15 岁以上人口的自然失业率。

其次，针对附加人力资本的劳动进行 HP 滤波，得出变量的趋势值和趋势增长率。

最后，利用（7－6）式得出潜在经济增长率，即

$$\frac{d\widetilde{Y}_t}{Y_t}=\frac{dA_t}{A_t}+\alpha\times\frac{dK_t}{K_t}+\beta\times\frac{d\,\widetilde{HL}_t}{HL_t} \tag{7-6}$$

二、未来潜在经济增长率的估计方法及相关设定

如前所述，未来潜在经济增长率主要受到资本增长率、潜在就业增长率、人力资本增长率和 TFP 增长率等因素的影响。为科学合理地预测 2015—2035 年影响潜在经济增长率的相关变量情况，我们需要对资本、就业人数、人力资本和 TFP 的历史轨迹及其未来变化趋势进行预测与设定。经验数据来源于佩恩表（PWT 9.0）中 1979—2014 年的实际 GDP、实际资本存量和人力资本，就业人数来源于《中国统计年鉴》。[①] 其中，实际 GDP 和实际资本存量均以 2011 年的美元不变价格表示。

第一，对 2015—2035 年资本存量的估算。考虑到 2015—2035 年中国资本存量的未知性，我们将继续基于“永续盘存法”进行预测，其公式为：

$$K_t=(1-\delta_t)K_{t-1}+I_t$$

式中，K_t 为第 t 年的实际资本存量；δ_t 为第 t 年的资本折旧率；I_t 为第 t 年的实际资本形成。

① 在数据来源的选取上，我们最终选择以 PWT 9.0 的数据为主，就业数据因统计口径差异选择《中国统计年鉴》。目前，国内学者关于潜在经济增长率的测算一般选择《中国统计年鉴》中的数据，但这些数据存在两方面的问题：第一，资本存量在 1990 年之前是缺失的，部分学者只能采用估算的方法解决。第二，就业人员的受教育程度无法获取，部分学者采用人力资本存量除以就业人数得到。考虑到中国就业人数与人力资本的变化情况，该方法显得较为粗糙。PWT 9.0 给出了以 2011 年为基期的资本存量、人力资本等数据，可直接用于计算和各因素的跨国比较。目前，在国内文献中，陆旸和蔡昉（2014）曾采用 PWT 8.0 来测算人口结构变化对潜在经济增长率的影响。PWT 9.0 是 2017 年 10 月 31 日公布的，是在 PWT 8.0 基础上的修订和完善（基期从 2005 年改为 2011 年）。

由上式可知，当年的实际资本存量是由前一年的实际资本存量、当年的资本折旧率和当年的新增资本形成共同决定的。将其转换为资本存量增长率后，我们不难发现，资本存量增长率不仅受到上一期资本存量增长率的影响，也与资本形成率有关。事实上，一个国家或地区的资本形成率取决于经济发展水平、人口抚养比等。为简化起见，我们可以将资本存量增长率转化为上一期资本存量增长率与人口抚养比的关系式。为此，我们首先利用 1979—2014 年的经验数据，估计出资本存量增长率（GK_t）与上一期资本存量增长率（GK_{t-1}）和滞后一期人口抚养比（PD_{t-1}）之间的关系，即

$$GK_t = 0.67GK_{t-1} - 0.06PD_{t-1} + 5.95$$

然后，根据联合国发布的《世界人口展望（2017 年修订版）》中 2015—2035 年中等生育率水平下人口抚养比的数据，即可计算出对应时期的资本存量增长率。① 从估算结果来看，随着老龄化问题的日益严重，储蓄将会减少，同时资本形成率下降，进而使得资本存量有所下降。从预测结果来看，在 2015—2035 年期间，资本存量增长率将呈现下滑趋势，预计 2035 年的资本存量增长率将下降至 9.22%。

第二，对 2015—2035 年潜在就业的估算。为估算潜在就业人数，需要重点考虑 15 岁以上的人口数量、劳动参与率、自然失业率等情况。在经济活动人口的测算上，本节继续采用《世界人口展望（2017 年修订版）》在中等生育率水平下预测的 2015—2035 年不同年龄段的人口数，并通过 HP 滤波得出潜在就业量。在自然失业率上，自然失业率与人口结构有关，年龄和性别都将影响到自然失业率的大小。考虑到人口结构变化也会影响到潜在就业量，为简化起见，假设自然失业率保持不变。根据（7－5）式便可计算出 2015—2035 年的潜在就业人数，进而得出潜在就业增长率。资料显示，在 2015—2035 年期间，潜在就

---

① 考虑到“二孩政策”全面放开等因素的影响，结合国务院颁发的《国家人口发展规划（2016—2030）》等政策文件，我们认为总和生育率将会从 1.5%～1.6%上升至 1.8%左右，故选择中等生育率水平的人口抚养比进行预测。由于《世界人口展望（2017 年修订版）》仅提供了每五年的人口抚养比数据，故我们结合其趋势，采用插值法进行补充，进而得出 2015—2035 年的人口抚养比数据。

业增长率下降，2035 年的潜在就业增长率为−0.69%。

第三，2015—2035 年人力资本的估算。佩恩表（PWT 9.0）提供的人力资本指数是在巴罗（Barro et al.，2010）采用的平均受教育年限的基础上，根据萨卡洛普斯（Psacharopoulos，1994）估计的教育回报率测算而得。为保证方法的统一性和数据的可比性，本节将继续采用此方法进行补充，计算 2015—2035 年的人力资本指数。随着中国经济发展水平的不断提高，教育日益得到重视，中国平均受教育年限呈现上升趋势。为此，我们在佩恩表（PWT 9.0）中人力资本指数的数据基础上，根据上述方法倒推出历年中国就业人员的平均受教育年限。然后，我们通过计算出的年均受教育年限增长率，估算出 2015—2035 年中国劳动力的平均受教育年限。最后，我们根据上述方法计算出 2015—2035 年中国人力资本指数的情况。

第四，2015—2035 年的 TFP 估计。从 1979—2014 年的 TFP 增长率情况看，在 2004 年前后，中国的 TFP 增长率开始呈现出缓慢下降趋势。特别是进入新时代以来，TFP 增长率出现负增长。考虑到中国正处于全面深化改革时期，虽然改革难度在不断加大，但制度红利仍有释放空间、自主创新能力仍在不断增强等，故 2015—2035 年期间的 TFP 采用增长率的均值（0.96%）进行估算。

第四节　中国潜在经济增长率的测算与预测

一、增长核算方程的估计结果

根据增长核算方程，分别代入不同时段的中国相关数据，采用最小二乘法对（7－3）式进行回归，可得出中国在不同时段的资本贡献因子 α 和附加人力资本的劳动贡献因子 β。考虑到研究样本期间为 1979—2014 年，我们将 α 和 β 代入（7－4）式中，并采用 HP 滤波分析计算出 TFP 增长率。与此同时，我们从表 7－1 中的模型 1 至模型 3 可以看出，通过变更前后期时间点，在不同时段上要素贡献因子的差异性并不明显，要素份额较为稳定（Gollin，2002）。考虑到预测 2015—2035 年资本贡献因子和附加人力资本的劳动贡献因子等需要，本节进一步延长了研究样本时序，发现时序越长，资本贡献因子越小，劳动贡献因子越大（见表 7-1 中的模型 4 至模型 6）。为此，本节假设中国 2015—2035 年的资本贡献因子和附加人力资本的劳动贡献因子与长期样本效果一致，令其系数分别为 0.56 和 0.44。

表 7-1 不同时序下增长核算方程的估计结果

变量	模型 1 1979— 2014 年	模型 2 1979— 2009 年	模型 3 1985— 2014 年	模型 4 1965— 2014 年	模型 5 1957— 2014 年	模型 6 1952— 2014 年
$\ln(K_t/H_tL_t)$	0.667 (58.81)	0.658 (37.78)	0.673 (48.14)	0.631 (53.42)	0.596 (32.03)	0.563 (27.22)
C	0.919 (20.49)	0.953 (14.15)	0.895 (15.94)	1.068 (23.64)	1.208 (17.20)	1.340 (17.32)
R^2	0.99	0.98	0.99	0.98	0.95	0.92

说明：括号中的数值为 t 值。

基于上述计算结果，可测算出不同时段上主要变量的增长率及贡献率等情况。从表 7-2 可知，无论身处哪一个时段，与其他要素相比，资本一直是推动中国经济长期增长的主要动力。具体来看，在 1979—2014 年期间，资本存量的年均增长率达到 9.72%，贡献率为 75.32%，明显高于就业增长率和人力资本增长率。从时序上看，资本存量的年均增长率经历了先上升后下降的过程，这与实际 GDP 增长率的趋势一致，而且其增速均高于就业增长率、人力资本增长率等。特别是自中国加入 WTO 以来，全社会固定资产投资加快，资本存量的年均增长率超过 10%。2008 年美国次贷危机爆发后，中国采用了“四万亿”投资计划等，使得 2009 年的资本存量的年均增长率高达 13.42%，创历史新高。此后，中国资本存量的年均增长率略有下降，但资本存量的年均增长率仍达到 11.19%，贡献率高达 97.90%。在就业方面，随着老龄化问题的日益严重，中国的就业增长率日益放缓。进入新时代后，中国就业人数的年均增长率仅为 0.36%。在人力资本方面，在此期间，人力资本增长率呈现出波浪式变化。

2001—2012 年期间，中国的人力资本增长率仅为 0.83%，明显低于整体平均水平。在 TFP 方面，TFP 受到的影响因素较为复杂，它受到技术进步、制度创新、资源配置效率等因素的影响。从整体阶段来看，TFP 的增长率呈现波浪式变化。特别是进入新时代以来，TFP 的年均增长率为−0.40%，这与全面深化改革下中国进行结构性调整的阵痛有关。

表 7-2　1979—2014 年中国经济增长核算情况表（%）

变量指标	不同时序				
	1979—2014 年	1979—1991 年	1992—2000 年	2001—2012 年	2013—2014 年
实际经济增长率	7.41	6.14	7.23	8.74	7.50
资本增长率	9.72 (75.32)	7.58 (61.20)	9.97 (80.96)	11.46 (85.16)	11.19 (97.90)
就业增长率	1.83 (4.50)	3.84 (12.63)	1.07 (4.33)	0.55 (1.93)	0.36 (1.56)
人力资本增长率	1.17 (4.30)	1.18 (4.65)	1.66 (6.74)	0.83 (2.88)	1.33 (5.83)
TFP 增长率	0.96 (15.89)	1.49 (21.52)	0.64 (7.98)	0.85 (10.04)	−0.40 (−5.29)

说明：括号内为各因素对经济增长的贡献率。

二、1979—2035 年中国潜在经济增长率的估计结果

通过测算“充分就业”状态下的就业人数等，可得出 1979—2035 年中国的潜在经济增长率。表 7-3 给出了 1979—2035 年中国潜在经济增长率的估计结果。该估计结果表明，1979—2035 年中国潜在经济增长率呈现波浪式变动，实际经济增长率围绕着潜在经济增长率上下波动。进入新时代以来，中国的实际经济增长率与潜在经济增长率之间的差额渐趋缩小，可见实际经济增长率下滑主要源于潜在经济增长率下降。具体来看，在 2013 年之前，中国潜在经济增长率呈现出整体上升趋势，从 1979—1991 年的 8.06%上升至 1992—2000 年的 8.52%，2001—2012 年进一步提升至 9.1%。随后，2013—2014 年逐渐回落至 7.67%。从前后期对比来看，中国潜在经济增长率的回落幅度较大，主要是由

TFP 增长率下降幅度较大引起的。从中国潜在经济增长的动力来看，资本存量增长率和潜在就业增长率小幅下降，而人力资本增长率呈现出小幅上升。

表 7-3　1979—2035 年中国潜在经济增长估计情况表（%）

变量指标	不同时序				
	1979—2014 年	2015—2020 年	2021—2025 年	2026—2030 年	2031—2035 年
潜在经济增长率	8.50	7.63	7.29	6.97	6.49
资本存量增长率	9.72	11.16	10.71	10.21	9.49
潜在就业增长率	1.95	−0.16	−0.21	−0.40	−0.66
人力资本增长率	1.17	1.12	0.98	1.06	1.15
TFP 增长率	0.96	0.96	0.96	0.96	0.96

与此同时，通过对资本存量增长率、潜在就业增长率、人力资本增长率和 TFP 增长率的进一步估算，得出了 2015—2035 年的中国潜在经济增长率。从表 7-3 可以看出，2015—2035 年中国潜在经济增长率进一步下滑，从 2015—2020 年的 7.63%下降至 2031—2035 年的 6.49%。从表 7-3 中不同时序的估计结果可以看出，经济增长的动力源泉开始出现了一些新变化，如资本存量增长率和潜在就业增长率出现了不同程度的下降，而人力资本增长率出现了上升态势。具体来看，首先，资本存量增长率渐趋下降，2035 年的资本存量增长率将下降至 9.49%。资本存量增长率的下降主要源于资本形成率的降低，其实质离不开人口抚养比的逐年增长。随着“二孩政策”的推行以及人口老龄化问题的不断加剧等，中国的人口抚养比将不断攀升。据预测，中国的人口抚养比将从 2014 年的 37.25%上升至 2035 年的 54.45%。该比例的大幅上升将使储蓄减少、消费增加、资本形成率下降，进而导致资本存量增长率出现下滑。其次，中国的就业增长率开始出现负增长，“人口红利”加速消失。从表 7-3 不难看出，中国的潜在就业增长率从 2015—2020 年开始出现负增长，而且随着时间的推移，该比重的减少幅度进一步增加，预示着劳动力的比较优势将进一步弱化，“人口红利”在中国将不复存在。最后，中国的人力资本指数稳步增长，其增长率渐趋回升，预计 2035 年的人力资本增长率将达到 1.15%。

三、中国增长跨越和现代化目标的实现

面对2020年全面建成小康社会和2035年基本实现社会主义现代化的战略目标，中国的潜在经济增长率能否保障该目标的成功实现，尚需进一步加以论证。全面建成小康社会，从经济发展水平的角度来看，需要在2020年前后跨越上中等收入阶段，步入高收入国家行列。何谓社会主义现代化？目前暂无明确的界定标准。按照盛运来和郑鑫（2017）的做法，我们将美国作为现代化的参照系。从经济角度来看，人均GDP是衡量人民生活水平的重要指标，我们将通过人均GDP的对比来衡量一个国家或地区的现代化水平。根据世界银行对高、中、低收入水平的划分标准，我们以2014年的高收入国家或地区为研究样本，根据其与美国人均GDP的对比情况，将其现代化水平划分为以下4个阶段：第一阶段，准现代化阶段，人均GDP未超过美国的40%，如智利、葡萄牙等国；第二阶段，现代化低级阶段，人均GDP为美国的40%～60%，如韩国、西班牙等国；第三阶段，现代化中级阶段，人均GDP为美国的60%～80%，如日本、法国等国；第四阶段，现代化高级阶段，人均GDP为美国的80%以上，如英国、荷兰等国。按照此标准，中国应在2035年左右达到美国人均GDP的40%，才能达到现代化低级阶段，基本实现社会主义现代化。①

基于中国潜在经济增长率和人口预测数据，我们可以得出2035年前中国的GDP和人均GDP数据，见表7-4。资料显示，在2035年前中国的经济总量和人均收入水平均能实现较大幅度的提升。2020年，中国的GDP将达到16.3万亿美元，占美国的80.2%；人均GDP为1.16万美元，占美国的18.84%。根据历年世界银行的高收入划分标准，预计2022年中国的人均GDP为1.33万美元，能够成功跨越“中等收入陷阱”，进入高收入国家行列。届时，中国的GDP将达到美国

---

① 关于现代化的定量界定标准，相关文献偏少。国内学者盛运来和郑鑫（2017）从经济角度对现代化有一个分类，他们主要用美国作为对标，以美国人均GDP的50%作为现代化水平的下限。事实上，按照世界银行历年发布的高收入情况，通过统计可以发现这种划分标准存在一定的缺陷。基于世界银行历年发布的高收入情况，考虑到PWT 9.0的数据仅到2014年，本节以世界银行发布的2014年高收入国家为样本，将其划分为准现代化阶段、现代化低级阶段、现代化中级阶段和现代化高级阶段。

的 88%。2025 年，中国的 GDP 将超越美国，成为世界第一大经济体。2035 年，中、美两国的 GDP 分别为 44.46 万亿美元和 29.43 万亿美元，GDP 的相对比重为 1.51；从人均 GDP 上看，2035 年中国的人均 GDP 将达到 3.15 万美元，约占美国的 38.29%，接近现代化低级阶段，有望基本实现社会主义现代化。[①]

表 7-4　2020—2035 年中国的 GDP 和人均 GDP 预测

指标	2020 年	2025 年	2030 年	2035 年
中国的 GDP（亿美元）	162 968	231 748	324 606	444 557
中国的人均 GDP（美元）	11 614	16 352	22 867	31 484
美国的 GDP（亿美元）	203 198	229 900	260 111	294 291
美国的人均 GDP（美元）	61 645	67 859	74 700	82 229
GDP 的相对比重（%）	80.20	100.80	124.80	151.06
人均 GDP 的相对比重（%）	18.84	24.10	30.61	38.29

第五节　典型代表国家增长跨越的国际经验

历史经验表明，实际经济增长率围绕着潜在经济增长率上下波动。随着国际经济形势的日益错综复杂，产出缺口可能在时序上出现差异性变化。为了进一步比较增长路径的因素差异，考虑到样本周期的一致性，我们选取 1958—2014 年期间典型代表国家（即日本、韩国、巴西和马来西亚）的相关数据[②]，继续采用附加人力资本的经济增长核算方程进行分析，得出了各国历年的潜在经济增长率及其各因素增长率的情况。

（1）对日本增长跨越的经验分析。与中国相比，日本进入下中等收入国家的时间相对较早。虽然中国和日本进入中等收入阶段的时间不一，但两国在此期间均面临潜在经济增长率增速放缓、人口结构变化、资本存量增速下滑等现

① 关于国内外学术界对于我国潜在经济增长率的测算，有不同的方法和不同的结论，具体可参考本章“附录”做出的梳理。

② 实际 GDP、资本存量、人力资本等数据来源于 PWT 9.0，就业人数来源于日本、韩国、巴西、马来西亚的国家统计年鉴。其中，针对巴西 1958—1980 年的人口缺失数据，采用线性回归方程进行拟合，并估算出就业人数。

实问题。表 7-5 的增长核算结果表明，在 1958—2014 年期间，日本的潜在经济增长率在时序上呈现先升后降的趋势，并以年均 4.29%的速度增长。从时序上看，处于中等收入阶段的日本潜在经济增长率的增速较快，但进入高收入阶段后出现了明显放缓的态势。具体来看，在中等收入阶段，日本的潜在经济增长率出现了一个先升后降的过程。

表 7-5 1958—2014 年典型代表国家经济增长核算（%）

国家	变量指标	不同时序					
		1958—1964 年	1965—1974 年	1975—1984 年	1985—1994 年	1995—2004 年	2005—2014 年
日本	实际经济增长率	8.96	9.42	4.41	4.54	0.83	0.69
	潜在经济增长率	8.37	9.08	5.16	3.47	0.88	0.29
	资本存量增长率	8.97	12.14	15.55	5.66	5.66	1.64
	潜在就业增长率	1.64	1.17	0.92	0.49	−0.36	−0.64
	人力资本增长率	0.87	0.77	0.65	0.54	0.49	0.39
	潜在 TFP 增长率	3.75	3.81	−0.97	−0.85	−1.05	−0.08
韩国	实际经济增长率	4.11	9.68	8.93	9.26	5.67	3.67
	潜在经济增长率	4.36	9.39	9.33	9.18	5.70	3.71
	资本存量增长率	3.46	12.24	13.37	12.13	7.36	4.20
	潜在就业增长率	2.21	3.82	2.95	2.66	1.43	1.42
	人力资本增长率	−0.04	1.99	1.99	1.37	1.02	0.86
	潜在 TFP 增长率	1.40	−0.28	−0.68	0.30	0.30	0.28
巴西	实际经济增长率	6.97	8.79	3.94	2.82	2.63	3.37
	潜在经济增长率	7.03	8.16	5.08	2.14	2.91	3.29
	资本存量增长率	3.11	7.01	6.97	3.20	2.42	3.46
	潜在就业增长率	2.87	4.05	3.25	2.78	2.13	1.17
	人力资本增长率	0.79	0.21	0.79	1.42	1.91	2.19
	潜在 TFP 增长率	3.82	1.64	−1.35	−1.25	0.19	−0.17
马来西亚	实际经济增长率	5.89	8.73	7.01	6.93	5.20	4.93
	潜在经济增长率	5.60	8.46	7.43	6.58	5.49	5.06
	资本存量增长率	2.25	6.89	10.36	7.97	6.31	5.62
	潜在就业增长率	2.30	3.27	3.68	3.49	2.58	3.09
	人力资本增长率	0.82	1.38	1.86	2.14	1.19	0.95
	潜在 TFP 增长率	3.04	2.35	−1.20	−0.55	0.07	0.00

日本的潜在经济增长率从 1958 年的 6.48%上升至 1964 年的 10.58%，然后缓慢回落到 1974 年的 6.68%，人均 GNI 达到 4 410 美元。在 1975—1984 年期间，日本的潜在经济增长率先稳后降，降至 4.16%，但人均 GNI 在 1984 年已经达到 10 450 美元，在高收入阶段持续稳定增长。在 1985 年后，日本的潜在经济增长率进一步下降，2014 年的潜在经济增长率仅为 0.33%，但人均 GNI 已达到 4 万美元左右，处于现代化中级阶段。事实上，潜在经济增长率的差异性变化，与各因素增长率在时序上的变化是分不开的。具体来看，在资本存量增长率方面，从进入下中等收入阶段以来，日本的资本存量增长率以年均 10%以上的速度增长，1976 年的资本存量增长率达到峰值（19.46%），而后开始呈现下降趋势。在此过程中，日本的资本贡献率日益提升，从而有力地保障了日本顺利跨越“中等收入陷阱”，步入高收入国家行列。在潜在就业方面，在 1990 年之前，日本的潜在就业增长率以年均 1.13%的增速增长，而在 1990 年之后，日本的潜在就业增长开始下降，出现了负增长，也就是“人口红利”消失，这点与 2010 年后中国的人口结构变化是较为相似的。① 在人力资本方面，日本的平均受教育程度较高，但人力资本指数的增长较为缓慢。1958 年，日本就业人员的人均受教育年限为 7.92 年，明显高于刚进入下中等收入阶段的中国。在 1958—1974 年期间，日本的年均人力资本增长率仅为 0.81%，而且在时序上呈现出不断下降趋势。在 TFP 方面，日本的潜在 TFP 增长率较高，对潜在经济增长率的贡献率较高。在 1958—1974 年期间，日本的潜在 TFP 增长率以年均 3.79%的速度增长，对潜在经济增长率的年均贡献率高达 42.53%。但自 1977 年以来，日本的潜在 TFP 增长率开始出现负增长，而且持续周期较长，直至 2007 年左右才开始渐趋回暖，但仍在零增长附近波动。自 20 世纪 90 年代以来，各因素的增速明显放缓，部分因素甚至出现负增长，使得日本经济出现低速增长甚至陷入停滞，被称为“失去的二十年”。

---

① 从 1990 年开始，日本的人口结构发生根本性转变。1970 年前后的第二次“婴儿潮”并没有带动第三次“婴儿潮”，导致日本的就业人数下降、老龄人口比重上升。2011 年，中国的人口结构也出现了类似的特征。两者的差异在于日本当时已经进入了高收入阶段，而中国正处于上中等收入阶段。

（2）对韩国增长跨越的经验分析。从韩国的增长跨越历程来看，它是东亚地区成功从低收入阶段跨入高收入阶段，实现现代化的典型代表国家。从整体时序上看，韩国的潜在经济增长率也呈现出先升后降的趋势。从中等收入阶段的经济增速上看，中国与韩国的表现较为相似。从表7-5不难看出，在1958—2014年期间，韩国的年均潜在经济增长率达到了7.05%。从时序上看，在1958—1968年期间，韩国的潜在经济增长率稳步提升，年均潜在经济增长率达到5.87%，并顺利地从低收入阶段步入下中等收入阶段。在1969—1979年期间，韩国的潜在经济增长率进一步上升至10.37%，成功跨越"下中等收入陷阱"。在进入上中等收入阶段后，韩国的潜在经济增长率开始出现放缓，但年均潜在经济增长率仍达到8.75%，表明韩国成功跨越了"上中等收入陷阱"，进入了高收入国家行列。在1993年后，韩国的潜在经济增长率继续下滑，但速度相对较慢。2005年，韩国的人均GDP首次超过美国的人均GDP的40%，进入了现代化低级阶段。随后，韩国的潜在经济增长率进一步下滑，2014年的潜在经济增长率仅为3.06%，人均GNI达到26 800美元。从潜在经济增长率的时序变化来看，韩国潜在经济增长率的高速稳定增长，为韩国经济的增长跨越奠定了基础。从各因素的具体情况来看：在资本存量方面，自进入下中等收入阶段以来，韩国的资本存量增长率就以年均14.76%的速度增长，对潜在经济增长的贡献高达84.81%。在上中等收入阶段，韩国的资本存量增长率略有下滑，但年均增速仍高达11.52%，对潜在经济增长率的贡献为79.05%。在1994年之后，韩国的资本存量增长率进一步下滑，2014年韩国的资本存量增长率仅为3.3%。在潜在就业方面，在下中等收入阶段，韩国的潜在就业增长率开始缓慢下降，年均潜在就业增长率为3.67%。在上中等收入阶段，韩国的潜在就业增长率的年均增速降至2.67%，对潜在经济增长率的贡献为12.35%。在进入高收入阶段之后，韩国的潜在就业增长率的变化幅度不大，基本以年均1.46%的速度增长，为韩国经济的持续增长提供了不竭动力。在人力资本方面，韩国的人均受教育程度起点较高，而且增速渐趋下滑。在下中等收入阶段，韩国的人力资本增长率从1.94%上升至2.35%，人力资本增长率的年均增速为1.95%。

在上中等收入阶段，韩国的人均受教育程度进一步上升，人力资本以年均1.63%的速度增长。在1994年后，韩国的人力资本增速开始进一步回落，年均增速仅为0.95%。在TFP方面，韩国在中等收入阶段的潜在TFP增长率实现了从负增长向正增长的转变，增长动力的调整为韩国的增长跨越奠定了基础。韩国在下中等收入阶段的年均潜在TFP增长率为−0.74%，而韩国在上中等收入阶段的年均潜在TFP增长率为0.12%，并且在后续阶段进一步上升至0.27%，即创新为韩国经济的增长跨越提供了新的动力源泉。从中等收入阶段的增长跨越来看，韩国增长跨越的实质在于增长动力的及时转换与调整，降低了长期单一依赖于资本要素推动经济增长的潜在风险。

(3) 对巴西增长跨越的经验分析。巴西作为“拉美陷阱”的典型代表国家之一，较早进入了下中等收入阶段，并顺利跨越“下中等收入陷阱”。但巴西在进入上中等收入阶段后，一直无法顺利实现从上中等收入阶段向高收入阶段的增长跨越，被“上中等收入陷阱”锁定。从表7-5的结果可知，在1958—2014年期间，巴西的年均潜在经济增长率为4.62%。巴西在20世纪60年代前后进入了下中等收入阶段，其年均潜在经济增长率为7.77%，并于1975年顺利进入上中等收入阶段。在进入上中等收入阶段后，巴西的潜在经济增长率出现下滑，年均潜在经济增长率仅为3.20%，2014年的潜在经济增长率仅为1.61%，无法跨越“上中等收入陷阱”。从潜在经济增长率的分解因素来看，其差异变化较为明显。具体来看：在资本存量方面，在下中等收入阶段，巴西的年均资本存量增长率为5.66%，对潜在GDP的贡献率高达57.08%。在进入上中等收入阶段后，巴西的年均资本存量增长率仅为3.84%，但仍是巴西经济增长最重要的动力来源。在潜在就业方面，巴西的潜在就业增长率呈现出先升后降的态势。在下中等收入阶段，巴西的年均潜在就业增长率为3.61%；在上中等收入阶段，巴西的潜在就业增长率为2.28%，明显低于下中等收入阶段。在人力资本方面，在下中等收入阶段的部分年份，巴西的人力资本增长率出现负值，年均人力资本增长率为0.38%；在上中等收入阶段，巴西的人力资本增长率为1.64%，明显高于下中等收入阶段。在TFP方面，随着时间的推移，巴西的TFP增长率渐趋下降，在不少年份开始出现负增长。在下中等收入阶段，巴西的年均TFP增长率为2.39%；在上中等收入阶段，巴西的TFP增长率为－0.66%，无法成为经济增长的新动力。由于潜在经济增长率较低、增长动力的转换不及时、人力资本优势不明显等，巴西长期被“上中等收入陷阱”锁定。

(4) 对马来西亚增长跨越的经验分析。马来西亚作为东南亚的典型代表国家之一，一直保持较快速度的增长，并迅速跨越了“下中等收入陷阱”，但长期被“上中等收入陷阱”锁定，至今仍未跨入高收入阶段。从表7-5不难看出，在1958—2014年期间，马来西亚的年均潜在经济增长率为6.47%。在下中等收入阶段，马来西亚的年均潜在经济增长率为7.28%，明显高于全样本均值；在上中等收入阶段，马来西亚的年均潜在经济增长率为5.98%，略低于全样本均值。从潜在经济增长率的因素分解来看，各因素的变化差异较为明显。具体来看：在资本存量方面，在下中等收入阶段，马来西亚的资本存量增长率呈现出先升后降的态势，年均增长率仅为5.88%。进入上中等收入阶段后，马来西亚的资本存量增长率呈现出波浪式变化，年均增长率为7.33%。马来西亚的资本存量增长率的波浪式变化主要源于资本的年度投资额差异较大。在潜在就业方面，马来西亚的潜在就业增长率的增速较为平稳。在下中等收入阶段，马来西亚的潜在就业增长率为3.09%，对潜在经济增长率的贡献为15.62%。在上中等收入阶段，马来西亚的潜在就业增长率为3.12%，略高于下中等收入阶段。在人力资本方面，马来西亚的人力资本增长率整体呈现出先升后降的态势。马来西亚在下中等收入阶段的年均人力资本增长率为1.27%，人均受教育程度明显提升。在上中等收入阶段，马来西亚的年均人力资本增长率为1.51%，对潜在经济增长率的贡献为9.86%。在TFP方面，马来西亚的潜在TFP增长率呈现出整体下降趋势。从1976年开始，马来西亚的潜在TFP增长率开始出现负增长，明显不利于潜在经济增长率的提升。在下中等收入阶段，马来西亚的潜在TFP增长率以年均1.90%的速度增长，对潜在经济增长率的贡献为29.93%。进入上中等收入阶段后，马来西亚的潜在TFP增长率在较长时间内为负增长，对潜在经济增长率的贡献为－6.06％。马来西亚在上中等收入阶段虽保持较高的经济增速，但制度僵化、创新动力不足等导致TFP呈现负增长，从而增长动力无法实现转换，成为马来西亚长期处于“上中等收入陷阱”的重要原因之一。

第六节　若干经济政策启示

在改革开放的40多年里，中国经济长期处于要素驱动特别是资本驱动经济增长的模式下，并实现了快速稳定增长。这种长期依靠资本驱动经济增长的方式，虽然在一定程度上提升了产出的扩张活力，但也不可避免地抑制了技术进步。随着中国特色社会主义进入新时代，身处重要战略机遇期的中国“危”和“机”同生并存，由于中国的“人口红利”开始渐趋消失、资本投资明显下滑、技术创新难度增大等现实问题不断凸显，所以不利于中国的潜在经济增长率保持中高位运行。事实上，典型代表国家的历史经验表明，保持潜在经济增长率中高速增长与实现增长动力的转换是中国全面深化改革的重要目标，也是中国能否跨越“中等收入陷阱”和实现社会主义现代化的重要基础。因此，中国要想实现从上中等收入阶段跨越至高收入阶段，顺利成为社会主义现代化国家，需要多管齐下、精准发力。

第一，注重资本投资方向，提升资本投资效率。在改革开放的40多年里，中国的资本存量增长率一直在高位运行，并成为中国经济快速增长的重要动力源泉。随着人口结构的变化，中国的资本形成率开始下降，而资本存量增长率的下滑已是大势所趋。在新时代，为了顺应中国产业结构转型升级及新一轮产业变革的趋势，应注重资本投资的方向和效率。持续加强现代化农业、智能制造等中高端制造业、现代化服务业等薄弱环节的投资，注重基础设施等公共服务的投资效率，加快建设与完善投融资的体制和机制。

第二，加大教育投入力度，降低人力资本错配。在就业数量方面，随着中国老龄化问题的日益加重，“人口红利”渐趋消失。为此，中国应继续深化“二孩政策”，提高人口生育率，并渐进提高退休年龄，增加就业人口数量。在就业质量方面，中国应进一步加大教育的投入力度，特别是农村教育和职业教育，提升人力资本质量。中国应深化教育体制改革，提升城乡、区域内等的教育均等化程度。在就业结构方面，中国应加快完善与现代化市场竞争相匹配的用人、选人机制，优化就业结构，减少人力资本错配。

第三，全面深化改革，加强自主创新。自进入新时代以来，中国的 TFP 增长率下滑明显，开始出现负增长，因而转换经济增长方式已是中国实现增长跨越的必经之路。从 TFP 增长率的影响因素来看，体制、机制改革和自主创新是提升中国潜在经济增长率的重要着力点。自 1978 年中国实施改革开放以来，随着改革进程的不断推进，渐进式改革现已进入深水区。从增量改革到存量改革，中国的改革难度也在不断加大，如何以供给侧结构性改革为主线，推动变量革新，实现经济高质量增长尤显关键。与此同时，中国的经济发展已不能完全依靠过去的模仿创新模式，应进一步加大自主创新的力度，实现国家经济增长动力的转变。

参考文献

[1] Barro，R. J.，J. W. Lee，A New Data Set of Educational Attainment in the World 1950—2010，NBER Working Paper No. 15902，2010.

[2] Gill，I. S.，H. J. Kharas，N East Asian Renaissance：Ideas for Economic Growth，World Bank，No. 39986，2007.

[3] Gollin，D.，Getting Income Shares Right，Journal of Political Economic，2002，110 (2)：458 - 474.

[4] Hanusch，M.，Jobless Growth? Okun's Law in East Asia，World Bank Policy Research Working Paper，No. 6156，2012.

[5] Islas-Camargo，A.，W. W. Cortez，Revisiting Okun's Law for Mexico：An Analysis of the Permanent and Transitory Components of Unemployment and Output，Applied Economics，2011，23 (14)：165 - 178.

[6] Psacharopoulos，G.，Returns to Investment in Education：A Global Update，World Development，1994，22 (9)：1325 - 1343.

[7] World Bank，Per Capita Income：Estiating Internationally Comparable Numbers (English)，Washington DC：World Bank，1989.

[8] 郭晗，任保平. 结构变动、要素产出弹性与中国潜在经济增长率. 数量经济技术经济研究，2014 (12).

[9] 郭庆旺，贾俊雪. 中国潜在产出与产出缺口的估算. 经济研究，2004 (5).
[10] 黄群慧，李芳芳，等. 中国工业化进程报告（1995—2015）. 北京：社会科学文献出版社，2017.
[11] 刘伟. 经济新常态与供给侧结构性改革. 管理世界，2016 (7).
[12] 刘伟，蔡志洲. 如何看待中国仍然是一个发展中国家？管理世界，2018 (9).
[13] 陆旸，蔡昉. 人口结构变化对潜在增长率的影响：中国和日本的比较. 世界经济，2014 (1).
[14] 马文涛，魏福成. 基于新凯恩斯动态随机一般均衡模型的季度产出缺口预测. 管理世界，2011 (5).
[15] 盛运来，郑鑫. 实现第二个“一百年”目标需要多高增速？管理世界，2017 (10).
[16] 吴国培，王伟斌，张习宁. 新常态下中国经济增长潜力分析. 金融研究，2015 (8).
[17] 易信，郭春丽. 未来30年我国潜在增长率变化趋势及2049年发展水平预测. 经济学家，2018 (2).
[18] 张德荣.“中等收入陷阱”发生机理与中国经济增长的阶段性动力. 经济研究，2013 (9).
[19] 中国银行“中国经济发展新模式研究”课题组. 中国经济潜在增长率的估算与预测——新常态新在哪儿. 金融监管研究，2016 (8).

附录　基于已有文献梳理的若干情景假设下的潜在经济增长率预测

国内外学者基于新古典增长理论推导计算我国潜在经济增长率的测算公式。他们通过现有研究及大量文献梳理，对测算公式的相关参数进行归纳总结，同时采用经验分析法，并结合当前各种影响因素的变动，估算中国的潜在经济增长率。他们通过经验分析认为：经济制度、技术进步、资源环境和城镇化等因素是影响全要素生产率乃至潜在经济增长率的重要决定因素。我们归纳已有的分析，然后基于情景分析法对2018—2025年的全要素生产率分别设定高值、中值和低值三种情景，对应的TFP增长率分别选定为2.8%、2%和1.2%，资本存量增长率分别设定为13%、10%和7.3%，资本产出弹性系数均为0.46，劳动投入增长率均为−0.4%，劳动产出弹性系数均为0.56。我们分别考虑了高、中、低三种情景，最终估算结果表明，这三种情景下的潜在经济增长率分别为7.2%、6.4%和5.6%。

一、全要素生产率增长率的估算

1. 相关研究梳理

关于全要素生产率增长率的测算，目前有四种常用的方法，即增长核算法（如索洛残差法）、经济计量法、随机前沿法以及数据包络分析法。需要指出的是，不同测算方法给出的结果差异较大。关于中国全要素生产率增长率的测算，代表性的文献有郭庆旺和贾俊雪（2005）、李宾和曾志雄（2009）、赵志耘和杨朝峰（2011）、张军和施少华（2003）、章祥荪和贵斌威（2008）、王和姚（Wang and Yao，2003）、杨（Young，2003），以上文献给出的测算结果存在一定的差异（见表7-6），这些差异的主要来源首先是测算方法不同，其次是生产函数的设定不同（例如，投入要素的种类设定不同，初始资本存量的估计方法不同，产出和投资品的价格指数以及折旧率不同）。由于文献普遍使用永续盘存法，通过当年统计年鉴中的资本形成总量来估算当年的资本存量，因此折旧率以及资本品价格指数的不同将导致TFP增长率测算结果的显著不同。另外，由于文献普遍对我国1978年之后的TFP增长率进行了测算，因此，1978年初的资本存量初值的不同设定也将导致TFP增长率测算结果的显著不同。此外，关于资本存量初值的设定，学术界还没有达成统一意见。

相关文献整理见表7-6。

表7-6　全要素生产率增长率的测算值

研究人员和时间	测算年份区间	全要素生产率增长率
郭庆旺和贾俊雪（2005）	1979—2004	−5.994%～6.126%（索洛残差法）
郭庆旺和贾俊雪（2005）	1979—2004	−0.704%～1.309%（隐性变量法）
郭庆旺和贾俊雪（2005）	1979—2004	−5.943%～4.458%（潜在产出法）
李宾和曾志雄（2009）	1978—2007	−4.671%～9.671%
赵志耘和杨朝峰（2011）	1979—2009	−4.413%～7.189%
张军和施少华（2003）	1953—1998	−9.87%～12.6%
张军和施少华（2003）	1978—1998	−6.43%～7.73%

续表

研究人员和时间	测算年份区间	全要素生产率增长率
章祥荪和贵斌威（2008）	1978—2005	−4.24%～8.76%
Wang and Yao（2003）	1953—1977 1978—2008	−0.57% 2.32%
Young（2003）	1978—2008	1.4%
吴国培等（2015）	1978—2012 2008—2013	3.3% 1.6%

资料来源：北大国民经济研究中心整理。

郭庆旺和贾俊雪（2005）分别使用索洛残差法、TFP经济计量测算法中的隐性变量法以及潜在产出法测算了1979—2004年我国的全要素生产率增长率。索洛残差法给出的TFP增长率为−5.994%～6.126%，波谷在1990年，波峰在1992年；隐性变量法给出的TFP增长率为−0.704%～1.309%，波谷在1990年，波峰在1979年；潜在产出法给出的TFP增长率为−5.943%～4.458%，波谷在1990年，波峰在1979年。根据三种不同的TFP增长率测算方法，郭庆旺和贾俊雪（2005）得出结论：1979—1993年我国全要素生产率增长率总体呈现出涨跌互现的波动情形，而且波动较为剧烈；在1993年后，全要素生产率增长率呈现出逐年下降趋势，直到2000年，这种下降趋势才得以缓解，全要素生产率增长率总体上呈现出逐年攀升的势头。

李宾和曾志雄（2009）使用传统的索洛残差法测算我国1978—2007年的TFP增长率，与传统的索洛残差法的不同在于：①李宾和曾志雄（2009）设定时变的要素收入份额，使用超越对数型生产函数来捕捉模型系数的时变性。②使用1952年的资本存量作为资本存量初值，通过永续盘存法估计1978—2007年的资本存量。李宾和曾志雄（2009）指出，尽管众多研究者对基期资本存量的猜测差异很大，使得20世纪50年代初期的资本产出比分布差异较大，但比较一致的看法是，资本存量初始值仅对期初之后几年里的资本存量估算影响较大，随着初始资本存量的逐渐折旧，后期的资本存量估算会越来越准确，尤其是基于1952年的资本存量对1978年以后的资本存量进行估算。因此，使用 1952 年的资本存量作为初始值，通过永续盘存法估算 1978—2007 年的资本存量，将得到相对准确的资本存量值。李宾和曾志雄（2009）测算的我国 TFP 增长率分布在－4.671%～9.671%，波谷在 1990 年，波峰在 1993 年。

赵志耘和杨朝峰（2011）使用传统的索洛残差法测算我国 1979—2009 年的 TFP 增长率。在资本品价格指数方面，赵志耘和杨朝峰（2011）使用固定资本形成总额及固定资本形成指数来构造投资隐含平减价格指数。根据赵志耘和杨朝峰（2011）的测算，我国 TFP 增长率分布在－4.413%～7.189%，波谷在 1990 年，波峰在 1992 年。类似的测算方法还有张军和施少华（2003）。张军和施少华（2003）测算的 1953—1998 年我国 TFP 增长率分布在－9.87%～12.6%，波谷在 1963 年，波峰在 1964 年，1978—1998 年的 TFP 增长率分布在－6.43%～7.73%，波谷在 1990 年，波峰在 1993 年。

章祥荪和贵斌威（2008）使用 Malmquist 指数法测算了 1979—2005 年我国的 TFP 增长率。Malmquist 指数法由于具有不需要对生产函数结构做先验假定、不需要对参数进行估计、允许无效率行为存在、能对 TFP 变动进行分解等优点，在近年的研究中受到了越来越多的关注。此外，在 Malmquist 指数法下，TFP 的变动可以被分解为技术效率变动、技术进步和规模报酬变动三部分，与另外三种方法相比，Malmquist 指数法具有更广泛的适用性。章祥荪和贵斌威（2008）运用 Malmquist 指数法对我国 30 个省（自治区、直辖市）1978—2005 年的面板数据进行分析，得到了各省每年的 TFP 变动及其分解值，并以此为基础得到了全国和地区的 TFP 变动及其分解值。由于使用面板数据，Malmquist 指数法的优势在于估算较为精确，但缺点是估算复杂。根据章祥荪和贵斌威（2008），1978—2005 年我国 TFP 增长率分布在－4.24%～8.76%，波谷在 1986 年，波峰在 1979 年。需要注意的是，Malmquist 指数法给出的我国 TFP 增长率的波谷与波峰与大多数主流文献不同。

王和姚（Wang and Yao，2003）基于索洛残差法，考虑了劳动的异质性，并根据教育年限将劳动力分为异质性的五类。其研究发现，过去几十年来，我国人力资本的快速积累显著提升了我国的经济增长率以及全要素生产率增长率。

根据其研究，1953—1977 年我国的 TFP 增长率为－0.57%，1978—1999 年我国的 TFP 增长率为 2.32%。

杨（Young，2003）使用索洛残差法估算了 1978—2008 年我国的 TFP 增长率，其对原始官方数据进行了调整，并且使用调整后的数据测算了我国的 TFP 增长率，测算结果为 1.4%。

从表 7－6 可以看出，不同研究对全要素生产率增长率的测算结果差别非常之大，低的接近－10%，高的可以达到 12%以上。这也说明对该指标进行测算是非常困难的事情，因为它受到了中国宏观经济数据质量的影响。

2. 全要素生产率增长率预测

根据 The Conference Board Total Economy Database 公布的修正后的中国官方 TFP 增长率数据，2015—2017 年中国的全要素生产率增长率为 3.4%。未来，全要素生产率增长率将出现下降趋势。主要原因有：首先，中国作为落后国家的后发优势正在逐渐减弱，与发达国家的技术差距正在不断缩小；其次，改革进入深水区，帕累托改进难度增加，全要素生产率增长的难度加大，制度变迁的贡献将会减小；再次，资源环境压力越来越大，随着中国经济的发展和人民生活水平的提高，人们对包括环境质量在内的生活质量的提高要求越来越强烈，这也会抑制全要素生产率的提高；最后，中国的城镇化可能会减速，进而抑制全要素生产率的增长。

根据已有分析的结果及相关条件的变化，基于情景分析法，我们对 2018—2025 年的全要素生产率增长率设定了三种情景：①高值，数值为 2.8%，即 2015—2017 年三年全要素生产率增长率的平均值的 80%；②低值，到 2025 年，我国将维持目前全要素生产率增长乏力的情况，年均增长率在 1.2%左右，此前推动中国全要素生产率高速增长的动力将逐渐势微。③中值，上面两种情形的平均值，即 2.0%。

二、资本存量增长率的估算

1. 相关文献梳理

王小鲁等（2009）根据国家统计局过去 50 多年的全社会固定资产投资数据

计算了不变价格的全国固定资本存量。全国固定资本存量在改革前（1952—1978 年）以年均 9.3%的速度增长，1979—1998 年的年均增长率为 10.0%，1999—2007 年的年均增长率为 13.5%，呈加速趋势。快速的资本形成主要是高储蓄-高投资的结果，同时外资也起了一定的作用。高资本形成率是过去支撑中国经济增长的最主要因素之一。资本增长率在未来几年可能降低，但由于高储蓄模式不可能在短期内改变，我们估计在 2008—2020 年期间的平均资本增长率仍可保持在 13%左右。

吴国培等（2015）对 2014—2020 年末的资本存量进行了估算。在新常态下，中国经济必须摆脱对高投资的依赖，因而固定资产投资增速将会出现持续下滑。特别地，2009—2013 年固定资本形成占当年 GDP 的比例平均高达 46.2%，较此前 5 年的均值提高了 6 个百分点，因而未来几年固定资本形成总额的实际增速必将放缓。但考虑到中国仍是一个地区发展差异很大的经济体，国内基础设施建设、新兴战略性产业投资和中西部开发尚有很大的空间，而且在 2020 年前，中国的总抚养比虽然略微上升，但对高储蓄率的影响并不太大，充实的储蓄仍能保证国内固定资产投资处于一个较高的水平。综上，他们假设的基准情形为 2014—2020 年固定资本形成总额的实际增速在 2013 年 9%的水平上以每年相对前一年 0.2 个百分点的速度逐步放缓。在较悲观的情形下，则从 2016 年开始，以每年 0.5 个百分点的速度逐步放缓。

王华（2017）重新估算了 1952—2015 年的中国资本存量。对于以 5%折旧率估算的中国资本存量，由 1952 年的 840.81 亿元增长至 2015 年的 424 486.29 亿元，63 年间增长了 500 倍之多，年均增长率为 10.38%。具体而言，资本存量在经历了 20 世纪 50 年代的高速增长后（最高增长率是 1959 年的 20.96%），在整个 60 年代陷入低迷状态（资本存量增长率普遍在 5%以下）；在 1970 年后，资本存量增长率处于长期相对平稳上升的过程，至 2009 年达到最高点 15.3%，而后又进入下降区间。对于以 10%折旧率估算的中国资本存量，从 1952 年的 800.81 亿元到 2015 年的 331 614.75 亿元，增长了 410 多倍，年均增长率为 10.04%。

相关文献整理见表 7-7。

表 7-7　资本存量增长率的测算值

研究人员和时间	测算年份区间	折旧率	基期资本存量（1978 年）	资本增长率
王小鲁、樊纲和刘鹏（2009）	1952—1978 1979—1998 1999—2007 2008—2020	5%		9.3% 10% 13.5% 13%
吴国培等（2015）	2014—2020 1978—2012 2013—2020	7.3%		7.9%
王华（2017）	1952—2015	5% 10%		10.38% 10.04%

资料来源：北京大学国民经济研究中心整理。

2. 资本存量增长率估算

根据前文的分析，可以假定分别选择 13.0%、10.0%和 7.3%三种资本存量增长率［其中，7.3%是根据吴国培等（2015）的方法，对 2018—2025 年的资本存量增长率计算的平均值］。

三、资本产出弹性

1. 相关研究梳理

郭庆旺和贾俊雪（2004）、曹吉云（2007）、王和姚（Wang and Li，2011）、昌忠泽等（2017）利用柯布-道格拉斯生产函数，遵循规模报酬不变的假定，采用永续盘存法估算资本存量，并运用 OLS 估计得到了各参数的估计值。孙琳琳（2005）在资本租赁价格的基础上估计出了中国的资本投入指数（将资本投入分为建筑和设备两类），资本投入指数相比资本存量的概念更能准确地测量生产过程中资本的投入项，其结论表明：1981—2002 年资本投入对经济增长的贡献率为 49%。白重恩和钱震杰（2009）运用要素成本法计算了增加值中的资本收入份额，得出资本收入份额在 1995—2006 年从 0.409 上升到 0.527。李宾和曾志雄（2009）首先利用城镇人均劳动收入乘以城镇人口数加上乡村人均劳动收入乘以乡村人口数得到总劳动收入，再以总劳动收入除以名义GDP得到劳动产出弹性，最后根据规模报酬不变的假定得出资本产出弹性。与郭庆旺等（2004）的估算方法相似，黄梅波和吕朝凤（2010）利用生产函数法估算资本和劳动弹性，但差别在于使用固定资产形成总额作为投资的替代并将折旧率定为6.67%。中国人民银行营业管理部课题组（2011）认为，生产函数是规模报酬递增的，然后据此得出了1978—2009年的资本产出弹性为0.775，略高于其他学者的估计值。

与此前的研究相比，陆旸和蔡昉（2014）、郭豫媚等（2015）引入了人力资本这一变量，增加了估计的准确性，他们得出的资本贡献因子分别为0.502和0.52。乔红芳和沈利生（2015）以MRW模型（扩展的索洛模型）为基础，基于实物资本和人力资本的合理配置视角，对中国1978—2011年的潜在产出和潜在经济增长率进行了测算，他们得出的资本产出弹性为0.655。黄志钢和刘霞辉（2015）在生产函数的框架下分别对资本投入型、劳动投入型、效率驱动型和消费需求拉动型等增长路径进行了测算及比较，得出在新常态下我国需要走出一条效率资本投入型的增长路径，并在此路径下测出了1985—2007年、2008—2012年、2013—2018年和2019—2030年的中国资本产出弹性分别为0.62、0.55、0.57和0.50。余永泽（2015）采用可以检验的超越对数形式生产函数，对1978—2012年中国及分省份的TFP增长率进行测算，发现改革开放35年来，资本要素对经济增长的贡献达到75%～80%。

郑东雅和皮建才（2017）认为，现有文献测算的全要素生产率增长率大多是基于希克斯中性技术进步，希克斯中性技术进步不改变资本和劳动的边际产出比，即资本报酬份额和劳动报酬份额保持不变，而资本产出弹性不变的文献根本不适合分析资本偏向型技术进步。为了考察资本偏向型技术进步对中国经济增长的影响，他们在拉姆齐模型中引入了资本偏向型技术进步，得出1998—2007年的资本报酬份额从0.476上升到0.615。王华（2018）基于2016年发布的依据新的核算标准修订的GDP数据和固定资本形成总额数据，采用超越对数生产函数重新对 TFP 增长率模型的参数进行估计，该研究结果表明：数据修订的影响较为微弱，在5%和10%折旧率下的资本份额分别为0.451 4 和0.536 9。The Conference Board（2018）采用生产函数法，并将固定资产划分为信息与通信技术资产和非信息与通信技术资产，测出 2015—2017 年的资本产出弹性维持在 0.392。

相关文献整理见表 7-8。

表 7-8 资本产出弹性的测算值

研究人员和时间	测算年份区间	资本产出弹性
郭庆旺和贾俊雪（2004）	1978—2002	0.69
孙琳琳（2005）	1981—2002	0.49
曹吉云（2007）	1979—2005	0.557
白重恩和钱震杰（2009）	1995—2006	1995—2006 年由 0.409 上升到 0.527
李宾和曾志雄（2009）	1978—2007	在 1984 年到达最低点 0.44，而后稳步上升，到 2007 年维持在 0.62 左右
黄梅波和吕朝凤（2010）	1952—2008	0.67
中国人民银行营业管理部课题组（2011）	1978—2009	0.775
Wang and Li（2011）	1978—2008	0.542
陆旸和蔡昉（2014）	1980—2010	0.502
陈昌兵（2014）	1978—2012	0.6
乔红芳和沈利生（2015）	1978—2011	0.655
吴国培等（2015）	2008—2012 2020	0.456 0.425
黄志钢和刘霞辉（2015）	1985—2030	分为四个阶段，1985—2007 年为 0.62，2008—2012 年为 0.55，2013—2018 年为 0.57，2019—2030 年为 0.50
余永泽（2015）	1978—2012	0.70～0.85
郭豫媚和陈彦斌（2015）	1979—2014	0.52
郑东雅和皮建才（2017）	1998—2007	1998—2007 年由 0.476 上升到 0.615

续表

研究人员和时间	测算年份区间	资本产出弹性
昌忠泽和毛培（2017）	1978—2014	0.683 8
王华（2018）	1952—2015	在5%和10%的折旧率下分别为0.451 4和0.536 9
The Conference Board（2018）	1990—2017	在2007年到达最高点0.54，而后稳步下降，2015—2017年维持在0.392不变

资料来源：北京大学国民经济研究中心整理。

2. 资本产出弹性估算

根据前文的文献梳理，可以假设分别选择0.4、0.45和0.54三种情形下的资本产出弹性。

四、劳动力增长率

在劳动力总量和增长率的预测方面，可以运用北京大学国民经济研究中心发布的《中国中长期经济社会发展展望（2013—2030）》对中国劳动力总量和增长率的预测数值，见表7-9。

表7-9　中国2018—2025年劳动力总量和增长率的预测

年份	劳动人口总量（20～65岁，亿人）	增长率（%）
2018	9.3	−0.30
2019	9.3	−0.43
2020	9.2	−0.51
2021	9.2	−0.51
2022	9.2	−0.50
2023	9	−0.66
2024	9	−0.33
2025	9	0.01

资料来源：北京大学国民经济研究中心。中国中长期经济社会发展展望（2013—2030），2013。

五、归纳已有研究在不同假设下对潜在经济增长率的预测

1. 各参数预测

在此，首先对上述估算结果进行简单总结。

（1）全要素生产率增长率。按照以上分析，对2018—2025年的全要素生产率增长率设定了三种情景：①高值，2.8%；②低值，1.2%；③中值，2.0%。

（2）资本存量增长率。对于2018—2025年的资本存量增长率，根据对现有成果的归纳，可以分别选择13.0%、10.0%和7.3%三档增速。

（3）资本产出弹性。根据前文的文献梳理，可以分别选择0.4、0.45和0.54三种情形下的资本产出弹性，得出均值为0.46。

（4）劳动力增长率。在劳动力总量和增长率的预测方面，若使用北京大学国民经济研究中心发布的《中国中长期经济社会发展展望（2013—2030）》对中国劳动力总量和增长率的预测数值，则2018—2025年中国劳动力的平均增长率为−0.4%。

2. 潜在经济增长率预测结果的归纳

基于经济增长率计算公式以及各参数的估算值（其中，资本产出弹性系数为各估算值的平均值），在剔除极端值后，得到潜在经济增长率的预测值。最终得出，在全要素生产率增长乐观、中性和悲观三种情形下，2018—2025年中国的经济潜在增长率分别为7.2%、6.4%和5.6%，见表7-10。

表7-10 2018—2025年中国潜在经济增长率预测

情景	TFP增长率	资本存量增长率	资本产出弹性系数	劳动投入增长率	劳动产出弹性系数	潜在经济增长率
高	2.8%	13.0%	0.46	−0.4%	0.56	7.2%
中	2.00%	10.0%	0.46	−0.4%	0.56	6.4%
低	1.20%	7.3%	0.46	−0.4%	0.56	5.6%

资料来源：北京大学国民经济研究中心计算。

参考文献

[1] 郭庆旺，贾俊雪. 中国全要素生产率的估算：1979—2004. 经济研究，2005（6）.
[2] 李宾，曾志雄. 中国全要素生产率变动的再测算：1978—2007年. 数量经济技术经济研究，2009（3）.
[3] 赵志耘，杨朝峰. 中国全要素生产率的测算与解释：1979—2009年. 财经问题研究，2011（9）.

[4] 张军，施少华. 中国经济全要素生产率变动：1952—1998. 世界经济文汇，2003 (2).
[5] 章祥荪，贵斌威. 中国全要素生产率分析：Malmquist 指数法评述与应用. 数量经济技术经济研究，2008 (6).
[6] Wang Y., Y. Yao, Sources of China's Economic Growth 1952—1999: Incorporating Human Capital Accumulation, China Economic Review, 2003 (14).
[7] Young, Alwyn, Gold into Base Metals: Productivity Growth in the People's Republic of China during the Reform Period, Journal of Political Economy, 2003 (111).
[8] 郭庆旺，贾俊雪. 中国潜在产出与产出缺口的估算. 经济研究，2004 (5): 31-39.
[9] 曹吉云. 我国总量生产函数与技术进步贡献率. 数量经济技术经济研究，2007 (11): 37-46.
[10] Hongwei, W., Ping L., Empirical Analysis of the Sources of China's Economic Growth in 1978—2008. Journal of Knowledge-based Innovation in China, 2011, 3 (2): 91-105.
[11] 吕忠泽，毛培. 新常态下中国经济潜在增长率估算. 经济与管理研究，2017, 38 (9): 3-14.
[12] 孙琳琳，任若恩. 中国资本投入和全要素生产率的估算. 世界经济，2005 (12): 3-13.
[13] 白重恩，钱震杰. 国民收入的要素分配：统计数据背后的故事. 经济研究，2009, 44 (3): 27-41.
[14] 李宾，曾志雄. 中国全要素生产率变动的再测算：1978—2007 年. 数量经济技术经济研究，2009, 26 (3): 3-15.
[15] 黄梅波，吕朝凤. 中国潜在产出的估计与"自然率假说"的检验. 数量经济技术经济研究，2010, 27 (7): 3-20.
[16] 中国人民银行营业管理部课题组. 基于生产函数法的潜在产出估计、产出缺口及与通货膨胀的关系：1978—2009. 金融研究，2011 (3): 42-50.
[17] 陆旸，蔡昉. 人口结构变化对潜在增长率的影响：中国和日本的比较. 世界经济，2014, 37 (1): 3-29.
[18] 郭豫媚，陈彦斌. 中国潜在经济增长率的估算及其政策含义：1979—2020. 经济学动态，2015 (2): 12-18.
[19] 乔红芳，沈利生. 要素合理配置视角下中国潜在产出测算. 宏观经济研究，2015 (12): 38-50.
[20] 黄志钢，刘霞辉. "新常态"下中国经济增长的路径选择. 经济学动态，2015 (9): 51-62.
[21] 余泳泽. 改革开放以来中国经济增长动力转换的时空特征. 数量经济技术经济研究，2015, 32 (2): 19-34.
[22] 郑东雅，皮建才. 中国的资本偏向型经济增长：1998—2007. 世界经济，2017, 40 (5): 24-48.
[23] 王华. 中国 GDP 数据修订与全要素生产率测算：1952—2015. 经济学动态，2018 (8): 39-53.
[24] 刘伟，苏剑. "新常态"下的中国宏观调控. 经济科学，2014 (4).

第八章 经济发展潜能与人力资本水平[1]

本章以人力资本测算为切入点，研究人均产出水平差异的成因与中国经济的发展潜能问题，并按照 73 个经济体的测算结果对其经济增长进行核算分析，发现人力资本质量水平的跨国差异能够解释人均产出水平跨国差异的绝大部分。中国经济的人力资本质量、水平显著落后于发达国家，同时其提升速率逐渐放缓是中国经济仍为发展中国家经济且制约中国可持续发展潜能的重要因素。本章预测，若将消费产出比在未来 30 年内平稳扩大至 2017 年美国经济的 0.865，中国有可能于 2027 年成为高收入经济体。

第一节 引 言

不同经济体在实际人均产出增长率方面的差异，经过长期累积后表现为人均收入水平的高低。学术界对其成因的研究由来已久，为此提出了诸多经济增长理论和模型，最早可追溯至古典经济学家，如休谟（David Hume）、斯密（Adam Smith）、马尔萨斯（Thomas Robert Malthus）、李嘉图（David Richardo）、穆勒（John Stuart Mill）等都对此做过阐释。马克思也曾关注这一问题并做过深入分析。[2] 20 世纪 70 年代，边际学派逐渐兴起，经济学家的研究重点也从经济增长转向社会改革与福利，他们对基于边际方法的精确分析和资源优化配置的重视不断加强，而增长理论不可避免地被边缘化。在 1945 年后，由于美

① 刘伟，张立元. 经济发展潜能与人力资本质量. 管理世界，2020（1）.

② 刘伟，范欣. 现代经济增长理论的内在逻辑与实践路径. 北京大学学报（哲学社会科学版），2019（3）.

国经济的持续繁荣以及欧洲和日本经济的快速复苏，若干经济学家转而探寻经济体内生的力量。随着“数学作为一种语言”被用于表述经济理论，在20世纪50年代中期，托宾、索洛、斯旺的三篇论文相继发表，基本确立了新古典增长理论的数理体系；卢卡斯则使之更趋完整。到20世纪90年代，在尝试克服新古典增长理论和模型不足的基础上，罗默，格罗斯曼和赫尔普曼，阿吉翁和霍伊特分别构建出了内生增长理论。

针对长期内经济体的实际人均产出增长差异以及跨国人均产出差异的成因，不同经济增长理论提供的各种解释难免存在分歧，有时甚至会得出截然相反的结论。古典经济学家普遍认为，真实要素特别是土地、资本、劳动是决定产出的三大要素。类似地，倡导新古典增长理论的学者也认为在要素积累方面的差异能够解释跨国收入的差异。有人认为，物质资本积累速率的差异能够解释人均产出的不同。也有人认为，在解释经济增长和发展的跨国差异时，人力资本方面的差异起着关键作用。而增长经济学新古典复兴的反对者，克莱诺和罗德里格斯，霍尔和琼斯，帕伦特和普雷斯科特，以及比尔和克莱诺认为，人均产出跨国差异的大部分并非起因于人力资本或者物质资本方面的差异，而是由于索洛剩余的差异，也就是全要素生产率的差异，等等。

一国经济能否持续发展，特别是经济发展水平落后的发展中国家能否保持增长动能，进而跨越“贫困陷阱”，并在此基础上跨越“中等收入陷阱”，实现赶超发达经济体的目标，即实现经济发展意义上的现代化，已成为当代经济学十分关注的理论和实践命题。特别地，我国经济在经过改革开放40多年来持续高速增长（年均增长率9.4%左右）的情况下，能否继续保持增长的势头？中国在克服了贫困（1998年），进入新常态并达到上中等收入阶段后（2010年），是否具有可持续发展能力？这是具有极重要现实意义的问题。相应地，针对中国未来潜在经济增长率的研究成为人们关注的焦点之一。潜在经济增长率在相当大的程度上受要素效率（包括劳动和资本的产出效率）和全要素生产率的约束，而影响和制约要素效率及全要素生产率水平的因素十分复杂，既包括制度、机制及政策方面的因素，又包括发展和创新及资源方面的因素等。其中，人力资本的积累，特别是人力资本质量水平的提升具有极重要的作用。正因为如此，联合国于 2015 年提出 2035 年长期世界发展纲要时，在所列的 17 项举措中第一次把有关教育（包括基础教育和高等教育以及终生教育等）与人力资本积累和质量水平提升的相关因素作为重要的约束条件。依据 OECD 提出的宽泛定义，“人力资本是由具体个人来体现，能够增进个人、社会以及经济这三方面福利的知识、技能、能力、禀赋”。世界银行的测算结果表明，在大多数国家中，超过六成的社会财富来自人力资本。与此同时，人力资本的投入、积累、质量和水平与要素产出效率、全要素生产率、技术进步等及由此测算的潜在经济增长率有极深刻的内在联系。因此，在人力资本视角下探索上述问题兼具理论与事实上的合理性。本章尝试分析人力资本、全要素生产率、技术变化三者之间的关系，进而探索各经济体长期经济增长及人均产出国际差异的成因。然后，在此基础上，进一步讨论中国的潜在经济增长率及发展潜能，进而考察实现现代化目标所需的人力资本条件。

第二节　理论模型的设定与测算方程推导

一、人力资本的设定

本节从数量和质量两个维度设定并测算人力资本。就数量维度而言，在不考虑质量方面的差异时，测算人力资本投入量最恰当的方法是标准实际工时数，最简单的方法是直接使用统计部门公布的劳动人口数量。然而，即使不考虑所得结果能否准确体现人力资本的数量，以非货币单位核算的诸多方法始终存在一个问题，即将其测算结果纳入生产函数进行研究时，会导致与其他经济变量的量纲无法协调。成本法和收入法以及其他各种衍生方法采用货币单位核算人力资本的数量，但在人力资本理论中投资-消费二分性的视角下，最终消费可以被解释为维护人力资本的成本支出，亦可被视为对人力资本的投资，但到底是消费还是投资，我们很难对此进行严格区分。这也是采用这种方法的测算结果可靠性不足的原因所在。达贡（Dagum）和斯洛特杰（Slottje）开发出一个基于终生收入法中常见假设的人力资本测算方法，朱平芳和徐大丰基于类似方法得到“单位人力资本”这一概念，两者均是在各国“非熟练劳动力等效水平”相同的假设下按传统方法测算人力资本的。本节借鉴“单位人力资本”和“非熟练劳动力等效水平”这两个概念，提出了以货币单位测算人力资本数量的“基准水平”。

就质量维度来说，如何进行测算始终是困扰学者的主要难题。其主要原因在于，若要考虑人力资本的异质性及质量方面的差异，就需要在微观层面上从企业和家庭收集统计数据，但其难度和成本非常高，在现实中很难做到。与此同时，在微观层面进行考察时能够反映人力资本质量差异的指标很多，但大多数指标的适用性欠佳，如教育投入、教育收益率、认知能力的直接测试等。此外，有时学者会依据人力资本质量的测算结果对其存量水平进行调整，再将之用于增长与发展跨国差异的研究。但是，相关研究均未对人力资本和全要素生产率之间的关系以及人均收入由此形成差异的原因给予深入说明。

本节通过分析人力资本与技术变化的关系，对人力资本的数量与质量进行设定。在竞争性市场均衡的状态下，人力资本所有者的收入能够反映其已实现的价值，若设定一个人力资本数量的“基准水平”，那么诸多个体之间收入水平的差异就归因于其在人力资本质量方面的不同；此时，就可合理且直观地推论，人力资本质量与其所有者的收入正相关。个体经济人的收入直接影响并决定着其消费水平，于是个体经济人的消费水平将取决于其人力资本质量。而在人力资本理论中投资-消费二分性的视角下，人力资本质量又受到消费水平的影响。因此，从个体经济人消费水平的变化出发来研究其人力资本质量的变化，就具有逻辑上的合理性。若个体经济人的理性选择是其效用的最大化，则在构造出适当的效用函数后，通过对效用最大化问题的求解，从理论上就能得出个体经济人的人力资本质量与其消费水平之间的函数关系。个体经济人在实现其人力资本价值时需要参与由厂商组织的生产过程。不同个体经济人通过分工、协作组合成厂商，我们可将厂商视为由诸多个体经济人加总形成的集体经济人。受市场约束的厂商，其理性选择是利润最大化，这与个体经济人的效用最大化目标实际并无差异，两者具有相似的行为逻辑。作为集体经济人的厂商，其人力资本质量与利润最大化目标之间的关系，类似于个体经济人的人力资本质量与其效用最大化目标之间的关系。厂商的利润与其产出水平紧密相关，因而借助效用函数和生产函数，在一般均衡框架内还可求解出作为集体经济人的厂商的人力资本质量与其产出水平之间的函数关系。同理，按照逻辑亦可求解出行业以及整个经济体的人力资本质量与其产出水平之间的函数关系。

人力资本质量的提升是推动长期经济增长的最根本力量，相对于技术进步和全要素生产率而言，有着相对较好的测算可行性，能够作为度量驱动长期经济增长动因的指标。如前所述，人力资本质量的提升是其所有者实现最大化效用水平提升的过程，而技术变化则是该过程的某种结果。因此，在一般均衡框架内求解效用最大化和利润最大化，就可从个体经济人、作为集体经济人的厂商以及整个经济体的层面上得出人力资本质量与消费、产出、人力资本数量之间的函数关系。该项指标的突出特点是，人力资本质量能够持续提升且不存在上限，可与物质资本存量无上限的假设相协调。

二、理论模型的设定与人力资本质量测算方程的推导

根据理论模型并对效用函数略做调整，作为个体经济人的消费者，其预期终生效用最大化的动态规划问题如下：

$$\max_{\{K_t,\,C_t,\,H_t\}} E_0 \sum_{t=0}^{+\infty} \beta^t \left[\frac{C_t^{1-\theta}-1}{1-\theta} - \frac{H_t^{1-\eta}-1}{1-\eta}\right] \tag{8-1}$$

式中，K_t 为第 t 期期初的物质资本存量；C_t 为第 t 期的消费数量；H_t 为第 t 期期初的人力资本数量；贴现因子 $\beta \in (0,1)$，消费数量参数 $\theta>0$ 且 $\theta \neq 1$；人力资本参数 $\eta>0$ 且 $\eta \neq 1$。

消费者拥有物质资本和人力资本，在将价格水平标准化为 1 时，消费者面临如下预算约束：

$$C_t + S_t \leqslant W_t H_t + R_t K_t \tag{8-2}$$

式中，S_t 为第 t 期的储蓄；W_t 为第 t 期的人力资本租金率；R_t 为第 t 期的物质资本租金率。

本节采用新古典总量生产函数，按照新古典理论，各生产要素按其边际产品得到报酬，即

$$Y_t = Z_t K_t^{\alpha} H_t^{1-\alpha} \tag{8-3}$$

式中，Y_t 为第 t 期的产出；Z_t 为第 t 期的人力资本质量；α 为物质资本的产出弹性。

为了研究人均产出水平跨国差异的成因，需要将（8－3）式按人均水平进行改写：

$$y_t = Z_t k_t^{\alpha} (H^B)^{1-\alpha} \tag{8-4}$$

式中，y_t 为第 t 期的人均产出，$y_t = Y_t / N_t$，N_t 为第 t 期的人口数量；k_t 为第 t 期的人均物质资本存量水平；H^B 为人力资本数量的基准水平，$H_t = N_t \times H^B$。

人力资本质量服从如下一阶自回归过程：

$$\ln(Z_t) = (1-\rho_Z)\ln(\bar{Z}) + \rho_Z \ln(Z_{t-1}) + \varepsilon_t^Z \quad \varepsilon_t^Z \in \text{i.i.d.}\, N(0, \sigma_\varepsilon^2) \tag{8-5}$$

式中，ρ_Z 为自回归系数；$\bar{Z}$ 为人力资本质量的稳态值；冲击 ε_t^Z 是白噪声。

物质资本存在折旧，当期投资无折旧。当折旧率为 δ_t 时，物质资本的运动方程如下：

$$K_{t+1} = I_t + (1-\delta_t) K_t \tag{8-6}$$

折旧率 δ_t 服从如下一阶自回归过程：

$$\ln(\delta_t) = (1-\rho_D)\ln(\bar{\delta}) + \rho_D \ln(\delta_{t-1}) + \varepsilon_t^Z + \zeta_t^D \quad \zeta_t^D \in \text{i.i.d.}\, N(0, \sigma_\zeta^2) \tag{8-7}$$

式中，ρ_D 为折旧率过程的自回归系数；$\bar{\delta}$ 为折旧率的稳态值；冲击 ζ_t^D 为白噪声。

有利的人力资本质量冲击 $\varepsilon_t^Z>0$ 可提高物质资本的折旧率，人力资本投资能够促进有利的人力资本质量冲击出现，进而加速物质资本折旧并带动其投资。经济的投资用储蓄来完成（即 $I_t \equiv S_t$），结合上述设定，消费者预算约束可改写为：

$$C_t+K_{t+1}-(1-\delta_t)K_t \leqslant Z_t K_t^{\alpha} H_t^{1-\alpha} \tag{8-8}$$

按照上述设定，在竞争均衡状态时，欧拉方程跨期消费替代的效率条件为：

$$C_t^{-\theta}=\beta E_{t+1}\{C_{t+1}^{-\theta}[\alpha Z_{t+1} K_{t+1}^{\alpha-1} H_{t+1}^{1-\alpha}+(1-\delta_{t+1})]\} \tag{8-9}$$

在中期，欧拉方程人力资本数量与消费数量之间替代的效率条件为：

$$H_t^{-\eta}=C_t^{-\theta}(1-\alpha)Z_t K_t^{\alpha} H_t^{-\alpha} \tag{8-10}$$

根据（8－3）式和（8－10）式，可得：

$$Y_t=\frac{1}{1-\alpha}\times H_t^{1-\eta} C_t^{\theta} \tag{8-11}$$

由理论模型解的稳态系统可得，$\mu_K=\dfrac{\alpha\beta}{1-\beta+\beta\bar{\delta}}$，$\mu_K>1$ 为稳态时的物质资本产出比。因此，$\mu_C=1-\bar{\delta}\mu_K$，$\mu_C<1$ 为稳态时的消费产出比。本节依照刘伟和张立元的方法，假设人力资本质量与物质资本产出比稳态值呈反比关系，于是有 $\bar{Z}=\dfrac{1}{\mu_K}=\dfrac{1-\beta+\beta\bar{\delta}}{\alpha\beta}$，而且人力资本数量与产出水平之比 $\mu_H=\mu_K$，再根据人口数量就可测算出 H^B。至此，根据理论模型的对数线性系统，可得：

$$Y_t=\mu_C^{-\mu_C}(1-\mu_C)^{-(1-\mu_C)}(C_t)^{\mu_C}(I_t)^{1-\mu_C} \tag{8-12}$$

人力资本质量的测算方程为：

$$Z_{t+1}=(\bar{Z})^{\alpha}\left(\frac{C_{t+1}}{C_t}\right)^{\frac{\theta}{\beta\bar{Z}}}(H_{t+1})^{\alpha-1}(Y_{t+1})^{1-\alpha} \tag{8-13}$$

由测算方程式（8－13）可知，Z_t 是 H^B 的严格单调递减函数；研究结果表明，H^B 对 Z_t 的增长率并无显著影响。

第三节　实证研究

一、数据来源及实际测算说明

本节从 BVD-EIU CountryData 数据库中选取所需数据测算各经济体的 Z_t，并根据测算结果探讨人均产出水平跨国差异的成因。如何确定 H^B，无疑会影响基于（8－13）式的测算以及按（8－3）式和（8－4）式进行的增长核算分析。该数据库仅可追溯至 1980 年，若以之为基期，考虑到不同经济体当时所处的发展阶段不尽相同，在基期处于稳态的假设下，由此得出各经济体的 H^B 出现差异就在所难免。琼斯在研究人均产出水平的跨国差异时，也允许不同国家的“非熟练劳动力等效水平”存在差异。考虑到 $\bar{Z}=1/\mu_K$ 以及各经济体的物质资本产出比虽有高低不同但亦非相差悬殊，则按基期数据计算得出的各经济体 $\bar{Z}^i$ 理应不会出现过大差异。依照（8－3）式和（8－4）式可推断，若 α 保持不变，Y_t 的增长率取决于 Z_t、K_t 和 N_t 的增长率，y_t 的差异须归因于 Z_t、k_t 和 H^B 的不同，而 y_t 的增长率仅受 Z_t 和 k_t 增长率的影响。因此，本节将先按此测算各经济体的 Z_t，而后在探讨人均产出水平跨国差异成因的过程中验证上述推断。

本节将全球或者区域内各经济体的基期 H^B 设定为相同水平，继续探索人均产出水平跨国差异的成因。当两个经济体 i 和 j 处于稳态时，$\mu_H=\mu_K$ 与 $H^B=\mu_H\times y$ 成立。从数理逻辑的角度来看，显然存在两个时期 t_m^i 和 t_n^j，能够使 $H_{tm}^{Bi}=H_{tn}^{Bj}=\widehat{H}$ 或 $\mu_{Htm}^i\times y_{tm}^i=\mu_{Htn}^j\times y_{tn}^j$ 成立。若选取一个相同时期 t_0，并假设经济体 i 和 j 均处于稳态，则 $H_{t0}^{Bi}=\mu_{Ht0}^i\times y_{t0}^i$ 及 $H_{t0}^{Bj}=\mu_{Ht0}^j\times y_{t0}^j$。对于经济体 i 在两个时期 t_m^i 和 t_0 的 H_{tm}^{Bi}（或 $\widehat{H}$）与 H_{t0}^{Bi}，$\widehat{H}=(\mu_{Htm}^i/\mu_{Ht0}^i)(y_{tm}^i/y_{t0}^i)H_{t0}^{Bi}$ 成立。而 μ_{Htm}^i/μ_{Ht0}^i 及 y_{tm}^i/y_{t0}^i 的变动皆取决于 Z_t^i 和 k_t^i 的变动，则 $\widehat{H}$ 与 H_{t0}^{Bi} 之间的差异亦可由 Z_t^i 和 k_t^i 的不同进行解释。上述逻辑同样适用于其他经济体。因此，选取 1980 年作为全球各经济体的共同基期，按照世界经济的总量数据测算出相应的 H_W^B 作为各经济体共同的人力资本数量“基准水平”，这样就可

从 Z_t 和 k_t 的不同来解释人均产出水平的跨国差异。类似地，本节还采用区域经济的总量数据测算出相应的 H_R^B 作为区域内经济体的人力资本数量“基准水平”，借以探索区域内各经济体人均产出水平差异的成因。

在测算人力资本质量 Z_t 时，应采用时变 α_t 和时不变消费数量参数 θ 或者人力资本数量参数 η。在 Z_t 的实际测算中采用时不变 α 存在不足，相关文献中已有较为详细的论述，此处不再赘述。我们基于理论模型的参数约束可计算出时变 α_t。依据理论模型稳态系统的参数约束 $\bar{\delta}=1+\bar{R}-1/\beta$，若能获得 $\bar{R}$ 和 β 的取值，就可得到相应的 $\bar{\delta}$；然后，由 $\mu_K=(1-\mu_C)/\bar{\delta}$ 计算出 μ_K。最后，通过 $\alpha=\mu_K\times\bar{R}$ 或者 $\alpha=[\bar{R}(1-\mu_C)]/(1+\bar{R}-1/\beta)$ 求得 α。各文献中的 β 取值常大于 0.99，如基于德国经济数据的实证研究所选取的 β 值为 0.994；而刘伟和张立元基于中国经济数据的 β 和 $\bar{\delta}$ 取值分别为 0.996 和 0.116 3。在测算中国经济的人力资本质量时，本节仍采用刘伟和张立元（2018）的 β 和 $\bar{\delta}$ 取值。对于全球其他经济体人力资本质量的测算，采用的 β 值为 0.994，同时将 BVD-EIU CountryData 数据库中商业银行向私人部门提供的中短期贷款的平均利率（LRAT）作为 $\bar{R}$ 的时间序列数据。消费产出比 μ_C 为私人消费支出+政府消费支出与国内生产总值之比，该数据库已将这三项指标按汇率折算为 2010 年的不变美元价格。考虑到美国经济的市场竞争程度较高这一事实，可将其相关参数用于除中国之外各经济体人力资本质量的实际测算。依据（8-11）式建立回归方程，可得到不同经济体 θ 和 η 的估计值。鉴于异方差真实存在以及将贝叶斯方法应用于该回归方程的确存在不足，这里也采用 OLS 估计值与稳健标准误的组合。

二、人力资本测算与增长核算分析

本节使用全球 73 个经济体、7 大经济地理区域以及 4 个经济组织的实证测算数据进行增长核算分析，具体数据分别被编入表 8-1～表 8-9。BVD-EUI CountryData 数据库共提供了 201 个经济体的宏观经济数据，按全球地理区域划分为 7 个地区。其中，共有 128 个国家因为人口数量较低或者因为该数据库提供的经济数据存在不合理之处，导致按（8-13）式无法测算其人力资本质量或测算结果异常。因此，本节仅选取73个经济体的实际测算数据进行增长核算分析。[①] 选取该数据库内四个经济组织（即七国集团、经合组织、非经合组织、东盟）的总量数据用于实证测算及增长核算分析，具体数据被列入表8-1。中国与七国集团成员以及中国台湾、中国香港、中国澳门这11个经济体的增长核算分析数据被编入表8-2。其他62个国家的相关数据则结合各自所属的经济组织与地理区域分别被纳入表8-3～表8-9。

按照（8-3）式和（8-4）式分别从总量水平与人均水平上开展增长核算分析。时变α_t并不适用于增长核算分析，本节采用其历年均值并将其列于表8-1～表8-9中的经济体或国家之下。不完善的市场经济体制、汇率的变动以及获取经济数据过程中可能存在的不足，导致部分经济体出现K_t、N_t、Z_t的增长率G_t^K、G_t^N、G_t^Z对Y_t的增长率G_t^Y的贡献率之和偏离其理论值过大，以及k_t和Z_t的增长率g_t^k和G_t^Z对y_t的增长率g_t^y的贡献率之和也与其

① 未纳入增长核算分析的128个国家，西欧地区共有2个国家——马耳他和卢森堡，这两国人口均不足100万。东欧地区共有8个国家：阿尔巴尼亚经济数据存在异常，1996年的最终消费大于总产出，1997年和1998年的两者相等；亚美尼亚、阿塞拜疆、波黑、格鲁吉亚、马其顿、摩尔多瓦存在类似的问题；2013—2017年乌克兰的经济数据也出现了类似的问题。亚洲和大洋洲地区共有28个国家。4个东盟成员：文莱的人口不足100万；1994年以及1996—1998年，柬埔寨的经济数据显示最终消费与总产出相等；老挝、缅甸的经济数据也存在类似问题。24个非东盟成员国：阿富汗、不丹、库克群岛、斐济、基里巴斯、吉尔吉斯斯坦、朝鲜、密克罗尼西亚、马绍尔群岛、蒙古、瑙鲁、尼泊尔、新喀里多尼亚、帕劳、巴基斯坦、巴布亚新几内亚、萨摩亚、所罗门群岛、东帝汶、塔吉克斯坦、土库曼斯坦、汤加、图瓦卢、瓦努阿图亦有类似的经济数据问题。中东和北非地区共有12个国家：伊拉克、约旦、科威特、黎巴嫩、利比亚、阿曼、巴勒斯坦、卡塔尔、叙利亚、苏丹、阿联酋、也门也存在类似的经济数据问题。撒哈拉以南非洲地区共有45个国家：安哥拉、贝宁、布基纳法索、布隆迪、喀麦隆、佛得角、中非共和国、乍得、科摩罗、刚果、刚果民主共和国、科特迪瓦、吉布提、赤道几内亚、厄立特里亚、埃塞俄比亚、加蓬、加纳、冈比亚、几内亚、几内亚比绍、肯尼亚、莱索托、利比里亚、马达加斯加、马拉维、马里、毛里求斯、毛里塔尼亚、莫桑比克、纳米比亚、尼日尔、尼日利亚、卢旺达、圣多美和普林西比、塞内加尔、塞舌尔、塞拉利昂、索马里、斯威士兰、坦桑尼亚、多哥、乌干达、赞比亚、津巴布韦也有类似的经济数据问题。拉美地区有33个国家：巴哈马人口不足100万且存在经济数据不合理的现象，而安圭拉、安提瓜和巴布达、阿鲁巴、巴巴多斯、伯利兹、百慕大、开曼群岛、哥斯达黎加、古巴、多米尼克、多米尼加共和国、萨尔瓦多、危地马拉、圭亚那、格林纳达、海地、洪都拉斯、牙买加、蒙特塞拉特、荷属安的列斯群岛、尼加拉瓜、巴拿马、巴拉圭、波多黎各、圣基茨和尼维斯、圣卢西亚、圣文森特和格林纳丁斯、苏里南、特立尼达和多巴哥、特克斯和凯科斯群岛、乌拉圭、英属维尔京群岛亦有类似的经济问题。

理论值相差过大。本节仍将实际测得的增长核算结果列入各表，但按其理论值对偏差过大者进行调整，从而得到各变量贡献率的相对水平，以利于具体分析的开展。

1. 拉美、东盟以及中东和北非的增长核算分析

在超越单一国家的宏观视角下开展增长核算，旨在更好地解释人力资本质量的提升是推动长期经济增长的主要驱动力，也是导致人均产出跨国差异的重要成因。基于多国加总数据的人力资本测算与增长核算的相关数据被列入表 8-1。

表 8-1　全球经济、区域经济、主要经济组织的人力资本测算与增长核算数据

地理区域或经济组织	基于（8-3）式的增长核算分析					基于（8-4）式的增长核算分析			
	G_t^Y	G_t^K	G_t^N	G_t^Z		g_t^y	g_t^k	G_t^Z	
				H_W^B	H_R^B			H_W^B	H_R^B
全球（0.238）	2.96	3.45（27%）	1.41（36%）	1.16（39%）	—	1.52	2.01（31%）	1.16（76%）	—
西欧（0.227）	2.02	2.42（27%）	0.68（26%）	0.97（48%）	1.11（54%）	1.33	1.72（29%）	0.97（72%）	1.11（83%）
东欧（0.272）	3.19	3.42（29%）	−0.06（−1%）	3.46（108%）	3.47（108%）	3.25	3.48（29%）	3.46（106%）	3.47（106%）
北美（0.134）	2.67	2.92（15%）	0.98（32%）	1.46（54%）	1.46（54%）	1.66	1.91（15%）	1.46（87%）	1.46（87%）
拉丁美洲（0.245）	2.29	1.34（14%）	1.56（51%）	0.48（21%）	0.42（18%）	0.72	−0.03（−4%）	0.48（66%）	0.42（58%）
亚洲和大洋洲（0.320）	4.42	5.23（38%）	1.38（21%）	2.11（47%）	1.89（43%）	3.00	3.79（40%）	2.11（70%）	1.89（63%）
中东和北非（0.422）	4.16	4.23（43%）	2.09（29%）	1.59（38%）	1.60（38%）	2.03	2.10（43%）	1.59（78%）	1.60（78%）
撒哈拉以南非洲（0.202）	3.26	4.21（26%）	2.70（66%）	1.03（31%）	0.79（24%）	0.54	1.47（55%）	1.03（191%）	0.79（146%）

续表

地理区域或经济组织	基于（8－3）式的增长核算分析					基于（8－4）式的增长核算分析			
	G_t^Y	G_t^K	G_t^N	G_t^Z		g_t^y	g_t^k	G_t^Z	
				H_W^B	H_R^B			H_W^B	H_R^B
七国集团（0.185）	2.23	2.19（18%）	0.67（24%）	1.30（58%）	1.28（57%）	1.51	1.55（19%）	1.30（86%）	1.28（85%）
经合组织（0.204）	2.36	2.56（22%）	0.79（27%）	1.19（50%）	1.23（52%）	1.56	1.76（23%）	1.19（76%）	1.23（79%）
非经合组织（0.337）	5.02	5.71（38%）	1.34（17%）	2.61（52%）	2.39（47%）	3.62	4.30（40%）	2.61（72%）	2.39（66%）
东盟（0.347）	5.21	5.16（35%）	1.41（18%）	1.49（29%）	1.53（30%）	3.75	3.7（34%）	1.49（40%）	1.53（41%）

说明：表中第 3 列至第 10 列的数据为各变量的增长率，下方括号中的百分数为其贡献率。下面的表 8－2 至表 8－9 同此。

本节侧重从人力资本质量的水平和增长率两个角度对增长核算的结果进行分析，并探讨实现区域经济趋同的可能性。如前所述，我们采用相同的人力资本数量“基准水平”H_B^W 或 H_B^R 用于增长核算分析，这种方法不存在数理逻辑方面的矛盾。不同经济体当期总产出 Y_t 的差异就归因于 Z_t、K_t、N_t、α，人均产出 y_t 的差异源于 Z_t、k_t、α。类似地，在相同时期不同经济体 G_t^Y 的差异理应源于G_t^K、G_t^N、G_t^Z、α，而 g_t^y 的差异则由 g_t^k、G_t^Z、α 造成。从总量水平来看，在人口数量 N_t 方面，不同经济体之间事实上存在着较大的差异，Y_t 和 K_t 两者实现趋同的可能性较小，只有 Z_t 和 α 两者有可能达到趋同。从人均水平来看，若制度创新及政策调整能够最终促成 Z_t 和 α 的趋同，则不同经济体亦可由此获得相同水平的 k_t 和 y_t。Z_t、k_t 和 α 能否趋同以及实现趋同所需时间的长短取决于 G_t^Z 及 g_t^k，而制度创新和政策调整的力度又决定着 G_t^Z 与 g_t^k 的大小。至此，制度创新与政策调整的关键就是如何在人力资本与物质资本两者之间进行权衡取舍。具体说来，是将稀缺的资源用于人力资本质量水平 Z_t 及其增长率 G_t^Z 的提升，还是将其用于人均物质资本存量 k_t 的积累？α 的高低能够近似反映经济体对物质资本积累偏好程度的强弱，通过参数约束 $\mu_K=\alpha\beta/(1-\beta+\beta\bar{\delta})$，同时假设 $\bar{Z}=1/\mu_K$ 和（8-13）式就可影响人力资本质量的测算结果。在资源市场化配置的条件下，人力资本可按其市场价值获得报酬，这有利于从微观层面上激励个体经济人提升其人力资本质量，进而从宏观层面上推升整个经济体的人力资本质量。若能辅之以最终落实到分散个体的大规模人力资本投资，就可起到缩小收入差距、促进社会公平的作用。

依据表 8-1 的数据，我们发现："拉美漩涡"、"东亚泡沫"及"中东和北非危机"的共同特征是较快的人口增长伴随着缓慢提升的人力资本质量，拉美和东盟各国市场体制存在的扭曲导致各要素对经济增长贡献率之和偏离其理论值过大，而东盟以及中东和北非诸国过于倚重物质资本积累的制度和政策实践，可能正是其贫富分化加剧和社会失稳的原因所在。我们采用基于全球经济总量数据的人力资本数量"基准水平" H_W^B 测算人力资本质量水平及其增长率。表 8-1 的增长核算表明，全球人口增长率 G_t^N 为 1.41%（1980—2017 年），拉丁美洲为 1.56%（1980—2017 年）；东盟为 1.41%（1989—2017 年），中东和北非为 2.09%（1998—2017 年）[①]。在此期间，G_t^N 对各经济体总产出 Y_t 增长的相对贡献率分别为 36%，拉丁美洲为 59%，东盟为 22%，中东和北非为 26%。在相同时期内，全球经济的人力资本质量年均增长率 G_t^Z 为 1.16%，拉美仅为 0.48%，东盟为 1.49%，中东和北非为 1.59%；G_t^Z 对各自经济总量增长的相对贡献率分别为 39%、24%、35%和 34%，后三者均低于全球平均水平。就人均产出增长率 g_t^y 而言，全球为 1.52%，拉丁美洲仅为 0.72%，东盟为 3.75%，中东和北非为 2.03%。相较于北美、西欧、七国集团和经合组织这些具有成熟市场经济制度的地区与组织，拉丁美洲、东盟以及中东和北非的市场经济制度显然存在扭曲，致使各要素对 G_t^Y 和 g_t^y 的贡献率之和偏离其理论值过大。此外，东盟以及中东和北非诸国过于倚重物质资本积累的制度和政策取向导致其 Z_t 的提升无法按市场原则充分反映为 y_t 的提高，而且 G_t^Z 对 g_t^y 的贡

① 不同经济体的数据起始年份存在差异，此处仅做示例，后文不再赘述。

献率也较低。

经济增长的主要驱动力 Z_t 是否具有趋同的可能性。依据表 8－1 及相关测算数据，2017 年全球、拉丁美洲、东盟以及中东和北非的 Z_t 分别为 0.56、0.43、0.31 和 0.30。若依照这一水平发展，按前文提到的各经济体的 G_t^Z，通过计算可知，拉丁美洲的人力资本质量水平 Z_t 无法达到全球平均水平，东盟以及中东和北非则分别需要 181 年和 147 年。

2. 中国、七国集团成员以及中国台湾、中国香港、中国澳门人力资本测算与增长核算的分析比较

考察中国能否成功跨越“上中等收入陷阱”以及更长时期的发展潜能，从增长核算及人力资本质量水平增长两个角度分析具有特别的意义。下面先将中国经济与拉丁美洲、东盟以及中东和北非这三大地理区域进行比较，再将之与七国集团成员加以对比，由此尝试回答上述问题。人力资本测算与增长核算的部分数据被列入表 8－2。

表 8－2　中国、七国集团成员以及中国台湾、中国香港、中国澳门的人力资本测算与增长核算数据

国家和地区	基丁（8－3）式的增长核算分析						基于（8－4）式的增长核算分析				
	G_t^Y	G_t^K	G_t^N	G_t^Z			g_t^y	g_t^k	G_t^Z		
				H_W^B	H_R^B	H_i^B			H_W^B	H_R^B	H_i^B
中国（0.460）	9.60	10.58（51%）	0.95（5%）	5.61（58%）	5.21（54%）	4.32（45%）	8.57	9.54（51%）	5.61（65%）	5.21（61%）	4.32（50%）
中国台湾（0.209）	5.62	8.01（29%）	0.75（11%）	3.39（60%）	2.98（53%）	2.95（52%）	4.83	7.21（31%）	3.39（70%）	2.98（62%）	2.95（61%）
中国香港（0.247）	4.55	4.31（23%）	1.12（18%）	2.40（53%）	2.48（55%）	2.35（52%）	3.39	3.16（23%）	2.40（71%）	2.48（73%）	2.35（69%）
中国澳门（0.637）	8.14	9.39（73%）	2.56（11%）	0.75（9%）	0.07（1%）	2.35（28%）	5.44	7.25（85%）	0.75（14%）	0.07（1%）	2.35（43%）
美国（0.122）	2.69	3.01（14%）	0.97（32%）	1.49（55%）	1.49（55%）	1.49（55%）	1.69	2.01（14%）	1.49（88%）	1.49（88%）	1.49（88%）
日本（0.257）	1.95	1.82（24%）	0.21（8%）	1.15（59%）	1.09（55%）	1.07（54%）	1.73	1.61（24%）	1.15（66%）	1.09（63%）	1.07（62%）

续表

国家和地区	基于（8－3）式的增长核算分析						基于（8－4）式的增长核算分析				
	G_t^Y	G_t^K	G_t^N	G_t^Z			g_t^y	g_t^k	G_t^Z		
				H_W^B	H_R^B	H_i^B			H_W^B	H_R^B	H_i^B
德国（0.229）	1.77	2.72（35%）	0.79（34%）	0.50（28%）	0.77（43%）	0.82（46%）	0.96	1.90（45%）	0.50（52%）	0.77（80%）	0.82（85%）
法国（0.220）	1.81	1.68（20%）	0.51（22%）	0.85（47%）	0.84（46%）	0.84（46%）	1.29	1.17（19%）	0.85（66%）	0.84（65%）	0.84（65%）
意大利（0.200）	1.11	1.10（20%）	0.19（14%）	0.67（60%）	0.70（63%）	0.70（63%）	0.92	0.91（20%）	0.67（73%）	0.70（76%）	0.70（76%）
英国（0.169）	2.27	1.98（15%）	0.45（16%）	1.69（74%）	1.65（72%）	1.66（73%）	1.83	1.54（14%）	1.69（92%）	1.65（90%）	1.66（91%）
加拿大（0.246）	2.40	2.45（25%）	1.09（34%）	1.17（49%）	1.13（47%）	1.12（46%）	1.30	1.35（25%）	1.17（90%）	1.13（83%）	1.12（82%）

1980—2017年中国经济的显著特征是，在高速经济增长与低人口增长并存的条件下对物质资本积累的过度依赖和人力资本质量提升速率的稳步放缓。中国经济的平均增速 G_t^Y 高于前文涉及的84个经济体，包括72个经济体，全球及7大地理区域以及4个经济组织。然而，中国的人口增长率 G_t^N 为0.95%，低于全球平均水平；G_t^N 对 G_t^Y 的相对贡献率仅为4.4%，大幅低于35%的全球整体水平。相比较而言，日本的 G_t^N 仅为0.21%，但其相对贡献率却是8.8%。从增长核算数据来看，产生这一现象的原因是，追求经济高速增长自然需要倚重物质资本的快速积累，如此难免使 α 过高，而劳动份额也随之降低。中国经济的 α 为0.460，相应地，G_t^K 对 G_t^Y 的相对贡献率也高达45%，这两者均高于全球、7大地理区域和经合组织。不过，中国经济的 G_t^Z 为5.61%，大幅领先于表8－1和表8－2提到的各经济体，其相对贡献率为50.8%，高于全球整体水平的38.8%和西欧的48%，低于七国集团的58%，与经合组织基本持平，也低于中国台湾的60%和中国香港的56%。从人均水平来看，中国的 g_t^k 对 g_t^y 的相对贡献率为43.9%，高于全球整体水平的28.4%以及7大地理区域，略低于东盟的45.9%。相比较而言，G_t^Z 的相对贡献率为56.0%，低于全球整体水平

的 71.0%以及 7 大地理区域，大幅落后于七国集团的 81.9%和经合组织的 76%，仅略高于东盟的 54.1%。其原因在于，中国的人均产出起点较低而其增长率 g_t^y 又居于领先地位，但高增长必须借助物质资本的迅速积累。然而，资源是稀缺的，将大量资源用于物质资本的积累，势必降低对人力资本的投资，其结果是既拉大了收入差距又延缓了人力资本质量的提升。2000—2017 年中国的 G_t^Z 年均增长率为 3.54%，2010—2017 年进一步放缓为 2.23%。

从人力资本质量水平 Z_t 来看，中国已远超拉丁美洲、东盟以及中东和北非地区；若以经合组织的整体水平为发达国家的平均标准，中国至少仍需 23 年才能达到发达国家水平；若以七国集团的总体水平为领先国家的判定依据，中国最低尚需 28 年才可跻身领先经济体；追平美国最快还需 35 年。按照具体测算数据，2017 年中国的 Z_t 为 0.56，与全球整体水平相同，但低于中国台湾的 0.93 和中国香港的 1.55；经合组织为 1.47，七国集团为 1.81，美国为 2.23。然而，随着 G_t^Z 的逐渐降低，2000—2017 年中国、经合组织、七国集团、美国的 G_t^Z 年均增长率分别减为 3.54%、0.55%、0.62%和 0.76%。按此计算，中国的人力资本质量水平要达到发达经济体和领先经济体的水平，分别需要 33 年和 41 年，追上美国需要近 51 年。2010—2017 年各经济体的 G_t^Z 分别为 2.23%、0.70%、0.57%和 0.78%，中国实现上述发展目标分别需要 64 年、72 年和 97 年。

3. 经合组织西欧成员人力资本测算与增长核算的分析

10 多个经合组织成员位于西欧地区，中国经济下一阶段的发展目标是要成为经济发达国家，因而有必要对这些国家的人力资本测算与增长核算进行分析和比较（见表 8－3）。

表 8－3　经合组织西欧成员的人力资本测算与增长核算数据

国家	基于（8－3）式的增长核算分析						基于（8－4）式的增长核算分析				
	G_t^Y	G_t^K	G_t^N	G_t^Z			g_t^y	g_t^k	G_t^Z		
				H_W^B	H_R^B	H_i^B			H_W^B	H_R^B	H_i^B
奥地利（0.245）	2.09	2.99（35%）	0.37（13%）	0.94（45%）	1.27（60%）	1.31（62%）	1.71	2.61（37%）	0.94（55%）	1.27（74%）	1.31（76%）

续表

国家	基于（8－3）式的增长核算分析						基于（8－4）式的增长核算分析				
	G_t^Y	G_t^K	G_t^N	G_t^Z			g_t^y	g_t^k	G_t^Z		
				H_W^B	H_R^B	H_i^B			H_W^B	H_R^B	H_i^B
比利时（0.212）	1.86	3.09（35%）	0.38（16%）	0.87（47%）	1.18（63%）	1.14（61%）	1.48	2.70（39%）	0.87（58%）	1.18（79%）	1.14（77%）
塞浦路斯（0.208）	2.23	0.00（0%）	1.15（41%）	1.69（75%）	1.25（56%）	1.13（51%）	1.07	−0.02（0%）	1.69（157%）	1.25（116%）	1.13（105%）
丹麦（0.259）	1.76	2.77（40%）	0.30（12%）	0.79（45%）	1.13（64%）	1.22（69%）	1.45	2.46（43%）	0.79（54%）	1.13（77%）	1.22（85%）
芬兰（0.222）	2.01	1.70（18%）	0.37（14%）	1.20（60%）	1.13（56%）	1.12（55%）	1.64	1.33（18%）	1.20（73%）	1.13（69%）	1.12（68%）
希腊（0.117）	0.83	0.29（4%）	0.35（37%）	0.21（25%）	0.10（12%）	0.17（29%）	0.49	−0.01（0%）	0.21（43%）	0.10（29%）	0.17（35%）
冰岛（0.192）	3.01	4.45（28%）	1.10（30%）	1.03（34%）	1.41（47%）	1.39（46%）	1.89	3.31（33%）	1.03（54%）	1.41（74%）	1.39（73%）
爱尔兰（0.293）	5.04	11.99（69%）	0.93（13%）	0.22（4%）	1.88（37%）	1.85（36%）	4.07	10.96（78%）	0.22（5%）	1.88（46%）	1.85（45%）
荷兰（0.276）	2.13	3.07（39%）	0.52（17%）	1.05（49%）	1.35（63%）	1.42（66%）	1.60	2.53（43%）	1.05（65%）	1.35（84%）	1.42（88%）
挪威（0.412）	2.44	1.98（33%）	0.69（16%）	1.91（78%）	1.70（69%）	1.47（60%）	1.73	1.27（30%）	1.91（104%）	1.70（98%）	1.47（84%）
葡萄牙（0.176）	1.85	0.83（8%）	0.16（7%）	1.38（75%）	1.17（63%）	1.27（68%）	1.68	0.83（9%）	1.38（82%）	1.17（70%）	1.27（76%）
西班牙（0.244）	2.29	2.56（27%）	0.61（20%）	1.46（63%）	1.55（67%）	1.54（66%）	1.67	1.94（28%）	1.46（87%）	1.55（92%）	1.54（91%）
瑞典（0.236）	2.13	3.85（43%）	0.48（17%）	0.63（29%）	1.16（54%）	1.15（53%）	1.65	3.35（47%）	0.63（38%）	1.16（70%）	1.15（69%）
瑞士（0.320）	1.73	2.00（37%）	0.81（32%）	0.36（21%）	0.47（27%）	0.57（33%）	0.91	1.18（41%）	0.36（40%）	0.47（52%）	0.57（62%）
土耳其（0.229）	4.41	4.84（25%）	1.51（26%）	2.86（64%）	3.08（69%）	2.88（65%）	2.86	3.29（26%）	2.86（100%）	3.08（197%）	2.88（100%）

从整体上说，经合组织的西欧成员表现出较低的人口增长、疲软的经济增长、缓慢的人力资本质量提升速率以及相对合理的物质资本积累速度，但各国之间也存在着较大差异。西欧地区的 G_t^N 为 0.68%，全球范围内仅高于东欧地区的−0.06%。在表 8－3 展示的诸国中，土耳其的 G_t^N 为 1.51%，略高于全球平均水平；塞浦路斯和冰岛的 G_t^N 分别为 1.15%和 1.10%，其他各国均低于 1%。从总量增长核算角度来看，西欧地区的经济年均增长率 G_t^Y 仅为 2.02%，位列全球各地区之末；G_t^K 为 2.42%，其对 G_t^Y 的相对贡献率为 26.7%，略高于全球整体的 26.5%、北美的 15%、七国集团的 18%以及经合组织的 22.2%；G_t^N 的相对贡献率为 25.6%，低于全球整体的 35.3%、北美的 31.7%以及经合组织的 27.2%，略高于七国集团的 24%；G_t^Z 为 0.97%，处于全球最低水平，其对 G_t^Y 的相对贡献率为 47.5%，高于全球整体的 38.2%，仍低于北美的 53.5%、七国集团的 58%以及经合组织的 50.5%。德国、法国、意大利、英国的 G_t^K 对 G_t^Y 的相对贡献率分别为 36.1%、22.5%、21.3%、14.3%，G_t^Z 的相对贡献率分别为 28.9%、52.8%、63.8%、70.5%。从人均水平增长核算角度来看，西欧地区的 g_t^y 和 g_t^k 分别为 1.33%、1.72%，仅高于撒哈拉以南非洲和拉丁美洲地区。g_t^k 和 G_t^Z 对 g_t^y 的相对贡献率分别为 28.7%和 71.3%，基本上与全球的整体水平相当。德国、法国、意大利、英国的 g_t^h 对 g_t^y 的相对贡献率分别为 46.4%、22.4%、21.5%、13.2%；它们的 G_t^Z 对 g_t^y 的相对贡献率分别为 53.6%、77.6%、78.5%、86.8%。其他各国经济上的影响相对较小，本节不再逐一分析。

从人力资本的质量水平来说，西欧地区整体渐趋落后，将无法追及北美、七国集团、经合组织；中国最快将于 20 年后赶上西欧诸国。2017 年，西欧地区的 Z_t 为 1.36，低于北美、七国集团、经合组织；而其 G_t^Z 仅为 0.97%，低于全球整体水平，也逊于北美、七国集团、经合组织；基于此，西欧地区将始终无法赶上北美、七国集团、经合组织。其原因在于，德国、法国、意大利、奥地利、比利时、丹麦、希腊、爱尔兰、瑞典、瑞士的 G_t^Z 低于 1%，处于落后地位。冰岛和荷兰两国的 G_t^Z 高于 1%，但低于经合组织的 1.19%。英国、芬兰、挪威、葡萄牙、西班牙五国的 G_t^Z 相对领先。塞浦路斯的 G_t^Z 为 1.69%，较小的经济规模使之对西欧地区整体水平不会产生实质影响。土耳其的 G_t^Z 为 2.86%，其 Z_t 仅为 0.79，位列西欧地区之末，与西欧地区的整体水平 1.36 相差较远。2017 年，中国的 Z_t 为 0.56，若按 1980—2017 年 G_t^Z 的平均增速 5.61%计算，可在 20 年后增至 2.94，届时将与西欧地区的整体水平相同。

4. 经合组织其他成员人力资本测算与增长核算数据的分析

在其他 14 个经合组织成员中，日本、韩国、澳大利亚、新西兰四国属于亚洲和大洋洲地区，墨西哥和智利两国属于拉丁美洲地区，以色列属于中东和北非地区，捷克、爱沙尼亚、匈牙利、拉脱维亚、立陶宛、波兰、斯洛伐克、斯洛文尼亚八国属于东欧地区，亦为转轨国家。本节依据相关数据得出经合组织各成员的人力资本测算与增长核算结果，并将其列入表 8-4。针对东欧地区八国的具体分析将归入对其所属地区其他国家测算结果的讨论之中。

表 8-4 经合组织其他成员的人力资本测算与增长核算数据

国家	基于（8-3）式的增长核算分析						基于（8-4）式的增长核算分析				
	G_t^Y	G_t^K	G_t^N	G_t^Z			g_t^y	g_t^k	G_t^Z		
				H_W^B	H_R^B	H_i^B			H_W^B	H_R^B	H_i^B
澳大利亚（0.290）	3.13	2.83（26%）	1.41（32%）	1.18（38%）	1.08（35%）	1.03（33%）	1.70	1.41（13%）	1.18（69%）	1.08（63%）	1.03（60%）
智利（0.369）	4.68	3.69（29%）	1.28（17%）	1.60（34%）	1.46（31%）	1.59（33%）	3.36	2.38（26%）	1.60（48%）	1.46（43%）	1.59（47%）
墨西哥（0.253）	2.38	1.92（20%）	1.69（53%）	0.00（0%）	0.00（0%）	0.00（0%）	0.67	0.22（8%）	0.00（0%）	0.00（0%）	0.00（0%）
捷克（0.286）	2.71	3.76（39%）	0.08（0%）	0.92（34%）	1.36（50%）	1.23（45%）	2.62	3.68（40%）	0.92（35%）	1.36（52%）	1.23（47%）
爱沙尼亚（0.289）	3.80	3.93（29%）	−0.40（−7%）	3.10（81%）	3.14（82%）	3.11（81%）	4.15	4.28（29%）	3.10（74%）	3.14（75%）	3.11（74%）
匈牙利（0.241）	1.25	1.45（28%）	−0.03（−2%）	1.41（113%）	1.47（117%）	1.44（115%）	1.48	1.67（27%）	1.41（95%）	1.47（99%）	1.44（97%）
拉脱维亚（0.174）	3.87	8.48（38%）	−1.01（−22%）	5.21（134%）	5.87（151%）	4.40（113%）	4.93	9.59（33%）	5.21（105%）	5.87（119%）	4.40（89%）

续表

国家	基于（8-3）式的增长核算分析						基于（8-4）式的增长核算分析				
	G_t^Y	G_t^K	G_t^N	G_t^Z			g_t^y	g_t^k	G_t^Z		
				H_W^B	H_R^B	H_i^B			H_W^B	H_R^B	H_i^B
立陶宛（0.141）	4.30	9.91（32%）	−0.99（−20%）	5.15（119%）	5.51（128%）	4.59（106%）	5.33	10.99（29%）	5.15（96%）	5.51（103%）	4.59（86%）
新西兰（0.240）	2.82	2.42（20%）	1.19（32%）	1.41（50%）	1.37（49%）	1.36（48%）	1.60	1.21（18%）	1.41（88%）	1.37（5%）	1.36（84%）
波兰（0.188）	3.66	4.05（21%）	0.00（0%）	3.84（104%）	4.19（114%）	3.79（103%）	3.63	4.03（21%）	3.84（105%）	4.19（115%）	3.79（104%）
斯洛伐克（0.221）	4.12	7.22（38%）	0.08（0%）	3.90（94%）	4.32（104%）	3.79（92%）	4.03	7.14（39%）	3.90（96%）	4.32（107%）	3.79（94%）
斯洛文尼亚（0.246）	2.62	4.25（40%）	0.22（6%）	2.01（76%）	2.30（87%）	2.19（83%）	2.39	4.02（41%）	2.01（84%）	2.30（96%）	2.19（91%）
以色列（0.183）	4.13	5.07（22%）	2.23（44%）	0.93（23%）	1.40（34%）	1.37（33%）	1.86	2.78（27%）	0.93（50%）	1.40（75%）	1.37（73%）
韩国（0.272）	6.29	11.49（50%）	0.79（9%）	3.17（50%）	4.07（64%）	2.82（45%）	5.45	10.62（53%）	3.17（58%）	4.07（74%）	2.82（51%）

以色列、墨西哥、澳大利亚、智利、新西兰、韩国和日本分属不同地理区域，所处经济发展阶段各自不同，并未呈现出较为一致的特征。根据表 8-4 的数据，以色列的 G_t^N 为 2.23%，高于其他经合组织成员；墨西哥为 1.69%，澳大利亚为 1.41%，智利为 1.28%，新西兰为 1.19%；以色列、墨西哥、澳大利亚、智利、新西兰的 G_t^N 对 G_t^Y 的相对贡献率分别为 49.4%、72.6%、33.3%、21.3%、31.4%，墨西哥高于全球各国。智利的 G_t^K 对 G_t^Y 的相对贡献率为 36.3%，在前述五国中最高，新西兰以 19.6%处于五国之末；新西兰的 G_t^Z 对 G_t^Y 的相对贡献率为 49.0%，高于其他四国，墨西哥为 0%。从人均水平来看，新西兰的 g_t^k 和 G_t^Z 对 g_t^y 的相对贡献率分别为 16.9%和 83.1%，相较于经合组织的整体水平，前者较低而后者更高；澳大利亚为 15.9%和 84.1%，智利与之相差无几，两国的表现均优于经合组织的整体水平；以色列为 35.1%和

64.9%，不如新西兰、澳大利亚，亦差于经合组织的整体表现。从人力资本质量水平 Z_t 来看，澳大利亚、以色列、新西兰分别为 1.77、1.47、1.40，大幅领先于智利的 0.61 和墨西哥的 0.47。

日本与韩国为中国的近邻，比较其人力资本测算与增长核算数据，或许有助于更好地认识中国经济。韩国经济的高速增长阶段与中国的改革开放大致同步，两国有着相似的增长模式。依据表 8－2 和表 8－4 中的数据，韩国经济的 G_t^K 对 G_t^Y 和 g_t^k 对 g_t^y 的相对贡献率分别为 45.9%、47.7%，高于中国的 45%和 43.9%；而韩国经济的 G_t^Z 为 3.17%，低于中国的 5.61%，对 G_t^Y 和 g_t^y 的相对贡献率分别为 45.9%和 52.3%，低于中国的 50.8%和 56.0%。然而，2017 年韩国经济的 Z_t 为 0.90，按两国 1980—2017 年 G_t^Z 的年均增长率，中国经济的 Z_t 需要 20.3 年才能增至 3.03，追平韩国。按照表 8－2 中的数据，日本经济的 G_t^K 对 G_t^Y 和 g_t^k 对 g_t^y 的相对贡献率分别为 26.4%和 26.6%，低于中国的 45%和 43.9%；日本经济的 G_t^Z 为 1.15%，低于中国的 5.61%，但对 G_t^Y 和 g_t^y 的相对贡献率分别为 64.8%和 73.3%，明显高于中国的 50.8%和 56.0%。2017 年，日本经济的 Z_t 为 1.47，按两国 1980—2017 年 G_t^Z 的年均增长率，中国经济的 Z_t 需要 22.4 年才能增至 3.39，追上日本。

5. 东欧诸国人力资本测算与增长核算数据的分析

东欧诸国与中国同为转轨国家，分析其人力资本测算与增长核算的数据，有助于深入理解中国经济的“双重转轨”，可能会发现适当的政策实践，进而助力中国迈向发达国家。表 8－5 的数据均依据具体测算结果编制而成。

表 8－5　东欧地区其他国家的人力资本测算与增长核算数据

国家	基于（8－3）式的增长核算分析						基于（8－4）式的增长核算分析				
	G_t^Y	G_t^K	G_t^N	G_t^Z			g_t^y	g_t^k	G_t^Z		
				H_W^B	H_R^B	H_i^B			H_W^B	H_R^B	H_i^B
白俄罗斯（0.285）	2.41	0.35（4%）	−0.03（0%）	4.59（190%）	4.67（193%）	4.90（203%）	2.73	0.65（6%）	4.59（168%）	4.67（171%）	4.90（179%）
保加利亚（0.199）	2.48	5.33（43%）	−0.72（−23%）	4.20（169%）	4.17（168%）	4.03（162%）	3.21	6.01（37%）	4.20（130%）	4.17（129%）	4.03（125%）

续表

国家	基于（8-3）式的增长核算分析						基于（8-4）式的增长核算分析				
	G_t^Y	G_t^K	G_t^N	G_t^Z			g_t^y	g_t^k	G_t^Z		
				H_W^B	H_R^B	H_i^B			H_W^B	H_R^B	H_i^B
克罗地亚（0.206）	2.20	3.92（36%）	−0.42（−15%）	2.13（96%）	2.10（95%）	2.10（95%）	2.63	4.35（34%）	2.13（80%）	2.10（79%）	2.10（79%）
罗马尼亚（0.276）	1.57	−1.81（−32%）	−0.62（−28%）	2.27（144%）	2.36（146%）	2.21（141%）	2.21	−1.18（−14%）	2.27（103%）	2.36（107%）	2.21（100%）
俄罗斯（0.317）	0.61	−0.36（−19%）	−0.01（−1%）	2.65（434%）	2.69（441%）	2.36（387%）	0.63	−0.35（18%）	2.65（421%）	2.69（427%）	2.36（375%）
塞尔维亚（0.069）	2.57	1.31（3%）	−0.49（−18%）	2.31（89%）	2.35（91%）	2.75（107%）	3.08	1.81（4%）	2.31（75%）	2.35（76%）	2.75（89%）

东欧诸国的经济转轨在整体上并不成功，经历着极低甚至负值的人口增长，有着相对较快的人力资本质量提升速度和合理的物质资本积累速度，而不完善的市场经济体制最终导致了总体不高的经济增长。依据表 8-1，东欧地区的 G_t^N 为−0.06%，为全球各地区之末；G_t^N、G_t^K、G_t^Z 三者对 G_t^Y 以及 g_t^k、G_t^Z 两者对 g_t^y 的贡献率之和偏离理论值过大。其原因可能在于，相较于西欧、北美、七国集团和经合组织，其市场经济体制的成熟度不够，致使各要素无法按市场原则获得报酬，进而它们对经济增长的贡献率就出现失真。但是，前三者对 G_t^Y 的相对贡献率分别为 21.3%、−0.7%、79.4%，后两者对 g_t^y 的相对贡献率分别为 21.5%、78.5%。相比较而言，中国经济的高增长过度依赖于物质资本的积累，其代价表现为较低的 G_t^Z 相对贡献率和稳步放缓的 G_t^Z 年均增长率。按照表 8-4 和表 8-5，在东欧诸国中，仅捷克、斯洛伐克、斯洛文尼亚三国出现了微弱的人口增长，它们的 G_t^N 分别为 0.08%、0.08%、0.22%；波兰是零增长，其余 10 国的 G_t^N 均为负值。除捷克以外的其余各国都实现了高出全球整体水平的 G_t^Z，然而从总量水平和人均水平来看，各要素的相对贡献率之和与其理论值相差过大，这是东欧诸国市场经济体制不够成熟的后果之一，而较高水平的 G_t^Z 未能充分体现为高水平的 G_t^Y 和 g_t^y 则是另一个后果。

从 Z_t 来看，东欧地区在整体上将无法追上中国。2017 年，东欧地区的 Z_t 及其年均增长率 G_t^Z 分别为 0.52 和 3.46%，两者均低于中国；据此而言，东欧地区始终无法追及中国。然而，2017 年俄罗斯、白俄罗斯、保加利亚、塞尔维亚的 Z_t 分别为 0.53、0.37、0.45、0.32，此四国的 G_t^Z 也低于中国，表示它们也无法达到中国的 Z_t 水平。捷克、匈牙利、波兰、斯洛伐克、斯洛文尼亚、克罗地亚、罗马尼亚的 Z_t 分别为 0.86、0.67、0.76、0.92、0.99、0.77、0.73，按其数据覆盖期间的 G_t^Z 年均增长率，中国追平上述七国的 Z_t 分别需要 9.4 年、4.4 年、18.1 年、30.4 年、16.4 年、9.5 年、8.2 年。爱沙尼亚、拉脱维亚、立陶宛的经济规模过小，本节未将之纳入 Z_t 的趋同性分析。就此而言，东欧诸国的经济转轨在整体上的确难言成功。

6. 东盟诸国人力资本测算与增长核算数据的分析

前文已将东盟作为单一经济体对其人力资本测算和增长核算数据进行了分析，本节选出六个东盟成员再做分析。表 8－6 是由具体测算数据编制而成的。

表 8－6　东盟成员国的人力资本测算与增长核算数据

国家	基于（8－3）式的增长核算分析						基于（8－4）式的增长核算分析				
	G_t^Y	G_t^K	G_t^N	G_t^Z			g_t^y	g_t^k	G_t^Z		
				H_W^B	H_R^B	H_i^B			H_W^B	H_R^B	H_i^B
印度尼西亚（0.357）	5.03	5.07（36%）	1.48（19%）	1.09（22%）	1.04（20%）	1.02（19%）	3.50	3.53（36%）	1.09（31%）	1.04（30%）	1.02（29%）
马来西亚（0.435）	6.03	4.91（35%）	2.19（20%）	2.17（36%）	2.64（44%）	2.13（35%）	3.76	2.66（31%）	2.17（58%）	2.64（70%）	2.13（57%）
菲律宾（0.172）	3.66	2.63（12%）	2.15（48%）	1.32（36%）	1.56（43%）	1.60（43%）	1.48	0.46（5%）	1.32（89%）	1.56（105%）	1.60（108%）
新加坡（0.483）	6.33	7.48（57%）	2.32（19%）	0.76（12%）	0.35（5%）	1.23（19%）	3.92	5.04（62%）	0.76（19%）	0.35（9%）	1.23（31%）
泰国（0.302）	5.11	6.69（39%）	1.02（14%）	3.11（60%）	2.67（52%）	2.37（46%）	4.04	5.61（41%）	3.11（76%）	2.67（66%）	2.37（58%）
越南（0.238）	6.81	14.56（50%）	1.28（14%）	7.06（103%）	6.14（90%）	4.60（67%）	5.46	13.11（57%）	7.06（129%）	6.14（112%）	4.60（84%）

东盟六国也存在着欠成熟的市场经济体制，但它们实现了较快的经济增长和物质资本积累，同时伴随着不低的人口增长与差异化明显的人力资本质量提升速率。依据表 8－6，菲律宾的 G_t^Y 为 3.66％，处于六国的最低水平；越南为 6.81％，领先其他五国。东盟六国的 G_t^N、G_t^K、G_t^Z 三者对 G_t^Y 以及 g_t^k、G_t^Z 两者对 g_t^y 的贡献率之和距离其理论值较大，这源于各国有待完善的市场经济体制。在新加坡的经济中，前三者对 G_t^Y 的相对贡献率分别为 64.8％、21.6％、13.6％，其增长对物质资本积累的依赖远超全球整体水平，但 G_t^Z 的重要性又远低于全球，甚至弱于东盟；类似地，后两者对 g_t^y 的相对贡献率分别为 76.5％和 23.5％。新加坡并未同时出现严重的贫富分化，究竟何种政策实践能使之如此，值得另文深入研究。越南经济的 G_t^K 和 g_t^k 分别为 14.56％和 13.11％，远高于其余五国，其相对贡献率分别仅为 29.9％、30.6％，反而低于新加坡。其原因在于越南经济的 G_t^Z 为 7.06％，同样大幅领先，其对 G_t^Y 和 g_t^y 的相对贡献率分别为 61.7％、69.4％，均高于中国及其他五国。菲律宾的 G_t^N 对 G_t^Y 的相对贡献率为 50％，高于其他五国；G_t^K 的相对贡献率为 12.5％，为东盟成员中最低；而 G_t^Z 对 g_t^y 的相对贡献率为 94.7％，远高于东盟诸国，也高于经合组织与北美。印度尼西亚、马来西亚、泰国则介于上述三国之间，在此不赘述。

从 Z_t 来看，东盟在整体上将无法追及中国，中国至少需要 7.3 年才能追上新加坡，而越南需要 91.8 年才可追平中国。2017 年，新加坡的 Z_t 为 0.79，高于中国；印度尼西亚、马来西亚、菲律宾、泰国、越南五国的 Z_t 分别为 0.31、0.51、0.22、0.36、0.16，均低于中国。按照表 8－6 和表 8－2 的数据，中国的 Z_t 最快需要 7.3 年即可增至 1.49，达到当时新加坡的水平。越南的 G_t^Z 为 7.06％，高于中国，但仍需 91.8 年才能追上中国。其他四国的 Z_t 及其年均率 G_t^Z 均低于中国，因而始终无法追平中国。

7. 亚洲和大洋洲地区其他国家人力资本测算与增长核算数据的分析

前文未提到的亚洲和大洋洲诸国中，经济数据合理且人口数量超过 100 万的国家仅有表 8－7 所述的五国。本节将其人力资本测算与增长核算数据编为

表 8－7。

表 8－7　亚洲和大洋洲地区其他国家的人力资本测算与增长核算数据

国家	基于（8－3）式的增长核算分析						基于（8－4）式的增长核算分析				
	G_t^Y	G_t^K	G_t^N	G_t^Z			g_t^y	g_t^k	G_t^Z		
				H_W^B	H_R^B	H_i^B			H_W^B	H_R^B	H_i^B
孟加拉国（0.188）	5.81	12.78（41%）	1.47（20%）	6.66（114%）	5.82（100%）	4.01（69%）	4.28	11.15（49%）	6.66（155%）	5.82（135%）	4.01（93%）
印度（0.242）	6.23	9.42（36%）	1.78（21%）	4.91（78%）	4.41（70%）	3.41（54%）	4.36	7.51（41%）	4.91（112%）	4.41（101%）	3.41（78%）
斯里兰卡（0.233）	5.36	9.20（40%）	0.90（13%）	3.62（67%）	3.36（62%）	3.03（56%）	4.42	8.23（43%）	3.62（81%）	3.36（76%）	3.03（68%）
哈萨克斯坦（0.395）	4.94	6.72（53%）	0.50（6%）	9.35（189%）	9.17（185%）	9.25（187%）	4.41	6.18（55%）	9.35（212%）	9.17（207%）	9.25（209%）
乌兹别克斯坦（0.143）	6.55	15.55（33%）	1.49（19%）	6.49（99%）	5.60（85%）	3.92（59%）	4.97	13.84（39%）	6.49（130%）	5.60（112%）	3.92（78%）

表 8－7 中的五国有着程度不同但成熟度均不高的市场经济体制，并且它们都经历了高速物质资本积累，具有差异明显的人口增长以及快速的人力资本质量提升，这共同促成了较快的经济增长。若以 G_t^N、G_t^K、G_t^Z 三者对 G_t^Y 以及 g_t^k、G_t^Z 两者对 g_t^y 的贡献率之和偏离其理论值的程度作为经济体市场经济成熟度的简单测度，那么哈萨克斯坦的市场经济成熟度最低，孟加拉国略优，乌兹别克斯坦居中，印度胜于此三国，而斯里兰卡领先。在斯里兰卡的经济中，前三者对 G_t^Y 的相对贡献率分别为 10.8%（低于全球以及亚洲和大洋洲的整体水平）、33.3%（低于亚洲和大洋洲的 36.9%）和 55.8%（高于全球的 38.2%，亚洲和大洋洲的 44.3%以及中国的 50.8%），而后两者对 g_t^y 的相对贡献率分别为 34.7%（高于全球的 28.9%，但低于亚洲和大洋洲的 36.4%和中国的 40.5%）、65.3%（弱于全球的 71.1%，但优于亚洲和大洋洲的 63.6%及中国的 59.5%）。就印度的经济而言，G_t^Z 对 G_t^Y 和 g_t^y 的相对贡献率分别为 57.8%（高于全球的 38.2%、亚洲和大洋洲的 44.3%、中国的 50.8%以及斯里兰卡的 55.8%）、73.2%（同样优于全球、亚洲和大洋洲、中国以及斯里兰卡）。乌兹

别克斯坦的 G_t^Z 对 G_t^Y 和 g_t^y 的相对贡献率分别为 65.6%（高于全球、亚洲和大洋洲、中国、斯里兰卡以及印度）、76.9%（亦优于上述五者）。孟加拉国的 G_t^Z 对 G_t^Y 和 g_t^y 的相对贡献率分别为 66.3%（仍然高于全球、亚洲和大洋洲、中国、斯里兰卡、印度以及乌兹别克斯坦）、75.9%（优于前五者但劣于乌兹别克斯坦）。至于哈萨克斯坦的经济，G_t^Z 对 G_t^Y 和 g_t^y 的相对贡献率分别为 76.2%（高于前述六者）、79.4%（同样优于上述六者）。

但是，从 Z_t 的水平来看，表 8-7 中的五国均大幅低于全球整体水平，仅哈萨克斯坦略高于亚洲和大洋洲的整体水平。依据相关数据，2017 年哈萨克斯坦、斯里兰卡、印度、乌兹别克斯坦、孟加拉国的 Z_t 分别为 0.45、0.25、0.19、0.17、0.12；全球和中国均为 0.56。按照表 8-7 中各国 Z_t 的年均增长率 G_t^Z，斯里兰卡和印度始终无法追上中国，哈萨克斯坦、乌兹别克斯坦、孟加拉国分别至少需要 6.3 年、143.7 年、155.7 年方可追上中国当时的 Z_t 水平。

8. 中东和非洲地区其他国家人力资本测算与增长核算数据的分析

中东和非洲地区还有 9 个国家的经济数据相对合理且人口数量超过 100 万，因此本节对其人力资本质量等经济变量进行测算，并按照具体测算数据计算其人力资本测算与增长核算结果，相应数据编为表 8-8。通过对表 8-8 中 9 国人力资本测算与增长核算数据的分析和比较，或可从中找到导致“中东和北非危机”的经济因素，进而厘清中国经济与此九国经济之间有何异同，参照其经济政策实践的得失，最终或能发现有益于中国经济发展的经验。

表 8-8　中东和非洲地区九国人力资本测算与增长核算数据

国家	基于（8-3）式的增长核算分析						基于（8-4）式的增长核算分析				
	G_t^Y	G_t^K	G_t^N	G_t^Z			g_t^y	g_t^k	G_t^Z		
				H_W^B	H_R^B	H_i^B			H_W^B	H_R^B	H_i^B
阿尔及利亚（0.488）	2.85	2.98（51%）	2.15（39%）	−1.25（−44%）	−1.18（−41%）	−1.22（−43%）	0.68	0.81（58%）	−1.25（−173%）	−1.18（−206%）	−1.22（−179%）
巴林（0.493）	4.74	3.76（39%）	5.53（59%）	−1.45（−30%）	−1.56（−33%）	−2.04（−43%）	−0.75	−1.68（−110%）	−1.45（−193%）	−1.56（−208%）	−2.04（−272%）

续表

国家	基于（8-3）式的增长核算分析						基于（8-4）式的增长核算分析				
	G_t^Y	G_t^K	G_t^N	G_t^Z			g_t^y	g_t^k	G_t^Z		
				H_W^B	H_R^B	H_i^B			H_W^B	H_R^B	H_i^B
埃及（0.102）	4.22	4.09（10%）	2.32（49%）	1.63（38%）	1.61（37%）	1.71（40%）	1.85	1.73（10%）	1.63（88%）	1.61（87%）	1.71（92%）
伊朗（0.391）	3.39	4.98（57%）	2.02（36%）	1.32（38%）	1.59（47%）	1.14（33%）	1.34	2.90（84%）	1.32（98%）	1.59（118%）	1.14（85%）
摩洛哥（0.206）	4.01	4.44（22%）	1.58（31%）	2.27（56%）	2.35（58%）	1.98（49%）	2.40	2.82（24%）	2.27（94%）	2.35（97%）	1.98（82%）
沙特阿拉伯（0.516）	3.24	1.55（24%）	2.76（41%）	3.24（100%）	2.89（89%）	1.59（49%）	0.47	−1.18（−129%）	3.24（689%）	2.89（614%）	1.59（338%）
突尼斯（0.201）	3.71	0.78（4%）	1.59（34%）	1.36（37%）	1.14（31%）	2.04（55%）	2.09	−0.80（−7%）	1.36（65%）	1.14（55%）	2.04（97%）
博茨瓦纳（0.392）	5.95	4.44（29%）	2.28（23%）	2.21（37%）	3.14（52%）	2.59（43%）	3.59	2.12（23%）	2.21（61%）	3.14（87%）	2.59（72%）
南非（0.226）	2.49	1.21（11%）	1.53（47%）	1.12（45%）	1.50（60%）	1.12（47%）	0.94	−0.31（−7%）	1.12（119%）	1.50（159%）	1.12（119%）

在表 8-8 中的 9 国，它们的市场经济体制的成熟程度不尽相同，但都经历了较快的人口增长、相对缓慢的物质资本积累速率、整体较低的人力资本质量提升速率，这也导致多数经济体出现了较低的经济增长及疲弱的人均产出水平提高。如前所述，若依然将 G_t^N、G_t^K、G_t^Z 三者对 G_t^Y 以及 g_t^k、G_t^Z 两者对 g_t^y 的贡献率之和偏离其理论值的程度作为经济体市场经济成熟度的简单测度，则南非、埃及、摩洛哥这三国市场经济的成熟度较高，突尼斯和博茨瓦纳两国有所不如，沙特阿拉伯、伊朗、巴林、阿尔及利亚四国市场经济的成熟度最差且对物质资本积累的依赖程度最高。下面按组分析这九国的增长核算数据。第一组为南非、埃及、摩洛哥。南非的 G_t^N、G_t^K、G_t^Z 三者对 G_t^Y 的相对贡献率分别为 45.6%（高于全球的 35.2%以及中东和北非两个地区的 26.4%，但低于撒哈拉

以南非洲的 53.7%）、10.7%（远低于全球的 22.5%、撒哈拉以南非洲的 21.1%以及中东和北非两个地区的 39.1%）和 43.7%（高于全球的 38.2%、撒哈拉以南非洲的 25.2%以及中东和北非两个地区的 34.5%）。埃及的 G_t^N、G_t^K、G_t^Z 三者对 G_t^Y 的相对贡献率分别为 50.5%（高于全球及中东和北非两个地区）、10.3%（低于全球、中东和北非两个地区、南非）、39.2%（优于全球、中东和北非两个地区，但劣于南非）。摩洛哥的 G_t^N、G_t^K、G_t^Z 三者对 G_t^Y 的相对贡献率分别为 28.4%（低于全球但高于中东和北非两个地区，也低于南非和埃及）、20.2%（低于全球、中东和北非两个地区，高于南非和埃及）和 51.4%（优于全球、中东和北非两个地区、南非、埃及）。第二组包括突尼斯和博茨瓦纳。突尼斯的 G_t^Z 对 G_t^Y 的相对贡献率为 49.3%（优于全球、中东和北非两个地区、南非、埃及，劣于摩洛哥），但其欠成熟的市场经济并未使人力资本质量的提升按照市场原则合理地体现为人均产出水平的提高。博茨瓦纳的 G_t^Z 对 G_t^Y 和 g_t^y 的相对贡献率分别为 41.6%（优于全球、中东和北非两个地区、埃及，但低于南非和摩洛哥）和 72.6%（略胜于全球的 71.0%，优于中东和北非两个地区的 64.5%，差于撒哈拉以南非洲的 77.6%，劣于南非和突尼斯，也不如埃及的 89.8%和摩洛哥的 79.7%）。第三组为阿尔及利亚和巴林。这两国的 G_t^Z 为负值，而本节提到的经济体中还有 3 个国家亦是如此——罗马尼亚、俄罗斯以及委内瑞拉。巴林的人口增长率 G_t^N 为 5.53%，居全球首位；阿尔及利亚的人口增长率为 2.15%，高于全球以及中东和北非两个地区的平均水平。两国仍高度依赖物质资本的积累，再加上成熟度很低的市场经济，其人力资本质量水平难免出现下降。第四组为沙特阿拉伯和伊朗。如前所述，沙特阿拉伯的市场经济成熟程度在本节述及经济体中的排位较靠后，也不如伊朗。较高的人口增长率和对物质资本积累的过度依赖共同导致两国缓慢的人力资本质量提升，同时无法按市场原则合理地体现为相应的经济增长和人均产出水平的提高。

在表 8－8 中的九国，它们的 Z_t 水平均低于全球整体水平，同时都无法追上中国。2017 年，巴林、南非、阿尔及利亚的 Z_t 分别为 0.45、0.38、0.22，它们的 G_t^Z 也低于 1.16%的全球整体水平，因此，这三国始终无法追上全球的整体水平。沙特阿拉伯、伊朗、博茨瓦纳、突尼斯、摩洛哥、埃及的 Z_t 分别为 0.51、0.35、0.30、0.24、0.20、0.17，这六国的 G_t^Z 均大于 1.16%，它们追上全球的整体水平各自需要 4.6 年、197.4 年、60.4 年、428.9 年、94.3 年、257.2 年。但是，这六国的 G_t^Z 都低于中国的 5.61%。所以，表 8－8 提到的 9 个国家均难以追上中国的 Z_t 水平。

9. 拉丁美洲地区其他国家人力资本测算与增长核算数据的分析

拉丁美洲地区尚有 7 个国家具有相对合理的经济数据和超过 100 万的人口数量，对其人力资本测算和增长核算数据的分析或可揭示催生出“拉美漩涡”的经济因素，进而有助于判断中国经济当前所处的发展阶段。依据相关测算数据，本节将它们的相应数据编为表 8－9。

表 8－9　拉丁美洲其他国家人力资本测算与增长核算数据

国家	基于（8－3）式的增长核算分析						基于（8－4）式的增长核算分析				
	G_t^Y	G_t^K	G_t^N	G_t^Z			g_t^y	g_t^k	G_t^Z		
				H_W^B	H_R^B	H_i^B			H_W^B	H_R^B	H_i^B
阿根廷（0.213）	1.97	0.09（1%）	1.24（49%）	1.51（76%）	1.41（71%）	1.40（70%）	0.72	−1.13（−33%）	1.51（209%）	1.41（195%）	1.40（194%）
玻利维亚（0.198）	3.12	5.40（34%）	1.86（47%）	2.03（65%）	2.16（69%）	1.43（45%）	1.23	3.46（55%）	2.03（165%）	2.16（175%）	1.43（116%）
巴西（0.225）	2.04	0.61（6%）	1.45（55%）	1.23（60%）	1.14（55%）	1.05（51%）	0.57	−0.83（−32%）	1.23（215%）	1.14（200%）	1.05（184%）
哥伦比亚（0.208）	3.59	2.67（15%）	1.56（34%）	1.91（53%）	1.85（51%）	2.01（56%）	2.00	1.09（11%）	1.91（95%）	1.85（92%）	2.01（100%）
厄瓜多尔（0.264）	3.11	3.36（28%）	1.86（44%）	0.82（26%）	0.82（26%）	0.82（26%）	1.23	1.47（31%）	0.82（67%）	0.82（67%）	0.82（67%）
秘鲁（0.232）	3.00	3.21（25%）	1.62（41%）	1.27（42%）	1.29（43%）	1.24（41%）	1.35	1.56（26%）	1.27（94%）	1.29（95%）	1.24（91%）
委内瑞拉（0.407）	1.08	0.35（13%）	1.75（96%）	−2.46（−227%）	−2.55（−236%）	−3.07（−284%）	−0.66	−1.37（84%）	−2.46（372%）	−2.55（386%）	−3.07（465%）

表 8－9 提到的 7 个国家，相对较快的人口增长、差异化明显但总体不高的物质资本积累速率、缓慢的人力资本质量提升使得它们仅能实现较低水平的经

济增长和人均产出水平的提高。这七个国家可按市场经济成熟程度划分为两组。第一组包括哥伦比亚、厄瓜多尔和秘鲁，它们的市场经济成熟程度相对较好。这三国经济的年均增长率 G_t^Y 也相对较高。哥伦比亚的 G_t^Y 为 3.59%，居七国之首，G_t^Z 对其 G_t^Y 和 g_t^y 的相对贡献率分别为 51.9%（优于全球的 38.2%和拉丁美洲地区的 24.4%）和 89.6%（同样胜过全球的 71.0%）。厄瓜多尔的 G_t^Y 为 3.11%，略低于玻利维亚的 3.12%，G_t^Z 对其 G_t^Y 和 g_t^y 的相对贡献率分别为 26.5%（劣于全球，但稍好于拉丁美洲地区）和 68.4%（不如全球和哥伦比亚）。秘鲁的 G_t^Y 为 3.00%，而 G_t^Z 对 G_t^Y 和 g_t^y 的相对贡献率分别为 38.9%（高于全球和拉丁美洲地区，低于哥伦比亚，但好过厄瓜多尔）和 78.3%（不如哥伦比亚，但高于全球和厄瓜多尔）。第二组为玻利维亚、巴西、阿根廷、委内瑞拉。玻利维亚的 G_t^Z 对 G_t^Y 和 g_t^y 的相对贡献率分别为 44.5%（优于全球和拉丁美洲地区，但弱于第一组的 3 个国家）和 75%（略高于全球和厄瓜多尔，但低于哥伦比亚和秘鲁）。其余三国的 g_t^k 与 G_t^Z 对 g_t^y 的贡献率之和偏离其理论值过大且异常，本节不再分析其人均产出水平的增长核算数据。巴西经济的 G_t^N、G_t^K、G_t^Z 三者对 G_t^Y 的相对贡献率分别为 45.5%（高于全球的 35.2%，但低于拉丁美洲地区的 59.3%）、4.9%（远低于全球的 26.5%和拉丁美洲地区的 16.3%）和 49.6%（优于全球和拉丁美洲地区）。阿根廷的 G_t^N、G_t^K、G_t^Z 对 G_t^Y 的相对贡献率分别为 38.9%（高于全球，但低于拉丁美洲地区和巴西）、0.8%（仅高于罗马尼亚和俄罗斯这两国的负值水平）和 60.3%（胜于全球、拉丁美洲地区、哥伦比亚、厄瓜多尔、秘鲁、玻利维亚、巴西）。委内瑞拉有着较高的人口增长率，对物质资本积累的依赖程度也高过其他六国，但无法实现合理的物质资本积累，导致其人力资本质量出现快速、大幅下降。究竟何种经济政策与实践致使委内瑞拉陷入此境，同样需要我们深入研究，以资借鉴。

表 8-9 提到的 7 个国家，它们的 Z_t 水平均低于全球整体水平，同样无法追上中国。2017 年，厄瓜多尔和委内瑞拉的 Z_t 分别为 0.31 和 0.28，低于全球的 0.56，其 G_t^Z 也低于全球的 1.16%，因此这两国将无法达到全球的 Z_t 水平。阿根廷、巴西、哥伦比亚、秘鲁、玻利维亚五国的 Z_t 分别为 0.54、0.49、

0.40、0.33、0.19，追上全球整体水平分别需要 10.5 年、193.0 年、45.6 年、486.6 年、126.2 年。然而，中国的 Z_t 与全球整体水平相同，同时 G_t^Z 远高于这七国，因此它们亦无法追上中国的 Z_t 水平。

三、人均产出水平跨国差异的成因分析

上述研究表明，人力资本质量水平 Z_t 和消费产出比 μ_C 方面的差异是造成人均产出水平 y_t 跨国差异的两个主要因素。依据（8-4）式，人均产出水平的影响因素有四个，即 Z_t、k_t、H^B 和 α。如前所述，我们为各经济体选取相同的人力资本数量“基准水平”H_W^B，并将其用于人均产出水平跨国差异的分析，该方法并不存在数理逻辑方面的问题。因此，y_t 跨国差异的影响因素减为 Z_t、k_t 和 α。由（8-4）式和各变量的定义可以得到：

$$\ln y_t = \frac{1}{1-\alpha} \times \ln Z_t + \frac{\alpha}{1-\alpha} \times \ln \mu_K + \ln H^B$$

再根据前文理论模型的参数约束 $\mu_K = \frac{\alpha\beta}{1-\beta+\beta\bar{\delta}}$，就可以得出：

$$\ln y_t = \frac{1}{1-\alpha} \times \ln Z_t + \frac{\alpha}{1-\alpha} \times \left[\ln\alpha + \ln\left(\frac{\beta}{1-\beta+\beta\bar{\delta}}\right)\right] + \ln H^B$$

除中国之外，本节提到的各经济体均采用与美国相同的 β 和 $\bar{\delta}$。此时，人均产出水平跨国差异的影响因素再减为 Z_t 和 α。由参数约束 $\mu_C = 1-\bar{\delta}\mu_K$，可知 $\alpha \approx 1-\mu_C$。如果经济体 i 和 j 的消费产出比相同，即 $\mu_C^i = \mu_C^j = \bar{\mu}_C$，则经济体 i 和 j 的人均产出水平 y_t^i 和 y_t^j 之间存在如下关系：

$$\frac{y_t^i}{y_t^j} = \left(\frac{Z_t^i}{Z_t^j}\right)^{\frac{1}{\bar{\mu}_C}} \tag{8-14}$$

依据（8-14）式，y_t 跨国差异全部来源于 Z_t 的不同，但各经济体的实际消费产出比不尽相同，因而其影响就必须纳入考虑，故人均产出水平跨国差异的影响因素就变为 Z_t 和 μ_C。本节未能构建出可将 y_t 与 μ_C 的跨国差异直接联

系起来的函数，很难准确判断两者之间存在何种定性或者定量关系。如果经济体 i 和 j 的消费产出比不同，即 $\mu_C^i \neq \mu_C^j$，鉴于 $\frac{\beta}{1-\beta+\beta\bar{\delta}} \approx \frac{1}{\bar{\delta}}$，经济体 i 和 j 的人均产出水平 y_t^i 和 y_t^j 之间存在如下关系，即

$$\ln\left(\frac{y_t^i}{y_t^j}\right)=\ln\left[\frac{(Z_t^i)^{1/\mu_C^i}}{(Z_t^j)^{1/\mu_C^j}}\right]+\ln\left\{\frac{[(1-\mu_C^i)/\bar{\delta}^i]^{(1-\mu_C^i)/\mu_C^i}}{[(1-\mu_C^j)/\bar{\delta}^j]^{(1-\mu_C^j)/\mu_C^j}}\right\} \tag{8-15}$$

依据（8－15）式，y_t 的跨国差异可由两部分解释，但我们无法从中分离出 Z_t 和 μ_C 跨国差异的单独作用。第一项 $\ln[(Z_t^i)^{1/\mu_C^i}/(Z_t^j)^{1/\mu_C^j}]$ 为 Z_t 对 y_t 跨国差异的贡献。第二项 $\ln\{[(1-\mu_C^i)/\bar{\delta}^i]^{(1-\mu_C^i)/\mu_C^i}/[(1-\mu_C^j)/\bar{\delta}^j]^{(1-\mu_C^j)/\mu_C^j}\}$ 在参数约束 $\mu_K^i=(1-\mu_C^i)/\bar{\delta}^i$ 的视角下，可被视为 μ_K^i 经由 μ_C^i 对 y_t 跨国差异的贡献。

我们发现，（8－15）式中的第一项（即 Z_t 方面的不同）能够解释绝大部分的 y_t 跨国差异。本节仅对中国与七国集团、经合组织、西欧、七国集团成员的 Z_t 差异对 y_t 差异的解释能力按（8－15）式进行实证研究。1981—2017 年七国集团和中国的 y_t 平均相差 23.15 倍，自然对数值为 3.14。Z_t 差异的自然对数平均值为 2.89，能够解释 91.9％的 y_t 差异。2017 年，经合组织和中国的 y_t 相差 5.35 倍，Z_t 的差异可解释 99.0％的 y_t 差异；1981—2017 年两个经济体 y_t 差异的平均值为 18.55 倍，Z_t 的差异可解释 90.5％的 y_t 差异。2017 年，西欧地区和中国 y_t 相差 5.31 倍，Z_t 的差异可解释 95.0％的 y_t 差异；1981—2017 年两者 y_t 差异的平均值为 18.94 倍，Z_t 的差异可解释 88.7％的 y_t 差异。1981—2017 年美国和中国的 y_t 平均相差 24.58 倍，自然对数值为 3.20。Z_t 差异的自然对数平均值为 3.06，能够解释 95.6％的 y_t 差异。2017 年，日本和中国的 y_t 相差 6.56 倍，Z_t 的差异可解释 89.6％的 y_t 差异；1981—2017 年两国 y_t 差异的平均值为 23.53 倍，Z_t 的差异可解释 85.4％的 y_t 差异。2017 年，德国和中国的 y_t 相差 6.38 倍，Z_t 的差异可解释 97.2％的 y_t 差异；1981—2017 年两国 y_t 跨国差异的平均值为 22.81 倍，Z_t 的差异可解释 89.9％的 y_t 差异。1981—2017 年英国和中国的 y_t 平均相差 19.59 倍，Z_t 的差异能够解

释 92.5%的 y_t 差异。2017 年，法国和中国的 y_t 相差 6.02 倍，Z_t 的差异可解释 97.7%的 y_t 差异；1981—2017 年两国 y_t 跨国差异的平均值为 21.87 倍，Z_t 的差异能解释 90.9%的 y_t 跨国差异。2017 年，意大利和中国的 y_t 相差 5.15 倍，Z_t 的差异可解释 94.8%的 y_t 差异；1981—2017 年两国 y_t 跨国差异的平均值为 20.55 倍，Z_t 的差异能解释 89.5%的 y_t 跨国差异。2017 年，加拿大和中国的 y_t 相差 6.99 倍，Z_t 的差异能解释 97.4%的 y_t 差异；1981—2017 年两国 y_t 跨国差异的平均值为 24.59 倍，Z_t 的差异能解释 87.5%的 y_t 跨国差异。

四、人力资本质量水平影响因素及提升途径

依据理论模型，Z_t 的影响因素较多，但现实可行的提升途径有三条：推动制度创新，促进有利的 ε_t^Z 持续出现；扩大 μ_C；提高 $\bar{\delta}$。本节依据（8－5）式和（8－13）式分析影响 Z_t 的诸因素。由（8－5）式可知，ρ_Z、$\bar{Z}$、ε_t^Z 直接影响 Z_t。（8－13）式表明，$\bar{Z}$、α、θ、β、H^B、消费增长率和 y_t 都会直接影响 Z_t。ρ_Z 小于但非常接近于 1，若将（8－5）式向后无穷迭代，则可得到 $\frac{\partial \ln Z_t}{\partial \ln \bar{Z}}=1$ 和 $\frac{\partial \ln Z_t}{\partial \ln \varepsilon_t^Z}=\left(\frac{\partial \ln Z_t}{\partial \varepsilon_t^Z}\right)\times \varepsilon_t^Z=\varepsilon_t^Z$。如前所述，当采用相同的 H_W^B 时，将会对 Z_t 的水平有影响，但不会影响其增长率。β 较为稳定且其变动范围有限，因而它对 Z_t 增长的作用也不显著。y_t 的提升是最终目的所在，不宜作为促进 Z_t 增长的途径。根据参数约束 $\mu_K=\frac{\alpha\beta}{1-\beta+\beta\bar{\delta}}$ 和 $\mu_C=1-\bar{\delta}\mu_K$ 以及本节的假设 $\bar{Z}=\frac{1}{\mu_K}=\frac{1-\beta+\beta\bar{\delta}}{\alpha\beta}$，$\mu_C$ 既可将 $\bar{Z}$、α、β、$\bar{\delta}$ 诸参数联系起来，又能体现 θ 和消费增长率的作用，同时易于观测、计量，于是 μ_C 可作为优化理论模型各参数的切入点。根据前述假设，可知：

$$\frac{\partial \ln \bar{Z}}{\partial \ln \alpha}=-1$$

再由参数约束，可知①：

$$\frac{\partial \ln \alpha}{\partial \ln \mu_C}=-\frac{\mu_C}{1-\mu_C}$$

据此，得到：

$$\frac{\partial \ln Z_t}{\partial \ln \mu_C}=\frac{\mu_C}{1-\mu_C}$$

类似地，有

$$\frac{\partial \ln \bar{Z}}{\partial \ln \bar{\delta}}=1$$

据此，可得：

$$\frac{\partial \ln Z_t}{\partial \ln \bar{\delta}}=1$$

因此，合乎数理逻辑、易于观测，同时在政策实践中可操作性较好的 Z_t 提升途径有两条：扩大 μ_C；提高 $\bar{\delta}$。

如前所述，扩大 μ_C 和提高 $\bar{\delta}$ 均能促进 Z_t 的提升。通过提高 $\bar{\delta}$ 来促进 Z_t 的增长，其成效并不显著。2017 年，中国的 μ_C 为 0.501，处于较低水平且低于全球整体水平，大幅低于西欧、北美、经合组织、七国集团及其成员、澳大利亚、新西兰等。因此，通过扩大 μ_C 来促进 Z_t 的提升，其政策空间较大，预期成效

① 若令 $1-\mu_C=\kappa_C$，根据参数的约束，可得：

$$\frac{\kappa_C}{\bar{\delta}}=\frac{\alpha\beta}{1-\beta+\beta\bar{\delta}}$$

两边取对数，有

$$\ln\kappa_C-\ln\bar{\delta}=\ln\alpha+\ln\left(\frac{\beta}{1-\beta+\beta\bar{\delta}}\right)$$

于是，得到：

$$\frac{\partial \ln \alpha}{\partial \ln \kappa_C}=1$$

$$\frac{\partial \ln \kappa_C}{\partial \ln \mu_C}=\frac{\partial \kappa_C}{\partial \mu_C}\times\frac{\mu_C}{\kappa_C}=-1\times\frac{\mu_C}{1-\mu_C}=\frac{-\mu_C}{1-\mu_C}$$

也极为显著。本节按照前述方法计算了中国 μ_C 分别扩大至全球、经合组织、七国集团、西欧、北美、七国集团成员、澳大利亚、新西兰的水平时带动的 Z_t 总增长率，以及在 10 年、20 年内将 μ_C 扩大至相应水平时预期的 Z_t 年均增长率，具体数据被编为表 8－10。

表 8－10　中国消费产出比的扩大与人力资本质量水平的提升

地理区域或经济体	μ_C^i	$\bar{\mu}_C$	$\frac{\partial \ln Z_t}{\partial \ln \bar{\mu}_C}$	$G^{\mu_C^{china}}_{total}$ (%)	$G^{Z_t}_{total}$ (%)	$G^{\mu_C^{china}}_{annual\_10}$ (%)	$G^{Z_t}_{annual\_10}$ (%)	$G^{\mu_C^{china}}_{annual\_20}$ (%)	$G^{Z_t}_{annual\_20}$ (%)
全球	0.732	0.617	1.608	46.11	74.12	3.86	5.70	2.43	2.81
经合组织	0.788	0.645	1.813	57.29	103.86	4.63	7.38	2.52	3.63
七国集团	0.816	0.659	1.928	62.87	121.24	5.00	8.26	2.56	4.05
西欧	0.753	0.627	1.681	50.30	84.55	4.16	6.32	2.46	3.11
北美	0.856	0.679	2.110	70.86	149.54	5.50	9.58	2.62	4.68
美国	0.865	0.683	2.155	72.65	156.54	5.61	9.88	2.64	4.82
日本	0.754	0.628	1.685	50.50	85.07	4.17	6.35	2.47	3.13
德国	0.736	0.619	1.621	46.91	76.05	3.92	5.82	2.44	2.87
英国	0.836	0.669	2.017	66.87	134.84	5.25	8.91	2.59	4.36
法国	0.782	0.642	1.789	56.09	100.36	4.55	7.20	2.51	3.54
意大利	0.800	0.651	1.861	59.68	111.08	4.79	7.76	2.54	3.81
加拿大	0.778	0.640	1.774	55.29	98.08	4.50	7.07	2.50	3.48
澳大利亚	0.731	0.616	1.604	45.91	73.64	3.85	5.67	2.43	2.80
新西兰	0.789	0.645	1.817	57.49	104.45	4.65	7.41	2.52	3.64

依据表 8－10 中的数据，μ_C 的扩大对 Z_t 年均增长率的促进作用，有助于逆转中国经济 Z_t 提升速率稳步放缓的趋势，可缩短中国经济达到发达经济体 Z_t 水平所需的时间。测算结果表明，1981—2017 年中国的 G_t^Z 为 5.61%，2000—2017 年降为 3.54%，2010—2017 年又放缓为 2.23%。2017 年，中国经济的 Z_t 仅为 0.56，远低于经合组织、七国集团。如前所述，Z_t 方面的不同能够解释绝大部分的 y_t 跨国差异。这意味着缩小中国与发达经济体之间在 y_t 方面的差距，必须致力于减小两者在 Z_t 水平上的距离，如此就需要提高 G_t^Z。按照表

8-10 中的数据，即使 20 年内将中国的 μ_C 逐步扩大至全球整体水平的 0.732，也会对 G_t^Z 起到加持 2.81%的作用，将之与 2010—2017 年的 G_t^Z 年均增长率 2.23%相加后，中国追上经合组织 Z_t 水平的时间会从 64.1 年减至 22.9 年。若能提高 μ_C 为经合组织的 0.788，那么 3.63%的 G_t^Z 加持作用将使所需时间再次缩为 19.3 年。若将 μ_C 增加到七国集团的 0.816，那么 4.05%的 G_t^Z 加持作用可将中国达到领先经济体 Z_t 水平的时间从 71.6 年降到 21.2 年。若可推升 μ_C 达到美国的 0.865，则 4.82%的 G_t^Z 加持作用就能使中国追上美国 Z_t 水平的时间从 96.9 年变为 22.9 年。相应地，中国与发达经济体、领先经济体、美国之间的 y_t 差异也会随之收窄，亦能顺利跨越“上中等收入陷阱”，继而迈进发达经济体，跻身领先经济体。

2017 年，美国经济的 μ_C 为 0.865，领先于各发达经济体。若 30 年内中国经济的 μ_C 平稳提高至 0.865，这种政策实践对 y_t 的量化将产生怎样的影响？考虑到 μ_C 变化对 $\bar{Z}$ 的影响将体现为对其后各期 G_t^Z 的加持作用，如此就意味着无须重复考虑 $\bar{Z}$ 变化的影响。H^B 仍取不变的 H_W^B，μ_C 的调整保持恒定速率（μ_{t+1}^C/μ_t^C 为常数）。若预期 g_t^y 亦维持大体不变（y_{t+1}/y_t 也是常量）且人口增长率 G_{t+1}^N 不出现较大波动，那么根据（8-13）式和参数约束 $\mu_C \approx 1-\alpha$，G_t^Z 和 g_t^y 存在如下的近似线性关系：

$$g_t^y - \frac{G_t^Z}{\mu_t^C} \tag{8-16}$$

我们预测，如果人力资本质量水平的增长率不变，伴随着市场经济体制成熟度的不断提高，中国经济的 y_t 将于 2027 年达到 12 257.76 美元，并成为高收入经济体；至 2049 年增长为 31 674.23 美元，达到当时美国经济 y_t 的 35.11%；若出现有利的 Z_t 冲击，g_t^y 将随之加大，各经济发展目标的实现亦会提前。2017 年，中国和美国的 y_t 分别为 7 368.08 美元与 53 136.29 美元（按 2010 年不变价格计算），前者仅为后者的 13.87%。若在 30 年内完成中国经济的投资-消费结构调整，μ_C 需要年均提高 1.84%，相应的 G_t^Z 年均增长率为

3.19%。依据（8-16）式，在调整期内，随着 μ_C 的扩大，g_t^y 将呈下降趋势，预计从 2019 年的 6.25%逐年降至 2049 年的 3.62%。若美国经济的 G_t^Z 仍能保持 1981—2017 年的平均水平 1.49%且 μ_C 维持不变，在其成熟的市场经济作用下，基于（8-16）式的 g_t^y 为 1.72%，与 1981—2017 年的均值 1.69%相差不大。按此预测，中国经济的 y_t 将于 2027 年达到 12 257.76 美元，届时将成为高收入经济体；2038 年将增长至 20 640.81 美元，2048 年将增长至 30 568.24 美元。与美国经济相比，2028 年中国经济的 y_t 预计可增长至 12 908.16 美元，为美国经济 y_t 的 20.48%；2042 年的预期水平为 24 356.92 美元，提升到美国经济 y_t 的 30.42%；2049 年将进一步扩大至 35.11%。若在扩大 μ_C 的同时使政府支出侧重于教育体系的优化、人力资本投资、基础研究以及其他能够促进有利的 Z_t 冲击持续出现的领域，各经济发展目标将会更早实现。如果有利的 Z_t 冲击使得 G_t^Z 年均增长率额外提高 1%，升至 4.19%，则中国经济的 y_t 预计在 2024 年增至 12 448.50 美元，达到美国经济 y_t 的 20.79%，跨入高收入经济体；2040 年，前者的 y_t 即可突破 3 万美元，为后者 y_t 的 40.69%；2049 年，中国经济的 y_t 将接近 5 万美元，所占比例扩至 54.68%。

μ_C 的扩大对 G_t^Z 的年均增长率和 Z_t 水平的提振作用要充分传导至 y_t 的增长，离不开高度成熟的市场经济体制。如前所述，若将 G_t^N、G_t^K、G_t^Z 三者对 G_t^Y 以及 g_t^k、G_t^Z 两者对 g_t^y 的贡献率之和偏离其理论值的程度作为经济体市场经济成熟度的简单测度，中国要低于全球整体水平，也不如西欧、北美、七国集团及成员、经合组织及多数其他成员以及中国台湾和中国香港等经济体。按照前文对若干经济体增长核算数据的分析，扭曲的市场无法将 Z_t 的提升充分反映为 y_t 和 Y_t 的提高。人力资本要素市场的成熟度越高，越能有效地在微观层面上激励个体经济人和集体经济人提升自身的 Z_t 水平，进而持续催生出技术变化和有利的 ε_t^Z 冲击，带动经济体 Z_t 整体水平的上升。就此而言，“制度重于技术，兼具有序性和公正性的制度安排是提升技术创新能力的前提”。

第四节　主要结论与政策倾向

依据上述分析，本节得出两条结论：

（1）人力资本质量水平的跨国差异能够解释人均产出水平跨国差异的绝大部分，而人力资本质量提升速率的高低决定了两类经济发展水平差异能否最终拉平。实际增长核算分析表明，高、低两类发展水平的差异将长期存在，即使高收入经济体之间也未显示出趋同的经验证据。

（2）2017年，中国的人力资本质量水平为0.56，与全球总体平均水平相同，美国的人力资本质量水平为2.23。若以经合组织的1.47为发达国家的衡量标准，七国集团的1.81为领先国家的衡量标准，1981—2017年中国经济的人力资本质量水平年均增长率为5.61%。按此预测，追上经合组织、七国集团、美国的人力资本质量水平分别需要23年、28年、35年；2000—2017年中国的人力资本质量水平年均增长率降为3.54%，据此预期，实现上述发展目标分别需要33年、41年、51年；2010—2017年中国的人力资本质量水平又放缓为2.23%，前述发展目标的达成分别需要64年、72年、97年。因此，重点是加快提高人力资本质量水平的增长率，这是实现潜在发展能力提升的关键，更是实现赶超目标的基础。

如前所述，下面三条政策建议或能缩短中国成为发达经济体和领先经济体的时间进程。

第一，促进市场经济体制成熟度的不断提高，推进中国特色社会主义经济的市场化、法治化。成熟的人力资本要素市场能够在微观层面上激励个体经济人和集体经济人致力于提升其人力资本质量水平，并在此过程中促进技术变化的出现及其收入或利润的同比例提高，进而在宏观层面上驱动中国经济人力资本质量水平的上升、技术实力的增强和人均产出水平的等比例增长。

第二，扩大消费产出比，推动最终需求对市场主体的约束和激励。在成熟的市场经济体制作用于资源配置的前提下，消费需求的扩大显然会激励厂商追逐最大化的利润。为此，厂商倾向于雇用人力资本质量水平更高的个体经济人，以便尽可能实现技术变化。这将进一步强化个体经济人提升其人力资本质量的激励，进而形成良性循环。如前所述，若能在20年内将中国经济的消费产出比扩大至经合组织、七国集团、美国经济的水平，那么追上各经济体人力资本质量水平的时间将大幅缩短为 19.3 年、21.2 年、22.9 年。届时，中国经济亦可顺利越过“上中等收入陷阱”，接着跃升为发达国家，比肩领先国家。若能在 30 年内将中国经济的消费产出比提至美国经济的 0.865，仅此就可推动中国于 2027 年发展为高收入经济体，在 2049 年达到美国人均产出水平的 35.11％。

第三，政府支出应致力于持续优化整个教育体系、加大人力资本投资、强化基础研究，进而促进人力资本质量水平持续提升。低利率应当源自一个国家的增长质量，而不是货币供给的盲目扩张。在货币供给扩张下的低利率无法维持经济的持续繁荣；人力资本质量水平及其提升速率越高，经济增长对物质资本投资和积累的依赖程度就越低，此时无须通过低利率刺激物质资本投资。因此，在扩大消费产出比的过程中，政府支出应偏重于教育体系的不断优化，以确保未来的人力资本质量保持高水平提升；与此同时，大规模的人力资本投资既可提升人力资本质量水平，亦能缩小收入差距。若将未来 30 年内人力资本质量提升的年均增长率额外增加 1％，中国人均产出水平将于 2024 年上升至 12 448.50 美元，顺利成为高收入经济体；到 2049 年接近 5 万美元，达到美国的 54.68％。

上述政策的实施，必须要有经济制度和机制方面的保障。显然，我国作为发展中国家，应加速提升人力资本质量，并以此推动经济发展潜能持续提升；加快经济发展，需要使市场机制在资源配置上发挥决定性作用，同时更好地发挥政府作用。若市场化和法治化滞后，进而经济缺乏追求效用和产出最大化的激励与约束，缺乏市场硬约束和公平竞争，将使人力资本质量提升缺乏动力，而人力资本质量提升与竞争性的市场配置资源是同一过程。但对于落后的要实现赶超的发展中国家来说，还必须发挥好政府作用。这一方面是由于发展中国家的市场化不成熟，另一方面是由于即使是成熟的市场机制，在人力资本质量提升上也有严重的局限，必须在市场竞争的基础上更好地发挥政府作用，实现市场的决定性作用与更好地发挥政府作用的统一。在经济制度上，中国必须坚持以公有制为主体、多种所有制经济共同发展，坚持以按劳分配为主、多种分配方式并存的基本制度，进而使社会主义制度与市场经济有机统一。中国特色社会主义为此开辟了道路。现代化的发展目标需要有制度和治理体系及治理能力的现代化来支撑。①

参考文献

[1] R. E. Lucas, On the Mechanics of Economic Development, Journal of Monetary Economics, 1988 (22): 3-42.

[2] W. W. Rostow, Theorists of Economic Growth from David Hume to the Present: With a Perspective on the Next Century, London: Oxford University Press, 1990: 23, 25, 34, 36, 153, 331, 334.

[3] James Tobin, A Dynamic Aggregative Model, Journal of Political Economy, 1955, 63 (2): 103-115.

[4] Robert M. Solow, A Contribution to the Theory of Economic Growth, Quarterly Journal of Economics, 1956, 70 (2): 65-94.

[5] T. W. Swan, Economic Growth and Capital Accumulation, Economic Record, 1956, 32 (11): 334-361.

[6] Paul M. Romer, Endogenous Technological Change, Journal of Political Economy, 1990, 98 (10, Part2): S71-S102.

[7] Gene M. Grossman, Elhanan Helpman, Innovation and Growth in the Global Economy, Cambridge, Massachusetts, MIT Press, 1991.

[8] Philippe Aghion, Peter Howitt, A Model of Growth through Creative Destruction, Econometrica, 1992, 60 (3): 323-351.

[9] R. E. Manuelli, A. Seshadri, Human Capital and the Wealth of Nations, American Economic Review, 2014, 104 (9): 2736-2762.

[10] Peter J. Klenow, Andres Rodriguez-Clare, The Neoclassical Revival in Growth Economics: Has it Gone too Far? NBER Macroeconomics Annual Vol. 12, Cambridge, Massachusetts, MIT Press, 1997.

[11] Robert E. Hall, Charles I. Jones, Why do some Countries Produce so much more Output per Worker than Others? Quarterly Journal of Economics, 1999, 114 (1): 83-116.

[12] Stephen L. Parente, Edward C. Prescott, Barriers to Riches, Cambridge, Massachusetts, MIT Press, 2000.

[13] Mark Bils, Peter J. Klenow, Does Schooling Cause Growth? American Economic Review, 2000, 90 (5): 1160-1183.

[14] OECD, The Well-being of Nations: The Role of Human Capital and Social Capital,

① 中共中央关于坚持和完善中国特色社会主义制度 推进国家治理体系和治理能力现代化若干重大问题的决定，2019-10-31.

Paris, 2001.

[15] World Bank, Exploring the Measure of Wealth: Indicators of Environmentally Sustainable Development, Environmentally Sustainable Development Studies and Monographs Series (No. 17), Washington DC, 1997.

[16] OECD, Measuring Productivity-OECD Manual: Measurement of Aggregate and Industry-level Productivity Growth, Paris, OECD, 2008.

[17] Robert M. Solow, Technical Change and the Aggregate Production Function, Review of Economics and Statistics, 1957, 39 (8): 312-320.

[18] Kenneth L. Carlaw, Richard G. Lipsey, Productivity, Technology and Economic Growth: What is the Relationship? Journal of Economic Surveys, 2010, 17 (3): 457-495.

[19] 刘伟，张立元. 资源配置、产业结构与全要素生产率：基于真实经济周期模型的分析. 经济理论与经济管理，2018 (9): 5-22.

[20] 张立元. 中国经济全要素生产率：基于真实经济的分析. 宁夏社会科学，2018 (5): 96-106.

[21] B. T. Kiker, The Historical Root of the Concept of Human Capital, Journal of Political Economy, 1996, 74 (5): 481-499.

[22] C. Dagum, D. J. Slottje, A New Method to Estimate the Level and Distribution of Household Human Capital with Application, Structural Change and Economic Dynamics, 2000, 11 (1): 67-94.

[23] 朱平芳，徐大丰. 中国城市人力资本的估算. 经济研究，2007 (9): 84-95.

[24] B. F. Jones, The Human Capital Stock: A Generalized Approach, American Economic Review, 2014, 104 (11): 3752-3777.

[25] OECD, Technology, Productivity and Job Creation, OECD, Paris, OECD, 1998.

[26] Ludger Wößmann, Specifying Human Capital, Journal of Economic Surveys, 2003, 17 (3): 239-270.

[27] Edward C. Prescott, Needed a Theory of Total Factor Productivity, International Economic Review, 1998 (39): 525-551.

[28] Paul Krugman, Myth of Asia's Miracle, Foreign Affairs, 1994: 62-78.

[29] Alwyn Young, A Tale of Two Cities: Factor Accumulation and Technical Change in Hong Kong and Singapore, NBER Macroeconomic Annual, Cambridge, Massachusetts, MIT Press, 1992.

[30] M. T. Law, Productivity and Economic Performance: An Overview of the Issue, Public Policy Sources, No. 37, Vancouver, Fraser Institute, 2000.

[31] R. J. Barro, Notes on Growth Accounting, Journal of Economic Growth, 1999 (4): 119-137.

[32] M. Abramovitz, Resource and Output Trends in the U. S. Since 1870, American Economic Review, 1956 (46): 5-23.

[33] 张立元. 基于真实经济周期模型的全要素生产率测算. 北京：北京大学，2018.
[34] Burkhard Heer, Alfred Maussner, Dynamic General Equilibrium Modeling, 2nd Edition, Berlin: Heidelburg, Springer, 2009.
[35] 郑玉歆. 全要素生产率的测度及经济增长方式的"阶段性"规律——由东亚经济增长方式谈起. 经济研究，1999 (5).
[36] 马歇尔. 经济学原理. 北京：商务印书馆，2009.
[37] G. S. Becker, Human Capital: A Theoretical and Empirical Analysis with Special Reference to Education, 3rd Edition, Chicago: University Of Chicago Press, 1964.
[38] 刘伟. 转变发展方式的根本在于创新. 北京大学学报（哲学社会科学版），2014 (1).
[39] 休谟. 休谟经济论文选. 北京：商务印书馆，2012.

第九章 产业结构效益与人力资本质量[①]

从经济总量和产业结构两个不同的角度阐释中国自改革开放以来的经济增长和经济发展质量是较普遍的研究方式，在相关文献中对全要素生产率的分析是重要的内容。然而，这种研究方式存在一个突出的矛盾，它对国民经济总体的全要素生产率水平及其增长率和三大产业部门全要素生产率水平及其增长率的测算存在很大差异。与此同时，按国民经济总体与按三大产业部门划分测算的全要素生产率水平及其增长率之间的关系应如何解释，这方面也存在深刻的矛盾。因此，为了做出更精确的分析，我们可以考虑以其他指标替代全要素生产率来度量驱动长期经济增长的技术创新指标。人力资本质量的提高是推动技术变革的根本动力，直观地看，人力资本质量较高的国家，出现技术变革的可能性和持续性相应也更高。虽然无法确定人力资本质量与技术变革之间是否存在精确的函数关系，但从实证观察上可见两者存在正相关关系。因此，作为全要素生产率分析的一种补充，我们可以把人力资本质量作为全要素生产率的替代性测度指标，进而运用这一替代性指标更深入地分析经济增长的效率及产业结构变迁的效率，并能合理地解释国民经济总体的人力资本质量增长率与三大产业部门的人力资本质量增长率之间存在的矛盾。特别是从国民经济总体的人力资本质量水平及增长率与三大产业部门的人力资本质量水平及增长率的相互关系分析中，可以更深入地阐释在经济高质量发展中产业结构合理化的标准和结构效益水平。

---

① 刘伟，张立元. 资源配置、产业结构与全要素生产率：基于真实经济周期模型的分析. 经济理论与经济管理，2018 (9).

有关"人力资本质量"的设定基于第八章的讨论，并从数量和质量两个方面对人力资本进行设定。"效用函数"的设定通过组合具有不变相对风险厌恶的效用函数与柯布-道格拉斯类型的效用函数（两种基本类型的效用函数）得到效用函数的特殊形式。消费者选择消费数量，他们用于消费的支出能够在当期产生正效用；而用于人力资本积累的支出能够提高未来的收入水平，但在当期会降低用于消费的支出并且占用消费者的闲暇时间，进而在当期产生负效用。

第一节　人力资本质量水平、结构效益、产业结构高度及合理化方程

一、人力资本质量水平测算方程

如前所述，不考虑政府和进出口部门。政府部门的经济活动最终能够体现在国内生产总值等宏观经济变量之中，实证研究部分所用的数据均为按支出法核算的宏观数据，因此这些数据可以反映政府部门经济活动的作用。类似地，进出口部门的经济活动也能体现在上述数据之中。消费数量对人力资本质量的测算有着重要影响，但对于三大产业部门或细分后各产业部门从业人员的消费总量，我们无法获得相关的可用数据。因此，本章使用对数效用函数。根据上述设定，消费者预期效用最大化的动态规划问题可表示为：

$$\{K_t, \overset{\max}{C_t}, H_t\} E_0 \sum_{t=0}^{\infty} \beta^t [\ln(C_t) - \ln(H_t)] \tag{9-1}$$

式中，C_t 为第 t 期的消费数量；H_t 为第 t 期期初的人力资本数量；β 为贴现因子。

消费者拥有物质资本和人力资本，当价格水平标准化为 1 时，面临如下预算约束：

$$C_t + S_t \leqslant W_t H_t + R_t K_t \tag{9-2}$$

式中，S_t 为第 t 期的储蓄；W_t 为第 t 期的人力资本租金率；R_t 为第 t 期的物质

资本租金率。

本章采用新古典总量生产函数，按照新古典理论，各生产要素按其边际产品得到报酬，即

$$Y_t = Z_t K_t^{\alpha} H_t^{1-\alpha} \tag{9-3}$$

式中，Y_t 为第 t 期的产出；Z_t 为第 t 期的人力资本质量；α 为物质资本的产出弹性。

人力资本质量服从如下一阶自回归过程：

$$\ln(Z_t) = (1-\rho_Z)\ln(\bar{Z}) + \rho_Z \ln(Z_{t-1}) + \varepsilon_t^Z \quad \varepsilon_t^Z \sim \text{i. i. d. } N(0, \sigma_\varepsilon^2) \tag{9-4}$$

式中，ρ_Z 为自回归系数；$\bar{Z}$ 为人力资本质量的稳态值；人力资本质量冲击 ε_t^Z 为白噪声。

物质资本存在折旧，而当期投资无折旧，若折旧率为 δ_t，则物质资本的运动方程为：

$$K_{t+1} = I_t + (1-\delta_t) K_t \tag{9-5}$$

引入折旧率冲击，并假定有利的人力资本质量冲击会提高折旧率，则折旧率的一阶自回归过程如下：

$$\ln(\delta_t) = (1-\rho_D)\ln(\bar{\delta}) + \rho_D \ln(\delta_{t-1}) + \xi_t^D + \varepsilon_t^Z \quad \xi_t^D \sim \text{i. i. d. } N(0, \sigma_\xi^2) \tag{9-6}$$

式中，ρ_D 为自回归系数；$\bar{\delta}$ 为 δ_t 的稳态值；折旧率冲击 ξ_t^D 为白噪声。

该经济的投资用储蓄来完成，即

$$I_t \equiv S_t$$

给定初始的物质资本存量和适当的横截面条件，在实现竞争性均衡时，根据库恩-塔克定理和用于消费者效用最大化问题的贝尔曼方程，该理论模型的欧拉方程跨期替代与期内替代的效率条件分别为：

$$C_t^{-1}=\beta E_{t+1}C_{t+1}^{-1}\left[\alpha Z_{t+1}K_{t+1}^{\alpha-1}H_{t+1}^{1-\alpha}+(1-\delta_{t+1})\right] \tag{9-7}$$

$$H_t^{-1}=C_t^{-1}(1-\alpha)Z_tK_t^{\alpha}H_t^{-\alpha} \tag{9-8}$$

根据（9-3）式和（9-8）式，可得：

$$Y_t=\frac{1}{1-\alpha}\times C_t \tag{9-9}$$

$$C_t=H_t W_t \tag{9-10}$$

采用常见的乌利格（Uhlig）规则进行对数线性化处理，根据模型的稳态系统，可得到稳态时的消费产出比和折旧率的稳态值分别为 $\mu_C=1-\alpha$ 和 $\bar{\delta}=\alpha/\mu_K$（$\mu_K$ 为稳态时的物质资本产出比），由此可得出贴现因子 $\beta=1$，意味着消费者将得自人力资本的收入全部用于消费，同时将得自物质资本的收入全部用于再投资。在真实经济周期模型的相关文献中，多数经济变量的稳态值都可表示为模型参数的函数，而人力资本质量稳态值却被视为给定且通常设定为1。从直观上看，物质资本产出比越高，实现单位产出所需的物质资本量就越高（我们可以合理地推断，对应的人力资本质量越低）。人力资本质量稳态值与物质资本产出比稳态值呈反比关系，即 $\bar{Z}-1/\mu_K-\bar{\delta}/\alpha$。因此，在稳态时的人力资本产出比 μ_H 与 μ_K 相等，同时该模型中所有经济变量的稳态值都可表示为模型参数的函数。根据理论模型的对数线性系统及前面各式得出的人力资本质量的测算方程如下：

$$Z_{t+1}=(\bar{Z})^{\alpha}\left(\frac{Y_{t+1}}{Y_t}\right)^{\frac{1}{Z}}(H_{t+1})^{\alpha-1}(Y_{t+1})^{1-\alpha} \tag{9-11}$$

二、“结构效益”数理方程的推导

依据（9-11）式推导出的中国人力资本质量与产业部门人力资本质量及产业结构变迁的关系方程为：

$$G_{Z_{t+1}^{\mathrm{nat}}}=\frac{\alpha}{\bar{\delta}}\times G_{g_Y^{\mathrm{nat}}/g_Y^i}+(1-\alpha)G_{w_N^i/w_Y^i}+G_{Z_{t+1}^i} \tag{9-12}$$

式中，$G_{Z_{t+1}^{\mathrm{nat}}}$ 为中国经济整体的人力资本质量；$G_{g_Y^{\mathrm{nat}}/g_Y^i}$ 为国内生产总值的实际增

长率与第 i 个产业部门增加值的实际增长率之比的增长率；$G_{w_N^i/w_Y^i}$ 为第 i 个产业部门的就业人员数量在全国就业人员总数中所占比重与该产业部门增加值在国内生产总值中所占比重之比的增长率；$G_{Z_{t+1}^i}$ 为第 i 个产业部门人力资本质量在第 $t+1$ 期的增长率。

为了研究国民经济总体与各产业部门的人力资本质量增长率之间的关系，需要对（9－12）式两侧按产业部门的划分数量加权求和。按照我们的研究目的，较适用的加权方法有三种：①给予各产业部门相同的权重。比如（9－13）式，这种方法简单易行，但不足也很明显。为了便于比较，本章运用了该方法。②以各产业部门增加值占国内生产总值的比例为权重，但此权重与$G_{g_Y^{nat}/g_Y^i}$相乘后会使实证研究无法进行，故本章未采用该方法。③以各产业部门的就业人员数量占全国就业人员总数的比例为权重。比如（9－14）式，$G_{w_N^i/w_Y^i}$ 为就业比例的增长率，与此权重相乘后并不会产生 w_N^i 的平方项，进而不会导致重复，同时还能避免前两种方法的不足，所以本章也运用了该方法。

$$G_{Z_{t+1}^{nat}}=\frac{\alpha}{\bar{\delta}}\times\frac{1}{n}\sum_{i=1}^{n}G_{g_Y^{nat}/g_Y^i}+(1-\alpha)\times\frac{1}{n}\sum_{i=1}^{n}G_{w_N^i/w_Y^i}+\frac{1}{n}\sum_{i=1}^{n}G_{Z_{t+1}^i} \tag{9-13}$$

式中，$G_{Z_{t+1}^{nat}}$ 为三部分之和；$\frac{1}{n}\sum_{i=1}^{n}G_{g_Y^{nat}/g_Y^i}$ 为产出增长率效应，$\frac{\alpha}{\bar{\delta}}$ 为其乘数，等于物质资本产出比；$\frac{1}{n}\sum_{i=1}^{n}G_{w_N^i/w_Y^i}$ 为“结构效益”，（$1-\alpha$）为其乘数，等于人力资本产出弹性或者消费产出比；$\frac{1}{n}\sum_{i=1}^{n}G_{Z_{t+1}^i}$ 为产业部门人力资本质量增长率效应。

$$G_{Z_{t+1}^{nat}}=\frac{\alpha}{\bar{\delta}}\sum_{i=1}^{n}w_N^i\,G_{g_Y^{nat}/g_Y^i}+(1-\alpha)\sum_{i=1}^{n}w_N^iG_{w_N^i/w_Y^i}+\sum_{i=1}^{n}w_N^i\,G_{Z_{t+1}^i} \tag{9-14}$$

式中，各项的含义与（9－13）式类似，此处不再赘述。

三、产业结构高度及其合理化程度的测算方程

依据产业结构高度，结合各国经济和三大产业部门人力资本质量的测算结果，我们构建出了两个指标，即一国经济产业结构高度 E_t 及其合理化程度D_t。结合产业部门人力资本质量 Z_t^i 以及能够体现产业结构变迁中“结构效益”的重要参数 w_Y^i/w_N^i——第 i 个产业部门的产出份额与其就业份额之比，该产业部门的效率指数为：

$$e_t^i = Z_t^i \times \frac{w_{Y_t}^i}{w_{N_t}^i} \tag{9-15}$$

式中，e_t^i 为第 t 期该经济第 i 个产业部门的效率指数。

各产业部门与第二产业部门效率指数的比值 e_t^i/e_t^2 可视为该产业部门相对于第二产业部门的高度，而各产业部门的该比值之和就可作为该经济的当年产业结构高度和工业效率的衡量指标：

$$E_t = \sum_{i=1}^{n}(e_t^i/e_t^2) \tag{9-16}$$

依据（9－16）式，在经济被划分为三大产业部门时，由于 $e_t^2/e_t^2=1$，$E_t=3$ 等价于 e_t^1/e_t^2 与 e_t^3/e_t^2 之和为 2，也就是第一产业部门、第三产业部门与第二产业部门效率指数的比值之和为 2，这意味着在第 t 期该经济三大产业部门的效率指数从整体上能够达到其工业部门的效率指数。与此同时，为了比较各国经济产业结构的合理化程度D_t 并分析其变化趋势，本章根据（9－14）式和（9－15）式构造出下述测算方程：

$$D_t = \sum_{i=1}^{n}\left(\frac{e_t^i}{Z_t^{\text{nat}}}-1\right)^2 \tag{9-17}$$

式中，Z_t^{nat} 为各国经济第 t 期的人力资本质量。

根据定义可知，$D_t=0$ 时的产业结构合理化程度最为理想——此时，各产业部门和经济整体的人力资本质量水平相同且各产业部门的产出份额与其就业

份额相等$\left(\frac{e_t^i}{Z_t^{\text{nat}}}=1\right)$。$D_t$ 越大，表明第 t 期该国产业结构的不合理程度越高。在生产要素市场化配置的条件下，依据本章人力资本质量的测算方程和测算结果可知，在理论和实际上均不会出现 $Z_t^i/Z_t^{\text{nat}}<1$ 但 $w_Y^i/w_N^i>1$ 的情形，因此，也不会导致误测该产业部门对该国产业结构合理化程度的影响。

第二节　实证研究

一、中国经济和三大产业部门人力资本质量水平的测算与结果分析

我们测算得出的中国经济和三大产业部门的人力资本质量水平见表 9－1。从理论上说，本章可按（9－9）式和（9－10）式计算所需的时变 α，但中国经济和三大产业部门的工资总额在产出中所占的比例较低，由此得出的 α 偏高。因此，根据理论模型规模报酬不变的假设，在测算三大产业部门的人力资本质量水平时也采用基于全国数据和（9－9）式计算得到的时变 α。在测算人力资本质量水平时选用的折旧率稳态值 $\bar{\delta}=0/1\ 163$，且有 $\beta=1$。

我们使用的数据均来自中经网统计数据。在测算中国经济的人力资本质量水平时，采用依据支出法统计得到的数据。鉴于人力资本产出弹性 $1-\alpha$ 对其质量水平的测算结果有着重要影响，同时我们在国家统计局网站上也未发现正式公布的国内生产总值平减指数数据，而且真实的国内生产总值平减指数与居民消费价格指数之间可能存在的实际差异并不足以对测算结果产生较为显著的影响，因此这里对国内生产总值数据与最终消费数据按正式公布的居民消费价格指数进行平减处理。鉴于稳态时 μ_H 与 μ_K 相等，结合 1978 年中国经济处于稳态的假设，计算出的人力资本数量的基准水平为 2 980.03 元（1978 年价格），再由中国经济的就业人员总数可算得历年人力资本数量。在测算三大产业部门的人力资本质量水平时，我们按居民消费价格指数对各产业部门的增加值进行了平减处理。基于 1978 年各产业部门处于稳态的假设，计算出的三大产业部门人力资本数量的基准水平分别为 1 192.49 元、8 379.38 元和 6 136.84 元。按照各自的基准水平和各产业部门的就业人员总数，可计算得到其人力资本数量水

平。为了方便比较，我们使用了在测算中国经济人力资本质量水平时采用的人力资本数量基准水平（2 980.03 元）来计算三大产业部门的人力资本数量水平。

表 9-1 1978—2016 年不同时段中国经济及三大产业部门人力资本质量年均增长率

中国经济及产业部门	人力资本基准水平（元）	1978—2016 年（%）	1978—1990 年（%）	1990—2000 年（%）	2000—2010 年（%）	2010—2016 年（%）
中国经济	2 980.03	4.32	4.02	6.79	4.64	0.25
Ⅰ	1 192.49	0.07	0.58	−2.17	0.09	1.75
Ⅱ	8 379.38	−0.19	−2.98	4.20	0.91	−2.36
Ⅲ	6 136.84	0.38	−1.23	2.86	0.13	−0.19
Ⅰ	—	0.31	0.60	−2.20	1.46	1.27
Ⅱ	2 980.03	−0.46	−3.01	4.24	−0.62	−1.83
Ⅲ	—	0.23	−1.05	2.99	−0.99	0.07

根据表 9-1 中的测算数据，我们发现了从表面上看似矛盾的两个经济事实，即 1978—2016 年作为一个整体的中国经济，其基于人力资本质量测算公式时变 α_t 的人力资本质量水平的年均增长率为 4.32%；但同一时期在测算方程、人力资本数量基准水平和参数条件均相同的情况下，中国第一产业部门、第二产业部门和第三产业部门的人力资本质量水平的年均增长率分别为 0.31%、−0.46%和0.23%。

下面要对上文中看似矛盾的两个经济事实做出合理的解释。这要立足于中国第一产业、第二产业和第三产业部门人力资本质量水平上存在的较大差异和自 1978 年以来中国经济产业结构出现了显著变迁的历史背景。在市场化的制度创新下，原有的人力资本从人力资本质量水平较低的第一产业部门向人力资本质量水平较高的第二产业部门或第三产业部门转移，以及新增的人力资本直接进入第二产业部门或第三产业部门，新进入的人力资本会不同程度地拉低第二产业部门或第三产业部门的人力资本的质量水平，进而降低其增长率。例如，1978—1990 年中国第二产业部门和第三产业部门人力资本质量水平的年均增长率分别为−3.01%和−1.05%。在“干中学”效应的作用下，此前新进入的人力资本质量将会提高。这意味着其所在产业部门的人力资本质量水平将会出现恢复性增长，如1990—2000年中国第二产业部门和第三产业部门人力资本质量的年均增长率分别达到了4.24%和2.99%。而人力资本质量水平的不断提升需要持续的自主创新来推动，因为更高的人力资本质量才能确保有利的创新成果的不断涌现，故人力资本质量未见显著改善的事实导致了2000—2016年中国第二产业部门和第三产业部门人力资本质量水平的年均增长率再次下降。然而，人力资本持续转移到人力资本质量水平较高的第二产业部门和第三产业部门，导致了三大产业部门的就业人员数量与增加值在全国就业人员总量与国内生产总值中所占比重的变化，最终推动了中国经济在1978—2016年实现了年均4.32%的人力资本质量增长，同时也可解释三大产业部门未能实现人力资本质量水平的显著增长。

二、“结构效益”的理论分析和实证检验

从逻辑上看，整体经济较高的人力资本质量水平的提升与各产业部门较低的，甚至处在负值水平的人力资本质量水平增长率之间并不存在矛盾。对于“双重转轨”的中国经济来说，在较长时期内，产业部门之间实际上也存在着规模巨大的人力资本转移，各部门就业比例的变化构成了“结构效益”，这就是合理解释上述矛盾的事实依据。此外，我们从相关数据的计算结果中发现，1978—2016年产出增长率效应的变动范围是从1981年的最低值0.991到2007年的1.026，而首、末两期的该数据分别为1978年的1.009和2016年的1.009。由此可知，各产业部门的产出增长率效应对中国经济人力资本质量水平增长率的影响接近于零。从表9-1中的测算数据亦可看出，各产业部门人力资本质量水平增长率效应的影响仅为0.08%。相比较而言，1978—2016年“结构效益”的变动范围是从1982年的1.028到2006年的1.773，首、末两期的数值分别为1978年的1.135和2016年的1.595。因此，从数据上看，也只有“结构效益”能够合理地解释1978—2016年中国经济实现了较高的人力资本质量水平的年均增长率，而各产业部门却未能如此。

按（9－13）式和（9－14）式建立回归方程，分别采用 OLS 方法与稳健标准差的组合和贝叶斯估计方法与基于梅特罗波斯-黑斯廷斯（Metropolis-Hastings）算法的马尔可夫链蒙特卡洛方法（MCMC）的组合对回归方程的三个系数进行估计，其结果见表 9－2。

表 9－2　产出增长率效应乘数（物质资本产出比）与“结构效益”乘数（消费产出比）的估计和比较

回归方程	待估数据处理方法	估计方法选择	产出增长率效应乘数	结构效益乘数	产业部门人力资本质量水平增长率效应	判决系数或接受率
（9－13）式	各产业部门相应变量指数（上年＝1）数据在简单相加后取其均值	OLS 稳健标准误	－2.35 [2.55] （－7.53，2.83）	1.33** [0.57] （0.39，2.70）	0.92* [0.45] （－0.01，1.84）	0.410
		贝叶斯方法 MH-MCMC	0.19 [0.44] （－0.67，1.10）	0.30 [0.44] （－0.59，1.16）	0.31 [0.42] （－0.49，1.17）	0.346
（9－14）式	各产业部门相应变量指数（上年＝1）数据以就业比重为权重加总	OLS 稳健标准误	－0.05 [1.82] （－3.76，3.65）	0.02 [0.07] （－0.12，0.17）	0.99** [0.39] （0.19，1.80）	0.245
		贝叶斯方法 MH-MCMC	0.19 [0.44] （－0.65，1.05）	0.14 [0.26] （－0.36，0.65）	0.36 [0.42] （－0.42，1.19）	0.339

注：*、** 和 *** 分别表示 10%、5%和 1%的显著性水平。方括号内为 t 值，圆括号内为 95%的置信区间。

结合表 9－2 中的参数估计值，基于各产业部门相应变量指数算术均值的 OLS 估计值与稳健标准误的组合同（9－13）式在整体上的契合程度较好，因此基本上证实了“结构效益”的存在且其乘数就是消费产出比。具体而言，产业部门人力资本质量水平增长率效应的估计值为 0.92，这与理论预测值 1 接近。结构效益乘数（消费产出比）的估计值要高于理论预测值，但考虑到本章采用时变 α_t，这意味着消费产出比也具有时变性，其值为 $1-\alpha_t$。基于统计数据计算出的时变消费产出比的取值范围处在表 9－2 中其估计值的 95%置信区间内。对于产出增长率效应乘数（物质资本产出比），OLS 估计值与本章理论预测存在较大的不同，但本章的测算结果与其95%置信区间的上限较为接近。相比之下，本章根据各产业部门相应变量指数以就业比重为权重加总数据后估算出的产出增长率效应乘数，其OLS估计值的95%置信区间基本能够覆盖本章测算得出的时变物质资本产出比的变化范围。此外，贝叶斯方法的综合表现与OLS方法的差异体现在，贝叶斯方法大幅低估了产出增长率效应的乘数，甚至其估计值的95%置信区间都与该参数的变化范围相去甚远。但是，在贝叶斯方法下，其余两个参数估计值的95%置信区间均覆盖了各自的变化范围。

三、中国经济产业结构高度和合理化程度的测算与分析

根据各产业部门人力资本质量水平的测算数据与（9－15）式计算的各产业部门的效率指数，再按（9－16）式与（9－17）式分别计算中国经济的产业结构高度和合理化程度，具体数据见表9－3。

表9－3 1979—2015年中国经济产业结构高度和合理化程度测算

（人力资本数量基准水平均为2 980.03元）

年份	中国经济人力资本质量水平	第一产业人力资本质量水平	第二产业人力资本质量水平	第三产业人力资本质量水平	第一产业效率指数	第二产业效率指数	第三产业效率指数	产业结构高度(9－16)式	产业结构高度以1979年第二产业效率指数为基准	产业结构合理化程度(9－17)式
1979	0.44	0.22	0.75	0.54	0.10	1.99	0.96	1.53	1.53	14.75
1980	0.37	0.17	0.85	0.50	0.07	2.24	0.85	1.41	1.59	27.02
1981	0.40	0.23	0.61	0.57	0.11	1.54	0.95	1.69	1.30	10.72
1982	0.43	0.27	0.66	0.60	0.13	1.60	1.00	1.71	1.37	9.91
1983	0.48	0.24	0.74	0.58	0.12	1.75	0.94	1.61	1.41	8.66
1984	0.63	0.28	0.77	0.69	0.14	1.67	1.09	1.74	1.46	3.79
1985	0.62	0.20	0.84	0.73	0.09	1.72	1.28	1.79	1.55	5.02
1986	0.52	0.21	0.66	0.62	0.09	1.32	1.07	1.88	1.25	4.16
1987	0.57	0.22	0.71	0.65	0.09	1.39	1.12	1.87	1.30	3.69

续表

年份	中国经济人力资本质量水平	第一产业人力资本质量水平	第二产业人力资本质量水平	第三产业人力资本质量水平	第一产业效率指数	第二产业效率指数	第三产业效率指数	产业结构高度(9-16)式	产业结构高度以1979年第二产业效率指数为基准	产业结构合理化程度(9-17)式
1988	0.50	0.21	0.75	0.66	0.09	1.46	1.13	1.83	1.34	5.94
1989	0.37	0.21	0.59	0.53	0.09	1.15	0.96	1.90	1.10	7.48
1990	0.48	0.24	0.53	0.48	0.11	1.02	0.85	1.94	0.99	2.41
1991	0.61	0.20	0.73	0.59	0.08	1.42	1.08	1.82	1.30	3.19
1992	0.73	0.20	0.91	0.64	0.07	1.81	1.15	1.67	1.52	3.31
1993	0.74	0.20	0.94	0.61	0.07	1.93	1.00	1.55	1.51	3.50
1994	0.67	0.22	0.96	0.62	0.08	1.95	0.92	1.51	1.48	4.65
1995	0.66	0.25	0.89	0.60	0.09	1.82	0.82	1.50	1.37	3.93
1996	0.70	0.26	0.86	0.60	0.10	1.73	0.77	1.50	1.31	2.90
1997	0.72	0.23	0.81	0.63	0.08	1.61	0.83	1.57	1.27	2.33
1998	0.75	0.22	0.76	0.60	0.08	1.47	0.83	1.62	1.19	1.74
1999	0.81	0.21	0.75	0.62	0.07	1.49	0.90	1.65	1.23	1.56
2000	0.93	0.19	0.81	0.65	0.06	1.63	0.94	1.61	1.32	1.44
2001	0.95	0.19	0.77	0.66	0.05	1.54	0.98	1.67	1.29	1.29
2002	1.02	0.18	0.80	0.65	0.05	1.67	0.96	1.61	1.34	1.32
2003	1.06	0.18	0.85	0.59	0.04	1.79	0.85	1.50	1.35	1.43
2004	1.14	0.22	0.78	0.59	0.06	1.60	0.80	1.54	1.23	1.15
2005	1.23	0.21	0.80	0.64	0.05	1.58	0.84	1.57	1.24	1.09
2006	1.33	0.20	0.81	0.68	0.05	1.53	0.88	1.61	1.24	1.06
2007	1.49	0.20	0.84	0.75	0.05	1.47	0.99	1.71	1.26	1.05
2008	1.23	0.23	0.69	0.61	0.06	1.20	0.79	1.71	1.03	1.04
2009	1.23	0.21	0.69	0.59	0.05	1.14	0.77	1.72	0.99	1.06
2010	1.47	0.22	0.76	0.59	0.06	1.22	0.75	1.66	1.02	1.19

续表

年份	中国经济人力资本质量水平	第一产业人力资本质量水平	第二产业人力资本质量水平	第三产业人力资本质量水平	第一产业效率指数	第二产业效率指数	第三产业效率指数	产业结构高度(9-16)式	产业结构高度以1979年第二产业效率指数为基准	产业结构合理化程度(9-17)式
2011	1.52	0.23	0.72	0.61	0.06	1.14	0.75	1.72	0.98	1.23
2012	1.38	0.24	0.66	0.57	0.07	0.98	0.72	1.80	0.89	1.22
2013	1.39	0.24	0.65	0.58	0.07	0.94	0.70	1.82	0.86	1.24
2014	1.38	0.25	0.63	0.57	0.08	0.91	0.67	1.82	0.83	1.27
2015	1.49	0.25	0.61	0.59	0.08	0.85	0.70	1.92	0.82	1.36

由表 9-3 中的测算数据可知，第一产业的效率指数在改革开放之初有所提高，而后在 1984 年达到其最高水平 0.14，此后持续下降，2003 年处在最低水平 0.04，1997—2015 年在 0.04 到 0.08 之间波动。第二产业的效率指数总体上呈波动性下降趋势，从 1979 年的 1.99 下降到 1990 年的 1.02，再逐渐上升至 1994 年的 1.95，其后略有波动并逐步下降到 2015 年的 0.85。第三产业的效率指数先波动上升至 1985 年的最高水平 1.28，而后在波动中持续下降至 2015 年的 0.70。基于（9-16）式和当年第二产业效率指数的测算结果显示，产业结构高度先上升到 1990 年的 1.94，再缓慢降低为 2003 年的 1.50，最终又逐渐提升至 2015 年的 1.92。相比之下，基于（9-16）式和 1979 年第二产业效率指数的测算结果却显示，产业结构高度先逐步下降为 1990 年的 0.99，然后在波动中回升到 2003 年的 1.35，此后逐渐下降至 2015 年的 0.82，仅为 1979 年的 53.6%。而基于（9-17）式的测算结果显示，产业结构合理化程度从改革开放之初开始逐步提升，在 2008 年达到最佳状态，但从 2008 年全球金融危机之后，中国产业结构的合理化程度一直在降低。

鉴于稳态时 μ_H 与 μ_K 相等，结合 1978 年中国经济及各产业部门处于稳态的假设，本章按理论模型的参数约束计算得出我国三大产业部门人力资本数量的基准水平分别为 1 192.49 元、8 379.38 元和 6 136.84 元，据此按（9-11）式测算出各产业部门的另一组人力资本质量水平数据，并按（9－15）式至（9－17）式分别测算各产业部门的效率指数、产业结构高度、产业结构合理化程度，其结果被列入表 9－4。

表 9－4　在不同人力资本数量的基准水平下 1979—2015 年中国经济产业结构高度和合理化程度测算

年份	中国经济人力资本质量水平	第一产业人力资本质量水平	第二产业人力资本质量水平	第三产业人力资本质量水平	第一产业效率指数	第二产业效率指数	第三产业效率指数	产业结构高度（9－16）式	产业结构高度以1979年第二产业效率指数为基准	产业结构合理化程度（9－17）式
1979	0.44	0.40	0.39	0.36	0.18	1.04	0.64	1.78	1.78	2.45
1980	0.37	0.31	0.43	0.33	0.13	1.15	0.56	1.60	1.77	4.88
1981	0.40	0.42	0.31	0.36	0.19	0.78	0.60	2.02	1.52	1.43
1982	0.43	0.49	0.33	0.39	0.24	0.81	0.66	2.10	1.64	1.30
1983	0.48	0.45	0.37	0.40	0.22	0.88	0.65	1.99	1.68	1.13
1984	0.63	0.52	0.40	0.45	0.25	0.85	0.72	2.14	1.76	0.49
1985	0.62	0.36	0.43	0.47	0.16	0.89	0.83	2.12	1.81	0.85
1986	0.52	0.37	0.34	0.41	0.16	0.68	0.70	2.27	1.49	0.69
1987	0.57	0.38	0.37	0.43	0.17	0.73	0.74	2.24	1.58	0.67
1988	0.50	0.36	0.40	0.43	0.15	0.77	0.73	2.15	1.60	1.00
1989	0.37	0.38	0.30	0.37	0.16	0.60	0.67	2.38	1.38	1.36
1990	0.48	0.43	0.28	0.31	0.19	0.53	0.55	2.39	1.23	0.40
1991	0.61	0.34	0.39	0.39	0.14	0.75	0.72	2.14	1.55	0.69
1992	0.73	0.35	0.49	0.44	0.13	0.98	0.78	1.93	1.82	0.81
1993	0.74	0.35	0.52	0.43	0.12	1.06	0.69	1.76	1.81	0.90
1994	0.67	0.37	0.53	0.43	0.13	1.07	0.64	1.72	1.78	1.01
1995	0.66	0.42	0.49	0.41	0.16	0.99	0.56	1.72	1.64	0.85
1996	0.70	0.44	0.47	0.39	0.17	0.93	0.51	1.73	1.56	0.76
1997	0.72	0.40	0.44	0.41	0.14	0.87	0.55	1.79	1.51	0.74

续表

年份	中国经济人力资本质量水平	第一产业人力资本质量水平	第二产业人力资本质量水平	第三产业人力资本质量水平	第一产业效率指数	第二产业效率指数	第三产业效率指数	产业结构高度(9-16)式	产业结构高度以1979年第二产业效率指数为基准	产业结构合理化程度(9-17)式
1998	0.75	0.39	0.41	0.39	0.13	0.79	0.54	1.86	1.42	0.75
1999	0.81	0.36	0.40	0.41	0.12	0.78	0.58	1.90	1.43	0.81
2000	0.93	0.34	0.42	0.42	0.10	0.85	0.60	1.83	1.50	0.93
2001	0.95	0.33	0.41	0.43	0.09	0.81	0.64	1.90	1.49	0.94
2002	1.02	0.32	0.43	0.43	0.09	0.89	0.63	1.81	1.55	1.00
2003	1.06	0.30	0.47	0.40	0.07	0.99	0.58	1.66	1.59	1.08
2004	1.14	0.36	0.45	0.41	0.10	0.91	0.55	1.71	1.50	1.14
2005	1.23	0.34	0.46	0.44	0.09	0.90	0.58	1.74	1.52	1.21
2006	1.33	0.33	0.48	0.47	0.08	0.90	0.61	1.77	1.53	1.28
2007	1.49	0.32	0.50	0.53	0.08	0.87	0.70	1.89	1.59	1.35
2008	1.23	0.36	0.42	0.43	0.09	0.72	0.56	1.90	1.32	1.32
2009	1.23	0.34	0.41	0.42	0.09	0.68	0.54	1.92	1.27	1.38
2010	1.47	0.35	0.46	0.42	0.09	0.74	0.54	1.85	1.32	1.53
2011	1.52	0.37	0.43	0.43	0.10	0.68	0.53	1.92	1.27	1.60
2012	1.38	0.38	0.39	0.41	0.11	0.58	0.52	2.07	1.17	1.57
2013	1.39	0.39	0.38	0.41	0.11	0.56	0.50	2.10	1.14	1.60
2014	1.38	0.40	0.37	0.40	0.12	0.54	0.47	2.11	1.10	1.63
2015	1.49	0.41	0.35	0.41	0.13	0.50	0.49	2.55	1.07	1.73

从表 9-4 中的数据可知，第一产业的效率指数也是在改革开放之初有所提高，而后在 1984 年达到其最高水平 0.25，其后持续下降，2003 年处在最低水平 0.07，1997—2015 年在 0.07 到 0.14 之间波动。第二产业的效率指数最先出现了短暂上升，接着逐渐降低，从 1979 年的 1.04 下降到 1990 年的 0.53，再逐渐上升至 1994 年的 1.07，其后略有波动但逐步下降为 2015 年的 0.50。第三产

业的效率指数同样是先波动上升至 1985 年的最高水平 0.83，而后在波动中持续下降至 2014 年的 0.47。基于（9－16）式和不同人力资本数量基准下当年第二产业效率指数的测算数据显示，产业结构高度先上升到 1990 年的 2.39，再缓慢降低为 2003 年的 1.66，最终又逐渐提升至 2015 年的 2.55。相比之下，基于（9－16）式和 1979 年第二产业效率指数的测算数据显示，产业结构高度先逐步提升至 1992 年的 1.82，然后在波动中下降至 2015 年的 1.07。而基于（9－17）式的测算结果显示，1997 年的产业结构合理化程度为 0.74，其后就呈现出较为稳定的合理化程度下降趋势——2015 年为 1.73，甚至差于 1981 年的 1.43。

通过对表 9－3 和表 9－4 中数据的综合分析可以发现，人力资本数量基准水平会影响到测算的人力资本质量水平，但对其增长率影响较小。因此，基于全国平均的基准水平和不同产业部门各自基准水平的产业部门效率指数、产业结构高度以及产业结构合理化程度均表现出大体类似的变化趋势。由上述变化趋势可知，中国经济各产业部门的人力资本质量水平增长率长期低迷甚至负增长导致了产业结构高度出现倒退，而且产业结构合理化程度也随之下降。特别是在 2008 年全球金融危机后，中国经济的产业结构合理化程度一直在降低。

四、产业结构高度及其合理化程度的国际比较

自 1978 年以来，中国经济的产业结构出现了明显变化。按照前面的分析，这种变化的表现之一为产业结构高度与合理化程度的下降。根据世界银行 2012 年的标准，从人均国内生产总值水平看，中国在当年已属于上中等收入国家。但是，在当前至未来若干年内，中国都要面临是顺利迈进高收入国家行列，还是落入“中等收入陷阱”的问题。从产业结构高度及其合理化程度这两个指标出发，对中国和其他经济体进行比较，可能有助于更好地认识并回答上述问题。

本章对产业结构高度与合理化程度的国际比较共涉及 38 个国家，即中国、34 个经合组织成员和 3 个非经合组织成员（俄罗斯、印度尼西亚、南非，仅能收集到这三个国家三大产业部门就业人数的统计数据）。中国之外的 37 个国家

分为四组：第一组为七国集团成员，包括美国、日本、德国、英国、法国、意大利、加拿大；第二组为转轨国家，包括俄罗斯、波兰、爱沙尼亚、捷克、斯洛伐克、斯洛文尼亚、匈牙利，共七国；第三组包括爱尔兰、奥地利、澳大利亚、比利时、冰岛、丹麦、芬兰、荷兰、卢森堡、挪威、葡萄牙、瑞典、瑞士、土耳其、西班牙、希腊、新西兰，共 17 国；第四组包括墨西哥、以色列、智利、南非、韩国、印度尼西亚，共六国。

按（9－11）式对各国及其三大产业部门人力资本质量的水平及其年均增长率进行测算，再依照（9－15）式至（9－17）式分别测算产业部门的效率指数、产业结构高度及合理化程度。需要获得历史数据的宏观经济变量包括总产出、三大产业部门产出、总就业人数、各产业部门就业人数、最终消费数量。结合（9－9）式，可得出时变物质资本产出弹性及其估计值以及人力资本质量水平的稳态值，再由理论模型稳态系统得到折旧率稳态值，并用 $\mu_K=\mu_H=\alpha\sqrt{\delta}$ 计算基期人力资本总量和人均人力资本数量的基准水平。各国产业部门就业人数的数据源自中经网统计数据库。为了确保数据及测算结果的可比性，本章从 BVD-EIU CountryData 数据库中选用测算所需的其他宏观经济数据，包括产出、消费。产出、居民消费、政府消费均已由该数据库折算为 2005 年的美元不变价格，（9－11）式的实际产出增长率直接取用数据库提供的数据，再利用数据库中三大产业部门的产出份额计算各产业部门的产出水平（2005 年的美元不变价格）。除中国外，本章利用美国的商业银行对民营部门中长期贷款利率的时间序列数据（LRAT）和理论模型的稳态系统计算得出其折旧率稳态值为 7.61%，并将之作为其他经济体的折旧率稳态值。

本章仅对美国、日本、德国这三个经济体及其三大产业部门人力资本质量的水平和增长率、各产业部门的效率指数、产业结构高度及其合理化程度的测算数据进行简要比较。限于篇幅，各国的详细测算数据均不列入。此处将基于测算数据的各国及其三大产业部门人力资本质量水平的年均增长率、产业结构高度与合理化程度的均值和方差，以及基于期初第二产业效率指数的产业结构高度的年均提升速率列入表 9－5。

表 9－5　产业结构高度及其合理化程度的国际比较

分组	国家	各国经济整体及其三大产业部门人力资本质量水平的年均增长率（%）				产业结构高度		产业结构合理化程度		基于期初第二产业效率指数的产业结构高度年均提升速率（%）
		经济整体	第一产业	第二产业	第三产业	均值	标准差	均值	标准差	
中国	中国	4.32	0.36	−0.58	0.25	1.68	0.17	4.06	5.02	−1.75
七国集团成员	美国	1.20	0.34	1.18	1.24	2.26	0.14	0.42	0.19	0.99
	日本	0.88	2.08	1.17	0.59	2.10	0.21	0.81	0.07	1.11
	德国	0.56	4.01	1.83	−0.13	2.52	0.48	0.76	0.27	1.12
	英国	0.59	0.99	1.90	0.22	2.38	0.25	0.42	0.17	1.13
	法国	−0.69	−1.95	0.09	−0.89	2.74	0.24	0.46	0.18	−0.42
	意大利	−0.33	−0.66	0.77	−0.85	3.09	0.28	0.57	0.14	−0.29
	加拿大	1.54	2.98	1.66	1.52	2.83	0.64	2.16	2.79	3.29
转轨国家	俄罗斯	0.33	5.34	−1.69	1.85	15.90	3.94	10.89	3.20	3.22
	波兰	1.83	6.96	2.85	0.39	2.26	0.34	1.07	0.20	1.12
	爱沙尼亚	−1.54	−5.29	−3.18	−0.73	3.19	0.60	0.54	0.37	−2.29
	捷克	2.27	2.70	3.54	1.31	2.94	0.50	0.98	1.56	0.90
	斯洛伐克	1.39	4.74	1.14	1.06	3.15	1.35	0.85	1.29	3.62
	斯洛文尼亚	1.69	6.16	1.84	1.05	2.52	0.36	0.91	0.14	1.51
	匈牙利	0.55	2.91	0.27	0.38	3.06	0.44	0.23	0.33	0.97
经合组织其他成员	爱尔兰	0.43	0.59	0.00	0.78	1.78	0.47	1.39	0.72	1.75
	奥地利	−0.25	0.96	−0.62	−0.09	1.59	0.07	1.35	0.27	0.37
	澳大利亚	1.26	2.57	1.36	1.20	2.34	0.38	0.70	0.74	2.50
	比利时	0.15	−4.92	0.00	0.25	2.48	0.31	0.41	0.25	−1.04
	冰岛	0.00	7.78	2.01	−1.58	1.65	0.23	1.52	0.82	0.51
	丹麦	0.52	−1.95	1.83	0.18	2.23	0.36	0.50	0.34	0.72
	芬兰	0.75	1.89	0.69	0.79	1.86	0.11	0.65	0.18	1.09
	荷兰	0.04	1.36	−0.53	0.12	2.00	0.18	0.44	0.23	0.36
	卢森堡	0.56	10.86	2.82	0.07	2.28	0.37	0.86	0.25	3.13
	挪威	0.00	3.42	2.66	−1.19	1.49	0.27	4.67	3.64	2.75
	葡萄牙	0.44	2.79	3.22	−1.01	7.24	3.74	2.20	0.82	−0.27
	瑞典	1.18	0.92	1.73	1.29	1.63	0.11	2.52	1.14	1.72
	瑞士	0.00	2.14	0.09	−0.16	1.71	0.04	1.07	0.05	0.29
	土耳其	0.28	0.47	−1.04	0.19	2.28	0.33	0.99	0.19	−0.58
	西班牙	0.07	0.75	0.73	−0.22	2.37	0.20	0.37	0.12	0.71
	希腊	0.14	−0.93	1.52	−0.54	2.71	0.61	0.96	0.15	0.32
	新西兰	0.90	−1.88	2.04	0.79	3.30	1.12	0.88	1.81	0.51

续表

分组	国家	各国经济整体及其三大产业部门人力资本质量水平的年均增长率（%）				产业结构高度		产业结构合理化程度		基于期初第二产业效率指数的产业结构高度年均提升速率（%）
		经济整体	第一产业	第二产业	第三产业	均值	标准差	均值	标准差	
第四组	墨西哥	0.52	7.21	−0.39	0.44	1.68	0.16	1.45	0.42	−0.14
	南非	0.49	4.24	0.09	0.32	1.83	0.12	0.81	0.21	0.24
	以色列	0.19	3.92	0.04	0.01	2.53	0.85	4.87	6.92	3.23
	智利	0.37	2.14	−1.01	0.92	1.56	0.13	1.71	0.69	−1.08
	韩国	1.47	2.44	1.25	0.70	1.79	0.29	1.22	0.52	1.22
	印度尼西亚	2.78	−3.64	5.95	2.36	1.28	0.03	10.25	0.97	2.01

依据表 9－5 的数据，美国的产业结构高度及合理化程度这两项指标的历年数据与均值都要优于中国，其标准差反映的波动性也较小。1981—2016 年美国经济整体及其三大产业部门的人力资本质量水平的年均增长率分别为 1.20%、0.34%、1.18%、1.24%；第二产业部门和第三产业部门人力资本质量水平的增长推动了美国的人力资本质量水平的增长，这与中国不同。由于美国的三大产业部门的效率指数与各自的人力资本质量水平较为接近，所以第二产业部门和第三产业部门与美国的人力资本质量水平及其年均增长率相差不大。据此，我们可以判断，美国第一产业部门相对较低的人力资本质量水平及其年均增长率是导致产业结构高度及其合理化程度始终未能实现最优水平的主要原因，而其三大产业部门人力资本质量水平的增长促使基于 1981 年第二产业效率指数的美国经济产业结构高度得以按 0.99%的年均速率逐步提升。

日本的产业结构高度及其合理化程度均优于中国，其标准差反映的波动性也较小。1981—2016 年日本经济整体及其三大产业部门的人力资本质量水平的年均增长率分别为 0.88%、2.08%、1.17%、0.59%。日本相对稳定、持续的人力资本质量水平增长出现在 20 世纪 80 年代。由于日本的第二产业效率指数始终高于该部门的人力资本质量水平，据此我们可以判断，相对较低的第一产业人力资本质量水平和第三产业人力资本质量水平的年均增长率是产业结构高度及其合理化程度低于美国这两项指标的主要原因。

德国的产业结构高度的波动性较大，但在整体上仍优于中国，亦优于美国和日本；其产业结构的合理化程度略优于日本，但逊于美国。1992—2016 年德国的人力资本质量水平的年均增长率为 0.56%，第一产业人力资本质量水平的波动较大且处在较低水平，第二产业人力资本质量水平的年均增长率为 1.83%，但第三产业人力资本质量水平保持在较为稳定的水平。由于德国第二产业人力资本质量水平的年均增长率高于美国和日本，且其第三产业人力资本质量水平的年均增长率高于同期的第一产业和第二产业，据此我们可以判断，这是德国的产业结构高度高于美国和日本的主要原因，但其合理化程度要逊于美国，但稍优于日本。

根据表 9-5 中的数据，七国集团成员的产业结构高度及其合理化程度均大幅优于中国，其标准差体现的波动性也远低于中国。除法国和意大利外，七国集团其他成员的经济及其三大产业部门的人力资本质量水平以及基于期初第二产业效率指数的产业结构高度都实现了提升。中国的人力资本质量水平的年均增长率远高于转轨国家，但在产业结构高度及其合理化程度方面则不如除俄罗斯之外的其他转轨国家。其原因在于，转轨国家可用数据的时间范围较窄、中国的人口规模远大于转轨国家以及由此造成的“结构效益”长期存在。相对于各国的第二产业效率指数而言，中国的产业结构高度要略优于奥地利、冰岛、挪威、瑞典，但合理化程度仅优于挪威，且其标准差体现的波动性要大于上述 17 国。此外，中国基于期初第二产业效率指数的产业结构高度的提升速度也要低于这些国家。然而，中国经济作为一个整体，其人力资本质量在数据覆盖期间的年均增长率要高于这些国家。相对于各国的第二产业效率指数而言，中国的产业结构高度与墨西哥持平，优于智利和印度尼西亚，但逊于韩国、南非、以色列；与此同时，其合理化程度要优于以色列和印度尼西亚，但基于期初第二产业效率指数的产业结构高度的提升速度要低于上述六国。

第三节　主要结论与政策倾向

第一，基于相同人力资本数量基准水平的测算结果显示，1978—2016 年中国经济在整体上实现了年均4.32%的人力资本质量水平提升，而三大产业部门人力资本质量水平的年均增长率分别为0.36%，-0.58%、0.25%，这是两个看似矛盾的经济事实。而各产业部门人力资本质量水平的不同和部门间规模巨大的人力资本转移及由此形成的“结构效益”，能够合理地解释这两个看似矛盾的经济事实。

第二，通过数理逻辑的推导，我们验证了“产出增长率效应”和“结构效益”的存在，其乘数分别为物质资本产出比和消费产出比。实证研究也基本证实了这个结论。

第三，按照基于人力资本质量水平测算的产业结构高度及其合理化程度指标，以1979年第二产业效率指数为基准的中国产业结构高度自1992年后一直呈下降趋势。当人均人力资本基准水平相同时，1979—2008年中国产业结构的合理化程度始终在不断优化。但在2008年全球金融危机后，该趋势发生逆转，中国产业结构的合理化程度到2015年之前一直在降低。当人均人力资本基准水平不同时，1979—1996年中国产业结构的合理化程度总体上呈持续优化的趋势。在亚洲金融危机以后，该趋势开始反转，1997—2015年中国产业结构的合理化程度持续降低。

第四，从基于各国当期第二产业效率指数的产业结构高度来看，中国产业结构高度的历年均值仅为1.68，相应的工业化效率为56%，与墨西哥持平，落后于多数高收入国家。相应地，中国产业结构的合理化程度仅优于俄罗斯、印度尼西亚、以色列，其标准差反映的波动性较大，仅略优于以色列。中国基于期初第二产业效率指数的产业结构高度的提升速度为-1.75%，仅优于爱沙尼亚。

中国经济的短期失衡和长期不可持续的深层次矛盾在产业层面的表现之一为各产业部门的人力资本质量水平增长率较低甚至处在负值水平，进而产业结构高度及其合理化程度均不如预期。基于上述结论，我们认为可从两个方面着手应对该问题①：

一方面，扩大消费产出比。消费产出比的扩大意味着物质资本产出弹性的

---

① 刘伟. 转变发展方式的根本在于创新. 北京大学学报（哲学社会科学版），2014（1）.

降低，这将导致“结构效益”乘数变大且“产出增长率效应”乘数变小，在产业部门人力资本质量水平的增长率提升的条件下，将使国民经济整体的人力资本质量水平加速提升，进而提高产业结构高度并改善其合理化程度。另一方面，兼具有序性和公正性的制度安排是提升技术创新能力的前提，而更加完善的要素市场是制度安排的重要组成部分之一。① 依据本章的理论模型，居民消费总量等于其工资总额，就此而言，增加工资总额在产出中的份额也是扩大消费产出比的应有之义。要素市场的完善能够促进人力资本按其市场价值获得报酬，这有利于从微观层面增强居民个人提高其自身人力资本质量水平的激励，进而在宏观层面实现各产业部门以及中国的人力资本质量水平的提升。从政府消费层面看，公共财政支出侧重于能够从整体上提升人力资本质量水平的领域，如教育体系的持续优化、基础研究以及人力资本激励机制等。

参考文献

[1] P. Krugman, Myth of Asia's Miracle, Foreign Affairs, 1994.

[2] A. Young, The Tyranny of Numbers Confronting the Statistical Realities of the East Asia Growth Experiences, Quarterly Journal of Economics, 1995, 110 (3).

[3] A. Young, The Razor's Edge Distortions and Incremental Reform in the People's Republic of China, Quarterly Journal of Economics, 2000, 115 (4).

[4] A. Young, Gold into Base Metals Productivity Growth in the People's Republic of China during the Reform Period, Journal of Political Economy, 2003, 111 (6).

[5] 郭庆旺，贾俊雪. 中国全要素生产率的估算：1979—2004. 经济研究，2005 (6).

[6] 蔡跃洲，张钧南. 信息通信技术对中国经济增长的替代效应与渗透效应——基于乔根森增长核算框架的测算与分析. 经济研究，2015 (12).

[7] 刘伟，张辉. 我国经济增长中的产业结构稳态. 中国高校社会科学，2013 (1).

[8] 刘伟，李绍荣. 产业结构与经济增长. 中国工业经济，2002 (5).

[9] 刘伟. 工业化进程中的产业结构研究. 北京：中国人民大学出版社，1995.

[10] 刘伟，蔡志洲. 产业结构演进中的经济增长和就业——基于中国 2000—2013 年经验的分析. 学术月刊，2014 (6).

[11] 刘伟，蔡志洲. 我国工业化进程中产业结构升级与新常态下的经济增长. 北京大学学报（哲学社会科学版），2015 (5).

---

① 刘伟. 转变发展方式的根本在于创新. 北京大学学报（哲学社会科学版），2014 (1).

[12] 刘伟，张辉. 中国经济增长中的产业结构变迁和技术进步. 经济研究，2008 (11).
[13] 刘伟，张辉，黄泽华. 中国产业结构高度与工业化进程和地区差异的考察. 经济学动态，2008 (11).
[14] 曾先锋，李国平. 资源再配置和中国工业增长：1985—2007 年. 数量经济技术经济研究，2011 (9).
[15] 周少甫，王伟，董登新. 人力资本与产业结构转化对经济增长的效应分析——来自中国省级面板数据的经验数据. 数量经济技术经济研究，2013 (8).
[16] 王鹏，尤济红. 产业结构调整中要素配置效率——兼对“结构红利假说”的再检验. 经济学动态，2015 (10).
[17] C. Dagum，D. J. Slottje，A New Method to Estimate the Level and Distribution of Household Human Capital with Application，Structural Change and Economic Dynamics，2000.
[18] B. F. Jones，The Human Capital Stock：A Generalized Approach，American Economic Review，2014，104 (11).
[19] D. A. R. George，L. Oxley，K. I. Carlaw，Surveys in Economic Growth Theory and Empirics，Journal of Economic Surveys (Special Issue)，2003.
[20] R. E. Manuelli，A. Seshadri，Human Capital and the Wealth of Nations，American Economic Review，2014，104 (9).
[21] 尹朝静，李谷成，范丽霞，高雪. 气候变化、科技存量与农业生产率增长. 中国农村经济，2016 (5).
[22] 李静，孟令杰. 中国农业生产率的变动与分解分析：1978—2004——基于非参数的 HMB 生产率指数的实证研究. 数量经济技术经济研究，2006 (5).
[23] 李玉红，王皓，郑玉歆. 企业演化：中国工业生产率增长的重要途径. 经济研究，2008 (6).
[24] 吴军. 环境约束下中国地区工业全要素生产率增长及收敛分析. 数量经济技术经济研究，2009 (11).
[25] 吴利学，叶素云，傅晓霞. 中国制造业生产率提升的来源：企业成长还是市场更替. 管理世界，2016 (6).
[26] 刘兴凯，张诚. 中国服务业全要素生产率增长及其收敛分析. 数量经济技术经济研究，2010 (3).
[27] 王恕立，胡宗彪. 中国服务业分行业生产率变迁及异质性考察. 经济研究，2012 (4).
[28] 庞瑞芝，邓忠奇. 服务业生产率真的低吗? 经济研究，2014 (12).
[29] 王恕立，滕泽伟，刘军. 中国服务业生产率变动的差异分析——基于区域及行业视角. 经济研究，2015 (8).
[30] 刘伟. 转变发展方式的根本在于创新. 北京大学学报 (哲学社会科学版)，2014 (1).